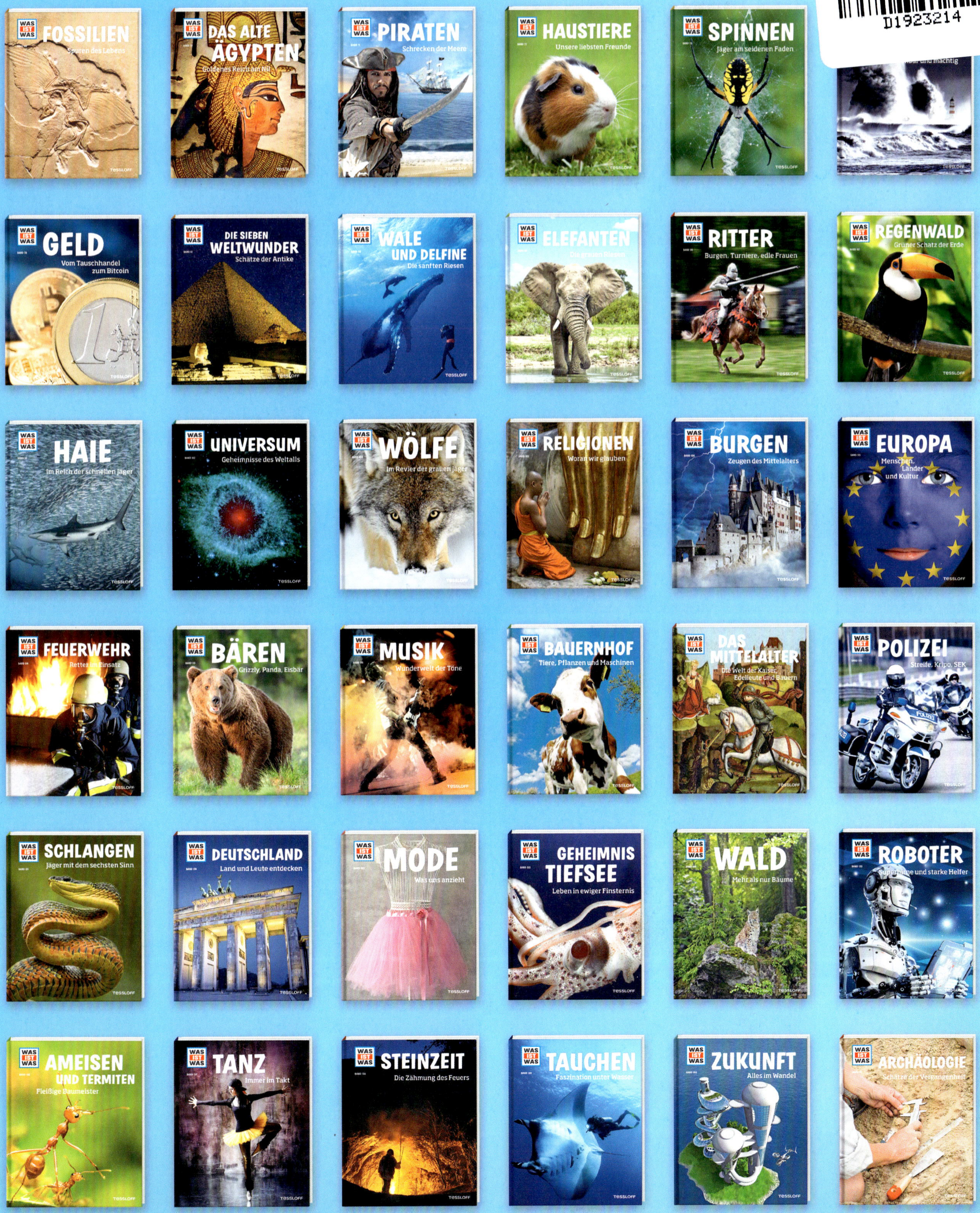

Die Reihe wird fortgesetzt.

WAS IST WAS

Dr. Manfred Baur

WELTATLAS

TESSLOFF

Inhaltsverzeichnis

Die Welt in Karten

Unsere Erde

Seite 28

Die Europaflagge symbolisiert die Einheit Europas.

Europa

Seite 90

Endlose Weiten und lebhafte Städte – willkommen in Nord- und Mittelamerika!

Nordamerika und Mittelamerika

Südamerika

Seite 118

Südamerikanisches Temperament: eine Tänzerin beim berühmten Karneval in Rio de Janeiro.

Seite 126

Entdecke den größten Kontinent der Erde mit seinen faszinierenden Landschaften, Ländern und Kulturen.

Asien

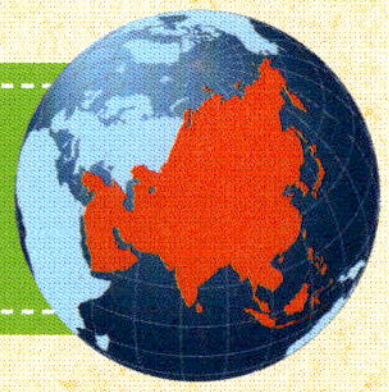

160°W
140°W
120°W
100°W
80°W
60°W
40°W
20°W
0°
80°N
Nordpolarmeer
60°N
Nordamerika
40°N
Nördlicher Wendekreis
20°N
ATLANTISCHER OZEAN
0° Äquator
Südamerika
20°S
Südlicher Wendekreis
PAZIFISCHER OZEAN
40°S
60°S

Nordpolarmeer
Europa
Asien
MITTELMEER
PAZIFISCHER OZEAN
Afrika
INDISCHER OZEAN
Australien und Ozeanien
Südpolarmeer
Antarktis
2000 km
20°O
40°O
60°O
80°O
100°O
120°O
140°O
160°O
180°O
80°N
60°N
40°N
20°N
0°
20°S
40°S
60°S

160°W
140°W
120°W
100°W
80°W
60°W
40°W
20°W
0°
80°N
60°N
40°N
20°N
0° Äquator
20°S
40°S
60°S
Nördlicher Wendekreis
Südlicher Wendekreis
Nordpolarmeer
Seite 202
ALASKA (USA)
Seite 84
NÖRDLICHES NORDAMERIKA
Seite 84
NORD-EUROPA
Seite 34
WESTLICHES MITTELEUROPA
Seite 42
NORDWEST-EUROPA
Seite 30
BENELUX-LÄNDER
Seite 38
SÜD-EUROPA MITTE
Seite 68
SÜDWEST-EUROPA
Seite 64
USA
Seite 88
NORDWESTLICHE AFRIKA
Seite 168
MITTELAMERIKA UND MEXIKO
Seite 106
ATLANTISCHER OZEAN
Seite 206
NÖRDLICHES SÜDAMERIKA
Seite 116
SÜDLICHES SÜDAMERIKA
Seite 120
PAZIFISCHER OZEAN
Seite 204

20°O
40°O
60°O
80°O
100°O
120°O
140°O
160°O
180°O
80°N
Nordpolarmeer
Seite 202
NORD-EUROPA
Seite 34
RUSSLAND
Seite 130
RUSSLAND
Seite 130
60°N
OSTEUROPA
Seite 60
ZENTRAL-ASIEN
Seite 138
SÜDOSTEUROPA
Seite 74
KLEINASIEN UND SÜDKAUKASIEN
Seite 134
OSTASIEN
Seite 146
40°N
JAPAN
Seite 158
ITTELMEER
Seite 72
NAHER UND MITTLERER OSTEN
Seite 142
PAZIFISCHER OZEAN
Seite 204
SÜDASIEN
Seite 150
20°N
NORDÖSTLICHES AFRIKA
Seite 172
SÜDOST-ASIEN
Seite 154
PAPUA-NEUGUINEA
Seite 186
0°
PAZIFISCHE INSELN
Seite 194
SÜDLICHES AFRIKA
Seite 176
INDISCHER OZEAN
Seite 208
20°S
AUSTRALIEN
Seite 186
40°S
NEUSEELAND
Seite 190
60°S
Südpolarmeer
Seite 198
ANTARKTIS
Seite 198
2000 km
20°O
40°O
60°O
80°O
100°O
120°O
140°O

So findest du dich zurecht

Kontinent-Karten

- DEUTSCHLAND / ISLAND — Land oder Inselstaat (zum Kontinent gehörend)
- DEUTSCHLAND — Land (zum Kontinent gehörend, politisch)
- TUNESIEN — angrenzendes Land (transparent, da nicht zum Kontinent gehörend)
- TUNESIEN — angrenzendes Land auf politischer Karte (Schrift und Farbe hell, da nicht zum Kontinent gehörend)
- Balearen (Spanien) / Sardinien (Italien) — Inselgruppe (fett) / Insel (normal); Länderzugehörigkeit
- Gaza-streifen — Umstrittene/autonome Gebiete
- Mittelmeer — Meere (Ozeane, Nebenmeere)
- Berlin — Hauptstadt (Kennzeichnung auf politischer Kontinent-Karte)

Regionen-Karten

- DEUTSCHLAND — Land oder Inselstaat (zur Region gehörend)
- WALES — Land mit eigener Verwaltung
- FRANKREICH — angrenzendes Land (transparent, da nicht zur Region gehörend)
- Gazastreifen — Umstrittene/autonome Gebiete
- Berlin — Hauptstadt (unterstrichen; Symbol je nach Einwohnerzahl, siehe Kasten »Städtegrößen und Symbole«)
- Bremen — Stadt (Symbol je nach Einwohnerzahl, siehe Kasten »Städtegrößen und Symbole«)
- Kronstadt (Brașov) — Stadt mit deutscher Bezeichnung und landesspezifischer Städtebezeichnung in Klammern
- Feldberg ▲ 1493 — Berg mit Höhenangabe
- Ostfriesland — Landschaften, Regionen
- ALLGÄUER ALPEN — Gebirge
- Starnberger See / Donau — Binnengewässer (Seen, Flüsse)
- Kanalinseln (Großbritannien) / Wight (Großbritannien) — Inselgruppe (fett) / Insel (normal); Länderzugehörigkeit
- Nordsee — Meere (Ozeane, Nebenmeere)
- BAYERN — Bundesland, Bundesstaat, Kanton (politisch)
- München — Landeshauptstadt, Kantonshauptstadt (politisch)

Grenzen

- Grenzen der Staaten / Länder
- Verwaltungsgrenzen innerhalb eines Landes
- Grenzen angrenzender Länder / Staaten

Städtegrößen und Symbole

- mehr als 1 Million Einwohner
- 500 000 bis 1 Million Einwohner
- weniger als 500 000 Einwohner
- Stadtstaat (orangener Punkt), gelbes Symbol je nach Einwohnerzahl

Alle Kontinente im Überblick

Inhaltsverzeichnis mit Farbleitsystem

Länderlexikon und Register

Weltkarte mit Seitenzahlen

Farbleitsystem mit Seitenangaben

Informative Sonderseiten

Hintergrundwissen, tolle Fotos und Infografiken rund um unsere Erde

Farbleitsystem zur Orientierung im Buch

Gradnetz mit Wendekreisen

Steckbrief mit Daten und Fakten zu jedem Kontinent

Physisches Kartenbild zeigt Relief, Meerestiefen und Ländergrenzen

Weltkugel mit Positionsangabe

Politisches Kartenbild zeigt Länder, Nachbarländer und Grenzen

Windrose auf jeder Karte

Die Länder sind nach Regionen geordnet. Wichtige Infos zu Lage, Landschaft und Klima.

Maßstab auf jeder Karte

Zusätzliche Lageplankarten

Wichtige Infos zu Wirtschaft, Kultur und Geschichte

Spannende Infos, Fakten und Infografiken

Querformat zur größeren Darstellung

Detaillierte Meereskarten zeigen Tiefen und Beschaffenheiten der Meere.

Wie Landkarten entstehen

Die Erde ist aus dem All gesehen eine Kugel, auch wenn sie nicht ganz perfekt ist, denn an Nord- und Südpol – dort, wo die gedachte Erdachse austritt – ist sie leicht abgeflacht und dafür am Äquator ausgebeult. Der Äquator ist eine gedachte Linie, die von beiden Polen genau gleich weit entfernt liegt und den Globus in die Nord- und Südhalbkugel teilt – man sagt dazu auch Nord- und Südhemisphäre.

Die Breitengrade

Damit man jeden Ort der Erde genau beschreiben kann, ist der Globus, das verkleinerte Abbild der Erde, mit einem Gitternetz aus kreisförmigen Linien überzogen. Die waagrecht verlaufenden Linien werden Breitengrade genannt. Es gibt 180 Breitengrade, von denen nicht alle eingezeichnet sind, meist ist nur jeder zehnte oder sogar nur jeder zwanzigste Breitengrad dargestellt. Der Äquator ist der Breitengrad 0 (Null). Er hat von allen Breitengraden die größte Gesamtlänge mit etwa 40 000 Kilometern. Der geografische Nordpol bei 90 Grad nördlicher Breite ist genau genommen nur ein Punkt, ebenso der geografische Südpol, der auf 90 Grad südlicher Breite liegt.

Wende- und Polarkreise

Auf jeder Hemisphäre gibt es einen Wendekreis und einen Polarkreis. Der Wendekreis ist jener Breitengrad, an dem die Mittagssonne an einem einzigen Tag im Jahr genau im Zenit steht und damit genau senkrecht einstrahlt. Die Wendekreise liegen bei circa 23,5° nördlicher beziehungsweise südlicher Breite.

Die beiden Polarkreise liegen auf circa 66,5° nördlicher beziehungsweise südlicher Breite. Am Tag der Sommersonnenwende geht hier die Sonne nicht unter. Zwischen dem Polarkreis und dem entsprechenden Pol gibt es das Phänomen des Polartages, Tage ohne Sonnenuntergang, und der Polarnacht, Tage ohne Sonnenaufgang.

Die Längengrade

Die senkrecht zu den Breitengraden und durch beide Pole verlaufenden Linien nennt man Längengrade. Der nullte Längengrad, auch Nullmeridian genannt, geht durch Greenwich bei London und wurde Mitte des 19. Jahrhunderts willkürlich festgelegt, weil dort ein für die Vermessung der Erde wichtiges astronomisches Teleskop stand. Die geografische Länge wird ausgehend vom Nullmeridian (0°) bis 180° in westlicher beziehungsweise östlicher Richtung gemessen.

Die Erde »schälen«

Manche Globen werden hergestellt, indem man Papierstreifen auf eine Glaskugel klebt. Diese Streifen sehen ähnlich aus wie die Schalenstücke einer geschälten Orange, wobei jedes Stück am Äquator am breitesten ist und zu den Polen jeweils spitz zuläuft. Legt man diese Streifen nun nicht um eine Kugel, sondern ordnet sie nebeneinander an, zum Beispiel auf einem Tisch, so lässt sich die Weltkarte auch flach darstellen. Allerdings hat diese Karte große Lücken, die umso größer werden, je näher man zu den Polen kommt.

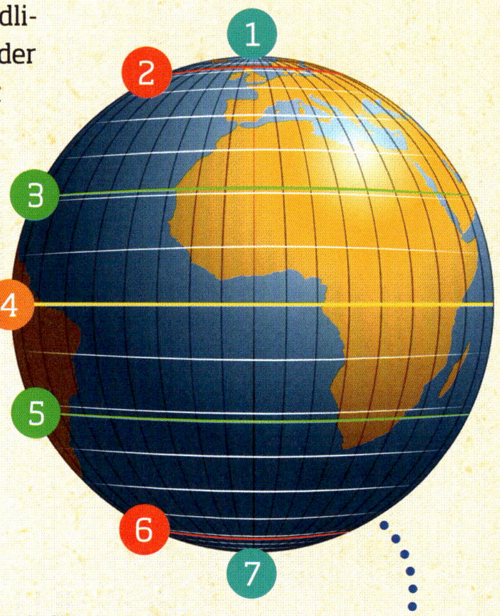

Besondere Breitengrade

(1) *Geografischer Nordpol 90° Nord*
(2) *Nördlicher Polarkreis ca. 66,5° Nord*
(3) *Nördlicher Wendekreis ca. 23,5° Nord*
(4) *Äquator 0°*
(5) *Südlicher Wendekreis ca. 23,5° Süd*
(6) *Südlicher Polarkreis ca. 66,5° Süd*
(7) *Geografischer Südpol 90° Süd*

Physische Karte

Eine physische Karte gibt einen Überblick über die Landschaften und zeigt Gebirge, Ebenen, Flüsse, Seen und Meere, aber auch Städte und Verkehrswege sowie Grenzen zu anderen Ländern. Je nach Maßstab sind unterschiedlich viele Details in der Karte verzeichnet.

Flachland und Ebenen

gebirgige Gebiete

Kartenmaßstab

Er gibt das Verhältnis einer Länge auf der Karte zu ihrer Entsprechung in der Natur an.

Politische Karte

Eine politische Karte stellt eigenständige Länder oder wie hier die Bundesländer Deutschlands dar. Eingezeichnet sind die Grenzen, die Hauptstädte und zur Orientierung auch größere Flüsse und Seen.

Projektionsmethoden: Wie die Kugel auf die Karte kommt

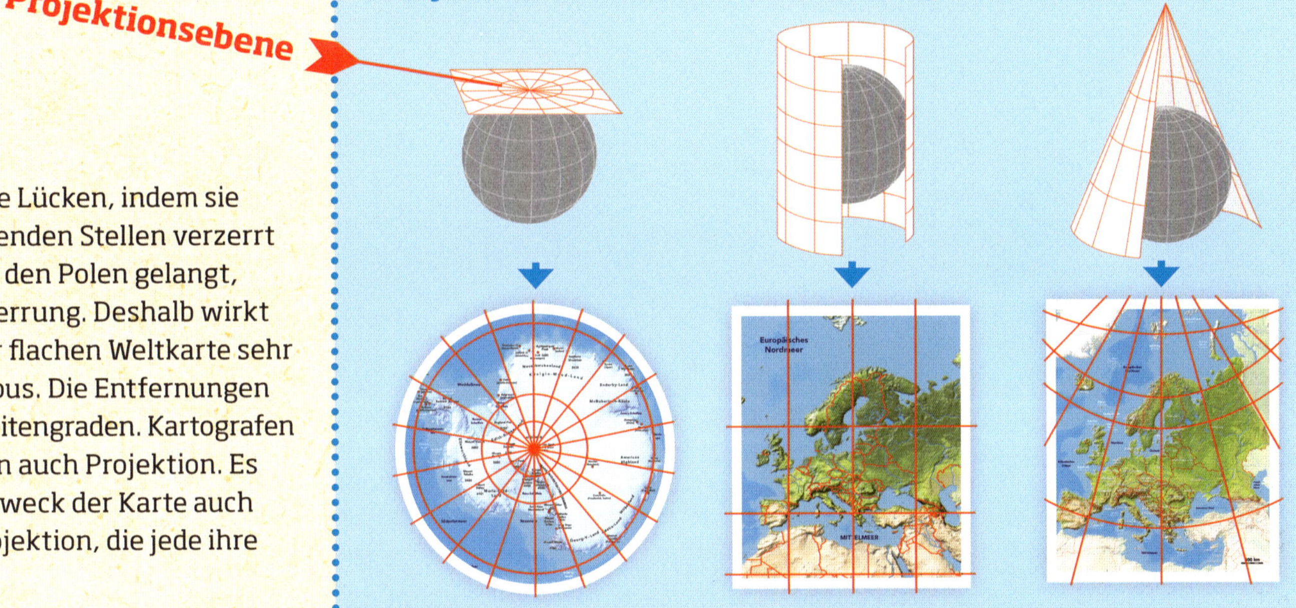

Azimutale Projektion
Projiziert wird auf eine Ebene, die die Kugel an einem Punkt berührt. Diese Projektion ist besonders gut für die Polarregionen geeignet.

Zylinderprojektion
Abbildungsfläche ist ein Zylindermantel, der am Äquator anliegt. Die Polarregionen werden stark verzerrt.

Kegelprojektion
Abbildungsfläche ist ein Kegelmantel. Eignet sich besonders gut für mittlere Breiten und große Ost-West-Erstreckung.

Vom Globus zur Karte

Die Kartografen füllen diese Lücken, indem sie die Karte an den entsprechenden Stellen verzerrt darstellen. Je näher man zu den Polen gelangt, umso stärker wird die Verzerrung. Deshalb wirkt die Insel Grönland auf einer flachen Weltkarte sehr viel größer als auf dem Globus. Die Entfernungen ändern sich also mit den Breitengraden. Kartografen nennen dieses Lückenfüllen auch Projektion. Es gibt je nach Verwendungszweck der Karte auch verschiedene Arten der Projektion, die jede ihre Vor- und Nachteile hat.

Welche Karten gibt es?

Aus sogenannten physischen Karten kann man viel über die Erdoberfläche herauslesen. In ihnen sind Küsten, Wüsten, Gebirge, Ebenen, Täler, Flüsse und Seen eingezeichnet. Politische Karten zeigen die Staatsgrenzen und ihre Hauptstädte sowie weitere größere Städte eines Staates. Weiter gibt es Karten speziell für Autofahrer, in denen die Straßen eingezeichnet sind und man einfach die Distanzen herauslesen kann. Wanderkarten sind sehr detailreich und haben auch Höhenlinien eingezeichnet, die zeigen, wie steil das Gelände ist. In Stadtplänen ist auch jede noch so kleine Straße verzeichnet und sogar einzelne Gebäude. Andere Karten verraten, wo es welche Bodenschätze gibt, wie stark es dort regnet oder wie heiß es ist. Man nennt solche Karten auch thematische Karten.

Auf den Maßstab achten

Auf jeder Karte ist der Maßstab angegeben: einmal als Zahl und auch als Maßstabsleiste. Mit einem Lineal oder einem Stechzirkel lassen sich die Entfernungen zwischen zwei Orten schnell abmessen. Eine Maßstabsangabe von 1:100 000 bedeutet, dass ein Kilometer (100 000 Zentimeter) auf der Karte nur mehr ein Zentimeter ist. Je nach Verwendungszweck und Maßstab sind Karten unterschiedlich detailreich.

Schon gewusst?

Raumsonden erstellen auch Karten von anderen Himmelskörpern, wie dem Mond oder dem Mars. Diese sind wichtig, damit Sonden gezielt landen können.

Dort, wo die Höhenlinien einer Wanderkarte dicht an dicht stehen, geht es steil bergauf.

Wanderkarte

Luftaufnahme

In früheren Zeiten musste die Landschaft am Boden genau vermessen werden. Heute geht das einfacher aus der Luft. Mit besonderen Luftbildkameras wird die Landschaft zum Beispiel aus 4 000 Meter Höhe fotografiert. Zusätzliche Informationen erhalten die Kartografen durch eine Begehung des Geländes. Mithilfe spezieller Kartografiesoftware erstellen sie aus den gewonnenen Daten dann eine Karte.

Ein Stadtplan ist eine besonders detailreiche Landkarte, in der alle Straßen eingezeichnet sind und sogar einzelne Gebäude.

Stadtplan

Unser Platz im All

Wenn wir den Nachthimmel betrachten, sehen wir mit bloßem Auge und bei guten Sichtverhältnissen etwa 3 000 leuchtende Punkte: Die meisten davon sind Sterne. Es sind riesige, extrem heiße und daher leuchtende Gaskugeln. Auch unsere Sonne ist ein solcher Stern. Weil die Sterne sehr weit entfernt sind, erscheinen sie uns als punktförmige Lichtquellen, die auch ihre Position nicht verändern. Doch einige Punkte wandern über den Himmel: Das sind die Planeten Merkur, Venus, Mars, Jupiter und Saturn. Mit dem Teleskop sieht man außerdem die Planeten Uranus und Neptun sowie kleinere Zwergplaneten und Asteroiden.

Wie Sonne und Erde entstanden

Sonne, Planeten, Zwergplaneten und Asteroiden bilden das Sonnensystem, das vor 4,6 Milliarden Jahren entstanden ist. Damals wurde eine Gas- und Staubwolke vermutlich durch eine nahe Supernova-Explosion angeregt. Die Wolke begann, sich unter der eigenen Schwerkraft zusammenzuballen, und es bildete sich eine rotierende Materiescheibe. In der Mitte klumpte das meiste Material zusammen und formte die junge Sonne. Aber auch an anderen Orten der Scheibe ballte sich Materie zu immer größeren Brocken zusammen und es bildeten sich die Planeten, darunter die Erde. Zum Mond kam die noch junge Erde durch einen Unfall – sie stieß vor etwa 4,5 Milliarden Jahren mit einem etwas kleineren Planeten zusammen. Aus den Trümmern dieser Kollision bildete sich der Mond, der die Erde seitdem begleitet.

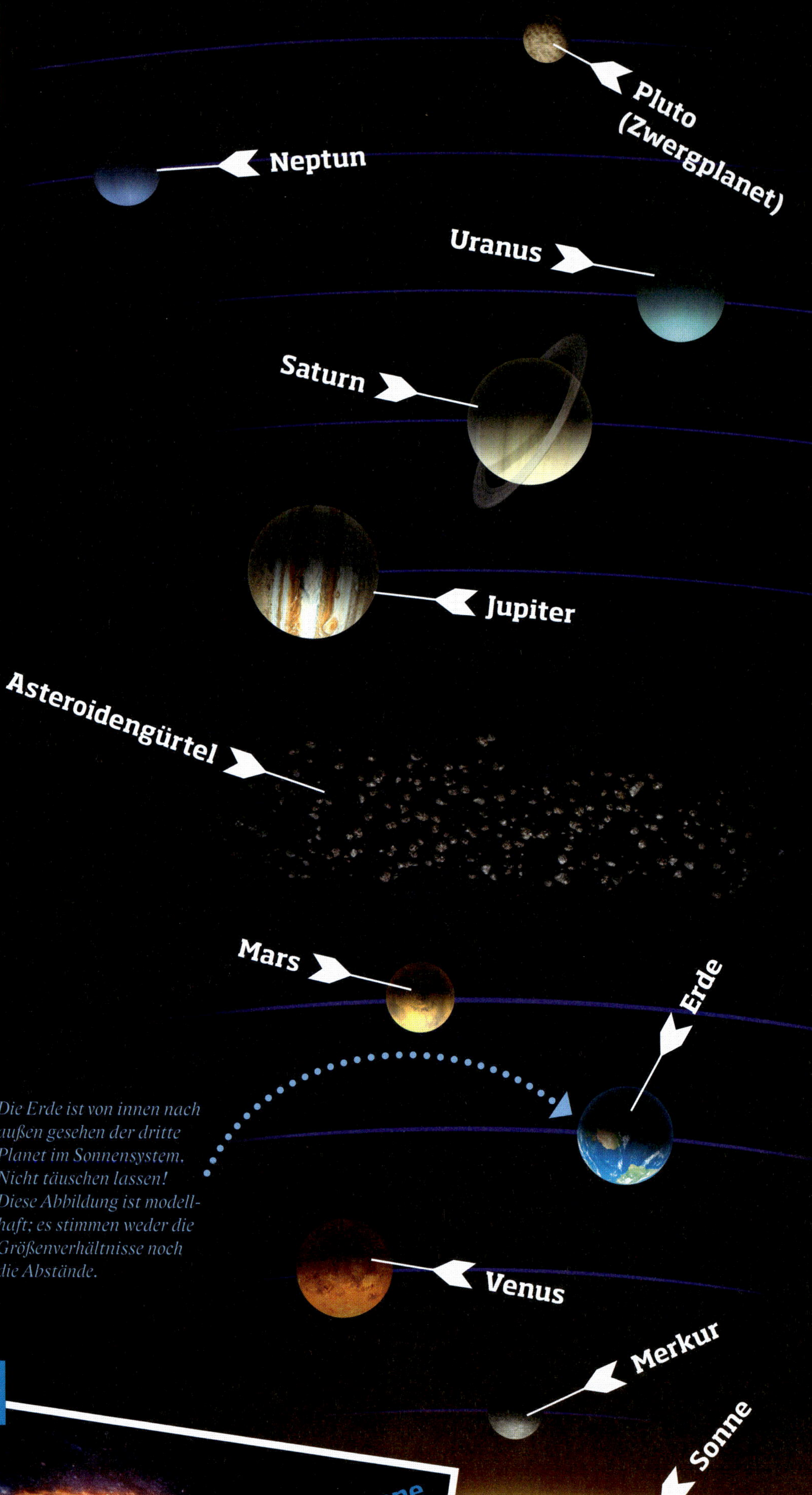

Die Erde ist von innen nach außen gesehen der dritte Planet im Sonnensystem. Nicht täuschen lassen! Diese Abbildung ist modellhaft; es stimmen weder die Größenverhältnisse noch die Abstände.

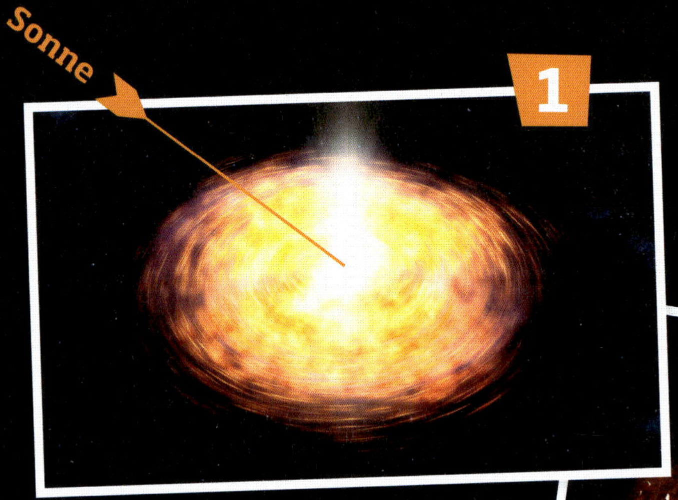

Das Sonnensystem entsteht

Eine Gas- und Staubwolke verdichtet sich zur Sonne (1). Weiter draußen verklumpt Material zu Planeten, Zwergplaneten und Asteroiden (2).

Das Sonnensystem ist von einer kugelförmigen Schale von Kometen umgeben; das sind »schmutzige Schneebälle«, die aus Eis und Staub bestehen. Durch direkten Zusammenstoß oder durch einen vorbeifliegenden Stern kann ein Komet aus dieser Schale herausgeworfen werden. In Sonnennähe entwickeln Kometen oft prächtige Gas- und Staubschweife.

Andromedanebel

Mit starken Teleskopen erkennt man die Spiralstruktur des Andromedanebels. Der Nebel ist also eine Galaxie aus vielen Milliarden Sternen.

Unser Platz im Sonnensystem

Nahe der Sonne kreisen zunächst die vier kleinen Gesteinsplaneten Merkur, Venus, Erde und Mars. Nach dem Mars folgt ein Trümmergürtel aus unregelmäßig geformten Asteroiden und dem kleinen, aber kugelförmigen Zwergplaneten Ceres. Nun folgen die vier großen Gasplaneten Jupiter, Saturn, Uranus und Neptun. Im daran anschließenden Kuiper-Gürtel tummeln sich wiederum jede Menge Asteroiden und auch Kleinplaneten – einer davon ist Pluto. Planeten, Kleinplaneten und Asteroiden kreisen alle mehr oder weniger in einer Ebene um die Sonne: mal sind die Bahnen eher kreisförmig, mal ist der Kreis eher in die Länge gezogen; man spricht auch von einer elliptischen Bahn.

Unsere Milchstraßengalaxie

Mit bloßem Auge können wir im Sternbild Andromeda einen länglichen Nebel erkennen. Durch ein Teleskop betrachtet erweist sich dieser Nebel als eine Spiralgalaxie, ein Zusammenschluss von vielen Milliarden Sternen, die alle um ein gemeinsames Zentrum kreisen. Die Andromedagalaxie ist 2,5 Millionen Lichtjahre von uns entfernt und die nächste größere Galaxie. Unsere Sonne ist ebenfalls Teil einer etwa 200 Milliarden Sterne zählenden Spiralgalaxie – der Milchstraßengalaxie. Weil die Sonne mit der Erde in einem Spiralarm der Galaxie sitzt und wir sie von innen heraus sehen, nehmen wir sie nur als milchiges Band wahr, das wir Milchstraße nennen. Alle Sterne, die wir mit bloßem Auge sehen, gehören ebenfalls zu unserer Heimatgalaxie.

Mehr Galaxien

Die Milchstraße und die Andromedagalaxie bilden zusammen mit weiteren Galaxien die Lokale Gruppe. Diese schließt sich mit weiteren Galaxienhaufen zu größeren Superhaufen und diese zu noch größeren Strukturen zusammen.

Großes Universum

Wie groß das Universum ist, wissen wir nicht. Denn wir können nur etwa 13,8 Milliarden Lichtjahre weit sehen. Denn vor 13,8 Milliarden Jahren ereignete sich der Urknall, mit dem Raum und Zeit begannen und die Existenz unseres Universums. Da wir aber mit Sicherheit sagen können, dass sich das Universum zwischenzeitlich enorm ausgedehnt hat, können wir ausrechnen, wie groß der für uns sichtbare Teil des Universums ist. Demnach sitzt unsere Erde in der Mitte einer Kugel mit einem Radius, so heißt der halbe Durchmesser eines Kreises oder einer Kugel, von 46 Milliarden Lichtjahren. Das sind viermal 10^{23} Kilometer, also eine Vier gefolgt von 23 Nullen.

Sonnensystem

Unsere Sonne befindet sich 30 000 Lichtjahre vom Zentrum der Milchstraßengalaxie entfernt im äußeren Teil des Orionarms.

Die alten Griechen dachten, die Göttin Hera habe Milch verschüttet. Tatsächlich besteht das Lichtband der Milchstraße aus Milliarden von Sternen, die eine Spiralgalaxie bilden.

Aufbau der Erde

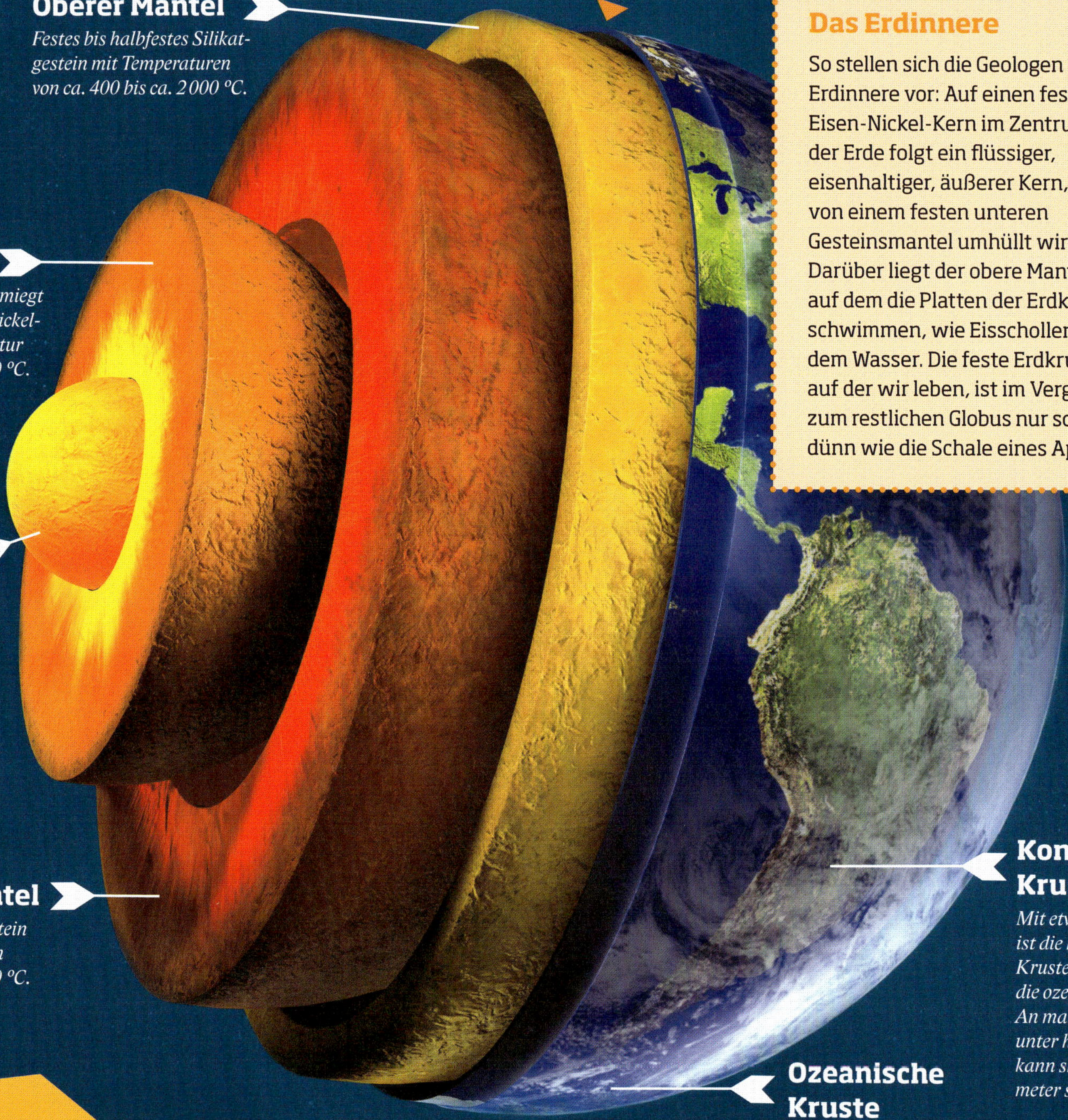

Oberer Mantel
Festes bis halbfestes Silikatgestein mit Temperaturen von ca. 400 bis ca. 2 000 °C.

Äußerer Kern
Um den inneren Kern schmiegt sich eine flüssige Eisen-Nickel-Schale mit einer Temperatur von ca. 3 500 bis ca. 4 000 °C.

Innerer Kern
Der feste metallische Kern besteht aus Eisen und Nickel. Er ist mehr als 6 000 °C heiß.

Unterer Mantel
Halbfestes Silikatgestein mit Temperaturen von ca. 2 000 bis ca. 3 500 °C.

Kontinentale Kruste
Mit etwa 20 Kilometern ist die kontinentale Kruste deutlich dicker als die ozeanische Kruste. An manchen Stellen, wie unter hohen Gebirgen, kann sie sogar 70 Kilometer stark sein.

Ozeanische Kruste
Nur ca. fünf bis sechs Kilometer dick und schwerer als die kontinentale Kruste ist die ozeanische Kruste. Sie wird ständig erneuert.

Das Erdinnere

So stellen sich die Geologen das Erdinnere vor: Auf einen festen Eisen-Nickel-Kern im Zentrum der Erde folgt ein flüssiger, eisenhaltiger, äußerer Kern, der von einem festen unteren Gesteinsmantel umhüllt wird. Darüber liegt der obere Mantel, auf dem die Platten der Erdkruste schwimmen, wie Eisschollen auf dem Wasser. Die feste Erdkruste, auf der wir leben, ist im Vergleich zum restlichen Globus nur so dünn wie die Schale eines Apfels.

Rekord

12262 Meter

tief war das tiefste Bohrloch der Welt, das inzwischen wieder verschlossen ist. Für die Erde ist es nicht mehr als ein kleiner Kratzer, denn der Bohrer hat noch nicht einmal die Erdkruste durchdrungen.

Wir leben auf dem Gesteinsplaneten Erde. Doch der Boden, auf dem wir stehen, ist alles andere als fest. Die Erde bebt ständig und an vielen Stellen treten Lava, Asche und vulkanische Gase an die Oberfläche. Erdbeben und Vulkanismus zeigen, dass wir Menschen auf einer dünnen Erdkruste leben und die Erde darunter glühend heiß ist. Zum Teil stammt die Energie noch aus der Zeit, als sich die Erde gebildet hat, und selbst heute noch heizt sich die Erde innerlich auf – durch die Energie, die beim Zerfall radioaktiver Stoffe freigesetzt wird. Die junge Erde erhitzte sich so stark, dass das Material, aus dem sie bestand, schmolz. Die schweren Metalle, hauptsächlich Eisen und Nickel, sanken ins Zentrum hinab, die leichteren Minerale stiegen auf und bildeten eine dünne Gesteinskruste. Zwischen dem inneren, festen und dem äußeren, flüssigen Erdkern bildeten sich noch ein innerer und ein äußerer Erdmantel.

Erdkruste

Was wir als festen Boden unter unseren Füßen bezeichnen, ist eine meist nur zehn bis 30 Kilometer dicke Erdkruste. Diese besteht aus festem und sprödem Gestein. Doch je tiefer man in die Erdkruste vordringt, umso wärmer wird es. Schon in drei Kilometer Tiefe herrschen 200 Grad Celsius. Durch die mit der Tiefe zunehmende Hitze wird das Gestein immer weicher. Dieser Bereich reicht etwa bis zu einer Tiefe von 120 Kilometern und wird Lithosphäre genannt.

Erdmantel

Jenseits der Lithosphäre erstreckt sich von 120 bis 660 Kilometern Tiefe der obere Erdmantel. Von 660 bis etwa 2 900 Kilometern Tiefe folgt der untere Mantel. Je näher wir dem Erdmittelpunkt kommen, umso heißer wird es. Durch die Temperaturunterschiede kommt es zu Konvektionsströmungen; das bedeutet: Heißes Material steigt nach oben, kühlt sich nahe der Lithosphäre ab und sinkt an anderer Stelle wieder nach unten. So kommt es zu walzenförmigen Strömungen, die von Temperaturunterschieden und der Schwerkraft der Erde angetrieben werden. Die zähflüssigen Gesteinsmassen bewegen sich typischerweise mit Geschwindigkeiten von einigen Zentimetern im Jahr. Die Konvektionswalzen bewegen auch die Kontinentalplatten der Erdkruste mit, sodass sich das Gesicht des Planeten ständig verändert und Kontinente sich voneinander entfernen, aufeinanderstoßen oder auseinanderbrechen.

Der Lavakessel Erta Ale in Äthiopien gehört zum Ostafrikanischen Grabenbruchsystem. Hier steigt geschmolzenes Gestein aus dem Erdmantel auf und tritt an die Oberfläche.

Erdkern

Der untere Erdmantel trifft in etwa 2 900 Kilometern Tiefe auf den äußeren Erdkern. Dieser besteht aus flüssigem Eisen und Nickel; das sind elektrisch leitende Metalle. In etwa 5 100 Kilometern beginnt dann der innere Kern, der bis zum Mittelpunkt der Erde in 6 378 Kilometern reicht. Hier herrscht ein derart hoher Druck, dass der Kern trotz hoher Temperaturen eine feste Eisen-Nickel-Kugel bildet. Durch die Erddrehung und durch den Temperaturunterschied zwischen innerem und äußerem Kern wird das flüssige Eisen des äußeren Kerns in Bewegung gesetzt, sodass sich, ähnlich wie bei einem Dynamo, ein Magnetfeld ausbildet. Dieses Magnetfeld schützt uns vor schädlicher Teilchenstrahlung aus dem All.

Schon gewusst?

Der Schalenaufbau der Erde verrät sich durch Messen von Erdbebenwellen, die an den Schalengrenzen unterschiedlich reflektiert werden und somit unterschiedlich lange Laufzeiten haben.

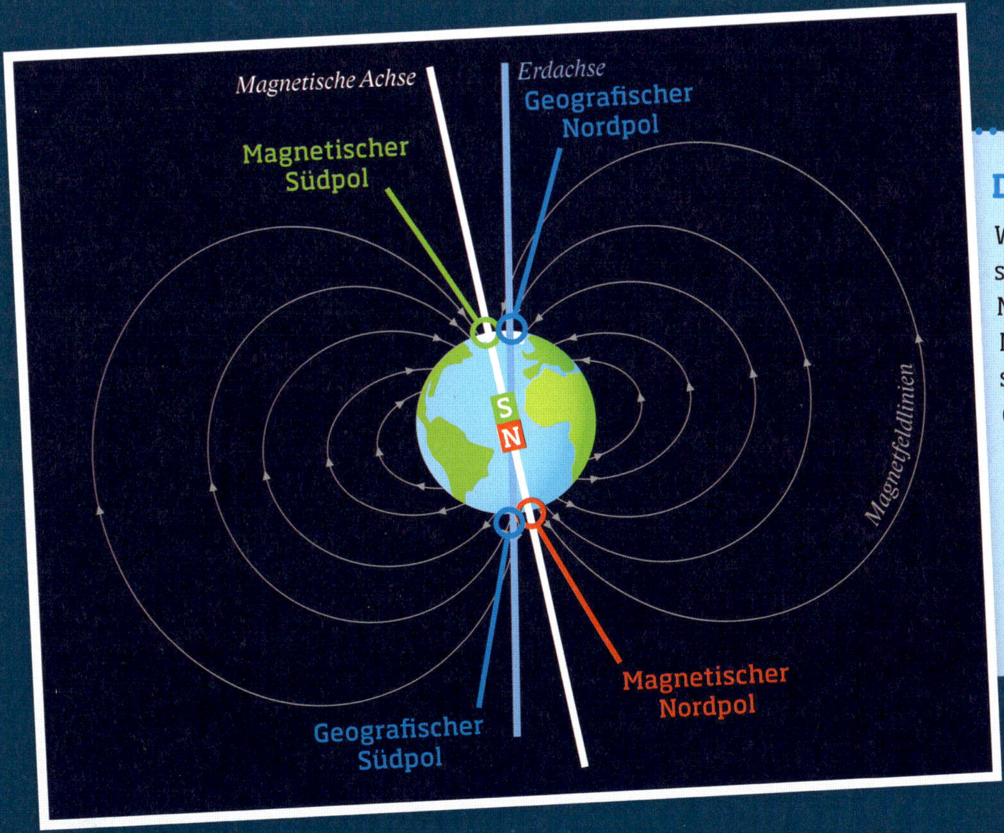

Die Magnetfeldlinien der Erde

Weil der metallische Erdkern teilweise flüssig und ständig in Bewegung ist, erzeugt er ein kompliziertes Magnetfeld. Angetrieben wird die elektrisch leitende Metallschmelze durch den hohen Temperaturunterschied zwischen festem und flüssigem Kern. Durch die Erddrehung wird die Metallschmelze zudem zu spiralförmigen Drehbewegungen gezwungen. Außerhalb der Erdkugel verlaufen die Magnetfeldlinien so, als ob in der Erde ein riesengroßer Stabmagnet steckt. Tatsächlich ist das Erdmagnetfeld sehr viel komplizierter. Seine Ausrichtung dreht sich zudem etwa alle viertel Million Jahre um.

Erde in Bewegung

➜ Schon gewusst?

Es gibt mehr als 500 Vulkane auf der Erde, die in historischer Zeit mindestens einmal ausgebrochen sind.

Einer der unberechenbarsten und damit gefährlichsten Vulkane des Pazifischen Feuerrings ist der Merapi auf der indonesischen Insel Java **(1)**. *Seine feine vulkanische Asche schneit auf Felder, Dörfer und Städte herab* **(2)**.

Die Erdkruste ist keine zusammenhängende Gesteinsschicht, sondern eher ein gigantisches Puzzle, das sich aus verschiedenen Teilen, den Krustenplatten, zusammensetzt. Da sich diese allerdings bewegen, wandelt sich das Gesicht der Erde über die Jahrmillionen.

Bewegte Platten

Die dünne Erdkruste besteht aus sieben großen und mehreren kleineren Einzelplatten, die auf dem heißen und zähflüssigen Erdmantel schwimmen. Die aufsteigenden und an anderer Stelle absinkenden Magmaströme des Erdmantels schieben die Platten an – und das mit Geschwindigkeiten von bis zu zehn Zentimeter im Jahr. Dabei schrammen die Platten aneinander vorbei, andere stoßen aufeinander. So falten sich im Lauf von Jahrmillionen zum Beispiel Gebirge auf oder es entladen sich aufgebaute Spannungen in plötzlichen Erdbeben.

Neuer Meeresboden

Die ozeanischen Platten bilden den Meeresgrund und der bildet sich an manchen Stellen ständig neu. Beobachten lässt sich das an dem 60 000 Kilometer langen unterseeischen Gebirgszug, der sich rund um die Erde zieht. Dort strömt ständig neues Magma aus der Tiefe des Erdmantels nach oben. Sobald Magma die Erdoberfläche erreicht hat, nennt man es Lava. Diese erstarrt und bildet neues Krustenmaterial. Ein Teil dieses Gebirgssystems ist der Mittelatlantische Rücken, der an manchen Stellen sogar die Meeresoberfläche durchstößt und sich als Vulkaninsel zeigt, wie zum Beispiel bei Island.

Vulkanismus

Die rund 1 500 Vulkane, die in den letzten 10 000 Jahren aktiv waren, sind nicht gleichmäßig über den Planeten verteilt. Vulkane häufen sich dort, wo Erdplatten aufeinandertreffen. Daher reihen sich besonders viele von ihnen entlang des »Ring of Fire« rund um den Pazifischen Ozean. Der Grund dafür ist, dass die schweren ozeanischen Platten, die den Meeresboden bilden, unter die weniger dichten, also leichteren Kontinentalplatten abtauchen. Man nennt diese Bereiche Subduktionszonen. In der Tiefe schmilzt das Material auf und heiße Gase entstehen, die zusammen mit flüssigem Magma nach oben steigen und sich als heftige Vulkaneruption entladen. Besonders entlang der Plattengrenzen entstehen so hochexplosive und gefährliche Vulkane, die sich wie zu einem regelrechten Vulkangürtel aneinanderreihen.

Himalayagebirge

Als die Indische Platte auf die Eurasische Platte stieß, faltete sich der Himalaya mit seinen Achttausendern auf.

Unterwasservulkane

Vulkane können ebenso mitten in einer ozeanischen oder kontinentalen Platte entstehen – und zwar dann, wenn eine heiße Plume, eine Magmablase, nach oben steigt und wie ein Schweißbrenner Löcher in die Platte brennt. Man nennt diese Orte Hotspots, was in etwa »heißer Fleck« bedeutet. Wenn sich eine Platte über einen solchen Hotspot bewegt und die Plume sich mehrmals durch die Kruste brennt, kann sich ein Vulkan an den anderen reihen. Auf diese Weise ist die Kette der Hawaii-Inseln entstanden. Allerdings befinden sich die meisten Vulkangipfel für uns unsichtbar unterhalb der Meeresoberfläche. Man schätzt, dass es mehr als eine Million Unterwasservulkane gibt.

Angeberwissen

- Der Pazifische Feuerring spannt sich als 40 000 km langes Hufeisen um den Pazifik.
- Hier ereignen sich 90 % aller Erdbeben. Außerdem liegen hier mehr als 450 Vulkane.

Faltengebirge

Die Alpen wurden aufgefaltet, weil die Afrikanische mit der Eurasischen Platte kollidierte.

Neuer Meeresboden

Wo wie am Mittelatlantischen Rücken Magma aufsteigt, werden zwei Platten auseinandergedrückt.

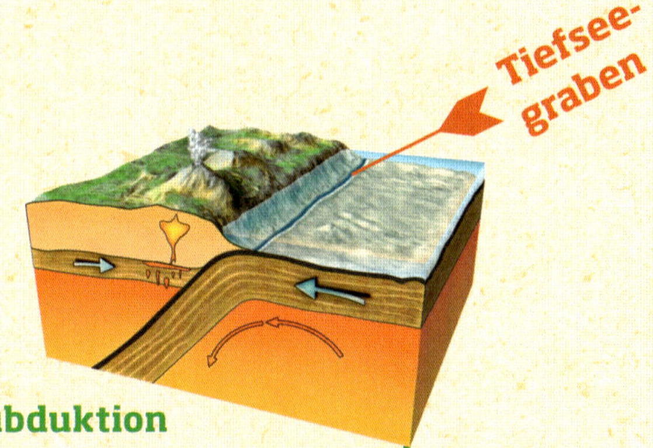

Subduktion

Wo eine ozeanische unter eine kontinentale Platte taucht, entstehen Tiefseegräben und Vulkane.

Verwerfung

Die mehr als 1 000 Kilometer lange San-Andreas-Verwerfung zieht sich durch fast ganz Kalifornien. Hier schrammen zwei Platten der Erdkruste aneinander vorbei.

Grabenbruch

Wo in Ostafrika die Erde aufbricht, entstehen lang gestreckte Seen und Vulkane.

Plattenrand

An den Plattenrändern ist immer etwas los. Es kommt zu Erdbeben, oft auch zu Vulkanismus. An einigen Orten bildet sich neuer Boden, an anderen verschwindet er.

Erde und Zeit

Um Verkehr und Kommunikation abzustimmen, wurde die Erde mit dem aufkommenden Eisenbahnzeitalter im 19. Jahrhundert in Zeitzonen aufgeteilt, in denen jeweils die gleichen Zeitverhältnisse herrschen. Im Jahr 1884 einigte man sich auf 24 Zeitzonen, ausgehend vom Nullmeridian. An der Datumsgrenze gelangt man je nach Richtung in den vergangenen oder nächsten Kalendertag.

Wir richten uns in unserem Alltag nach Kalender und Uhr und rechnen dabei in Jahren, Monaten, Tagen und Stunden. Ein Jahr ist die Zeit, die die Erde benötigt, um einmal die Sonne zu umrunden. Dafür benötigt sie 365,25 Tage. Deshalb folgt auf drei Jahre mit je 365 Tagen immer ein Jahr, in dem ein zusätzlicher Tag eingefügt wird. Dieses Schaltjahr hat also 366 Tage. Den Tag unterteilen wir in 24 gleiche Teile, die wir Stunden nennen.

Schon gewusst?

Die Weltzeituhr auf dem Berliner Alexanderplatz ist ein beliebter Ort, um sich zu treffen. Hier sieht man, wie spät es anderswo auf der Welt ist. Sie besteht aus 24 Seiten, die den 24 Haupt-Zeitzonen der Erde entsprechen. Wenn es in Berlin 8 Uhr morgens ist, dann ist es in Tokio, Japan, schon 15 Uhr.

Zeitzonen

Unser Planet dreht sich einmal in 24 Stunden um seine eigene Achse. Sind wir der Sonne zugewandt, so herrscht Tag, andernfalls Nacht. Wenn es in London 12 Uhr mittags ist, zeigt die Uhr in Moskau bereits 15 Uhr. Je weiter man nach Osten geht, umso fortgeschrittener ist der Tag. In Neuseeland ist es bereits Mitternacht und noch ein Stück weiter, am Westende Alaskas, ist es 1 Uhr nachts. Der nächste Tag hat also schon begonnen. Dort verläuft auch die Datumsgrenze. Wer sie überschreitet, muss seine Uhr also um einen ganzen Tag vorstellen. An verschiedenen Orten der Welt zeigen die Uhren also auch unterschiedliche Zeiten an. Die Weltkarte wurde in 24 Zeitzonen eingeteilt, die sich im Großen und Ganzen an den Längengraden orientieren, aber manchmal einen ungewöhnlichen Zickzackverlauf zeigen. Alle Orte in einer Zeitzone haben die gleiche Uhrzeit. Ist es in Berlin 12 Uhr, dann auch in Zürich und Wien, aber auch in Tunesien oder Angola. Große Länder können mehrere Zeitzonen umfassen – so liegen zwischen New York und San Francisco in den USA drei Stunden Unterschied. Russland erstreckt sich sogar über elf Zeitzonen. China hingegen hat es sich einfach gemacht: Obwohl das Land viele Längengrade umfasst, gilt in allen Landesteilen nur die Pekinger Zeit. Manche Länder stellen im Sommer die Uhr um eine Stunde vor. Diese sogenannte Sommerzeit soll helfen, den Tag besser zu nutzen und Energie zu sparen. Ob es diesen Spareffekt wirklich gibt, ist umstritten.

Jahreszeiten

An den Polen fällt das Sonnenlicht schräg ein und so verteilt sich die Energie auf eine größere Fläche als am Äquator, wo die Sonne nahezu senkrecht einstrahlt. Außerdem ändert sich die Intensität der Sonneneinstrahlung im Laufe eines Jahres. Wie stark diese jahreszeitlichen Änderungen sind, hängt ebenfalls vom Breitengrad ab. Da die gedachte Erdachse derzeit 23,5 Grad gegen die Bahnebene geneigt ist, ist der Nordpol von Juni bis Dezember der Sonne zugewandt. Nördlich des nördlichen Wendekreises ist daher im Juni Sommer und im Dezember Winter. Südlich des südlichen Wendekreises verhält sich dies genau umgekehrt: Dort ist im Dezember Sommer und im Juni Winter. In den gemäßigten Breiten – zwischen den Polarkreisen und den Wendekreisen – kommt es so zu den Jahreszeiten. In der Äquatorregion zwischen den beiden Wendekreisen, wo die Sonne beständig einstrahlt, ist es das ganze Jahr über warm, doch an den Rändern der Äquatorregion gibt es anstelle der Jahreszeiten Regen- und Trockenzeiten.

Mitternachtssonne

Nördlich des Nordpolarkreises bleibt an manchen Tagen die Sonne die ganzen 24 Stunden eines Tages über dem Horizont. Diese Aufnahme ist eine sogenannte Mehrfachbelichtung, die den Sonnenlauf zeigt.

Polarnacht

Nördlich des Nordpolarkreises geht sechs Monate später an manchen Tagen die Sonne gar nicht mehr auf. Dafür kann man sich am Polarlicht erfreuen, das entsteht, weil Teilchenstrahlung der Sonne die Luft zum Leuchten bringt.

Die Jahreszeiten

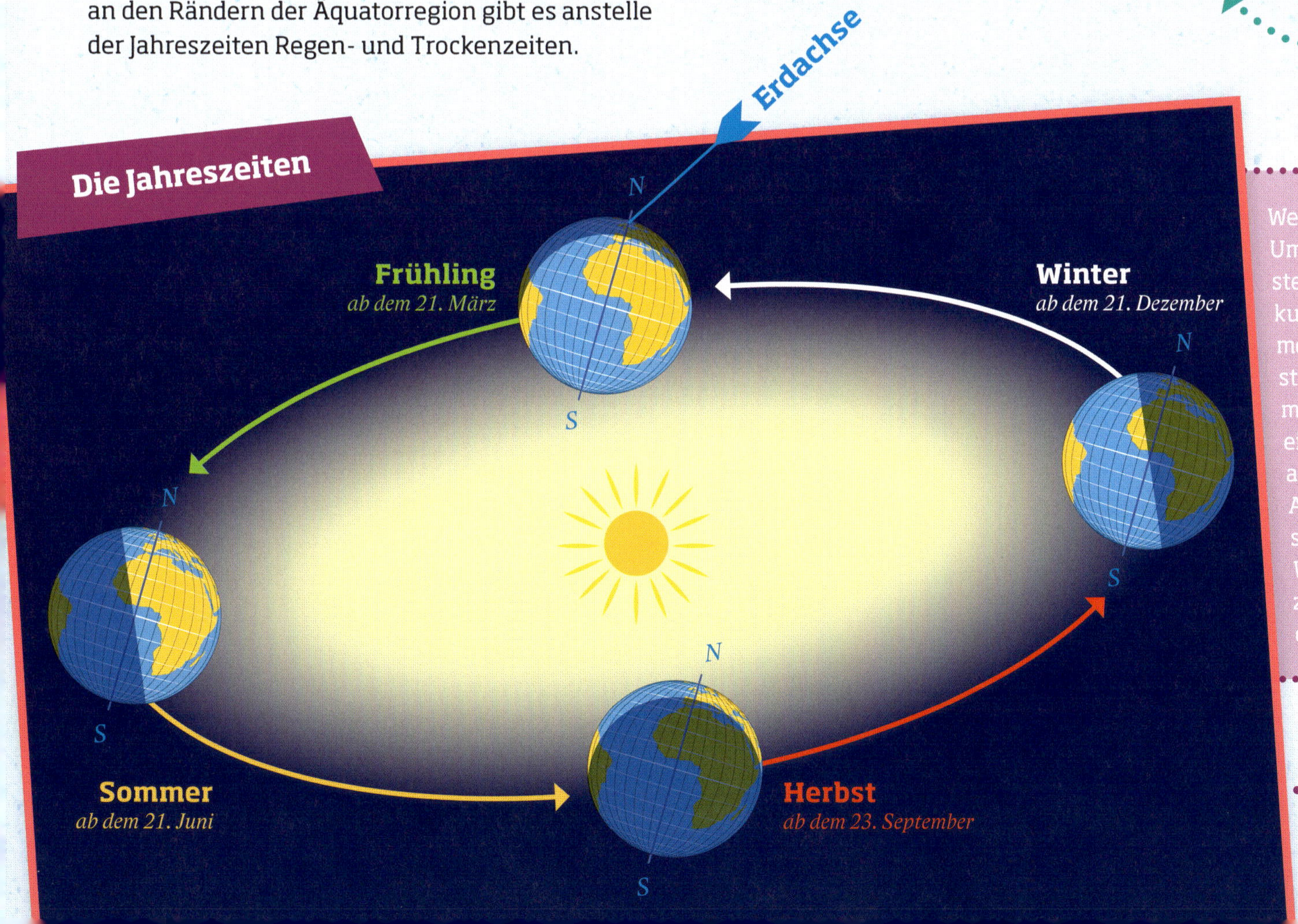

Weil die Erdachse schräg zur Umlaufbahn um die Sonne steht, zeigt mal die Nordhalbkugel, mal die Südhalbkugel mehr zur Sonne. Im Winter strahlt die Sonne in gemäßigteren Breiten flacher ein und verteilt ihre Energie auf eine größere Fläche. Außerdem legt die Sonnenstrahlung einen längeren Weg durch die Atmosphäre zurück. So kommt es zu den Jahreszeiten.

Klimazonen und Lebensräume

Der Planet Erde bietet eine große Vielfalt an Lebensräumen. Diese reichen von den feuchtheißen tropischen Regenwäldern am Äquator bis hin zu den Eiswelten rund um Nord- und Südpol. Welche Landschaften wo vorherrschen, ob Steppen, Wälder oder Wüsten, hängt auch von der Art des Bodens ab, von der Oberflächenstruktur, der Höhe über dem Meeresspiegel und der Entfernung zum Meer – in erster Linie aber vom Klima.

Klima und Wetter

Das Klima darf nicht mit dem Wetter verwechselt werden. Unter Klima versteht man alle Witterungserscheinungen eines Ortes, wie Temperatur, Luftdruck, Regen und Schnee, Wind, Sonnenscheindauer - und das über einen längeren Zeitraum gesehen. Wetter ist das, was gestern war oder was gerade geschieht und morgen schon wieder ganz anders sein kann. Gestern hat es geschneit, heute scheint die Sonne und für den morgigen Tag ist starker Regen vorhergesagt. In manchen Teilen Mitteleuropas ist ein solch launenhaftes Wetter im April durchaus möglich. Das Wetter kann sich sogar innerhalb von Minuten ändern. Das Klima hingegen ist über einen langen Zeitraum gleichbleibend stabil.

Rolle des Breitengrades

Der Wettermotor der Erde ist die Sonne. Am Äquator strahlt die Sonne mit mehr Energie pro Fläche ein als in der Nähe der Pole. Die unterschiedliche Sonneneinstrahlung wärmt Boden, Wasser und Luft verschieden stark und führt so zu Luftströmungen. Diese transportieren Wasser, das an anderen Orten abregnen oder schneien kann. Das Klima bestimmt, wo welche Pflanzen wachsen und wo welche Tiere leben können.

Land, Gebirge und Meer

Weiterhin beeinflusst die Höhe über dem Meeresspiegel das Klima. Je höher ein Ort, um so kälter ist es dort. Selbst in Äquatornähe kann es in großer Höhe empfindlich kalt sein; so liegen auf dem Gipfel des Kilimandscharo in Tansania Eis und Schnee. Um auf den Gipfel zu gelangen, muss man verschiedene Klimazonen durchwandern. Auch die Nähe zum Meer hat Einfluss auf das Klima einer Gegend. Hochebenen, die noch dazu weit vom Meer entfernt liegen, sind sehr trocken und im Winter extrem kalt, wie zum Beispiel die Steppenlandschaften der Mongolei.

Vom Klima hängt ab, wie sich die Menschen kleiden und wie sie wohnen.

Mikroklima

Herrscht an einem bestimmten Ort ein anderes Klima als in der Umgebung, so spricht man von Mikroklima. In dicht bebauten Großstädten ist es oft um einige Grad wärmer als auf dem benachbarten Land, denn Gebäude und Straßen speichern die Sonnenwärme besser als Wiesen und Wälder.

Kreislauf des Wassers

Die Sonne erhitzt Ozeane, Seen und Flüsse und lässt deren Wasser verdunsten. Der Wasserdampf steigt auf und kühlt in der Höhe ab. Es bilden sich winzige Tröpfchen, die wir als Wolken sehen. Diese vereinen sich zu größeren Tropfen, die als Regen, manchmal auch als Hagel oder Schnee zur Erde fallen. Das Wasser gelangt über Flüsse in Seen und Meere, von wo aus es wieder verdampft. Diesen Vorgang nennt man auch Wasserkreislauf. Er trägt wesentlich zum Wettergeschehen bei.

Vegetationszonen

Die Erde teilt sich in mehrere Vegetationszonen ein, die von unterschiedlichen Pflanzen und Tieren bewohnt werden. Der Verlauf der Zonen hängt vom Breitengrad und von der Nähe zum Meer sowie von der Höhe über dem Meeresspiegel ab.

Wüste

Stein- und Sandwüsten sind die trockensten Gebiete der Erde. Tagsüber ist es unerträglich heiß, nachts kann die Temperatur dagegen unter den Gefrierpunkt fallen. In manchen Wüsten, wie der Atacama-Wüste in Chile, regnet es oft jahrelang nicht. Meist wachsen dort nur Pflanzen wie robuste Sträucher oder Kakteen, die Wasser speichern können.

Tundra

In der Tundra ist der Boden in tieferen Schichten permanent gefroren, es herrscht sogenannter Permafrost. Hier wachsen nur Moose, Flechten und niedrige Sträucher.

Gemäßigte Zone

In den gemäßigten Breiten, die ungefähr zwischen den jeweiligen Wendekreisen und Polarkreisen liegen, gibt es vier Jahreszeiten mit warmen Sommern und kalten Wintern. Die Vegetation besteht aus Nadelwäldern, Misch- und Laubwäldern.

Steppe

In dieser baum- und strauchlosen Landschaft in Kasachstan wechseln heiße, feuchte Sommer und kühle, trockene Winter ab.

Borealer Nadelwald

In den immergrünen Nadelwäldern mit Fichten, Kiefern, Tannen und Lärchen der Taiga leben zum Beispiel Elche und Rentiere. Der boreale Nadelwald kommt nur auf der Nordhalbkugel vor.

Savanne

Das tropische Grasland liegt als Übergangszone zwischen Wüsten und tropischen Regenwäldern. Hier ist es zwar immer heiß, doch gibt es jährliche Regen- und Trockenzeiten. Es wachsen hohe Gräser sowie Sträucher und einige wenige Bäume.

Tropen

In den Regenwäldern rund um den Äquator ist es heiß und feucht. Diese Regenwälder geben Millionen von Pflanzen- und Tierarten eine Heimat.

Klimazonen

Jede Region der Welt hat ihr eigenes Klima. Man unterscheidet grob fünf Klimazonen. An den Polen, wo die Sonne schräg einfällt, ist es kalt, um den Äquator, wo die Sonne fast senkrecht auf die Erdoberfläche trifft, ist es heiß und tropisch.

Meer

Der größte Lebensraum des Planeten sind die Ozeane und Meere. Je nach Küstennähe, Wassertemperatur und Tiefe lebt dort eine unterschiedliche Vielzahl von Pflanzen- und Tierarten. Viele Arten sind noch gar nicht entdeckt!

Polargebiete

Die unmittelbaren Gebiete rund um die Pole sind von Eis bedeckt, so wie hier Antarktika.

Klimawandel

In den großen Eisschilden auf Grönland und in Antarktika sind wichtige Klimainformationen der Vergangenheit gespeichert. So konnten Klimaforscher die Durchschnittstemperaturen vergangener Zeiten ermitteln. Da gab es drastische Temperaturschwankungen: mal wurde es wärmer, dann wieder kälter.

Es wird wärmer

Seit etwa 2,5 Millionen Jahren leben wir in einer Eiszeit, in der sich Kalt- und Warmphasen abwechseln. Die Warmphasen nennt man auch Zwischeneiszeiten. Nach dem Ende der letzten Kaltphase vor rund 12 000 Jahren begann eine relativ lange, stabile Warmphase, die wir Holozän nennen. Während dieser Zeit wurde der Mensch sesshaft und es entwickelten sich Hochkulturen. Doch heute zeigt sich, dass die Temperaturen seit etlichen Jahrzehnten dramatisch steigen. Während der Eiszeit führten natürliche Ursachen zu Kalt- und Warmphasen, so die veränderte Bahn der Erde um die Sonne oder größere Vulkanausbrüche. An der derzeitigen Klimaveränderung ist mit großer Wahrscheinlichkeit auch der Mensch beteiligt.

Der Einfluss des Menschen

Durch das massenhafte Verbrennen von Kohle, Erdöl und Erdgas verändern wir die chemische Zusammensetzung der Erdatmosphäre. Es gelangt mehr des Treibhausgases Kohlendioxid in die Atmosphäre. Auch andere Eingriffe des Menschen in die Natur setzen weitere Treibhausgase frei, allen voran Methan. Dies geschieht etwa durch großflächigen Reisanbau oder Rinderzucht. Das Roden großer Waldflächen, etwa im Amazonasgebiet, führt dazu, dass es dort weniger regnet. Die Tropen werden somit immer trockener.

Eisbohrungen

Klimaforscher, wie diese beiden Glaziologen, können in Eisbohrkernen wie in einem Buch lesen. Wie warm war es vor Tausenden von Jahren? Wie lange hielten Kalt- und Warmphasen an?

In Eisbohrkernen sind Klimadaten gespeichert.

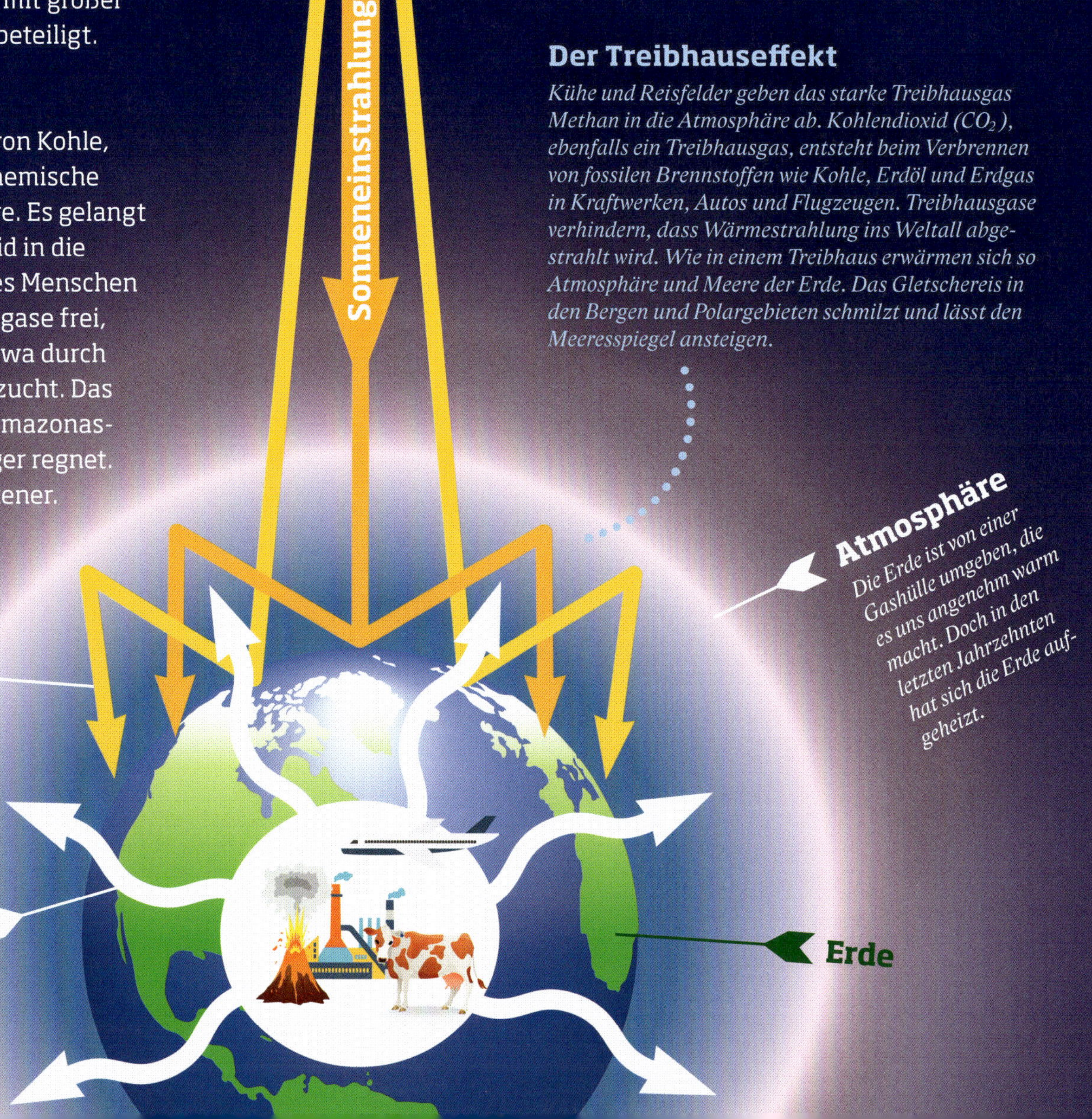

Der Treibhauseffekt

Kühe und Reisfelder geben das starke Treibhausgas Methan in die Atmosphäre ab. Kohlendioxid (CO_2), ebenfalls ein Treibhausgas, entsteht beim Verbrennen von fossilen Brennstoffen wie Kohle, Erdöl und Erdgas in Kraftwerken, Autos und Flugzeugen. Treibhausgase verhindern, dass Wärmestrahlung ins Weltall abgestrahlt wird. Wie in einem Treibhaus erwärmen sich so Atmosphäre und Meere der Erde. Das Gletschereis in den Bergen und Polargebieten schmilzt und lässt den Meeresspiegel ansteigen.

Auswirkungen

Erderwärmung

Der McCarty-Gletscher in Alaska einmal im Jahr 1909 **(1)** *und im Jahr 2004* **(2)**. *Der Gletscher verlor in 95 Jahren 20 Kilometer an Länge.*

Rückgang der Polkappen

In der Arktis geht die Fläche des mehrjährigen Sommereises zurück. Weniger weiße Eisfläche bedeutet, dass weniger Sonnenenergie ins All zurückgeworfen wird. Das wiederum beschleunigt die Erderwärmung.

Stürme

Der Klimawandel führt in manchen Gegenden zu extremem Wetter und zeigt so sein zerstörerisches Gesicht.

Dürrekatastrophe

Während einige Regionen wie Nordeuropa kälter und nässer werden, leiden andere Regionen des Planeten unter Trockenheit und Dürrekatastrophen.

Folgenschwere Veränderungen

Durch die steigenden Temperaturen schmilzt vermehrt Gletschereis und es gelangt mehr Wasser in die Ozeane. Die Zunahme der globalen Durchschnittstemperatur führt zusätzlich zu einer Wärmeausdehnung des Meerwassers, sodass der Meeresspiegel noch weiter steigt. Zwischen 1993 und 2014 stieg der Meeresspiegel jährlich um etwa 3,2 Millimeter. Im Laufe des 20. Jahrhunderts waren es bereits um die 17 Zentimeter. Länder mit flachen Küsten wie Bangladesch oder Küstenstädte wie London, New York und Shanghai sind durch den steigenden Meeresspiegel in Zukunft von Überschwemmungen bedroht. Inselstaaten wie die Malediven könnten sogar ganz untergehen.

Neue Klimazonen?

Aufgrund des Klimawandels verschieben sich auch die Klimazonen. Der Mittelmeerraum könnte demnach zur Wüste werden und nördlich der Alpen könnte es ähnlich warm sein wie derzeit in Sizilien. Das wärmere Erdklima wirkt sich an verschiedenen Orten jedoch unterschiedlich aus. In einigen Regionen könnte es anstatt wärmer sogar kälter werden, während andere Orte in Zukunft vermehrt von extremen Wettersituationen betroffen sein könnten. Es zeichnet sich heute schon ab, dass tropische Wirbelstürme häufiger und auch zerstörerischer auftreten als noch vor einigen Jahren. Durch die veränderten Klimabedingungen wird es in manchen Regionen immer schwieriger, Landwirtschaft zu betreiben, und viele Menschen werden gezwungen sein, ihre Heimat zu verlassen.

Was kann ich tun?

Jeder Einzelne kann helfen, den Klimawandel zu bremsen, indem er Energie spart: Elektrische Geräte, die nicht mehr benötigt werden, am besten ganz ausschalten und nicht auf Stand-by lassen. Eine weitere Möglichkeit ist, die Heizung herunterzudrehen und nur Zimmer zu heizen, die auch genutzt werden. Zudem hilft es, öfter einmal zu Fuß zu gehen oder mit dem Fahrrad zu fahren, anstatt das Auto zu benutzen.

Schon gewusst?

In den Bergen steigen durch die Erderwärmung die Vegetationszonen immer weiter nach oben. Pflanzen, die die Gipfelregionen besiedeln, können aber nicht weiter nach oben ausweichen. Diese Hochgebirgspflanzen werden in Zukunft einfach verschwinden.

Europa

Geologischer Auffahrunfall

Vor etwa 50 Millionen Jahren prallte die Afrikanische Kontinentalplatte auf die Eurasische Platte und die Alpen begannen, sich aufzufalten.

Europa ist eigentlich Teil des Doppelkontinents Eurasien. Da Europa und Asien jedoch unterschiedliche kulturelle und geschichtliche Entwicklungen durchgemacht haben, sieht man Europa und Asien als eigenständige Kontinente an. Als östliche Grenze Europas gelten das Uralgebirge und der Uralfluss. Diese natürlichen Grenzen teilen das große Land Russland in einen europäischen und einen asiatischen Teil. Europa ist der zweitkleinste der sieben Kontinente – kleiner ist nur noch Australien.

Das europäische Puzzle

Europas Küstenlinie ist stark zerklüftet. Ein großer Teil des Kontinents besteht aus Halbinseln, wie die Skandinavische Halbinsel (Norwegen, Schweden und der Nordwesten Finnlands), die Iberische Halbinsel (Portugal, Spanien und Andorra) und das stiefelförmige Italien. Im Atlantik liegen neben vielen kleineren Inseln die großen Inseln Island, Großbritannien und Irland. Größere Mittelmeerinseln sind Sardinien, Korsika, Sizilien und Kreta. Der europäische Kontinent ist keine einheitliche Landmasse, sondern hat sich erst durch komplizierte geologische Prozesse gebildet. Das Ergebnis ist ein landschaftlich vielfältiger Kontinent.

Steckbrief

Europa

Fläche: ca. 10,5 Mio. km²
Anzahl der Länder: 47
Größtes Land: Europäischer Teil Russlands
Kleinstes Land: Vatikanstadt
Bevölkerung: ca. 743 Mio. Einwohner
Bevölkerungsdichte: ca. 71 Einwohner/km²
Größte Stadt: Moskau (ca. 12 Mio. Einwohner)

Im Norden wurden die uralten Gebirge Skandinaviens und der Britischen Inseln durch Erosion abgetragen und vom Eisschild und den Gletschern mehrerer Eiszeiten abgeschliffen. Hier findet man auch einige der ältesten Gesteine des Kontinents. Weiter im Süden erstreckt sich von Westen nach Osten ein Gebirgsbogen von den Pyrenäen über die Alpen bis hin zu den Karpaten. Diese Gebirge sind vergleichsweise jung und damit noch nicht so stark abgetragen.

Von kalt bis heiß

Hoch im Norden überwiegt eine baumlose Tundra, die weiter südlich in Nadelwälder übergeht. Diese weiten Waldgebiete erstrecken sich von Skandinavien bis nach Russland. Im Süden davon befindet sich das West- und Osteuropäische Tiefland mit seinen Mischwäldern. Hier liegen die wichtigsten landwirtschaftlichen Anbaugebiete. In den Wäldern Europas leben unter anderem Hirsche, Rehe und Füchse, stellenweise auch Braunbären und Wölfe. Die Tiefebene geht im Süden in Mittelgebirge und schließlich in eine Hochgebirgskette über. Diese besteht aus den Pyrenäen im Westen, den Alpen sowie den Karpaten und dem Balkan im Osten. Südlich der Alpen und der Pyrenäen herrscht Mittelmeerklima, das bedeutet feuchtmilde Winter und heiße, trockene Sommer. Nördlich der Alpen herrscht eher gemäßigteres Klima. Ganz im Norden – Europa erstreckt sich bis jenseits des Polarkreises – herrscht arktisches Klima mit strengen Wintern.

Höchste Erhebung

Welches nun der höchste Berg Europas ist, hängt davon ab, wo man die geografische Grenze zwischen Europa und Asien zieht. Zählt man das russische Kaukasusgebirge noch zu Europa, so ist der Elbrus mit 5 642 Metern der höchste europäische Gipfel. Meist wird jedoch der Mont Blanc an der Grenze zwischen Frankreich und Italien als höchster Berg Europas bezeichnet. Er ist jedoch nur 4 810 Meter hoch.

Schon gewusst?

Weite Teile Europas liegen in gemäßigten Breiten. Im Vergleich zu anderen Gebieten ähnlicher geografischer Breite anderswo auf der Welt ist das Klima mild. Der Grund dafür ist der warme Golfstrom, der das warme Wasser der Karibik über den Atlantik Richtung Europa führt.

Auch in Europa gibt es vulkanisch aktive Gebiete und manchmal auch Erdbeben. Im Vergleich zu anderen Regionen der Welt bleibt Europa jedoch weitgehend von schwereren Naturkatastrophen verschont.

Stromboli

So viel Sand

Europas größte Wanderdüne, die Dune du Pilat an der französischen Atlantikküste, ist durchaus beeindruckend. Sie ist etwas mehr als einen halben Kilometer breit, 2,9 Kilometer lang und rund 110 Meter hoch.

40°W
20°W
0°
20°O
40°O
60°O
80°O
N
W
O
S
Franz-Josef-Land
(Russland)
Grönland
(Dänemark)
Spitzbergen
(Norwegen)
Nowaja Semlja
(Russland)
Nördlicher Polarkreis
Jan Mayen
(Norwegen)
Europäisches Nordmeer
ISLAND
60°N
Färöer
(Dänemark)
Shetland-Inseln
(Großbritannien)
Hebriden
(Großbritannien)
Orkney-Inseln
(Großbritannien)
NORWEGEN
FINNLAND
SCHWEDEN
RUSSLAND
Gotland
(Schweden)
ESTLAND
LETTLAND
Nordsee
IRLAND
DÄNEMARK
Ostsee
LITAUEN
RUSSLAND
GROSS-BRITANNIEN
Atlantischer Ozean
NIEDER-LANDE
WEISSRUSSLAND
KASACHSTAN
Kanalinseln
(Großbritannien)
POLEN
BELGIEN
DEUTSCHLAND
LUXEMBURG
TSCHECHISCHE REPUBLIK
UKRAINE
Kaspi-sches Meer
LIECHTENSTEIN
SLOWAKEI
FRANKREICH
SCHWEIZ
ÖSTERREICH
MOLDAU
UNGARN
3
SLOWENIEN
1
RUMÄNIEN
Krim
(von Russland kontrolliert)
KROATIEN
ANDORRA
GEORGIEN
40°N
BOSNIEN U. HERZEGOWINA
SERBIEN
ASERBAIDSCHAN
MONACO
SAN MARINO
Schwarzes Meer
PORTUGAL
Korsika
(Frankreich)
MONTENEGRO
BULGARIEN
KOSOVO
SPANIEN
ITALIEN
MAZEDONIEN
TÜRKEI
VATIKAN-STADT
Balearen
(Spanien)
ALBANIEN
TÜRKEI
2
Sardinien
(Italien)
GRIECHENLAND
Sizilien
(Italien)
SYRIEN
MAROKKO
MALTA
ZYPERN
LIBANON
ALGERIEN
TUNESIEN
Mittelmeer
Kreta
(Griechenland)
ISRAEL
500 km
Gazastreifen
0°
LIBYEN
20°O
ÄGYPTEN

Europa

Im kleinsten anerkannten Staat der Welt, dem Vatikan, leben nur etwa 800 Personen.

Vatikanstadt

Der Name des Kontinents stammt aus der griechischen Sagenwelt. Die schöne Prinzessin Europa lebte vor etwa 3 000 Jahren in Phönizien, einem Königreich in Asien. Als der Göttervater Zeus sie zum ersten Mal sah, verwandelte er sich in einen Stier. Er gab sich zutraulich und Europa begann, mit ihm zu spielen – sie setzte sich sogar auf seinen Rücken. Zeus nutzte die Gelegenheit und entführte Europa übers Meer auf die griechische Insel Kreta. Dort verwandelte er sich zurück und gestand ihr seine Liebe. Aus der Verbindung gingen drei Kinder hervor. Zu Ehren Europas wurde der ganze Kontinent, zu dem die Insel Kreta gehört, nach ihr benannt.

Der Kontinent und seine Länder

Europa besteht aus 46 Ländern – mit Zypern, das geografisch zu Asien, politisch und kulturell jedoch zu Europa gezählt wird, sind es 47 Länder. Geografisch werden auch die westlichen Teile der Türkei und Russlands zu Europa gerechnet, wobei die europäischen Teile dieser Länder sehr viel kleiner sind als die asiatischen. Dennoch ist der europäische Teil Russlands mit knapp vier Millionen Quadratkilometern größer als jeder andere europäische Staat. Dagegen ist Vatikanstadt mit nur 0,44 Quadratkilometern das kleinste Land der Welt.

Europa und seine Kolonien

Ab Ende des 15. Jahrhunderts erkundeten europäische Seefahrer Nord- und Südamerika, Afrika, Asien und Australien sowie die pazifische Inselwelt. Die Europäer hatten in Übersee viele Gebiete, die sie für ihr Land in Besitz genommen hatten, die sogenannten Kolonien. Besonders viele Kolonien hatten Spanien und Portugal, später auch Großbritannien. Auch Deutschland besaß bis zum Ersten Weltkrieg Kolonien, unter anderem in Ostafrika (heute: Tansania) und Südwestafrika (heute: Namibia). Die meisten ehemaligen Kolonien sind heute unabhängige Staaten.

Europa im Wandel

Die politischen Grenzen in Europa haben sich im Laufe der Geschichte stetig verändert. Aus Königreichen und kleinen Fürstentümern wurden größere Nationalstaaten. Nach den beiden Weltkriegen (1914–1918 und 1939–1945) und dem Zusammenbruch des Kommunismus in Osteuropa gegen Ende des 20. Jahrhunderts wurden die Grenzen teilweise neu gezogen. Da in der Vergangenheit viele europäische Länder gegeneinander Krieg geführt hatten, beschloss man nach dem Zweiten Weltkrieg, alles zu tun, damit die Menschen Europas in Frieden und Wohlstand zusammenleben können. So entstand die Europäische Union, der heute 28 Länder angehören.

Druckfrisch

Im 19. Jahrhundert wurde der Buchdruck an die neuen industriellen Gegebenheiten angepasst. Dampfbetriebene Druckmaschinen sorgten für eine schnellere Verbreitung von Informationen.

Angeberwissen

- Europa wurde stark von der Kunst und Wissenschaft des antiken Griechenland geprägt.
- In Athen, der heutigen Hauptstadt Griechenlands, wurde vor rund 2 500 Jahren die Demokratie als neue Staatsform erschaffen.

Römische Wurzeln

Auch die alten Römer hatten mit ihrer Architektur, ihrer Sprache und ihren Gesetzen großen Einfluss auf Europa.

Volle Fahrt voraus!

Die industrielle Revolution, die von England ausging und sich schnell über Europa ausbreitete, kennzeichnet den Übergang von Handarbeit zur Fabrikarbeit. Heute zählt Europa zu den bedeutendsten Wirtschaftsregionen der Welt.

Dampftraktor

Grönland
(Dänemark)
Franz-Josef-Land
(Russland)
N
W
Nowaja
Semlja
(Russland)
Spitzbergen
(Norwegen)
Jan Mayen
(Norwegen)
Europäisches
Nordmeer
Reykjavík
ISLAND
Färöer
(Dänemark)
Shetland-Inseln
(Großbritannien)
Hebriden
(Großbritannien)
Orkney-
Inseln
(Großbritannien)
SCHWEDEN
FINNLAND
NORWEGEN
Oslo
Helsinki
RUSSLAND
Stockholm
Tallinn
ESTLAND
Gotland
(Schweden)
Nordsee
Riga
LETTLAND
Moskau
IRLAND
Dublin
DÄNEMARK
Kopenhagen
Ostsee
LITAUEN
Vilnius
GROSS-
BRITANNIEN
RUSSLAND
NIEDER-
LANDE
Minsk
London
Amsterdam
Atlantischer
Ozean
WEISSRUSSLAND
Warschau
Berlin
Kanalinseln
(Großbritannien)
Brüssel
POLEN
BELGIEN
DEUTSCHLAND
Kiew
Paris
Luxemburg
Prag
LUXEMBURG
TSCHECHISCHE
REPUBLIK
UKRAINE
SLOWAKEI
LIECHTENSTEIN
Wien
Bratislava
Kaspi-
sches
Meer
Bern
Vaduz
Budapest
MOLDAU
FRANKREICH
SCHWEIZ
ÖSTERREICH
Kischinau
UNGARN
Ljubljana
RUMÄNIEN
SLOWENIEN
Zagreb
Krim
(von Russland
kontrolliert)
KROATIEN
Belgrad
GEORGIEN
ANDORRA
BOSNIEN U.
HERZEGOWINA
Bukarest
PORTUGAL
Andorra
la Vella
MONACO
SAN MARINO
SERBIEN
Schwarzes Meer
Madrid
Sarajevo
BULGARIEN
Lissabon
Korsika
(Frankreich)
MONTENEGRO
Priština
Sofia
SPANIEN
Rom
Podgorica
KOSOVO
Tirana
Skopje
ITALIEN
VATIKAN-
STADT
MAZEDONIEN
ALBANIEN
Balearen
(Spanien)
GRIECHENLAND
Sardinien
(Italien)
Athen
Sizilien
(Italien)
Valletta
MALTA
Nikosia
ZYPERN
LIBANON
Mittelmeer
Kreta
(Griechenland)
ISRAEL
Gazastreifen
500 km
ÄGYPTEN

Europa und die Europäische Union

Europaflagge

Der Kreis aus zwölf goldenen Sternen auf blauem Grund steht für die Gemeinschaft und den Frieden zwischen den derzeit 28 Ländern der EU. Blau symbolisiert den Himmel und die Sterne die verschiedenen Völker Europas. Die Anzahl der Sterne wie auch der Kreis sind Zeichen für Harmonie und Einheit.

Nach dem Ende des Zweiten Weltkriegs (1939–1945) beschlossen die Politiker, in Zukunft enger in Europa zusammenzuarbeiten und Probleme auf friedliche Weise zu lösen. Die Idee für ein gemeinsames Europa wurde 1950 vorgetragen. Sechs Staaten schlossen sich zu einem Bündnis zusammen – nach und nach kamen weitere Staaten hinzu, darunter auch ehemals kommunistische Staaten in Osteuropa. Heute gehören der Europäischen Union, kurz EU, 28 Länder an. Weitere Länder sind Beitrittskandidaten oder interessieren sich für eine Mitgliedschaft.

Frieden und Wohlstand

Die Länder dieser Gemeinschaft sollen sich gegenseitig unterstützen und miteinander Handel treiben. Alle Bürgerinnen und Bürger der EU haben die gleichen Grundrechte und Grundfreiheiten und damit auch die gleichen Chancen. Von den 28 EU-Ländern benutzen 19 dieselbe Währung: den Euro. Die gemeinsame Währung erleichtert seit 2002 das Reisen und den Handel innerhalb der Mitgliedstaaten. EU-Bürger können ohne Kontrolle die Grenzen passieren und in anderen EU-Ländern studieren oder arbeiten.

Eine große Familie

Anders als die Vereinigten Staaten von Amerika (USA), die zentral von einer Hauptstadt aus und durch eine Regierung verwaltet werden, ist die Europäische Union ein Zusammenschluss von Staaten, die alle ihre eigenen Regierungen beibehalten. Die EU gleicht daher eher einer großen Familie, mit zum Teil gegensätzlichen Meinungen und Interessen. Deshalb ist es notwendig, dass Probleme in Versammlungen, Sitzungen und Ausschüssen diskutiert und geklärt werden. Der Hauptsitz der EU ist Brüssel in Belgien. Dort tagt häufig auch das Europäische Parlament. Dessen 751 Abgeordnete werden alle fünf Jahre direkt von den EU-Bürgern gewählt. In Brüssel kommen auch Regierungschefs zusammen, die gemeinsam den Europäischen Rat bilden und wichtige Fragen zur Zukunft der EU besprechen. Wie kann man verschuldeten Ländern der Gemeinschaft helfen? Wie die europäische Forschung und Wirtschaft stärken? Wie kann Europa Flüchtlingen aus Kriegsgebieten helfen? Das Europäische Parlament und der Rat beschließen zudem europäische Gesetze. Die Europäische Kommission kontrolliert deren Einhaltung und schlägt neue Gesetze vor.

Fakten zur EU

- Europa hat am 9. Mai Geburtstag. An diesem Tag im Jahr 1950 hat der französische Außenminister Robert Schuman vorgeschlagen, dass die einstigen Gegner Frankreich und Deutschland gemeinsam Handel mit Kohle und Stahl betreiben sollten. Dieser Pakt sollte beiden Ländern zu Frieden und Wohlstand verhelfen.
- 1951 gründeten Frankreich, Deutschland, Italien, Belgien, Luxemburg und die Niederlande die Europäische Gemeinschaft für Kohle und Stahl. Daraus entwickelte sich später die Europäische Union.
- Mehr als 500 Millionen Menschen leben heute in Ländern der Europäischen Union.
- Die EU hat auch eine eigene Hymne. Die Melodie stammt aus der Neunten Symphonie, die Ludwig van Beethoven 1824 komponiert hat. Er hat damit die »Ode an die Freude« von Friedrich Schiller vertont.

Die Europahymne besteht nur aus Noten und hat keinen Text, denn keine europäische Sprache soll bevorzugt werden.

Gemeinsam forschen

Die EU setzt sich besonders für den Schutz der Umwelt ein. Sie unterstützt technologische und wissenschaftliche Entwicklungen, etwa Forschungseinrichtungen wie das CERN mit seinem großen Teilchenbeschleuniger. Solche teure Einrichtungen könnte sich ein einzelnes Land gar nicht leisten. Auch ist Europa an großen internationalen Projekten beteiligt, die über die Kontinentgrenzen hinausgehen – so an der Internationalen Raumstation ISS und an der Entwicklung eines großen Forschungsfusionsreaktors, der im südfranzösischen Cadarache entsteht. Solche Großforschungseinrichtungen sowie internationale Forschungsprogramme helfen, gemeinsam die großen Probleme der Gegenwart und Zukunft zu lösen.

An die 200 Parteien sind im Europäischen Parlament vertreten. Die EU-Parlamentarier entscheiden unter anderem über den EU-Haushalt, also wofür Geld ausgegeben wird.

Im Europäischen Jugendparlament können sich Jugendliche im Alter von 16 bis 22 Jahren über aktuelle politische und gesellschaftliche Probleme austauschen. Wichtige Themen sind Umweltschutz, Menschenrechte und natürlich Kinder und Jugendliche und ihre Zukunft in Europa.

Mitgliedstaaten

Die Europäische Union vergrößert sich seit ihrer Gründung stetig. Den sechs Gründungsstaaten schlossen sich ab 1973 immer weitere europäische Staaten an. Es wurden neue Arbeitsplätze geschaffen, die Nahrungsmittelproduktion sichergestellt und ärmeren Mitgliedern geholfen. Allerdings standen sich lange Jahre die verfeindeten westlichen Demokratien und ein kommunistisches Osteuropa gegenüber. Man nennt diese Zeit auch den Kalten Krieg. Die Spaltung in Ost- und Westeuropa wurde 2004 aufgehoben, als ehemalige Ostblockländer der EU beitraten. Seit 2013 hat die EU 28 Mitglieder.

- seit 1951
- seit 1973
- seit 1981
- seit 1986
- seit 1995
- seit 2004
- seit 2007
- seit 2013

Schon gewusst?

In der EU gibt es 24 verschiedene Amtssprachen. Dolmetscher übersetzen bei Vorträgen und Abstimmungen zeitgleich, damit alle Anwesenden den Redner verstehen. Auch unzählige Papiere, Vorlagen, Gesetze und andere Dokumente werden von Übersetzern in andere Amtssprachen übersetzt.

Nordwesteuropa

Als der Eyjafjallajökull 2010 auf Island ausbrach, musste wegen der Aschewolke der Flugverkehr in Nord- und Mitteleuropa für mehrere Tage eingestellt werden.

Nordwestlich des europäischen Festlands liegen die Britischen Inseln, deren größte Inseln Großbritannien und Irland sind. Weiter im Nordwesten, am nördlichen Polarkreis, liegt die Insel Island.

Die Britischen Inseln

Die Hauptinsel Großbritannien besteht aus den drei Landesteilen England, Wales und Schottland. Die Insel Großbritannien ist im Westen von der Irischen See und dem Nordatlantik umgeben, im Osten von der Nordsee und im Süden vom Ärmelkanal. Mit einer Fläche von rund 219 331 Quadratkilometern ist sie die größte Insel des europäischen Kontinents.

Hügeliges England und Wales

England nimmt den mittleren und südlichen Teil der Insel Großbritannien ein, der meist eben ist und nur sehr wenige hügelige Landschaften aufweist. Die höchste Erhebung, der Scafell Pike im Norden Englands, misst gerade mal 978 Meter. Im Westen liegt Wales, eine gebirgige Region mit Hochplateaus, die stellenweise in bis zu 130 Meter hohen Klippen zum Meer hin steil abfallen. An den vielen Buchten der West- und Südwestküste von Wales liegen beliebte Seebäder, die eine lange Tradition als Badeorte besitzen. Zwar ist Wales weitaus hügeliger als England; dennoch misst der höchste Berg, der Snowdon, lediglich 1 085 Meter.

Berge, Seen, Küste

Den Norden Großbritanniens nimmt das gebirgige Schottland ein, mit einer stark zerklüfteten Küstenlinie und vielen Seen, die hier »Loch« heißen. Im Norden Schottlands befindet sich ein Grabenbruch, in dem eine Kette von Seen aufgereiht ist, darunter auch der berühmteste See Schottlands: Loch Ness. In ihm soll angeblich ein Seeungeheuer leben. Dieser Graben teilt das Hochland in einen nördlichen und einen südlichen Teil. Vor der schottischen Küste liegen im Nordwesten die Inselgruppen der Inneren und Äußeren Hebriden, im Nordosten die Orkney-Inseln und die Shetland-Inseln.

Schon gewusst?

Loch Ness ist ein großer Süßwassersee Großbritanniens. Berühmt ist das Gewässer für sein saurierähnliches Seeungeheuer, für das es jedoch keine Beweise gibt. Alle bisher aufgetauchten Fotos sind Fälschungen.

In den aus dem Jura stammenden Kreideschichten in der Küste Südenglands finden sich Fossilien wie Seeigel, Muscheln, Schnecken und sogar Fischsaurier.

Die Grüne Insel

An den zahlreichen steilen Klippen an Irlands schroffer Küste nisten viele Seevögel. In manchen Regionen Irlands regnet es an 270 Tagen im Jahr. Das feuchte und milde Klima führt zu saftigen Wiesen, die sich für die Schafzucht eignen. Irland wird wegen seiner weitläufigen Wiesenlandschaften auch Grüne Insel genannt. Schätzungsweise acht Millionen Schafe grasen auf Irlands Weiden – das sind etwa doppelt so viele, wie Menschen im Land leben. Dabei geht es den Schafzüchtern nicht um Fell oder Wolle, sondern in erster Linie um Lammfleisch, das in andere Länder exportiert wird. Berühmt ist Irland auch für seine Pferde. Aus irischen Gestüten stammen viele der besten Vollblutpferde.

Feuer und Eis

Auf halber Strecke zwischen Europa und Nordamerika liegt beim nördlichen Polarkreis die Insel Island. Den Namen, der Eisland bedeutet, verdankt die Insel ihren vielen Gletschern. Im Südosten Islands liegt Europas mächtigster Eisstrom: der bis zu 1 000 Meter dicke Vatnajökull. Island ist zugleich eine vulkanische Insel und Teil des Mittelatlantischen Rückens. An dieser Nahtstelle quillt stets neue Lava aus dem Erdmantel. Von den rund 130 Vulkanen Islands gelten 30 als potenziell aktiv. Die Hitze des Erdmantels speist auch zahlreiche heiße Quellen und Geysire, die auf beeindruckende Weise Wasserfontänen in die Höhe schießen.

Giant´s Causeway – Damm des Riesen

Mehr als 40 000 bis zu 25 Meter hohe sechseckige Basaltsäulen reihen sich hier aneinander. Die Steinsäulen sind durch vulkanische Eruption vor rund 60 Millionen Jahren entstanden. Es handelt sich dabei um erstarrte Lava. Die Steinformationen tragen Namen wie »Stiefel des Riesen«, »Kamel« oder »Großmutter des Riesen«.

Akureyri
ISLAND
Thjórsá
Vatnajökull
Reykjavík
Hekla
1491
Hvannadalshnúkur
2110
Eyjafjallajökull
1651
100 km
ISLAND
Shetland-
Inseln
(Großbritannien)
N
W
O
S
Orkney-
Inseln
(Großbritannien)
Äußere
Hebriden
(Großbritannien)
Kaledonischer
Kanal
Nordsee
Highlands
Aberdeen
Loch
Ness
SCHOTTLAND
GRAMPIAN MOUNTAINS
Ben Nevis
1343
Dundee
Tay
Innere
Hebriden
(Großbritannien)
Loch
Lomond
Glasgow
Edinburgh
Tweed
SOUTHERN UPLANDS
1
Newcastle
upon Tyne
Bann
NORDIRLAND
Scafell
Pike
978
GROSSBRITANNIEN
Lough
Neagh
Belfast
Lough
Erne
PENNINES
Ouse
Kingston
upon Hull
Shannon
Erne
Man
(Großbritannien)
Leeds
Lough
Corrib
Lough
Ree
Anglesey
Liverpool
Manchester
Dublin
IRLAND
Irische
See
Galway
Snowdon
1085
Nottingham
Norwich
Trent
Lough
Derg
Barrow
CAMBRIAN MOUNTAINS
Leicester
Suir
Great
Ouse
Severn
Birmingham
Northampton
St.-Georgs-
Kanal
Blackwater
Garrauntoohill
1041
Wye
ENGLAND
Cork
WALES
Oxford
London
Cardiff
Bristol
Themse
Dover
Keltische
See
Salisbury
Southampton
Portsmouth
Straße
von
Dover
Cornwall
Plymouth
Wight
(Großbritannien)
Der Kanal
(Ärmelkanal)
Atlantischer
Ozean
Scilly-
Inseln
(Großbritannien)
Guernsey
Kanalinseln
(Großbritannien)
Jersey
FRANKREICH
100 km

Nordwesteuropa

Big Ben

Sowohl der Turm des Londoner Parlamentsgebäudes, der eigentlich Elizabeth Tower heißt, als auch dessen Glocke werden Big Ben genannt.

Politisch gliedern sich die Britischen Inseln in die Staaten Großbritannien und Irland. Großbritannien ist eine Union, also ein Zusammenschluss, aus den ehemals unabhängigen Ländern England, Wales und Schottland sowie Nordirland. Hauptstadt und Regierungssitz dieser Verbindung, die Vereinigtes Königreich Großbritannien und Nordirland genannt wird, ist London. Zwar ist Großbritannien ein Königreich, doch trifft nicht die Königin oder der König die Entscheidungen, sondern vom Volk gewählte Volksvertreter. Regierungschef ist der Premierminister. Der größere Teil der irischen Insel ist die eigenständige Republik Irland, die von der Hauptstadt Dublin aus regiert wird.

Kolonialmacht

Großbritanniens Könige und Königinnen regierten einst ein riesiges, weltumspannendes Reich mit zahlreichen Kolonien, etwa in Nordamerika, Indien, Australien und Afrika. Heute sind die meisten ehemaligen Kolonien unabhängig und das Vereinigte Königreich Großbritannien und Nordirland und dessen ehemalige Kolonien bilden das Commonwealth of Nations – eine lose Verbindung unabhängiger Staaten, der 53 Länder angehören. Zudem unterhält das Vereinigte Königreich noch 14 britische Überseegebiete. Nur eines davon, nämlich Gibraltar, liegt in Europa. Alle anderen sind über den ganzen Erdball verstreut.

Eisen – Erdöl – Banken

Einst war die Schwerindustrie der wichtigste Wirtschaftszweig Großbritanniens, doch Kohle und Eisen haben inzwischen an Bedeutung verloren. Heute wird vor der britischen Küste in der Nordsee Erdöl und Erdgas gefördert. Produziert werden Konsumgüter, Autos, Maschinen, chemische und pharmazeutische Produkte. Die Hauptstadt London zählt mit der Londoner Börse sowie den Banken und Versicherungen zu den großen Finanzzentren der Welt.

Gespaltenes Irland

Die Engländer eroberten 1171 die Insel Irland, doch erst 1541 konnte König Heinrich VIII. die englische Herrschaft über die Insel durchsetzen. Als im 16. Jahrhundert Engländer und Schotten mit protestantischem Glauben auf die irische Insel übersiedelten, wehrten sich die überwiegend katholischen Iren. Wegen ihrer unterschiedlichen Religion kam es auf der Insel immer wieder zu Auseinandersetzungen. 1920 spaltete sich der Süden Irlands schließlich ab und aus Südirland wurde der Irische Freistaat. Aber erst 1998 wurde ein Friedensabkommen zwischen Nord- und Südirland unterzeichnet.

Island

Geologisch gesehen liegt Island zu einer Hälfte auf dem amerikanischen und zur anderen Hälfte auf dem europäischen Kontinent. Doch politisch und kulturell gehört es eindeutig zu Europa. Die ersten Siedler Islands waren Wikinger, die im 9. Jahrhundert aus Norwegen kamen. Heute leben auf der Insel etwa 348 600 Menschen.

Dudelsack

Denken wir an Schottland, dann fallen uns Männer im Kilt ein – so heißt das rockartige, karierte Kleidungsstück – und natürlich der Dudelsack. Das schottische Nationalinstrument wird bei jeder Gelegenheit gespielt – beim Sport, bei Hochzeiten und bei großen Festen.

Eurostar – Zug unter dem Meer

Lange Zeit gab es nur zwei Möglichkeiten, um vom europäischen Festland nach Großbritannien zu gelangen: das Flugzeug oder die Fähre. Seit 1994 verbinden diese Hochgeschwindigkeitszüge die beiden Hauptstädte Paris und London, indem sie durch den Eurotunnel unter dem Ärmelkanal rasen.

Stonehenge

Im Süden Englands, bei Salisbury, befindet sich Stonehenge. Das 5 000 Jahre alte Monument wurde aus tonnenschweren Steinen errichtet, die aus weit entfernten Steinbrüchen herangeschafft wurden. Es handelte sich dabei wahrscheinlich um einen wichtigen Kultplatz und ein Sternenobservatorium.

Unglaublich!

Viele Isländer sind sich sicher, dass es Elfen, Feen, Gnome und Trolle auf der Insel gibt. Diese Naturgeister leben der Sage nach in bestimmten Steinformationen, die zum isländischen Kulturgut gehören. Elfen- und sagenkundige Menschen werden deshalb bei der Planung neuer Straßen hinzugezogen. Notfalls muss eine neue Straße eben einfach verlegt werden.

ISLAND
Akureyri
Reykjavík
Thjórsá
100 km
ISLAND
Shetland-Inseln (Großbritannien)
N
W
O
S
Orkney-Inseln (Großbritannien)
Äußere Hebriden (Großbritannien)
Kaledonischer Kanal
Nordsee
Loch Ness
Aberdeen
SCHOTTLAND
Dundee
Tay
Innere Hebriden (Großbritannien)
Loch Lomond
Glasgow
Edinburgh
Tweed
Newcastle upon Tyne
Bann
NORDIRLAND
Lough Neagh
Belfast
Lough Erne
GROSSBRITANNIEN
Kingston upon Hull
Ouse
Shannon
Erne
Man (Großbritannien)
Leeds
Liverpool
Anglesey
Manchester
Lough Corrib
Lough Ree
Dublin
IRLAND
Galway
Irische See
Nottingham
Trent
Norwich
Lough Derg
Barrow
Suir
Leicester
Great Ouse
Birmingham
Severn
Northampton
Blackwater
St.-Georgs-Kanal
Wye
ENGLAND
Cork
WALES
Oxford
London
Cardiff
Bristol
Themse
Dover
Keltische See
Salisbury
Southampton
Portsmouth
Straße von Dover
Wight (Großbritannien)
Plymouth
Der Kanal (Ärmelkanal)
Atlantischer Ozean
Scilly-Inseln (Großbritannien)
Guernsey
Kanalinseln (Großbritannien)
Jersey
FRANKREICH
100 km

Nordeuropa

Du befindest dich hier:

Ein Drittel der Landesfläche Norwegens liegt nördlich des Polarkreises. Hier kann man ein besonderes Lichtspektakel am Himmel beobachten: das Nordlicht.

Im Norden Europas liegt die Skandinavische Halbinsel mit Norwegen, Schweden und dem Nordwesten Finnlands. Dänemark, das aus der Halbinsel Jütland und 490 Inseln besteht, bildet den Übergang von Skandinavien nach Mitteleuropa.

Vom Eis geformt

Während der letzten Eiszeit waren Dänemark und Skandinavien von einem dicken Eispanzer bedeckt. Dessen enormes Gewicht drückte die Erdkruste in den Erdmantel hinein, sodass weite Teile Skandinaviens unter dem Meeresspiegel lagen. Als vor etwa 10 000 Jahren das Eis zu schmelzen begann, hob sich das Land wieder um insgesamt 800 Meter. Die Hebung ist auch heute noch nicht abgeschlossen: Der Norden Skandinaviens steigt jedes Jahr um etwa einen Zentimeter, die schwedische Hauptstadt Stockholm immerhin noch um rund vier Millimeter.

Land der Seen und Inseln

Aus der Luft betrachtet wirkt Finnland wie ein Mosaik aus Wäldern, Mooren und Seen. Etwa 42 000 Seen, die kleineren nicht mitgezählt, bilden die größte Seenplatte Europas. In diesen Seen und in der Ostsee vor der Küste Finnlands liegen unzählige kleinere Inseln.

Land der Fjorde

Norwegens Küstenlinie ist von zahlreichen Fjorden geprägt; das sind Meeresarme, die tief ins Landesinnere reichen. Es sind eiszeitliche Gletschertäler, die mit Meerwasser vollgelaufen sind. In einigen Fjorden und vor der Küste Norwegens gibt es in dunkler Tiefe sogar Korallenriffe. Diese Kaltwasserkorallen kommen ohne Sonnenlicht aus, wachsen jedoch nur sehr langsam.

Land zwischen den Meeren

Dänemark ist ein ebenes Land und setzt das Norddeutsche Tiefland fort, das aus Ablagerungen der Eiszeit besteht. Der Westen der Halbinsel Jütland ist flach, im Osten machen die eiszeitlichen Moränen die Landschaft etwas hügeliger. Moränen sind von Gletschern abgelagerter Gesteinsschutt. Die höchste Erhebung Dänemarks beträgt lediglich 173 Meter. Fast die Hälfte der Landesfläche besteht aus Inseln.

Die Färöer-Inseln

Auf halbem Weg zwischen Schottland und Island liegen die Färöer-Inseln, eine Inselgruppe, die unterseeische Vulkane vor rund 60 Millionen Jahren aus dem Wasser wachsen ließen. Die Eismassen der Eiszeit haben u-förmige Trogtäler hineingeschliffen. Nach dem Abschmelzen des Eises flossen diese mit Meerwasser voll. So bildete sich die heutige Küstenlandschaft mit Fjorden, Buchten und Sunden. Auf den Färöer-Inseln herrscht launisches Wetter mit stürmischen Winden, dichtem Nebel und häufigen Niederschlägen.

Das Nordkap auf der norwegischen Insel Magerøya gilt oft als nördlichster Punkt Europas – ist es jedoch nicht. Dennoch zieht der markante Punkt zahlreiche Touristen an. Viele kommen hierher, um die Mitternachtssonne zu sehen.

In den Fjorden Norwegens sind die Küsten meist besiedelt. Die bunten Holzhäuser sind typisch für nordische Länder.

Angeberwissen

- Fjord: ein tief ins Landesinnere hineinreichender Meeresarm. Norwegen ist berühmt für seine vielen Fjorde.
- Sund: Meerenge. Stelle eines Meeres, wo sich zwei Landmassen sehr nahekommen und das Meer entsprechend enger wird.
- Isthmus: auch Landenge genannt. Das Gegenstück einer Meerenge ist jene Stelle, die zwei größere Landmassen miteinander verbindet und die beiderseits von Wasser begrenzt ist.

Nordkap
Tórshavn
Färöer
(Dänemark)
20 km
Färöer
(Dänemark)
Vadsø
Tana
Pasvikälv
Tromsø
Haltitunturi
1324
Finnmark
Altaelv
Inarisee
Vesterålen
(Norwegen)
Lofoten
(Norwegen)
Muonio älv
Lappland
Porttipahta Stausee
Lokka-Stausee
Ounasjoki
Luirojoki
Kebnekajse
2111
Bodø
Skandinavisches Gebirge
Kalixälven
Torne älv
Rovaniemi
Kemijoki
Yli-Kitka
Lule älv
Piteälven
Iijoki
Oksskolten
1916
Uddjaure
Luleå
RUSSLAND
Oulu
Kiantasee
Skellefte älv
Vindelälven
Oulujoki
Oulusee
Europäisches Nordmeer
Ångermanälven
Ume älv
Kajaani
Steinkjer
Kokkola
Suomenselkä
Umeå
Pielinen-See
Trondheim
Norrland
Kuopio
Joensuu
Molde
Storsee
Indalsälven
Vaasa
Östersund
Keitele
Kalla-see
Orisee
NORWEGEN
Härnösand
Seinäjoki
FINNLAND
Haukisee
SCHWEDEN
Näsisee
Galdhøpiggen
2469
Mikkeli
Bottnischer Meerbusen
Päijenne
Hermansverk
Österdalälven
Ljusnan
Pori
Salpausselkä
Sognefjord
Lågen
Dalarna
Tampere
Saimaa-see
Lillehammer
Glomma
Bergen
Lahti
Kouvola
Falun
Gävle
Åland
(Finnland)
HARDANGER-VIDDA
Klarälven
Turku
Helsinki
Oslo
Tamnaren
Finnischer Meerbusen
Svealand
Mariehamn
(Maarianhamina)
Västerås
Uppsala
Hiiumaa
(Estland)
Stavanger
Tønsberg
Karlstad
Örebro
Mälarsee
Stockholm
Glåma
ESTLAND
Hjälmarsee
Arendal
Väner-see
Nyköping
Saaremaa
(Estland)
Göta-Kanal
Skagerrak
Kristiansand
Vätter-see
Linköping
Rigaischer Meerbusen
Göta älv
Göteborg
Jönköping
Visby
Gotland
(Schweden)
Aalborg
Nordsee
Götaland
LETTLAND
Kattegat
Jütland
Bolmen
Växjö
Viborg
Halmstad
Åsnen
Öland
(Schweden)
Kalmar
DÄNEMARK
Hillerød
Karlskrona
Vejle
Kopenhagen
(København)
Malmö
Ostsee
LITAUEN
WEISS-RUSSLAND
Nordfriesische Inseln
(Deutschland)
Seeland
(Dänemark)
Bornholm
(Dänemark)
RUSSLAND
200 km
DEUTSCHLAND
POLEN
N
W
O
S

Nordeuropa

Aus geschichtlicher und kultureller Sicht fasst man unter Skandinavien Norwegen, Schweden und meist auch Dänemark zusammen. Oft zählt man auch noch die Färöer-Inseln dazu. Diese Länder sind industriell hoch entwickelt und gehören zu den wohlhabendsten der Welt.

Eine der wichtigsten Pflanzensamenbanken befindet sich auf der arktischen Insel Spitzbergen, die zu Norwegen gehört. In unterirdischen Kammern, die tief im Berg angelegt sind, lagern bei Minusgraden Millionen von Pflanzensamen aus aller Welt.

So viel Holz

Große Teile Finnlands, Schwedens und Norwegens sind dicht bewaldet. Diese Länder sind auch die wichtigsten Lieferanten unter anderem für Fichten- und Kiefernholz. Daraus werden Papier, Möbel und Bauholz hergestellt. Die schier endlosen Wälder und die zahlreichen Seen locken viele Touristen an. Sie sind eine weitere wichtige Einnahmequelle dieser Länder.

Viel Landschaft – wenig Menschen

Finnland, Schweden und Norwegen sind dünn besiedelt. Weite Teile des Landesinneren sind bergig und weil die meisten Flüsse nicht schiffbar sind, lebt der Großteil der Bevölkerung in Städten und Dörfern entlang der Küsten und an den Ufern der Seen. So liegen auch alle Hauptstädte am Meer: Helsinki (Finnland), Stockholm (Schweden) und Oslo (Norwegen). Die Einwohner genießen einen hohen Lebensstandard mit einem vorbildlichen Bildungssystem und guter sozialer und medizinischer Versorgung.

Nord- und Ostsee

Die dänische Halbinsel Jütland trennt Nord- und Ostsee voneinander. Die Nordsee ist im Durchschnitt ein nur knapp hundert Meter tiefes Schelfmeer des Atlantischen Ozeans. Als wichtiger Handelsweg gehört es zu den am dichtesten befahrenen Schifffahrtsregionen der Welt. Containerschiffe und Tanker aus aller Welt fahren über die Nordsee die großen Häfen Europas an. Fährt man um Dänemark herum nach Osten, so gelangt man in die Ostsee, unter anderem auch nach Norwegen, Schweden und Finnland.
Im Gegensatz zur Nordsee wirken sich in der Ostsee die Gezeiten nicht so stark aus. So kann im Winter die Ostsee an manchen Stellen an der Oberfläche zufrieren. Um den Schiffsverkehr aufrechtzuerhalten, müssen Eisbrecher mit gepanzertem Bug und starken Motoren das Eis in den Häfen aufbrechen und Fahrrinnen schaffen.

Schafsinseln

Zu Dänemark gehört auch die autonome, also selbstständige Inselgruppe der Färöer, was Schafsinseln bedeutet. Dort leben die Nachfahren eines friedlich und bäuerlich lebenden Wikingervolks. Während Dänemark jedoch Teil der Europäischen Union ist, gehören die Färöer nicht dazu. Stattdessen bilden sie eine Wirtschaftsgemeinschaft mit dem nahegelegenen Island.

Insel zwischen Amerika und Europa

Grönland ist die größte Insel der Welt und gehört geologisch gesehen zum nordamerikanischen Kontinent. Politisch gehört es jedoch seit 1721 zu Dänemark. Heute verwaltet sich Grönland selbst, hat ein eigenes Parlament und eine eigene Regierung. Es gilt als »Nation innerhalb des Königreichs Dänemark«. In der Außenpolitik wird es dennoch von Dänemark vertreten. Und obwohl Grönland etwa sechsmal so groß wie Deutschland ist, leben dort nur rund 56 000 Menschen. Circa 88 Prozent der Inselbewohner stammen von den Ureinwohnern Grönlands ab und zählen zu den Inuit, der Rest sind Dänen. Da der größte Teil der Insel von einem bis zu 3 400 Meter dicken Eisschild bedeckt ist, ist nur die eisfreie Küste besiedelt.

Funny Fact

Hohoho

Finnland hat einen sehr berühmten Einwohner: den Weihnachtsmann! Er wohnt angeblich mit seinen Rentieren und Helfern, den Wichteln, im Norden des Landes im Innern des Berges Korvatunturi. Seine Postanschrift lautet: 99999 Korvatunturi.

Lappland ist die Heimat der Samen, ein Volk von Rentierzüchtern. Lappland erstreckt sich im Norden Skandinaviens von Norwegen über Schweden und Finnland bis nach Russland.

Eiskalter Luxus

In Jukkasjärvi kann man im Eishotel übernachten. Geschlafen wird in Schlafsäcken und auf Rentierfellen. Die Zimmer sind etwa minus sechs Grad Celsius »warm«.

Nordkap
N
O
Vadsø
Tana
Pasvikälv
Tórshavn
Färöer
(Dänemark)
20 km
Tromsø
Vesterålen
(Norwegen)
Inarisee
Altaelv
Muonio älv
Lofoten
(Norwegen)
Porttipahta Stausee
Lokka-Stausee
1
Färöer
(Dänemark)
Ounasjoki
Luirojoki
Bodø
Kalixälven
Torne älv
Rovaniemi
Lule älv
Kemijoki
Yli-Kitka
Piteälven
Uddjaure
Iijoki
Luleå
RUSSLAND
Skellefte älv
Oulu
Kiantasee
Vindelälven
Europäisches Nordmeer
Ångermanälven
Ume älv
Oulujoki
Oulusee
Kajaani
Steinkjer
Kokkola
Umeå
Trondheim
Pielinen-See
Storsee
Indalsälven
Kuopio
Joensuu
Molde
Östersund
Vaasa
Keitele
Kalla-see
Orisee
Härnösand
Seinäjoki
FINNLAND
NORWEGEN
SCHWEDEN
Haukisee
Näsisee
Mikkeli
Bottnischer Meerbusen
Päijenne
Österdalälven
Ljusnan
Hermansverk
Pori
Sognefjord
Tampere
Saimaa-see
Lillehammer
Lågen
Glomma
Lahti
Kouvola
Bergen
Falun
Gävle
Åland
(Finnland)
Klarälven
Turku
Helsinki
Tamnaren
Finnischer Meerbusen
Oslo
Mariehamn
(Maarianhamina)
Västerås
Uppsala
Karlstad
Mälar-see
Stavanger
Tønsberg
Glåma
Örebro
Stockholm
Hiiumaa
(Estland)
Väner-see
Hjälmarsee
ESTLAND
Arendal
Nyköping
Saaremaa
(Estland)
Göta-Kanal
Skagerrak
Kristiansand
Göta älv
Vätter-see
Linköping
Rigaischer Meerbusen
Gotland
(Schweden)
Visby
Göteborg
Jönköping
Nordsee
Aalborg
LETTLAND
Kattegat
Växjö
Bolmen
Viborg
Halmstad
Åsnen
Öland
(Schweden)
Kalmar
DÄNEMARK
Hillerød
Karlskrona
Vejle
LITAUEN
WEISS-RUSSLAND
Kopenhagen
(København)
Malmö
Ostsee
Nordfriesische Inseln
(Deutschland)
Seeland
(Dänemark)
Bornholm
(Dänemark)
RUSSLAND
200 km
DEUTSCHLAND
POLEN

Beneluxländer

Luxemburg

Die Hauptstadt heißt wie das Land Luxemburg und ist bekannt für die Abtei Neumünster.

Amsterdam

Typisch für die niederländische Hauptstadt Amsterdam sind die Grachten; so heißen die Kanäle, die die Stadt durchziehen. An ihnen stehen hohe, schmale Häuser. Auf den Grachten leben auch Menschen in Hausbooten.

Benelux ist die Abkürzung für die drei nahe beieinanderliegenden Länder **Be**lgien, die Niederlande (niederländisch: **Ne**derland) und **Lux**emburg. Während die Niederlande und der Norden Belgiens eher sehr flach sind, ist die Landschaft im Süden Belgiens und in Luxemburg etwas gebirgiger.

Königreich der Niederlande

Die Niederlande an der Nordsee sind Teil der Nordwesteuropäischen Tiefebene. Rund ein Viertel der Landesfläche ist durch Landgewinnung dem Meer abgerungen und liegt daher unter dem Meeresspiegel. Dieses Land wird durch Deiche vom Meer abgegrenzt. Die höchste Erhebung des Landes beträgt etwa 322 Meter. Die Binnengewässer machen etwa ein Sechstel der Landesfläche aus, wobei das IJsselmeer das größte Gewässer ist. Es ist vom Wattenmeer der Nordsee durch einen Deich abgetrennt. Die Niederlande haben wegen des Golfstroms ein mildes ozeanisches Klima.

Niederländische Inseln

Vor der Küste liegen die Westfriesischen Inseln, die sich unter dem Einfluss der Gezeiten, der Meeresströmungen und des Windes durch Ablagerungen von Sand und Schlick im flachen Wattenmeer gebildet haben. Sie dienen zahlreichen Vögeln als Nistplatz und ziehen im Sommer Touristen an, die hier Erholung in der unberührten Natur suchen.

Belgien

Belgiens Küste ist relativ kurz und besitzt daher nur wenige Häfen. Hinter den Dünen erstreckt sich fruchtbares Marschland, das sind flache Landstriche ohne natürliche Erhebungen. Sie bestehen aus angeschwemmten Sedimenten. Dahinter schließen sich die etwas höher gelegenen Geesten an, so nennt man eiszeitliche Sandablagerungen. Weiter landeinwärts folgt eine fruchtbare Hügellandschaft. Belgien wird durch den Fluss Maas geteilt. Östlich der Maas liegen Mittelgebirge wie die Ardennen und das Hohe Venn mit der höchsten Erhebung, dem 694 Meter hohen Botrange. Davon abgesehen sind wie in den Niederlanden auch große Teile Belgiens weitestgehend eben.

Luxemburg

Während die Niederlande rund 41 526 Quadratkilometer und Belgien etwa 30 528 Quadratkilometer groß sind, ist Luxemburg mit nur circa 2 586 Quadratkilometern der kleinste der Beneluxstaaten. Luxemburg ist ein Binnenland und hat keinen Zugang zum Meer. Der Norden des Landes bildet den östlichen Teil der Ardennen. Dieses 400 bis 500 Meter hohe und von Flüssen durchschnittene Plateau umfasst ein Drittel der Landesfläche. Im Süden winden sich einige Flusstäler durch eine leicht gewellte Landschaft. An der Grenze zum deutschen Saarland verläuft die Mosel. Das hier herrschende milde Klima ist ideal für den Weinbau.

Schon gewusst?

Die Bevölkerungsdichte von Belgien und den Niederlanden ist höher als die von Deutschland. Luxemburg ist trotz seiner kleinen Fläche ähnlich dicht bevölkert wie Deutschland.

Brügge

Die Handelsstadt Brügge war früher über ihre Kanäle direkt mit der Nordsee verbunden.

Deich

In den flachen Niederlanden muss man mit Sturmfluten rechnen. Um ihr hart erkämpftes Land vor dem Meer zu schützen, haben die Niederländer Deiche errichtet.

Schiermonnikoog
Westfriesische Inseln
(Niederlande)
Terschelling
Ameland
N
W
O
S
Vlieland
Wattenmeer
Ee
Leeuwarden
(Ljouwert)
Groningen
Zuidlaardermeer
Sneekermeer
Texel
Abschluss-
deich
Fluessen
F r i e s l a n d
Tjeukemeer
Emmen
IJsselmeer
NIEDERLANDE
Nordsee
Alkmaar
Lelystad
Vechte
Zaanstad
Zwolle
Haarlem
Amsterdam
Haarlemmermeer
Hilversum
Deventer
Hengelo
Leiden
Apeldoorn
Enschede
IJssel
Den Haag
('s-Gravenhage)
Utrecht
Arnheim
(Arnhem)
Delft
Lek
Rotterdam
Waal
Nimwegen
(Nijmegen)
DEUTSCHLAND
Dordrecht
Maas
'S-Hertogenbosch
Oosterschelde
Breda
Roosendaal
Middelburg
Tilburg
Eindhoven
Westerschelde
Venlo
Brügge
(Brugge)
Antwerpen
Maas
F l a n d e r n
Gent
Schelde
Mechelen
Aalst
Schaerbeek
(Schaarbeek)
Heerlen
Leie
Brüssel
(Bruxelles)
Maastricht
Schelde
Lüttich
(Liège)
BELGIEN
Botrange
694
Maas
Mons
Namur
Charleroi
Ourthe
HOHES VENN
A R D E N N E N
FRANKREICH
Sauer
Diekirch
LUXEMBURG
Mosel
Luxemburg
(Luxembourg)
50 km

Beneluxländer

Die Burg Vianden in Luxemburg. In dem Großherzogtum treffen mittelalterliche Städte auf moderne Fernsehsender.

Belgien, die Niederlande und Luxemburg fasst man oft als Beneluxstaaten zusammen. Zum einen sind sie benachbart, zum anderen wurden sie von 1815 bis 1830, als Belgien unabhängig wurde, gemeinsam vom König der Niederlande regiert. Nach dem Zweiten Weltkrieg haben sich die drei kleinen Länder als Zoll- und Währungsunion zusammengetan, um wirtschaftlich stärker auftreten zu können. Vor allem die Niederlande, aber auch Belgien waren im Krieg mit Deutschland stark zerstört worden. Benelux versprach sich von Handelsbeziehungen mit dem einstigen Gegner Deutschland eine Besserung der Notlage und setzte sich für einen wirtschaftlichen Wiederaufbau Deutschlands ein. Die Beneluxstaaten sind die am dichtesten besiedelten Länder in Europa und ihre Bewohner genießen einen hohen Lebensstandard.

1

Schon gewusst?

Die Belgier haben die Pralinen, Belgischen Waffeln und Pommes frites erfunden.

Monarchie und Demokratie

Alle drei Länder sind Monarchien; das heißt, das Staatsoberhaupt ist ein König oder eine Königin, wie zum Beispiel in den Niederlanden und Belgien, beziehungsweise ein Großherzog, wie in Luxemburg. Die Rechte und die Macht der Monarchen sind jedoch sehr stark eingeschränkt. Wichtige Entscheidungen treffen in allen drei Ländern ein Parlament und die Regierung, die demokratisch gewählt werden.

Niederlande

Die Niederlande sind ein flaches Land, das im Norden und Nordwesten zur Nordsee hin durch Deiche vor Überflutung geschützt wird. Im Süden grenzt das Land an Belgien und im Osten an Deutschland. Oft hört man auch den Namen Holland anstatt Niederlande, doch das ist nicht richtig. Süd- und Nordholland sind lediglich zwei von zwölf Provinzen der Niederlande. Die Hauptstadt ist Amsterdam, Regierungssitz jedoch ist Den Haag.

In den Niederlanden werden seit Jahrhunderten Felder mit Windkraft entwässert und so Land gewonnen. Die Mühlen trieben auch Sägen, Pressen und Mühlsteine an. Mehr als tausend historische Windmühlen gibt es noch und einige pumpen nach wie vor Wasser.

Kaufleute und Seefahrer

Im 16. und 17. Jahrhundert bereisten niederländische Händler nicht nur Europa, sondern auch weit entfernte Teile der Welt. Sie handelten mit Gewürzen, Stoffen und Gold. Ihr Handelsnetz reichte von der Karibik im Westen bis nach Südostasien im Osten. Die Kaufmannstradition hat sich bis heute erhalten und so erzielt das Land rund die Hälfte der Einkünfte aus dem Export. Zu den bekanntesten Exportwaren zählen Tulpen, Tomaten und anderes Gemüse sowie Käse.

Internationales Belgien

Eine wichtige Säule der belgischen Wirtschaft waren lange Zeit die Schwerindustrie und der Kohlebergbau. Wie bei vielen Industrieländern gingen diese Industriezweige stark zurück. Stattdessen werden heute Konsumgüter gefertigt und viele Menschen arbeiten in Dienstleistungsunternehmen oder in der Verwaltung. Belgiens Hauptstadt Brüssel ist der Hauptsitz des Europäischen Parlaments und anderer Einrichtungen der Europäischen Union. So kann man auf den Straßen der Hauptstadt Europas, wie Brüssel auch genannt wird, alle europäischen Sprachen hören. Die belgischen Amtssprachen hingegen sind Niederländisch, Französisch und Deutsch. Belgisch als Sprache gibt es nicht, dafür aber Wallonisch, das im südlichen Landesteil Wallonien gesprochen wird. Im nördlichen Teil, in Flandern, sprechen die Menschen Niederländisch. In der Region Brüssel-Hauptstadt wird Französisch gesprochen.

Luxemburg

Zwischen Frankreich, Belgien und Deutschland liegt das kleine Land Luxemburg. Viele Menschen aus den Nachbarländern arbeiten dort. Das Land und dessen gleichnamige Hauptstadt sind nämlich Sitz vieler internationaler Banken und Einrichtungen der EU, so auch des Europäischen Gerichtshofs. Luxemburg spielt eine wichtige Rolle im Leben Europas und so sprechen die Kinder in der Schule neben der Nationalsprache Luxemburgisch auch Deutsch, Französisch und Englisch.

Der niederländische Maler Vincent van Gogh (1853–1890) hat zu Lebzeiten nur wenige Bilder verkaufen können. 1990 wurde eines seiner Bilder für über 80 Millionen Dollar versteigert. Dieses Selbstbildnis von 1889 kann man im Musée d´Orsay in Paris bewundern.

N
Schiermonnikoog
Westfriesische Inseln
(Niederlande)
Terschelling
Ameland
Vlieland
Wattenmeer
Texel
Abschluss-
deich
Ee
Leeuwarden
(Ljouwert)
Groningen
Sneekermeer
Zuidlaardermeer
Fluessen
Tjeukemeer
IJsselmeer
NIEDERLANDE
Emmen
Nordsee
Alkmaar
Lelystad
Vechte
Zwolle
Zaanstad
Amsterdam
Haarlem
Haarlemmermeer
Hilversum
Deventer
Hengelo
Enschede
Leiden
Apeldoorn
IJssel
Den Haag
('s-Gravenhage)
Utrecht
Arnheim
(Arnhem)
Delft
Lek
Rotterdam
Waal
Nimwegen
(Nijmegen)
DEUTSCHLAND
Dordrecht
Maas
Oosterschelde
's-Hertogenbosch
Breda
Roosendaal
Middelburg
Tilburg
Eindhoven
Westerschelde
Venlo
Brügge
(Brugge)
Maas
Antwerpen
Gent
Schelde
Mechelen
Schaerbeek
(Schaarbeek)
Aalst
Leie
Heerlen
Brüssel
(Bruxelles)
Maastricht
Schelde
Lüttich
(Liège)
BELGIEN
Maas
Mons
Namur
Charleroi
Ourthe
FRANKREICH
1
Sauer
Diekirch
LUXEMBURG
Mosel
Luxemburg
(Luxembourg)
50 km

Westliches Mitteleuropa

Bodensee und Alpenrhein

Hier fließt der Alpenrhein in den Bodensee. Je mehr Ablagerungen der Fluss mit sich führt, desto schneller wird der See verlanden.

Deutschland, Österreich, die Schweiz und das kleine Liechtenstein bilden die Mitte Europas. Viele Menschen dieser dicht besiedelten Region leben in großen Städten wie Berlin, Wien und Zürich. Besonders groß ist die Bevölkerungsdichte in Liechtenstein (232 Einwohner pro Quadratkilometer), Deutschland (231 Einwohner pro Quadratkilometer) und der Schweiz (201 Einwohner pro Quadratkilometer) – etwas dünner besiedelt ist dagegen Österreich (104 Einwohner pro Quadratkilometer).

Die Alpenländer

Mehr als zwei Drittel Österreichs werden von den Alpen eingenommen. Dichter besiedelt sind das Alpenvorland, die Bergtäler und der Osten des Landes. Liechtenstein ist ein kleiner Staat, der direkt am Alpenrhein liegt. Der Flusslauf markiert zugleich die westliche Grenze zur Schweiz. Die östliche Grenze zu Österreich verläuft größtenteils auf einem steilen Bergrücken, einem sogenannten Gebirgsgrat. Der Vordergrauspitz ist mit 2 599 Metern der höchste Gipfel Liechtensteins.

Drei Länder, ein See

Der größte See der Region ist mit etwa 536 Quadratkilometern Fläche der Bodensee. Er liegt zwischen Deutschland, der Schweiz und Österreich im nördlichen Alpenvorland. An seiner tiefsten Stelle ist er 254 Meter tief. Der See wird vom Rhein durchflossen, dessen Quellen in der Schweiz entspringen. Das Seebecken wurde während der Würmeiszeit, der letzten Kaltzeit im Alpenraum, vom Rheingletscher geformt. Diese Kaltzeit endete vor etwa 10 000 Jahren. Wie alle eiszeitlichen Seen wird auch der Bodensee in Zukunft immer weiter an Fläche verlieren. Die Anfänge dieser Verlandung kann man bereits dort beobachten, wo heute der Rhein in den See fließt und sich mitgebrachtes Sediment ablagert.

Naturparadies Alpen

Bis auf etwa 2 500 Meter Höhe sind die Berge der Alpen bewaldet. Durch die Fichten- und Kiefernwälder streifen scheue Luchse, in den höheren, felsigen Bereichen sind Murmeltiere, Gämsen und Steinböcke zu Hause, gelegentlich auch Braunbären. Auf den Almen wachsen seltene Blumen wie das Edelweiß oder der Blaue Enzian. Jenseits von 3 000 Meter Höhe wachsen schließlich nur noch Moose und Flechten.

Prima Klima

Der Alpenhauptkamm, der sich von West nach Ost erstreckt, bestimmt auch das Klima nördlich der Alpen. Dort herrscht ein gemäßigtes Klima: Die Winter sind mild und die Sommer warm, aber nicht allzu heiß.

Man findet das Murmeltier in der Schweiz, in Bayern und in Österreich. In Österreich wird es auch Mankei genannt. Es lebt in unterirdischen Höhlen, wo es auch seinen Winterschlaf abhält. Bei Gefahr stößt es schrille Warnschreie aus.

Der Vogelsberg ist Deutschlands höchster Vulkan. Er besteht aus mehreren Kuppen. Die höchste ist der 773 Meter hohe Taufstein. Zuletzt hat er vor etwa 18,5 Millionen Jahren Lava gespuckt.

Die Nordsee ist ein Schelfmeer. Direkt an der Nordseeküste wachsen Pflanzen, die gegen Salz unempfindlich sind, sogenannte Salzpflanzen.

SCHWEDEN
DÄNEMARK
Bornholm (Dänemark)
N
W
O
S
Nordsee
Sylt (Deutschland)
Nordfriesische Inseln (Deutschland)
Deutsche Bucht
Ostfriesische Inseln (Deutschland)
Flensburg
Kieler Bucht
Fehmarn
Rügen
Ostsee
Nord-Ostsee-Kanal
Kiel
Selenter See
Lübecker Bucht
Pommersche Bucht
Usedom
Großer Plöner See
Rostock
Stettiner Haff
Kummerower See
Schweriner See
Jadebusen
Hamburg
Schaalsee
Plauer See
Müritz
Dollart
Bremerhaven
Elbe
Bremen
Norddeutsches Tiefland
Oder
Berlin
Havel
Steinhuder Meer
Aller
Weser
Hannover
POLEN
NIEDERLANDE
Ems
Berkel
Münster
Leine
Brocken 1141
HARZ
Spree
Elbe
Dortmund
Leipzig
Düsseldorf
Kassel
Dresden
Köln
Saale
Bonn
Werra
Fulda
2
ERZGEBIRGE
BELGIEN
Rhein
DEUTSCHLAND
Frankfurt/Main
Mosel
Mainz
Main
TSCHECHISCHE REPUBLIK
LUXEMBURG
Regnitz
Nürnberg
Saar
Saarbrücken
Naab
Großer Arber 1456
BAYERISCHER WALD
SCHWARZWALD
Stuttgart
Passau
Rhein
Neckar
Donau
Alpenvorland
Isar
Inn
Donau
Wien
FRANKREICH
München
Traun
Neusiedler See
SLOWAKEI
Ammersee
Attersee
Feldberg 1493
Chiemsee
ÖSTERREICH
Starnberger See
Bodensee
Salzburg
Basel
Zürich
1
Zugspitze 2962
UNGARN
Doubs
Aare
Zürichsee
Vaduz
Innsbruck
ALPEN
Raab
Großglockner 3798
Graz
Bern
Vierwaldstätter See
Mur
Neuenburger See
Aare
Vorderrhein
SCHWEIZ
LIECHTENSTEIN
Wörthersee
Drau
Genfer See
Tessin
Genf
Rhône
Matterhorn 4478
KROATIEN
SLOWENIEN
ITALIEN
Mittelmeer
100 km

Westliches Mitteleuropa

Eine deutsche Erfindung, die die Welt verändert hat. Der Mainzer Johannes Gutenberg erfand um 1440 den Buchdruck mit beweglichen Bleilettern. So konnten Ideen und Wissen schneller verbreitet werden.

Die Region des westlichen Mitteleuropa ist nicht eindeutig definiert. Oft versteht man darunter Deutschland und die drei Alpenländer Österreich, Schweiz und Liechtenstein. Zwar wird in allen Ländern außer in Teilen der Schweiz Deutsch gesprochen; dennoch hat jedes der Länder seine eigene Geschichte.

Doggerland

Während der letzten Eiszeit lag der Meeresspiegel tiefer und die gesamte südliche Nordsee war Festland. Das sogenannte Doggerland bildete sogar eine Landbrücke zwischen Kontinentaleuropa und den Britischen Inseln. Der Name leitet sich von der Doggerbank ab, einer Untiefe in der Nordsee, zwischen England und Dänemark gelegen. Schleppnetzfischer finden heute noch in ihren Netzen häufig Knochen von Landtieren, wie zum Beispiel Mammuts und Riesenhirschen. Dass hier auch eiszeitliche Jäger unterwegs waren, beweist der Fund einer aus Knochen hergestellten und besonders verzierten Harpune.

Pfahlsiedlungen

Bis über 7 000 Jahre alt sind die jungsteinzeitlichen Pfahlbauten an den Schweizer Seeufern. Die Jungsteinzeit ist jene Epoche der Menschheitsgeschichte, in der in Mittel- und Westeuropa der Übergang von Jäger- und Sammlerkulturen zu einer sesshaften Lebensweise stattfand. Siedlungen aus der Jungsteinzeit, aber auch aus den späteren Metallzeiten (Bronze- und Eisenzeit) finden sich rund um die Alpen. Die Archäologen graben neben den Überresten der Gebäude auch aus Baumstämmen geschlagene Boote, Räder, Werkzeuge und Waffen aus. Diese und andere Funde zeigen, dass die frühen Bauern dieser Region bereits sehr erfindungsreich waren.

Kulturlandschaften

Der Mensch hat im Laufe der Zeit stark in die Natur eingegriffen, sodass es kaum noch naturbelassene Landschaften in Mitteleuropa gibt; man spricht auch von Kulturlandschaften. Städte und Dörfer sind mit Straßen verbunden, dazwischen liegen Wiesen, Felder und Äcker. Statt Urwälder, die einst die Region bedeckt haben, findet man meist nur noch Wälder, die künstlich angepflanzt wurden, um Holz zu gewinnen. Wo früher wilde Misch- und Laubwälder wuchsen, wurden vom Menschen zum Beispiel Fichtenwälder angelegt.

Kluge Köpfe

Deutschland, Österreich, Liechtenstein und die Schweiz wurden zu führenden Industrieländern und besitzen ein sehr gutes Schul- und Universitätssystem. Die Hochschulen und Universitäten brachten viele hervorragende Techniker, Ingenieure und Wissenschaftler hervor, von denen einige sogar Nobelpreise erhalten haben. Der wohl berühmteste ist der Physiker Albert Einstein. Seine Vorstellungen von Raum und Zeit haben unseren Blick auf die Welt verändert. Kernphysik und Kosmologie wären ohne ihn nicht denkbar.

Der für seine Relativitätstheorie weltberühmte Physiker Albert Einstein (1879–1955) wurde als Deutscher geboren, wurde staatenlos, dann Schweizer Staatsbürger, dann Österreicher und wieder Deutscher. Er gab den deutschen Pass ab und besaß seit 1940 neben der Schweizer auch noch die amerikanische Staatsbürgerschaft.

Ein echter Ur-Europäer ist auch der Neandertaler, dessen Fossilien 1856 im Neandertal in der Nähe von Düsseldorf entdeckt wurden. Als Jäger und Sammler lebte er vor etwa 130 000 bis 30 000 Jahren in Europa und in Teilen Asiens.

In Bayern, in der Schweiz und in Österreich finden sich Pfahlbausiedlungen und Einbäume. Hier haben Menschen ein sesshaftes Leben als Bauern und Fischer geführt. Im Pfahlbaumuseum Unteruhldingen am Bodensee kann man hautnah erleben, wie unsere Vorfahren gelebt haben.

Nordsee
Ostsee
SCHWEDEN
Bornholm (Dänemark)
Sylt (Deutschland)
Nordfriesische Inseln (Deutschland)
Deutsche Bucht
Ostfriesische Inseln (Deutschland)
Flensburg
Kieler Bucht
Fehmarn
Rügen
Kiel
Nord-Ostsee-Kanal
Selenter See
Lübecker Bucht
Pommersche Bucht
Usedom
Großer Plöner See
Rostock
Stettiner Haff
Kummerower See
Schweriner See
Jade-busen
Dollart
Bremerhaven
Hamburg
Schaalsee
Plauer See
Müritz
Elbe
Bremen
Oder
Berlin
Havel
Aller
Steinhuder Meer
Weser
Ems
Hannover
NIEDERLANDE
Berkel
Leine
Spree
Münster
Elbe
Dortmund
Düsseldorf
Kassel
Leipzig
Köln
Dresden
Bonn
Saale
Fulda
Werra
Rhein
DEUTSCHLAND
Frankfurt/Main
Mosel
Mainz
Main
Regnitz
Nürnberg
Saar
Saarbrücken
Naab
Stuttgart
Rhein
Neckar
Donau
Passau
FRANKREICH
Isar
Inn
Donau
Wien
München
Traun
Attersee
Neusiedler See
Ammersee
ÖSTERREICH
Starnberger See
Chiemsee
Salzburg
Bodensee
Basel
Zürich
Aare
Zürichsee
Doubs
Vaduz
Innsbruck
Bern
Graz
Raab
Vierwaldstätter See
Neuenburger See
Aare
Vorderrhein
Mur
Genfer See
SCHWEIZ
LIECHTENSTEIN
Drau
Wörther-see
Tessin
Rhône
KROATIEN
SLOWENIEN
100 km
Mittelmeer
N
W

Deutschland

Im Wattenmeer leben zahlreiche Muscheln, Schnecken, Krebse, Würmer und Fische, von denen sich wiederum See- und Strandvögel ernähren.

Die Bundesrepublik Deutschland hat Zugang zur Ost- und Nordsee und grenzt an die neun Nachbarstaaten Frankreich, Luxemburg, Belgien, die Niederlande, Dänemark, Polen, die Tschechische Republik sowie an Österreich und die Schweiz.

Geografie

Deutschland gliedert sich in drei Großlandschaften: Im Norden erstreckt sich das flache Norddeutsche Tiefland; daran schließen südlich die Mittelgebirge an. Ganz im Süden schließlich findet man das Alpenvorland mit den Alpen. Vor der Nord- und Ostseeküste liegen zahlreiche Inseln. Sylt ist die größte Nordseeinsel; die größte Insel der Ostsee und Deutschlands überhaupt ist Rügen.

Norddeutsches Tiefland

Das Norddeutsche Tiefland läuft in der Nordsee derart flach aus, dass bei Ebbe weite Flächen des Meeresbodens freiliegen. Dieser Teil der Nordsee heißt Watt oder Wattenmeer. Beim ständigen Wechsel von Ebbe und Flut wird an der Küste Schlick abgesetzt, der schließlich zur Marsch wird, einer flachen Landschaft. Die höchste Erhebung des Norddeutschen Tieflands misst nur wenig mehr als 200 Meter.

Vom Eis geformt

Bis vor etwa 10 000 Jahren herrschte noch Eiszeit und gewaltige Gletscher transportierten feinen Sand, Kies und größere Felsbrocken mit sich. Einige Gebiete wurden unter dem Druck des Eises ausgeschürft, sodass sich eine Seenlandschaft bilden konnte. An anderen Orten wurde das mitgeführte Material zu Hügeln und langen Wällen zusammengeschoben; dort entstand eher hügeliges Land. Wo Sand und Kies abgelagert wurden, bildete sich eine Geest. Im Gegensatz zur Marsch fand diese Sandablagerung bereits während der Eiszeiten statt. Die Lüneburger Heide, zwischen Hamburg und Hannover, ist eine solche eiszeitliche Geestlandschaft. Wo das Schmelzwasser der Gletscher abfloss, entstanden Urstromtäler. Dort fließen unter anderem die Flüsse Oder, Elbe, Aller und Weser.

Mittelgebirge

An das Tiefland schließt ein breites Band von Mittelgebirgen an. Mittelgebirge sind meist zwischen 400 und 1 500 Meter hoch. Zwei der Mittelgebirge sind besonders hoch: der Bayerische Wald und der Schwarzwald mit dem 1 493 Meter hohen Feldberg. Sie sind die Überreste eines riesigen Urgebirges, das durch Erosion abgetragen wurde. So haben sich rund geformte Berge und Täler gebildet.

Alpenvorland und Alpen

Die Alpen sind die Folge eines kolossalen Zusammenstoßes zwischen den Kontinenten Afrika und Europa. Durch den Druck wurde ehemaliger Meeresboden zu einem Gebirge aufgefaltet. Diese Gebirgsbildung ist bis heute noch nicht abgeschlossen. Nördlich der Alpen bildete sich eine flache Wanne, die mit Gesteinsschutt aufgefüllt und von den Eiszeitgletschern zu sanften Hügellandschaften mit Seenbecken geformt wurde.

Schon gewusst?

Der 1 141 Meter hohe Brocken im Harz soll alten Sagen zufolge der Blocksberg sein – der Hexentanzplatz, auf dem sich in der Wallpurgisnacht Hexen mit dem Teufel treffen. Tatsächlich geht es auf dem Brocken teuflisch zu, denn auf dem Gipfel herrschen extreme Wetterbedingungen mit langen kalten Wintern und schweren Stürmen.

Kreidefelsen

Die weiße Kreideküste ist das Wahrzeichen von Rügen. Sie besteht aus den winzigen Gehäusen einzelliger Kalkalgen, die vor über 70 Millionen Jahren hier im Meer gelebt haben.

Sandsteinfelsen

Die roten Sandsteinfelsen der Insel Helgoland sind abgelagerte Schuttmassen ehemaliger Gebirge.

Angeberwissen

- Der nördlichste Ort Deutschlands ist List auf Sylt – der südlichste ist Oberstdorf in den Alpen.
- In den Alpen befindet sich auch der höchste Punkt Deutschlands: die 2 962 Meter hohe Zugspitze.
- Tiefster Ort hingegen ist Neuendorf in Schleswig-Holstein; er liegt 3,54 Meter unter dem Meeresspiegel.

Nordsee
Ostsee
DÄNEMARK
Sylt
Nordfriesische Inseln (Deutschland)
Deutsche Bucht
Helgoland
Ostfriesische Inseln (Deutschland)
Nordfriesland
Kieler Bucht
Fehmarn
Rügen
Pommersche Bucht
Usedom
Stettiner Haff
Lübecker Bucht
Kiel
Selenter See
Großer Plöner See
Nord-Ostsee-Kanal
Eider
Rostock
Vorpommern
Lübeck
Neuendorf
Schweriner See
Schaalsee
Schwerin
Kummerower See
Peene
Warnow
Mecklenburgische Seenplatte
Plauer See
Müritz
Uckermark
Jadebusen
Bremerhaven
Hamburg
Ostfriesland
Dollart
Oldenburg
Bremen
Elbe
Elde
Havel
Hunte
Ems
Lüneburger Heide
Norddeutsches Tiefland
POLEN
Oder
Hase
Aller
Steinhuder Meer
Berlin
Vechte
Hannover
Wolfsburg
Plauer See
Potsdam
Spree
NIEDERLANDE
Osnabrück
Braunschweig
Hildesheim
Weser
Oker
Magdeburg
Spreewald
Berkel
Münster
Bielefeld
Münsterland
Bode
Leine
Brocken 1141
HARZ
Lippe
Hamm
Paderborn
Saale
Mulde
Neiße
Essen
Dortmund
Duisburg
Bochum
Ruhr
Wuppertal
Göttingen
Halle
Schwarze Elster
Kassel
Leipzig
Oberlausitz
Düsseldorf
Eder
ROTHAARGEBIRGE
Unstrut
DEUTSCHLAND
Elbe
Dresden
Köln
Erfurt
Jena
Gera
Chemnitz
ELBSANDSTEINGEBIRGE
Aachen
Bonn
Siegen
Ohm
Fulda
THÜRINGER WALD
Weiße Elster
Rhein
Laacher See
Lahn
Wasserkuppe 950
Werra
ERZGEBIRGE
BELGIEN
Hohe Acht 747
Koblenz
TAUNUS
RHÖN
EIFEL
Wiesbaden
Frankfurt/Main
Offenbach
Main
Roter Main
Schneeberg 1051
Mainz
Darmstadt
FICHTELGEBIRGE
LUXEMBURG
Sauer
Trier
Mosel
HUNSRÜCK
Würzburg
Regnitz
OBERPFÄLZER WALD
TSCHECHISCHE REPUBLIK
Nahe
Glan
Ludwigshafen
Mannheim
Erlangen
Fürth
Nürnberg
FRÄNKISCHE ALB
Großer Arber 1456
Saar
Saarbrücken
Heidelberg
Naab
Heilbronn
Regensburg
BAYERISCHER WALD
Karlsruhe
Altmühl
Donau
Pforzheim
Stuttgart
Ingolstadt
Isar
Passau
FRANKREICH
SCHWARZWALD
Reutlingen
Neckar
SCHWÄBISCHE ALB
Ulm
Augsburg
Alpenvorland
Inn
München
ÖSTERREICH
Lech
Amper
Salzach
Freiburg
Ammersee
Allgäu
Chiemsee
Feldberg 1493
Starnberger See
Rhein
Bodensee
ALLGÄUER ALPEN
BAYERISCHE ALPEN
Watzmann 2713
SCHWEIZ
Nebelhorn 2224
Zugspitze 2962
Oberstdorf
100 km
N
O
S
W

Deutschland

Weinberg

Die sonnigen Hänge entlang der Mosel sind mineralhaltig und berühmt für ihre Weine.

In Deutschland wird Deutsch gesprochen, allerdings in vielen Dialekten, sodass sich die Menschen aus unterschiedlichen Regionen manchmal nur schwer verständigen können. Neben den Dialekten, die Variationen des Deutschen sind, werden von kleineren Gruppen auch Minderheitensprachen wie Friesisch, Dänisch oder Sorbisch gesprochen. Außerdem leben über sieben Millionen Menschen aus den verschiedensten Ländern der Welt in Deutschland. Die größte Gruppe mit etwa 1,5 Millionen Menschen bilden die Türken. Vor allem in großen Städten hört man neben Deutsch also viele weitere Sprachen auf den Straßen.

Automobilbau

Das Auto wurde 1886 in Deutschland erfunden und zum Patent angemeldet. Seitdem sind deutsche Autos in aller Welt gefragt. Bei der Produktion werden heute Industrieroboter eingesetzt. Auch diese sind teilweise aus Deutschland.

Kühe, Weizen, Wälder

Von 100 deutschen Arbeitnehmern arbeiten nicht einmal zwei in der Landwirtschaft. In den letzten Jahrzehnten sind die kleinen Bauernhöfe verschwunden und durch große landwirtschaftliche Industriebetriebe ersetzt worden, die mit ihren Maschinen effektiver produzieren können. Wo welche Nahrungspflanzen angebaut werden, hängt vom Klima ab und von der Qualität des Bodens. Berghänge eignen sich kaum für Ackerbau; daher findet man in diesen Gebieten hauptsächlich Forstwirtschaft und Viehzucht. An sonnigen Südhängen jedoch kann auch Wein angebaut werden.

Autos, Maschinen, Hightech

Viele Menschen arbeiten in Unternehmen, die hochwertige Produkte herstellen. Im Maschinen- und Automobilbau nimmt Deutschland sogar einen Spitzenplatz ein. Das Ausland bestellt bei deutschen Maschinenbauern wichtige Produktionsanlagen für neue Fabriken. Gefragt sind außerdem Chemie, Luftfahrt und Elektrotechnik. Deutschland ist zudem stark in der Forschung und Entwicklung neuer Technologien. So stellen viele deutsche Firmen Hightech-Produkte aus Keramik, Kunststoff oder Glas her und exportieren diese in alle Welt.

Schiff, Bahn, Flugzeug

Deutschland, das arm an Rohstoffen ist, bezieht Rohstoffe wie Erdöl, Eisen und Aluminium aus dem Ausland. Für den Transport der Rohstoffe und der daraus hergestellten Güter benötigt die deutsche Wirtschaft eine gute Verkehrsanbindung. Dazu zählen Flughäfen und die Seehäfen an Ost- und Nordsee. Innerhalb Deutschlands erfolgt der Transport oft auf Binnenschiffen. Die großen schiffbaren Flüsse wie der Rhein, die Elbe oder die Donau sind über Kanäle miteinander verbunden und ermöglichen daher kurze Transportwege. Deutschland ist außerdem mit einem dichten Eisenbahn- und Straßennetz durchzogen.

Dienstleistungen

In den letzten Jahrzehnten hat sich die Wirtschaft in Deutschland gewandelt. Kohle- und Erzbergwerke wurden geschlossen und Hochöfen zur Stahlherstellung stillgelegt. Stattdessen haben viele Menschen Dienstleistungsberufe ergriffen. Dazu zählen alle Branchen, die keine Waren herstellen, darunter Radio und Fernsehen, Schulen, Gesundheitswesen, Handel und Banken.

Baumaschinen

Ein deutscher Ingenieur und Erfinder hat 1949 einen neuartigen Turmdrehkran erfunden. Aus dieser Idee ging ein Weltkonzern hervor, der auch diesen riesigen Muldenkipper herstellt.

In der Lausitz sind Orts- und Straßenschilder zweisprachig in Deutsch und Sorbisch beschriftet, einer Sprache, die mit Polnisch und Tschechisch verwandt ist.

Nordsee
Ostsee
N
W
O
S
DÄNEMARK
Sylt
Nordfriesische Inseln (Deutschland)
Deutsche Bucht
Helgoland
Ostfriesische Inseln (Deutschland)
Kieler Bucht
Fehmarn
Rügen
Pommersche Bucht
Usedom
Lübecker Bucht
Stettiner Haff
Eider
Kiel
Selenter See
Nord-Ostsee-Kanal
Großer Plöner See
SCHLESWIG-HOLSTEIN
Lübeck
Neuendorf
Rostock
Warnow
Kummerower See
Peene
Schweriner See
MECKLENBURG-VORPOMMERN
Schaalsee
Schwerin
Plauer See
Müritz
Jade-busen
Bremerhaven
Hamburg
HAMBURG
Dollart
Oldenburg
BREMEN
Bremen
Elbe
Elde
Hunte
Ems
NIEDERSACHSEN
Havel
Hase
Aller
Steinhuder Meer
BERLIN
Berlin
Oder
Vechte
Wolfsburg
Hannover
Braunschweig
Havel
Plauer See
Potsdam
Spree
NIEDERLANDE
Osnabrück
POLEN
Weser
Magdeburg
BRANDENBURG
Bielefeld
Oker
Berkel
Münster
Hildesheim
Bode
Leine
SACHSEN-ANHALT
Lippe
Hamm
Paderborn
Saale
Mulde
Neiße
Essen
Dortmund
Göttingen
Schwarze Elster
Duisburg
Bochum
Ruhr
Halle
Leipzig
Kassel
Wuppertal
Unstrut
Elbe
Düsseldorf
NORDRHEIN-WESTFALEN
Eder
Dresden
Erfurt
Köln
Jena
DEUTSCHLAND
Gera
SACHSEN
Aachen
Bonn
Siegen
Gera
Weiße Elster
Chemnitz
Ohm
THÜRINGEN
Rhein
Fulda
Saale
Lahn
BELGIEN
Laacher See
HESSEN
Werra
Koblenz
Main
Roter Main
Wiesbaden
Frankfurt/Main
Mosel
Offenbach
Sauer
Mainz
RHEINLAND-PFALZ
Regnitz
Würzburg
LUXEMBURG
Trier
Darmstadt
Nahe
Glan
Erlangen
SAARLAND
Ludwigshafen
Mannheim
Fürth
Nürnberg
TSCHECHISCHE REPUBLIK
Saar
Saarbrücken
Heidelberg
Naab
Heilbronn
Karlsruhe
Altmühl
Regensburg
Pforzheim
Stuttgart
Ingolstadt
Donau
Isar
Donau
BAYERN
Passau
Reutlingen
FRANKREICH
Neckar
Ulm
Augsburg
Inn
BADEN-WÜRTTEMBERG
Amper
München
Lech
ÖSTERREICH
Freiburg
Salzach
Ammersee
Chiemsee
Starnberger See
Rhein
Bodensee
SCHWEIZ
Oberstdorf
100 km

Deutschland

Als Folge des Zweiten Weltkriegs war Deutschland für vierzig Jahre zweigeteilt: Im Westen entstand die Bundesrepublik Deutschland (BRD) und im Osten die Deutsche Demokratische Republik (DDR). Seit der Wiedervereinigung im Jahr 1990 gliedert sich die Bundesrepublik Deutschland in 16 Bundesländer, mit Berlin als Bundeshauptstadt. Jedes Bundesland hat eine Landeshauptstadt und eine Landesregierung. Einige Bundesländer sind zusätzlich in Regierungsbezirke aufgeteilt. Drei Bundesländer tragen das Wort Freistaat im Namen, so der Freistaat Bayern. Doch diese Bezeichnung hat nur historische Bedeutung. Dies gilt auch für die Freie Hansestadt Bremen und die Freie und Hansestadt Hamburg. In der Verfassung der Bundesrepublik Deutschland sind alle Bundesländer rechtlich gleichgestellt. Die politische Macht ist nicht in einer Hand, sondern aufgeteilt zwischen der Bundesregierung und den Regierungen der einzelnen Bundesländer. Man nennt diese Art der Machtverteilung Föderalismus. Deutschland ist eine parlamentarische Demokratie, wobei das Parlament aus zwei Teilen besteht: dem Bundestag und dem Bundesrat. Der Bundesrat vertritt die einzelnen Bundesländer und entscheidet bei den meisten Gesetzen mit.

Burg Hohenzollern

Mit dem Bau der mittelalterlich anmutenden Burg wurde erst 1850 begonnen.

Baden-Württemberg

Fläche:	ca. 35 751 km²
Einwohner:	ca. 10,9 Mio.
Einw./km²:	ca. 304
Landeshauptstadt:	Stuttgart
Regierungsbezirke:	Freiburg, Karlsruhe, Stuttgart, Tübingen

Freistaat Bayern

Frauenkirche

Fläche:	ca. 70 550 km²
Einwohner:	ca. 12,8 Mio.
Einw./km²:	ca. 182
Landeshauptstadt:	München
Regierungsbezirke:	Oberbayern, Niederbayern, Oberfranken, Mittelfranken, Unterfranken, Oberpfalz, Schwaben

München

Bei gutem Wetter sieht man von München aus bis in die Alpen. Wahrzeichen sind die beiden 99 Meter hohen Türme der Frauenkirche.

Berlin

Glaskuppel

Fläche:	ca. 892 km²
Einwohner:	ca. 3,5 Mio.
Einw./km²:	ca. 3 948
Landeshauptstadt:	Berlin

Bundestag

Seit 1999 ist das Reichstagsgebäude in Berlin der Sitz des Deutschen Bundestags.

Freie und Hansestadt Hamburg

Fläche:	ca. 755 km²
Einwohner:	ca. 1,8 Mio.
Einw./km²:	ca. 2 366
Landeshauptstadt:	Hamburg

Hamburger Hafen

Das Gründungsdatum für den größten Seehafen Deutschlands ist der 7. Mai 1189.

Brandenburg

Fläche:	ca. 29 654 km²
Einwohner:	ca. 2,5 Mio.
Einw./km²:	ca. 84
Landeshauptstadt:	Potsdam

Schloss Sanssouci

Der preußische König Friedrich II. ließ dieses Sommerschloss in den Jahren 1745–47 bauen.

Bremer Stadtmusikanten

Hahn, Katze, Hund und Esel aus dem Märchen der Brüder Grimm stehen als eines der Wahrzeichen vor dem Bremer Rathaus.

Freie Hansestadt Bremen

Fläche:	ca. 420 km²
Einwohner:	ca. 0,7 Mio.
Einw./km²:	ca. 1 599
Landeshauptstadt:	Bremen

Frankfurter Bankenviertel

Frankfurt ist Deutschlands Finanzzentrum mit vielen großen Banken und Versicherungen. Hier hat auch die Europäische Zentralbank ihren Sitz.

Hessen

Fläche:	ca. 21 115 km²
Einwohner:	ca. 6,2 Mio.
Einw./km²:	ca. 293
Landeshauptstadt:	Wiesbaden
Regierungsbezirke:	Darmstadt, Gießen, Kassel

Mecklenburg-Vorpommern

Fläche:	ca. 23 214 km²
Einwohner:	ca. 1,6 Mio.
Einw./km²:	ca. 69
Landeshauptstadt:	Schwerin

Seenplatte

Eiszeitliche Gletscher haben das größte zusammenhängende Seengebiet Deutschlands geschaffen.

Nordrhein-Westfalen

Fläche:	ca. 34 113 km²
Einwohner:	ca. 17,9 Mio.
Einw./km²:	ca. 524
Landeshauptstadt:	Düsseldorf
Regierungsbezirke:	Arnsberg, Detmold, Düsseldorf, Köln, Münster

Köln

Der Grundstein des Kölner Doms wurde 1248 gelegt. Doch erst 632 Jahre später im Jahr 1880 wurde das Bauwerk vollendet.

Saarschleife

Das Wahrzeichen des Saarlands ist ein Ausblick. Bei Mettlach windet sich die Saar auf sensationelle Weise.

Saarland

Fläche:	ca. 2 569 km²
Einwohner:	ca. 1 Mio.
Einw./km²:	ca. 388
Landeshauptstadt:	Saarbrücken

Rheinland-Pfalz

Fläche:	ca. 19 855 km²
Einwohner:	ca. 4,1 Mio.
Einw./km²:	ca. 204
Landeshauptstadt:	Mainz

Porta Nigra

Schwarzes Tor. Das ehemalige römische Stadttor ist Wahrzeichen der Stadt Trier.

Leuchtturm Westerheversand

Früher kümmerte sich ein Leuchtturmwärter um den Turm. In den Wärterhäusern ist heute die Schutzstation Wattenmeer untergebracht.

Schleswig-Holstein

Fläche:	ca. 15 803 km²
Einwohner:	ca. 2,9 Mio.
Einw./km²:	ca. 181
Landeshauptstadt:	Kiel

Sachsen-Anhalt

Fläche:	ca. 20 452 km²
Einwohner:	ca. 2,2 Mio.
Einw./km²:	ca. 110
Landeshauptstadt:	Magdeburg

Grüne Zitadelle

Dieses Gebäude in Magdeburg wurde von Friedensreich Hundertwasser entworfen.

Niedersachsen

Fläche:	ca. 47 593 km²
Einwohner:	ca. 7,9 Mio.
Einw./km²:	ca. 164
Landeshauptstadt:	Hannover

Hannoveraner

Diese weltweit verbreitete Warmblutrasse ist ein beliebtes Sportpferd, das schon viele Titel im Springen, der Dressur und Vielseitigkeit gewonnen hat.

Weimar

Die Dichter Johann Wolfgang von Goethe und Friedrich von Schiller vor dem Deutschen Nationaltheater.

Freistaat Thüringen

Fläche:	ca. 16 202 km²
Einwohner:	ca. 2,2 Mio.
Einw./km²:	ca. 134
Landeshauptstadt:	Erfurt

Freistaat Sachsen

Fläche:	ca. 18 449 km²
Einwohner:	ca. 4,1 Mio.
Einw./km²:	ca. 221
Landeshauptstadt:	Dresden

Semperoper Dresden

Die Sächsische Staatsoper halten viele für das schönste Opernhaus Deutschlands.

Österreich

Krimmler Wasserfälle
Nationalpark Hohe Tauern. 380 Meter tief stürzt das Wasser bei den Krimmler Wasserfällen. Es sind die höchsten Österreichs.

Die Landschaften Österreichs werden zum größten Teil von den Alpen beherrscht. Besonders mächtig sind die Hohen Tauern, eine Hochgebirgsregion der österreichischen Zentralalpen. Hier ragen einige der höchsten Berge Österreichs empor, darunter der Großvenediger mit 3657 Metern und der Großglockner, der mit 3798 Metern der höchste Gipfel des Landes ist. In den österreichischen Alpen gibt es schneebedeckte felsige Gipfel und grüne Almwiesen, auf denen sich Murmeltiere tummeln. In den steilen Felsen klettern geschickt Gämsen und Steinböcke.

Vielfältige Landschaft

Neben zahlreichen kleinen Bergseen gibt es größere Seenlandschaften im Salzkammergut und in Kärnten sowie den Neusiedler See im Osten an der Grenze zu Ungarn. Im Burgenland, dem östlichsten Bundesland Österreichs, laufen die Alpen aus und es beginnt eine fruchtbare Tiefebene, die sich jenseits der Grenze in Ungarn fortsetzt. Hier herrscht vergleichsweise trockenes Klima mit heißen Sommern und nicht allzu kalten Wintern. Das Klima ist ideal für den Anbau von Wein.

Wo bleibt der Regen?

Dieser Österreicher liebt es feucht. Wer bei Regen in den Alpen wandert, kann auf den Alpensalamander treffen.

Alpines Klima

In den österreichischen Bergen herrscht alpines Klima: Es regnet daher viel. Die Sommer sind kurz und kühl, die Winter dauern lange und sind schneereich. In den niederen Regionen Österreichs fällt weniger Schnee und die Sommer sind deutlich wärmer als in den höheren Lagen. In den gebirgigen Regionen mit den grünen Berghängen grasen im Sommer Milchkühe. Im flacheren Norden Österreichs werden Getreide und Obst angebaut.

Land der Wälder

Die Hänge der Alpen und die vorgelagerten Mittelgebirge in Kärnten und der Steiermark sind stark bewaldet. In Höhen über 900 Meter wachsen vor allem Fichten, in noch höheren Lagen und auf kargeren Böden sind es vor allem Kiefern. In den nördlichen Teilen Österreichs wachsen auch Mischwälder mit Buchen, Tannen und Fichten. Jenseits der Baumgrenze bis in Höhen von etwa 3000 Metern finden sich nur noch Grasheiden und Polsterpflanzen.

Donauland

Mehr als 95 Prozent Österreichs liegen im Einzugsgebiet der Donau. Der Fluss ist eine wichtige Verkehrsader, auf der sowohl Lastschiffe als auch Passagierschiffe verkehren. Zwischen Wien und der slowakischen Grenze fließt die Donau durch eine unberührte Auenlandschaft, die seit 1996 unter dem Namen Nationalpark Donau-Auen geführt wird. Darin leben seltene Amphibien- und Reptilienarten, so die Europäische Sumpfschildkröte, aber auch Seeadler, Eisvögel und Biber.

Almabtrieb

Almabtrieb in Tirol. Den Sommer verbringt das Vieh auf den Almwiesen und weidet dort. Im Herbst werden die Almhütten winterfest gemacht und die Tiere ins Tal getrieben. Für den Abtrieb werden die Kühe festlich geschmückt.

Die Eisriesenwelt ist ein verzweigtes Höhlensystem im Tennengebirge im Salzburger Land. Durchgehend vereist ist der erste Kilometer nach dem Höhleneingang.

Rekord
42 Kilometer
lang ist die größte Eishöhle der Welt im Salzburger Land.

Alm
Die Bergbewohner Österreichs bauten sich früher ihre Häuser aus dem Holz, das sie sich aus den Wäldern holten. Oft lebten die Menschen mit dem Vieh unter einem Dach. Weil es hier im Winter viel schneit, sind die Dächer steil – so kann der Schnee besser abgleiten.

N
W
O
S
TSCHECHISCHE REPUBLIK
SLOWAKEI
DEUTSCHLAND
UNGARN
SCHWEIZ
ITALIEN
SLOWENIEN
Mittelmeer
50 km
ÖSTERREICH
Waldviertel
Weinviertel
Mühlviertel
Innviertel
Wachau
Thaya
Donau
Inn
Krems
Klosterneuburg
Wien
St. Pölten
Wiener Wald
Mödling
Baden
Wiener Becken
Linz
Leonding
Traun
Wels
Steyr
Amstetten
Ybbs
Ansfelden
Salzburg
Attersee
Traunsee
Hallein
Hallstatt
Salzkammergut
Eisenstadt
Neusiedler See
Leitha
Wiener Neustadt
Ternitz
Burgenland
Mariazell
Salza
Mürz
Kapfenberg
Leoben
EISENERZER ALPEN
FISCHBACHER ALPEN
Großer Bösenstein
2448
Enns
Hoher Dachstein
2995
DACHSTEIN
NIEDERE TAUERN
Hochgolling
2862
Steiermark
Graz
Raab
Oststeirisches Hügelland
Mur
Weststeirisches Hügelland
Wolfsberg
GURKTALER ALPEN
Kärnten
Klagenfurt
Wörther See
Villach
Drau
Gail
KARAWANKEN
GAILTALER ALPEN
Spittal
Möll
Hochalmspitze
3360
Tirol
Bodensee
Bregenz
Dornbirn
Rhein
Bregenzer Wald
Feldkirch
Ill
Vorarlberg
St. Anton
Lech
LECHTALER ALPEN
Ischgl
SILVRETTA
ÖTZTALER ALPEN
Wildspitze
3768
Zuckerhütl
3507
STUBAIER ALPEN
Innsbruck
Sill
KARWENDEL
ZILLERTALER ALPEN
Hochfeiler
3509
Kufstein
Kitzbühel
KITZBÜHELER ALPEN
Zell am See
Salzach
Kaprun
HOHE TAUERN
Großvenediger
3657
Großglockner
3798
1
2

Österreich

In Kaprun in der Nähe von Zell am See wird Wasser aufgestaut, um über Turbinen Generatoren anzutreiben und so elektrischen Strom zu erzeugen.

Besiedelt ist das zu großen Teilen gebirgige Österreich vor allem in den Bergtälern, im flacheren Alpenvorland und im Osten des Landes – dort vor allem das Wiener Becken südlich der Donau. Auf einer Landesfläche von knapp 84 000 Quadratkilometern leben etwa 8,8 Millionen Einwohner.

Wien und die Vereinten Nationen

Die bevölkerungsreichste Stadt Österreichs ist mit 1,8 Millionen Einwohnern die Hauptstadt Wien, die weit im Osten nahe der slowakischen Grenze liegt. Wien ist neben New York (USA), Genf (Schweiz) und Nairobi (Kenia) die vierte Stadt der Vereinten Nationen (United Nations Organization, kurz: UN), in der internationale Behörden ihren Sitz haben. So kümmert sich die Internationale Atomenergie-Organisation in Wien darum, dass Kernenergie in der Welt friedlich eingesetzt wird und radioaktive Stoffe nicht unkontrolliert verbreitet werden. Seit 1995 ist Österreich auch Mitglied der Europäischen Union.

Stadt der Kaiser

Der Name Österreich taucht erstmals im Jahr 996 auf und bezeichnete damals eine eher kleine Region. Eineinhalb Jahrhunderte später wurde daraus das größere Herzogtum Österreich, das damals Teil des Heiligen Römischen Reiches war. Das Heilige Römische Reich sah sich als Nachfolger des antiken Römischen Reiches, über das die römisch-deutschen Kaiser vom 13. Jahrhundert bis 1806 herrschten. Mehr als drei Jahrhunderte lang – bis zum Jahr 1806 – stellte dabei die Adelsfamilie der Habsburger die Kaiser. In dieser Zeit wurde Österreich immer mächtiger. Auf dem Höhepunkt regierten die Habsburger über Österreich, Ungarn, Spanien, Burgund und die Niederlande. Zweimal versuchten Osmanen, aus der Region der heutigen Türkei in Mitteleuropa einzufallen, und belagerten dabei auch Wien. Doch beide Male, 1529 und 1683, konnten die Heere abgewehrt werden.

Eine besondere Kaiserin

Besonders verehrt wird Maria Theresia, die von 1740 bis 1780 Kaiserin von Österreich war. Unter ihrer Herrschaft wurde der Staat neu organisiert und das Rechtssystem modernisiert. Die Kaiserin ließ das Bildungswesen erneuern und führte die Schulpflicht ein. Sie hatte selbst 16 Kinder, die sie geschickt mit Angehörigen der anderen Herrscherhäuser Europas verheiratete und so die Macht Österreichs stärkte.

Industrie

Österreich ist ein hoch entwickeltes Industrieland mit chemischer Industrie, Fahrzeugbau sowie Maschinen- und Stahlbau. Österreich besitzt zwar nur wenig Kohle und kein eigenes Erdöl, dafür aber viele Flüsse und somit die Möglichkeit, Energie aus Wasserkraft zu gewinnen. Die Flüsse werden in den Bergen aufgestaut, um damit Turbinen und elektrische Generatoren zur Stromerzeugung anzutreiben. Einige große und viele kleine Wasserkraftwerke sparen so Millionen von Tonnen des schädlichen Klimagases Kohlendioxid ein.

Urlaubsland Österreich

Aufgrund der vielseitigen Landschaften, der historischen Stätten und der zahlreichen kulturellen Veranstaltungen wie Theater und Musik ist der Tourismus ein wichtiger Wirtschaftszweig des Landes. Besonders die Berge ziehen im Sommer wie auch im Winter Besucher aus allen Teilen der Welt an. In den österreichischen Alpen kann man wandern, klettern oder Ski und Snowboard fahren. Viele Alpenflüsse wie Inn und Salzach lassen sich mit dem Kanu befahren und in einigen Alpenseen kann man sogar tauchen. Ein beliebtes Reiseziel ist Salzburg, wo der weltberühmte Komponist Wolfgang Amadeus Mozart 1756 geboren wurde. Dort werden bei den jährlichen Festspielen zahlreiche Konzerte und Opern aufgeführt.

Prachtbauten Wiens

Österreich war von 1867 bis 1918 das Zentrum der Doppelmonarchie Österreich-Ungarn. Die prachtvollen Bauwerke aus dieser Zeit, so auch das Burgtheater, locken Millionen von Touristen ins Land.

Wolfgang Amadeus Mozart war ein musikalisches Genie. Mit fünf Jahren schrieb er bereits erste Musikstücke und als er acht Jahre alt war, komponierte er seine erste Sinfonie.

1961, mitten im Kalten Krieg, trafen sich der US-Präsident John F. Kennedy (links) und der sowjetische Staatschef Nikita Chruschtschow (rechts) in Wien auf neutralem Boden und sprachen miteinander.

Angeberwissen

▶ Nach dem Zweiten Weltkrieg kontrollierten die vier Siegermächte USA, Großbritannien, Frankreich und die Sowjetunion Österreich für zehn Jahre. Seitdem gilt Wien als Welthauptstadt der Spione. Experten schätzen, dass immer noch bis zu 3 000 Agenten in Wien tätig sind.

N
NIEDERÖSTERREICH
Thaya
Krems
Klosterneuburg
St. Pölten
WIEN
Wien
Mödling
Baden
Amstetten
Ybbs
Leitha
Wiener Neustadt
Ternitz
Eisenstadt
Neusiedler See
BURGENLAND
OBERÖSTERREICH
Inn
Linz
Leonding
Wels
Traun
Donau
Steyr
Ansfelden
Attersee
Traunsee
Salzburg
Hallein
Hallstatt
SALZBURG
Zell am See
Kaprun
Salzach
Enns
ÖSTERREICH
STEIERMARK
Mariazell
Salza
Mürz
Kapfenberg
Leoben
Graz
Raab
Mur
KÄRNTEN
Wolfsberg
Spittal
Möll
Drau
Gail
Villach
Wörther See
Klagenfurt
TIROL
Kufstein
Kitzbühel
Innsbruck
Sill
Lech
St. Anton
Ischgl
VORARL-BERG
Bodensee
Rhein
Ill
Feldkirch
Mittelmeer
50 km

Schweiz

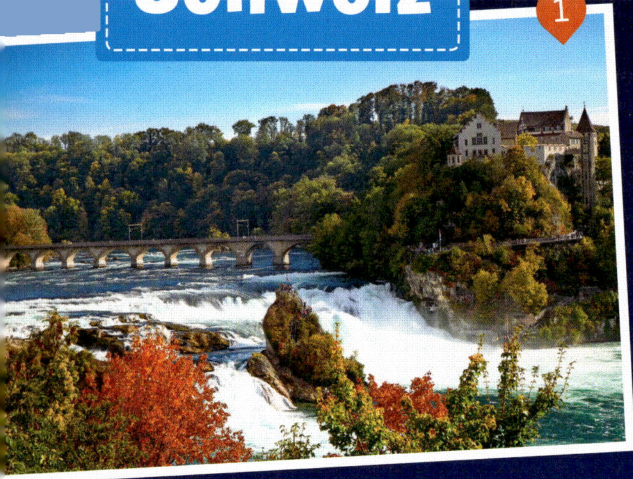

Rheinfall

Der Rheinfall bei Schaffhausen in der Schweiz ist der größte Wasserfall Europas. Auf 150 Meter Breite stürzt hier der Rhein 23 Meter tief.

Alpensteinbock

Er lebt zwischen der Wald- und Eisgrenze bis 3 500 Meter.

Die Landschaften und das Klima der Schweiz sind abwechslungsreich. Am Lago Maggiore in der Südschweiz herrscht das ganze Jahr über mildes Klima, sodass hier sogar subtropische Palmen wachsen. 70 Kilometer davon entfernt, auf der Dufourspitze, mit 4 634 Metern der höchste Berg des Landes, liegen auch im Sommer Eis und Schnee. 48 Schweizer Berge sind höher als 4 000 Meter, darunter das weltberühmte 4 478 Meter hohe Matterhorn mit seiner markanten Spitze. In der Schweiz entspringen auch die beiden Flüsse Rhein und Rhône.

Tiere der Schweiz

Im Gebirge finden sich viele Tiere, die sich an die große Höhe und das raue Klima angepasst haben, darunter Steinböcke, Gämsen, Murmeltiere, Schneehühner und Alpendohlen. Manchmal kann man auch den mächtigen Steinadler sehen, wie er seine Kreise zieht und mit seinen scharfen Adleraugen nach Beute Ausschau hält.

Land der Gletscher

Die Schweiz ist berühmt für ihre Alpengletscher. In der Nähe des berüchtigten Eigers mit seiner gefährlichen Nordwand erstreckt sich der größte und längste Gletscher der Alpen: der Aletschgletscher. Er fließt auf 23 Kilometer Länge an der Südseite der Berner Alpen bergab. Wer ihn sehen will, kann mit der Jungfraubahn, einer Zahnradbahn, durch einen mehr als sieben Kilometer langen Tunnel durch den Eiger bis zum Jungfraujoch auf 3 454 Meter hochfahren. Als Joch bezeichnet man den Verbindungsgrat zwischen zwei Bergen, in diesem Fall zwischen dem Mönch und der Jungfrau.

Das Alpenedelweiß liebt Kalkfelsen und steinige Wiesen. Man trifft es meist in Höhen zwischen 1 800 und 3 000 Metern an.

Die Chinesische Hanfpalme verbreitet sich mit zunehmender Klimaerwärmung in der Südschweiz. Die Samen fanden den Weg aus den Gärten und Gewächshäusern in die freie Natur.

Aletschgletscher

Angeberwissen

- Gletscher entstehen, wenn Schnee fällt, dieser von der Sonne angeschmolzen wird und erneut gefriert. So wird aus luftigem Schnee festes Eis, das mit jedem Schneefall mächtiger wird.
- Zürich ist mit circa 396 000 Einwohnern die größte Stadt der Schweiz. Bundesstadt und damit Hauptstadt jedoch ist das viel kleinere Bern mit circa 141 600 Einwohnern.

Steinadler

Der König der Lüfte nistet auf hohen Bäumen und in Felsnischen unter Überhängen.

Matterhorn

Das Matterhorn in der Schweiz mit seinem markanten Gipfel ist weltberühmt.

DEUTSCHLAND
FRANKREICH
ÖSTERREICH
LIECHTENSTEIN
ITALIEN
SCHWEIZ
N
W
O
S
Schaffhausen
1
Thur
Winterthur
Frauenfeld
Bodensee
Wil
St. Gallen
Herisau
Appenzell
APPENZELLER ALPEN
Basel
Liestal
Rhein
Limmat
Dietikon
Uster
Pfäffikersee
Greifensee
Zürich
Zürichsee
Aarau
Delsberg (Delémont)
Doubs
Hallwilersee
Reuss
Solothurn
Aare
Zug
Rapperswil-Jona
Sihlsee
Walensee
Glarus
Baldeggersee
Sempachersee
Zuger See
La Chaux-de-Fonds
SCHWEIZER JURA
Biel (Bienne)
Bieler See
Luzern
Vierwaldstätter See
Schwyz
Seez
RÄTIKON
Neuenburg (Neuchâtel)
Bern
Mittelland
Neuenburger See
Murtensee
Köniz
Sarnen
Stans
Altdorf
GLARNER ALPEN
Chur
Sarnersee
Vorderrhein
Arosa
Davos
Piz Linard 3411
Freiburg (Fribourg)
Yverdon-les-Bains
Thun
Thuner See
Brienzer See
Andermatt
Inn
Lac de Joux
Saane
Mönch 4107
Eiger 3970
Finsteraarhorn 4274
Jungfrau 4158
RÄTISCHE ALPEN
St. Moritz
Engadin
Lausanne
Genfer See
Montreux
Aletschgletscher
Rheinwaldhorn 3402
Tessin
Piz Bernina 4049
BERNER ALPEN
Vernier
Genf (Genève)
Sitten (Sion)
Rhône
TESSINER ALPEN
Bellinzona
WALLISER ALPEN
Lago Maggiore
Weisshorn 4505
Dom 4545
Zermatt
Lugano
Luganer See
Matterhorn 4478
Dufourspitze 4634
Liskamm 4527
50 km

Schweiz

UN-Amtssitz

Die Vereinten Nationen (UN) mit dem Hauptsitz in New York unterhalten auch in Genf einen offiziellen Amtssitz.

Die Schweiz ist ein kleines, aber kulturell vielfältiges Land, was sich auch in den unterschiedlichen Sprachen widerspiegelt. In der Schweiz gibt es die vier offiziellen Landessprachen Deutsch, Französisch, Italienisch und Rätoromanisch. Fast zwei Drittel der Schweizer sprechen als Hauptsprache Deutsch. Im Süden und Westen der Schweiz wird Französisch (20 Prozent der Schweizer) und Italienisch (6 Prozent) gesprochen. Nur ein halbes Prozent spricht Rätoromanisch. Außerdem hört man in der Schweiz viele Dialekte. Zu ihnen gehört das Schwyzerdütsch (Schweizerdeutsch), das jedoch keine offizielle Landessprache ist.

Wir sind Schweizer

Trotz der vielen unterschiedlichen Sprachen und Dialekte fühlen sich die Schweizer zusammengehörig. Das starke Zusammengehörigkeitsgefühl liegt in der Geschichte begründet. Die Schweizer nennen sich selbst Eidgenossen und auch die staatlichen Stellen tragen alle das Wort »eidgenössisch« im Namen. Daher ist der korrekte Name für das Land eigentlich nicht Schweiz, sondern Schweizerische Eidgenossenschaft.

Der Rütlischwur

Tatsächlich geht die Gründungslegende der Schweiz auf einen Eid, also einen Schwur zurück. Im Mittelalter hatten es tyrannische Habsburger und andere gierige Fürsten auf das Gebiet der heutigen Schweiz abgesehen, das damals noch zum Deutschen Reich gehörte. Der Legende nach trafen sich im Jahr 1307 Bewohner der drei Ortschaften Uri, Unterwalden und Schwyz auf der Rütli-Wiese und schworen einen »Ewigen Bund«, um gemeinsam ihre Freiheit zu verteidigen. Allerdings existiert bereits ein Bundesbrief vom 1. August 1291, also ein Vorläufer des Rütlibundes. Deshalb gilt der 1. August als Geburtstag der Schweizerischen Eidgenossenschaft.

Die Schweiz wird größer

Im 14. Jahrhundert schlossen sich weitere Orte dem Dreierbündnis an. Erst Luzern, Glarus, Zürich, Zug und Bern und um das Jahr 1500 auch Solothurn, Freiburg, Basel, Schaffhausen und Appenzell. Nun bestand die Schweiz also aus 13 Orten, die Kantone genannt wurden. Außerdem wurde die Schweiz nun vom Deutschen Reich unabhängig. Damit war die Entwicklung des Landes aber noch nicht abgeschlossen. Es folgten einige Kriege, bis 1848 schließlich jene Schweiz entstand, die wir heute kennen. Seitdem hat der Staat eine Zentralregierung; allerdings haben alle heutigen 26 Kantone eine große Eigenständigkeit.

Direkte Demokratie und Neutralität

Das Parlament mit den gewählten Volksvertretern beschließt die Gesetze in der Schweiz, doch kann das Volk direkt darüber entscheiden, ob es mit einem Gesetz auch einverstanden ist. Besonders stolz sind die Schweizer auf ihre politische Neutralität. Das Land geht keine Bündnisse mit anderen Ländern ein. Es ist weder Mitglied der EU noch des Verteidigungsbündnisses NATO – die Abkürzung steht für den Nordatlantikpakt. Die Schweiz hält sich auch aus allen kriegerischen Auseinandersetzungen heraus.

Gold, Uhren und Schokolade

Aus dem landwirtschaftlich geprägten Land mit seinen Kühen ist ein Industrieland geworden, das bekannt ist für Präzisionsinstrumente und teure Uhren. Die Schweiz hat bereits früh die Wasserkraft genutzt, um damit Kakaobohnen zu mahlen und Schokolade herzustellen. Die Schweiz ist wegen ihrer Neutralität auch ein beliebter Bankenplatz und so mancher vertraut sein Geld einem Schweizer Nummernkonto an oder legt es dort in Form Schweizer Goldbarren in einen Banktresor. Die Währung ist der Schweizer Franken.

Flagge

Rotes Kreuz

Der Schweizer Henri Dunant gründete die Hilfsorganisation für Menschen in Not 1864 in Genf. Ihr heute weltweit bekanntes Zeichen ähnelt der Schweizer Flagge – doch die Farben sind vertauscht: Ein rotes Kreuz steht auf weißem Grund.

Rekord

87 Werkzeuge

besitzt das umfangreichste Schweizer Taschenmesser. Es kann damit für 141 unterschiedliche Funktionen benutzt werden.

Das Alphorn ist seit etwa 500 Jahren bekannt. Lange Zeit das Instrument der Hirten, ist es heute ein Nationalsymbol.

Am 1. August wird der Schweizer Nationalfeiertag mit festlichen Paraden, Ansprachen und Feuerwerken begangen.

N
FRANKREICH
ÖSTERREICH
LIECHTENSTEIN
JURA
Delsberg
(Delémont)
Doubs
SOLOTHURN
Solothurn
Liestal
Basel
AARGAU
Aarau
Rhein
Limmat
Reuss
Hallwilersee
ZÜRICH
Winterthur
Dietikon
Zürich
Uster
Pfäffikersee
Greifensee
Zürichsee
Schaffhau
THURGAU
Frauenfeld
Thur
Bodensee
St. Gallen
Wil
Herisau
Appenzell
ST. GALLEN
Walensee
Seez
Rapperswil-
Jona
Sihlsee
ZUG
Zug
Zuger
See
SCHWYZ
Schwyz
GLARUS
Glarus
LUZERN
Luzern
Baldegger-
see
Sempacher-
see
Vierwaldstätter
See
Stans
NIDWALDEN
Sarnen
Sarnersee
OBWALDEN
URI
Altdorf
Andermatt
GRAUBÜNDEN
Chur
Arosa
Davos
St. Moritz
Vorderrhein
Inn
TESSIN
Tessin
Bellinzona
Lago
Maggiore
Lugano
Luganer
See
SCHWEIZ
BERN
Bern
Köniz
Thun
Thuner
See
Brienzer
See
Aare
Biel
(Bienne)
Bieler
See
Neuenburg
(Neuchâtel)
NEUENBURG
Neuenburger
See
Murten-
see
FREIBURG
Freiburg
(Fribourg)
Saane
WAADT
Yverdon-
les-Bains
Lausanne
Lac de Joux
Genfer See
Montreux
GENF
Genf
(Genève)
Vernier
WALLIS
Sitten
(Sion)
Rhône
Zermatt
50 km

Osteuropa

1

Der Bialowieza-Nationalpark liegt teils auf polnischem, teils auf weißrussischem Gebiet. Er gilt als einer der letzten Urwälder Europas.

Seenplatte
Die Masurische Seenplatte in Polen ist eine eiszeitliche Moränenlandschaft. Das Gletscherschmelzwasser hat die Rinnen ausgewaschen, die heute Seen sind.

Östlich von Deutschland und Österreich befinden sich Polen, die Tschechische Republik, die Slowakei und Ungarn. Diese Länder liegen zum größten Teil in der nordeuropäischen Tiefebene. Daher sind deren Landschaften in weiten Teilen sehr flach. Lediglich im Süden der genannten Länder erheben sich Mittelgebirge.

Wälder, Seen und Moore

Im Nordosten Europas liegen die drei Staaten des Baltikums: Estland, Lettland und Litauen. Alle drei Länder grenzen an die Ostsee. Weißrussland hingegen ist ein Binnenland und hat keinen Zugang zum Meer. Diese vier Länder setzen das europäische Tiefland fort. Die flache und kaum hügelige Landschaft ist mit zahlreichen Flüssen, Seen und Sümpfen durchsetzt. Im Süden Weißrusslands erstreckt sich ein großes Sumpfgebiet: Die Pripjatsümpfe sind die größte durchgehende Sumpflandschaft Europas. Darin leben Wildschweine, Hirsche und Luchse. Das Nachbarland Ukraine und die daran angrenzende Republik Moldau bestehen dagegen zum größten Teil aus Grassteppen.

Urwald und hohe Berge

In Polen und Weißrussland liegt einer der wenigen erhaltenen Urwälder Europas: der Urwald von Bialowieza. Dass es ihn überhaupt noch gibt, liegt an den polnischen Königen und russischen Zaren, die hier jagten und den Wald unter ihren besonderen Schutz stellten. Hier wurden zum Beispiel auch Wisente aus Zoos wiederausgewildert. Im Süden Polens an der Grenze zur Slowakei liegt der Gebirgszug der Karpaten, der sich in einem offenen Bogen über die Ukraine bis nach Rumänien fortsetzt. Hier leben noch Großraubtiere wie Braunbär, Wolf und Luchs. Der höchste Teil der Karpaten, die Hohe Tatra, befindet sich genau auf der Grenze zwischen Polen und der Slowakei. Dessen höchste Erhebung, die Gerlsdorfer Spitze, ist mit 2654 Metern der höchste Berg der Slowakei und auch der gesamten Karpaten.

Flaches Land

Lediglich im Westen der Ukraine erheben sich die Karpaten; ansonsten besteht der größte Teil der Ukraine aus flachem Land. Der größte Fluss der Ukraine ist der Dnjepr. Er entspringt in Russland und mündet nach etwa 2000 Kilometern ins Schwarze Meer. Dort teilt die Krim-Halbinsel das Asowsche Meer vom Schwarzen Meer ab.

Riesengebirge

An der Grenze zwischen Polen und Tschechischer Republik erstreckt sich das Riesengebirge, das in beiden Ländern als Nationalpark unter Naturschutz steht. Bekannt ist es durch die Sage von Rübezahl, einem wilden Berggeist, der hier leben soll.

Plattensee

Mit einer Fläche von fast 600 Quadratkilometern ist der ungarische Plattensee der größte Binnensee Mittel- und Westeuropas. Der See wird in Ungarn Balaton genannt und manchmal auch als »Ungarisches Meer« bezeichnet. Allerdings ist er im Durchschnitt nur drei Meter tief und misst an seiner tiefsten Stelle gerade einmal zwölf Meter.

2

Die Kurische Nehrung ist eine fast 100 Kilometer lange Landzunge mit bis zu 60 Meter hohen Dünen.

Schon gewusst?

In den drei baltischen Staaten Estland, Lettland und Litauen, gibt es große Bernsteinlagerstätten. Bernstein ist fossiles Baumharz, das sich vor etwa 50 Millionen Jahren gebildet hat. Manche enthalten Einschlüsse von Baumnadeln, Insekten und seltener von kleinen Fröschen und sogar Echsen.

Budapest
Die Hauptstadt Ungarns steht auf einer spaltenartigen Verwerfung der Erdkruste, durch die heißes Wasser aus dem Boden aufsteigt und zahlreiche Bäder mit Heilwasser versorgt.

Hiiumaa (Estland)
Saaremaa (Estland)
Tallinn
ESTLAND
Peipussee
Narva
Tartu
Wirzsee
Rigaischer Meerbusen
LETTLAND
Riga
Kurland
Livland
Liepaja (Liepāja)
Düna
Daugavpils
SCHWEDEN
Gotland (Schweden)
Öland (Schweden)
Ostsee
Bornholm (Dänemark)
RUSSLAND
Memel (Klaipėda)
Schaulen (Šiauliai)
Ponewiesch (Panevėžys)
LITAUEN
Kaunas
Vilnius
Wizebsk
(zu Russland)
Danziger Bucht
Königsberg (Kaliningrad)
Pommersche Bucht
Danzig (Gdańsk)
Pommern
Pommerellen
Ostpreußen
Masuren
Memel
Baryssau
Minsk
Mahiljou
Stettin (Szczecin)
Landsberg (Gorzów Wielkopolski)
Weichsel
Allenstein (Olsztyn)
Hrodna
Njemen
WEISSRUSSLAND
Bromberg (Bydgoszcz)
Białystok
DEUTSCHLAND
Grünberg (Zielona Góra)
Posen (Poznań)
POLEN
Bug
Homel
Warschau (Warszawa)
Brest
Polesien
Pripjat
Dnjepr
Warthe
Oder
Łódź
Pripjatsümpfe
Görlitz (Zgorzelec)
Breslau (Wrocław)
Tschernihiw
Desna
Karlsbad (Karlovy Vary)
Elbe
Schneekoppe 1603
RIESENGEBIRGE
Oppeln (Opole)
Kielce
Lublin
Wolhynien
Tschernobyl
Sumy
Pilsen (Plzeň)
Prag (Praha)
Kattowitz (Katowice)
Krakau (Kraków)
Luzk
Riwne
Kiew
UKRAINE
Charkiw
BÖHMERWALD
TSCHECHISCHE REPUBLIK
Ostrau (Ostrava)
Rzeszów
Lemberg (Lwiw)
Schytomyr
Poltawa
Krasno-Oskol-Stausee
Brünn (Brno)
BESKIDEN
Gerlsdorfer Spitze 2654
Ternopil
Chmelnyzkyi
Tscherkassy
Kremenchuker Stausee
Donez
Luhansk
WALDKARPATEN
Winnyzja
Dnister
PODOLISCHE PLATTE
March
SLOWAKEI
Košice
Uschhorod
Kirowograd
Dnipropetrowsk
ÖSTERREICH
Bratislava
Miskolc
Howerla 2061
Tscherniwzi
Südlicher Bug
Donezk
Raab (Győr)
Donau
Kékes 1015
Prut
Bălţi
Krywyj Rih
Saporischschja
Veszprém
Budapest
Debrecen
Theiß
Kachowkaer Stausee
Plattensee
Sió
Kecskemét
Kischinau (Chişinău)
Tiraspol
Mykolajiw
Dnjepr
SLOWENIEN
Pécs
UNGARN
MOLDAU
Odessa
Cherson
Asowsches Meer
Drau
Szeged
RUMÄNIEN
Sywasch
KROATIEN
Schwarzes Meer
Krim (von Russland kontrolliert)
Simferopol
Roman Kosch 1545
Sewastopol
SERBIEN
Mittelmeer
200 km
N
W
O
S
1
2

Osteuropa

Alles aus Salz

In dem Salzbergwerk im polnischen Wieliczka bauten die Bergleute eine ganze Kirche in den Salzstock.

Es könnte nass werden!

An Ostern war es in Ungarn noch vor einigen Jahrzehnten Brauch, dass Frauen und Mädchen von den Männern mit einem Eimer kalten Wassers übergossen wurden; heute geschieht das Begießen meist mit Kölnisch Wasser.

Atomkatastrophe

Am 26. April 1986 geriet in Tschernobyl in der Ukraine ein Reaktorblock des Atomkraftwerks außer Kontrolle. Bei der Explosion wurden große Mengen radioaktive Strahlung frei. Die Strahlung zog als Wolke über große Teile Europas hinweg; doch am meisten betroffen waren die Ukraine und das Nachbarland Weißrussland.

Tallinn

Die Hauptstadt Estlands ist bei Touristen und Spielfilmregisseuren wegen ihrer mittelalterlichen Altstadt beliebt.

Das östliche Europa mit den Ländern Polen, Tschechische Republik, Slowakei und Ungarn war in der Vergangenheit zum Teil heftig umkämpft und die Grenzen wurden mehrmals neu gezogen. So stritten sich die mächtigen Reiche Russland, Österreich-Ungarn, Preußen und das Osmanische Reich um diese Region. Nach dem Zweiten Weltkrieg standen die Länder Osteuropas unter dem Einfluss der Sowjetunion, einem riesigen Staat, dessen Kerngebiet aus Russland bestand und von Moskau aus zentral regiert wurde. Doch nachdem 1991 die Sowjetunion auseinandergebrochen war, wandten sich diese Länder dem Westen zu und traten der EU bei.

Das Baltikum

Die drei Baltikum-Staaten Estland, Lettland und Litauen setzten sich schon früh für ihre Unabhängigkeit von der damaligen Sowjetunion ein. Ihre Bewohner zeigten mit einer 600 Kilometer langen Menschenkette, die durch alle drei Länder ging, dass sie sich einig sind in ihrem Drang nach Freiheit und Unabhängigkeit. Das alles trug wesentlich mit dazu bei, dass sich die Sowjetunion auflöste. Seitdem haben Estland, Lettland und Litauen auch Beziehungen zu ihren europäischen Nachbarn im Westen aufgebaut und sind 2004 der EU beigetreten.

Weißrussland

Weißrussland ist ebenfalls seit 1991 unabhängig; allerdings besteht weiterhin eine wirtschaftliche Abhängigkeit von Russland. So bezieht das Land nahezu seine gesamte Energie in Form von Erdöl und Erdgas aus Russland. Viele Weißrussen sind in der Industrie beschäftigt und stellen Traktoren und andere Fahrzeuge her oder produzieren Kunstdünger. Rohstoffe sind Steinsalz und besondere Sandarten, die sich für die Glasherstellung eignen. Viele landwirtschaftliche Flächen können heute nicht mehr bebaut werden, da 1986 der ukrainische Atomreaktor Tschernobyl explodierte und weite Landstriche Weißrusslands radioaktiv verstrahlt wurden. Auch weiter im Westen Europas, so auch im Süden Deutschlands, ging radioaktiver Niederschlag nieder. Bis heute sind Wildtiere und Pilze verstrahlt.

Von Fischen und Erdöl

Die baltischen Staaten und Weißrussland sind nur dünn besiedelt und arm an Bodenschätzen. Das Klima ist feucht und kühl und die zum Teil schlechten Böden sind nur für wenige Nutzpflanzen geeignet. Es wachsen hauptsächlich Getreide, Zuckerrüben und Kartoffeln. Große Flächen werden als Viehweiden genutzt. Lettland, Litauen und Estland nutzen die Nähe zur Ostseeküste und betreiben auch Fischerei. So verfügt Lettland über drei große Häfen und konnte dadurch zu einer wichtigen Handelsnation aufsteigen. Seit seiner Unabhängigkeit baute das Land auch die Landwirtschaft weiter aus. Neben der Fischerei, Milchviehhaltung, Rinder- und Schweinezucht ist die Holzindustrie ein wichtiger Wirtschaftsfaktor. Die Republik Moldau lebt wegen ihrer fruchtbaren Böden vor allem von der Landwirtschaft, hauptsächlich vom Obst- und Weinbau.

Russland und die Ukraine

Die Wirtschaft der Ukraine ist stark mit Russland verflochten, da viele russische Konzerne Anteile an ukrainischen Unternehmen besitzen. Vor allem im Osten des Landes haben sich Stahlwerke, Koksöfen und Betriebe der Erdölindustrie angesiedelt. An der Schwarzmeerküste und auf der Halbinsel Krim wird auch Wein angebaut.

N
Ostsee
Hiiumaa (Estland)
Saaremaa (Estland)
Gotland (Schweden)
Öland (Schweden)
Bornholm (Dänemark)
(zu Russland)
Danziger Bucht
Pommersche Bucht
Rigaischer Meerbusen
ESTLAND
Tallinn
Tartu
Peipussee
Wirzsee
Narva
LETTLAND
Riga
Liepaja (Liepāja)
Daugavpils
Düna
LITAUEN
Memel (Klaipėda)
Schaulen (Šiauliai)
Ponewiesch (Panevežys)
Kaunas
Vilnius
Memel
WEISSRUSSLAND
Minsk
Wizebsk
Baryssau
Mahiljou
Hrodna
Homel
Brest
Njemen
Pripjat
Dnjepr
POLEN
Danzig (Gdańsk)
Stettin (Szczecin)
Landsberg (Gorzów Wielkopolski)
Bromberg (Bydgoszcz)
Allenstein (Olsztyn)
Białystok
Posen (Poznań)
Grünberg (Zielona Góra)
Warschau (Warszawa)
Łódź
Görlitz (Zgorzelec)
Breslau (Wroclaw)
Oppeln (Opole)
Kattowitz (Katowice)
Krakau (Kraków)
Kielce
Lublin
Rzeszów
Weichsel
Warthe
Oder
Bug
1
TSCHECHISCHE REPUBLIK
Prag (Praha)
Pilsen (Plzeň)
(Karlovy Vary)
Ostrau (Ostrava)
Brünn (Brno)
Elbe
SLOWAKEI
Bratislava
Košice
March
UNGARN
Budapest
Raab (Győr)
Veszprém
Miskolc
Debrecen
Kecskemét
Pécs
Szege
Plattensee
Donau
Theiß
Sió
Drau
ÖSTERREICH
SLOWENIEN
KROATIEN
SERBIEN
UKRAINE
Kiew
Tschernihiw
Tschernobyl
Sumy
Charkiw
Poltawa
Luzk
Riwne
Schytomyr
Lemberg (Lwiw)
Ternopil
Chmelnyzkyi
Winnyzja
Tscherkassy
Kremenchuker Stausee
Kirowograd
Dnipropetrowsk
Saporischschja
Krywyj Rih
Donezk
Luhansk
Donez
Krasno-Oskol-Stausee
Uschhorod
Tscherniwzi
Mykolajiw
Cherson
Odessa
Kachowkaer Stausee
Südlicher Bug
Dnister
Desna
Sywasch
Simferopol
Sewastopol
Krim (von Russland kontrolliert)
MOLDAU
Bălți
Kischinau (Chisinău)
Tiraspol
Prut
Schwarzes Meer
Asowsches Meer
Mittelmeer
200 km

Südwesteuropa

Puy de Dôme
Der 1 465 Meter hohe Vulkan ist nur einer von etwa 100 Vulkanen im Zentralmassiv Frankreichs.

Der Südwesten Europas besteht aus Frankreich und Monaco sowie der Iberischen Halbinsel, zu der Portugal, Spanien und Andorra zählen. Neben den gemeinsamen langen Atlantik- und Mittelmeerküsten haben Frankreich und die Iberische Halbinsel noch eine weitere Gemeinsamkeit: Beide sind über den Gebirgszug der Pyrenäen miteinander verbunden.

Cap Fréhel
Der oft stürmische Atlantik nagt an der Felsküste der Bretagne.

Iberische Halbinsel

Die Iberische Halbinsel liegt südwestlich der Pyrenäen und wird manchmal auch als Pyrenäenhalbinsel bezeichnet. Sie ist im Norden und Westen vom Atlantik umgeben und grenzt im Süden und Osten ans Mittelmeer. Den größten Teil der Iberischen Halbinsel nimmt Spanien ein – immerhin 85 Prozent der Fläche. Ganz im Westen liegt Portugal und im Nordosten, inmitten der Pyrenäen, das Fürstentum Andorra, ein sogenannter Zwergstaat. So werden Staaten mit extrem kleiner Landfläche bezeichnet, die sich außenpolitisch oder militärisch meist durch einen Nachbarstaat vertreten lassen. Durch die Pyrenäen verläuft auch die spanisch-französische Grenze. Das Innere der Pyrenäenhalbinsel ist eine nahezu baumlose Hochebene. Die Sommer sind hier so heiß, dass viele Flüsse und Bäche austrocknen. In den frostigen Wintern wiederum können eisige Schneestürme toben. Es fällt vergleichsweise wenig Regen, sodass Anbauflächen künstlich bewässert werden müssen.

➔ Schon gewusst?

Auf dem Felsen von Gibraltar leben Berberaffen. Diese Makakenart ist – neben dem Menschen – die einzig freilebende Primatenart Europas.

Überseegebiet Gibraltar

An der Straße von Gibraltar, die das Mittelmeer mit dem Atlantik verbindet, liegt die Kronkolonie Gibraltar, ein britisches Überseegebiet. Die Iberische Halbinsel trennen bei Gibraltar nur 14 Kilometer vom afrikanischen Kontinent.

Iberer und Flüsse

Der Name Iberische Halbinsel stammt laut griechischen Überlieferungen von der Volksgruppe der Iberer, die in der Antike die Halbinsel besiedelte. Die Iberer haben ihren Namen wiederum vom Fluss Ebro (Lateinisch: Iberus), der im Nordosten der Halbinsel ins Mittelmeer fließt. Die anderen Flüsse Tajo, Guadjana und Guadalquivir münden in den Atlantik.

Inseln im Atlantik

Mitten im Atlantik finden sich Inseln, die häufig zu Spanien oder Portugal gezählt werden. Jedoch muss unterschieden werden, ob diese Inseln geografisch zu einem Land gehören, also ob diese auf der gleichen Kontinentalplatte liegen, oder ob sie ihm politisch zugeordnet werden. Zu Spanien gehören die Balearen im Mittelmeer. Während diese geografisch wie auch politisch dazu gezählt werden, sind die Kanarischen Inseln mit ihren bekannten Urlaubsinseln La Palma, Fuerteventura, Gran Canaria und Teneriffa nur politisch ein Teil Spaniens. Geografisch gesehen liegen sie auf der Afrikanischen Platte. Auch die Insel Madeira befindet sich auf der Afrikanischen Platte; dennoch zählt man sie politisch zu Portugal, wie auch die Inselgruppe der Azoren. Diese Berggipfel sind geografisch noch schwieriger einzuordnen, da sie teilweise auf der Nordamerikanischen, der Europäischen und der Afrikanischen Platte liegen.

Provence
Lavendelfelder der Provence, Frankreich. Ein großer Teil wird in Grasse, der Welthauptstadt des Parfums, zu feinen Düften verarbeitet.

Die Sierra Nevada (Spanisch für »verschneites Gebirge«) ist bis zu 3 478 Metern hoch und das höchste Gebirge der Pyrenäenhalbinsel.

GROSS-BRITANNIEN
BELGIEN
DEUTSCHLAND
LUXEMBURG
SCHWEIZ
ITALIEN
FRANKREICH
MONACO
ANDORRA
SPANIEN
PORTUGAL
ALGERIEN
MAROKKO
Atlantischer Ozean
Mittelmeer
Der Kanal (Ärmelkanal)
Kanalinseln (Großbritannien)
Ouessant
Belle-Île
Yeu
Ré
Oléron
Golf von Biscaya
Golfe du Lion
Ligurisches Meer
Golf von Valencia
Golf von Cádiz
Straße von Gibraltar
Korsika (Frankreich)
Sardinien (Italien)
Mallorca (Spanien)
Menorca (Spanien)
Ibiza (Spanien)
Formentera (Spanien)
Normandie
Bretagne
Galicien
Baskenland
Katalonien
Provence
Camargue
ZENTRAL-MASSIV
CEVENNEN
VOGESEN
WESTALPEN
PYRENÄEN
KANTABRISCHES GEBIRGE
IBERISCHES RANDGEBIRGE
SIERRA MORENA
SIERRA NEVADA
Lille
Amiens
Y
Le Havre
Rouen
Caen
Argenteuil
Paris
Reims
Metz
Straßburg (Strasbourg)
Nancy
Brest
Rennes
Le Mans
Orléans
Angers
Tours
Nantes
Mülhausen (Mulhouse)
Dijon
Crêt de la Neige 1720
Mt. Blanc 4810
Clermont-Ferrand
Lyon
Limoges
Puy de Sancy 1886
Saint-Étienne
Grenoble
Bordeaux
Nîmes
Toulouse
Montpellier
Aix-en-Provence
Nizza (Nice)
Marseille
Toulon
Perpignan
Monte Cinto 2710
Ajaccio
Somme
Oise
Aisne
Seine
Marne
Maas
Mosel
Rhein
Sarthe
Loire
Cher
Doubs
Saône
Rhône
Vienne
Creuse
Allier
Charente
Dordogne
Lot
Garonne
Tarn
Isère
Durance
Adour
Gave de Pau
Aude
A Coruña
Gijón
Santiago de Compostela
Oviedo
Torre de Cerredo 2648
Santander
Bilbao
Donostia/ San Sebastián
Ourense
León
Pamplona
Pico de Aneto 3404
Andorra la Vella
Vigo
Teleno 2188
Burgos
San Lorenzo 2262
Logroño
Braga
Porto
Vila Real
Valladolid
Moncayo 2313
Lérida (Lleida)
Saragossa
Mataró
Reus
Barcelona
Tarragona
Salamanca
Coimbra
Pico de Almanzor 2592
Alcalá de Henares
Madrid
Castellón de la Plana
Leiria
Toledo
Valencia
Puig Major 1445
Palma de Mallorca
Lissabon (Lisboa)
Portalegre
Mérida
Évora
Badajoz
Setúbal
Albacete
Alicante
Elche (Elx)
Beja
Córdoba
Murcia
Huelva
Sevilla
Jaén
Granada
Cartagena
Faro
Cádiz
Málaga
Marbella
Almería
Algeciras
Gibraltar (Großbritannien)
Miño
Esla
Douro
Duero
Ebro
Segre
Tejo
Tajo
Guadiana
Júcar
Segura
Guadalquivir
N
W
O
S
200 km

Südwesteuropa

Im Hafen von Monaco ankern Luxusjachten. Das berühmte Spielcasino von Monte Carlo steht auf dem Felsen.

Bis auf Andorra und Monaco sind alle Staaten in Südwesteuropa EU-Mitglieder. In allen fünf Ländern wird mit Euro und Cent bezahlt; so funktionieren Wirtschaft und Verkehr mit den Nachbarländern viel einfacher und reibungsloser.

Frankreich – einfach dufte

Frankreich ist ein hoch industrialisiertes Land, in dem unter anderem Autos und Flugzeuge hergestellt werden. Berühmt ist das Land jedoch besonders für Parfums, Mode und Weine. Jährlich kommen mehr als 80 Millionen Touristen nach Frankreich, um an den Stränden Urlaub zu machen und sich die vielen Schlösser oder den Eiffelturm anzusehen, das Wahrzeichen von Paris.

Noch mehr Frankreich

Zu Frankreich gehören neben Korsika auch das Überseedepartement Französisch-Guayana in Südamerika und einige Inseln in der Karibik (Guadeloupe, Martinique), im Indischen Ozean (Mayotte, Réunion) und in Ozeanien (Französisch-Polynesien). Frankreich ist das flächenmäßig größte Land der EU und nach Russland und der Ukraine das drittgrößte Land des Kontinents Europa. Circa 66,6 Millionen Menschen leben in Frankreich, das sind etwa 103 Einwohner pro Quadratkilometer. Ein Fünftel der Bevölkerung lebt im Zentrum des Landes, in der Hauptstadt Paris.

Fürstentum Monaco

An der französischen Mittelmeerküste nahe der Grenze zu Italien liegt das Fürstentum Monaco. Es ist bekannt für seine Spielbank und für die Rallye von Monte Carlo. Auf nur zwei Quadratkilometern Fläche leben über 37 800 Menschen. Drei Viertel sind Ausländer ohne monegassische Staatsbürgerschaft – meist Franzosen und Italiener.

Spaniens Wirtschaft

Spanien exportiert traditionell landwirtschaftliche Produkte wie Olivenöl und Wein. In den letzten 60 Jahren hat sich das Land jedoch immer mehr zu einem Industrieland entwickelt. Mit seinen langen Atlantik- und Mittelmeerküsten und den vielen Sehenswürdigkeiten gehört Spanien zu den beliebtesten Urlaubsländern.

Zwergstaat mit zwei Herrschern

Hoch in den Pyrenäen liegt das Fürstentum Andorra. Amtssprache ist Katalanisch, doch wird in dem kleinen Land mit seinen rund 77 000 Einwohnern auch Französisch und Spanisch gesprochen. Das Fürstentum wird offiziell gemeinsam vom französischen Staatspräsidenten und dem Bischof von Urgell in Spanien regiert. Andorra ist ein Wintersportparadies und man kann dort günstig einkaufen.

Portugal

1910 wurde der letzte König des Landes, Emanuel II., gestürzt. Doch die junge Republik kam nicht zur Ruhe. Bis 1926 wechselten 44 Regierungen einander ab und danach wurde das Land von 1926 bis 1974 von einer Militärdiktatur regiert. Heute ist Portugal eine Demokratie und seit 1986 auch Mitglied der Europäischen Union (EU).

Seit über 400 Jahren findet in den engen Gassen der spanischen Stadt Pamplona das jährliche Stiertreiben statt. Wer seinen Mut beweisen will, läuft vor den Stieren her. Tierschützer halten das Stiertreiben und die Stierkämpfe jedoch für Tierquälerei und wollen beides abschaffen.

Portugal hat bedeutende Seefahrer und Entdecker hervorgebracht. 1498 wagte sich Vasco da Gama um die Südspitze Afrikas herum und erschloss so den Seeweg nach Indien. Über diese neue Handelsroute kamen kostbare Gewürze wie Pfeffer, Muskat, Gewürznelken und Zimt nach Europa.

Der 324 Meter hohe Eiffelturm in Paris wurde 1889 für die Weltausstellung fertiggestellt. Eigentlich war er nur für 20 Jahre zugelassen und sollte danach abgerissen werden. Doch dann nutzte man den Turm als Funkturm und er durfte stehen bleiben.

Unglaublich!

60 Tonnen Farbe tragen schwindelfreie Maler alle sieben Jahre auf den Eiffelturm auf, damit er nicht wegrostet. Zwei Dutzend Maler sind damit eineinhalb Jahre beschäftigt.

N
Atlantischer Ozean
Der Kanal (Ärmelkanal)
Kanalinseln (Großbritannien)
Ouessant
Belle-Île
Yeu
Ré
Oléron
Golf von Biscaya
FRANKREICH
Lille
Amiens
Y
Le Havre
Rouen
Caen
Argenteuil
Paris
Reims
Metz
Straßburg (Strasbourg)
Nancy
Mülhausen (Mulhouse)
Brest
Rennes
Le Mans
Orléans
Angers
Tours
Nantes
Dijon
Clermont-Ferrand
Lyon
Limoges
Saint-Étienne
Grenoble
Bordeaux
Nîmes
Toulouse
Montpellier
Aix-en-Provence
Marseille
Toulon
Perpignan
Nizza (Nice)
MONACO
Ligurisches Meer
Korsika (Frankreich)
Ajaccio
Golfe du Lion
Somme
Oise
Seine
Aisne
Marne
Maas
Mosel
Rhein
Sarthe
Loire
Cher
Vienne
Creuse
Doubs
Saône
Rhône
Isère
Allier
Charente
Dordogne
Lot
Garonne
Tarn
Durance
Adour
Gave de Pau
Aude
ANDORRA
Andorra la Vella
SPANIEN
PORTUGAL
A Coruña
Santiago de Compostela
Gijón
Oviedo
Santander
Donostia/ San Sebastián
Bilbao
Pamplona
León
Ourense
Vigo
Miño
Burgos
Logroño
Esla
Braga
Porto
Vila Real
Douro
Valladolid
Duero
Ebro
Lérida (Lleida)
Segre
Saragossa
Mataró
Barcelona
Reus
Tarragona
Salamanca
Madrid
Alcalá de Henares
Coimbra
Leiria
Tejo
Tajo
Toledo
Castellón de la Plana
Valencia
Golf von Valencia
Lissabon (Lisboa)
Portalegre
Évora
Setúbal
Mérida
Badajoz
Guadiana
Júcar
Albacete
Beja
Segura
Alicante
Elche (Elx)
Murcia
Córdoba
Huelva
Sevilla
Guadalquivir
Jaén
Granada
Cartagena
Faro
Almería
Málaga
Cádiz
Marbella
Golf von Cádiz
Algeciras
Gibraltar (Großbritannien)
Straße von Gibraltar
Menorca (Spanien)
Mallorca (Spanien)
Palma de Mallorca
Ibiza (Spanien)
Formentera (Spanien)
Mittelmeer
Sardinien (Italien)
ALGERIEN
MAROKKO
Azoren (Portugal)
Madeira (Portugal)
Kanarische Inseln (Spanien)
AFRIKA
500 km
200 km

Südeuropa Mitte

Malta

Comino (oben) ist die kleinste bewohnte Insel Maltas. Der Name bedeutet Kreuzkümmel. Auf Gozo, der zweitgrößten Insel, wird Meersalz gewonnen.

Im Süden Europas sticht die stiefelförmige Apenninenhalbinsel besonders hervor. Westlich davon liegt die große Insel Sardinien und im Süden an der Stiefelspitze Sizilien. Zu Italien gehören neben diesen beiden auch eine Reihe kleinerer bekannter Inseln wie Elba, Ischia, Capri und die Vulkaninsel Stromboli. Die Insel Korsika nördlich von Sardinien hingegen ist französisches Gebiet. Malta, das ebenfalls zu Südeuropa zählt, liegt sogar südlicher als Tunis, die Hauptstadt des nordafrikanischen Landes Tunesien.

Der italienische Stiefel

Italien ist ein gebirgiges Land. Die lange und schmale Apenninenhalbinsel wird im Norden von den mächtigen Alpen abgeschlossen. Südlich der Alpen erstreckt sich zur Adria hin die Poebene, benannt nach dem Fluss Po, dem längsten Fluss Italiens. Der Po entspringt an der französisch-italienischen Grenze in den Alpen, fließt rund 652 Kilometer nach Osten und mündet in einem ausgedehnten Flussdelta in die Adria. Die Poebene war vor Urzeiten eine große Meeresbucht, wurde jedoch in der Eiszeit durch mitgeschwemmtes Material der Alpen- und Apenninenflüsse eingeebnet. Direkt an die Alpen schließen die Apenninen an. Im Nordwesten reicht dieses Gebirge bis an die Küste heran. Weiter südlich umschließt es das toskanische Hügelland und die Beckenlandschaft Umbriens. Die 1 500 Kilometer langen Apenninen ziehen sich den ganzen Stiefel entlang nach Süden und setzen sich auf Sizilien fort. Am höchsten ist dieses Gebirge im mittleren Abschnitt, in den Abruzzen. Der höchste Berg ist mit 2 912 Metern der Corno Grande. Im Osten grenzt die Halbinsel an das Adriatische Meer, im Westen an das Tyrrhenische Meer. Während im Norden des Landes gemäßigtes Klima herrscht, findet man im restlichen Italien Mittelmeerklima mit trockenen und heißen Sommern und milden, regenreichen Wintern.

Vorsicht Vulkane!

Vor der Stiefelspitze liegt Sizilien, getrennt nur durch die Straße von Messina. Mit etwa 25 426 Quadratkilometern ist es die größte Insel des Mittelmeers. Auf Sizilien befindet sich auch der etwa 3 330 Meter hohe Ätna. Weil auf dem Ätna immer etwas los ist, ist er sehr beliebt bei Vulkanologen. Einen weiteren aktiven Vulkan findet man weiter nördlich auf den Liparischen Inseln: den Stromboli.

Malta

In der geografischen Mitte des Mittelmeeres liegt Malta, eine Inselgruppe, die aus den Inseln Malta, Gozo und Comino besteht. Die Kalksteininseln sind die Reste einer ehemaligen Landbrücke zwischen Italien und Nordafrika. Auf den Inseln Maltas gibt es weder Flüsse noch Seen; Bäume sind deshalb äußerst selten und es wächst nur das für Mittelmeerländer typische Buschwerk, die Macchia.

Wo Italien sauer ist

Im Süden, an der Amalfiküste und auf Sizilien werden Zitronen angebaut.

Italien ist Vulkanland

Der Vesuv ist der wohl gefährlichste Vulkan Europas. Der Vulkan ist sehr wahrscheinlich Teil eines noch größeren Supervulkans, den Phlegräischen Feldern, auf dem Teile der Millionenstadt Neapel stehen.

Bergsteigerparadies

Kletterer kommen gerne nach Italien in die Dolomiten, um die Kalksteinfelsen zu bezwingen.

Der aktive Ätna besteht aus einem großen Hauptkrater und aus mehr als 200 Nebenkratern.

SCHWEIZ
ÖSTERREICH
ALPEN
Südtirol
Ortler 3905
Bozen (Bolzano)
DOLOMITEN
Friaul
Trient (Trento)
Udine
Aosta
Lago Maggiore
Comer See
Bergamo
Iseo-see
Gardasee
Etsch
Oglio
Piave
Venetien
SLOWENIEN
Gran Paradiso 4061
Mailand (Milano)
Lombardei
Brescia
Vicenza
Treviso
Triest (Trieste)
Verona
Padua (Padova)
Venedig (Venezia)
KROATIEN
Turin (Torino)
Poebene
Tessin
Adda
Po
Piacenza
Ferrara
Golf von Venedig
FRANKREICH
Piemont
Tanaro
Genua (Genova)
Modena
Emilia-Romagna
Reno
Ravenna
Bologna
APENNINEN
La Spezia
Golf von Genua
Rimini
SAN MARINO
BOSNIEN U. HERZEGOWINA
Lucca
Pisa
Florenz (Firenze)
Arno
Livorno
Arezzo
Ancona
Dalmatinische Inseln (Kroatien)
MONACO
Toskana
ITALIEN
Ligurisches Meer
Capraia (Italien)
Trasimenischer See
Perugia
Umbrien
Ombrone
Maremma
Elba (Italien)
Bolsenasee
Terni
Corno Grande 2912
Pescara
Adriatisches Meer
MONTENEGRO
Tiber
Latium
Giglio (Italien)
Velino
Korsika (Frankreich)
Monte Viglio 2156
ABRUZZEN
Braccianosee
VATIKANSTADT
Rom (Roma)
Campobasso
Foggia
Sacco
ALBANIEN
Latina
Straße von Bonifacio
Andria
Bari
Asinara (Italien)
Golf von Gaeta
Volturno
Ofanto
Apulien
Olbia
Sassari
Neapel (Napoli)
Vesuv 1281
Salerno
Potenza
Brindisi
Ischia (Italien)
Golf von Neapel
Golf von Salerno
Basilikata
Tanagro
Tarent (Taranto)
Lecce
Straße von Otranto
Tirso
Punta la Marmora 1834
Sardinien (Italien)
Capri (Italien)
Tyrrhenisches Meer
Serra Dolcedorme 2267
Golf von Tarent
Golf von Policastro
San Pietro (Italien)
Quartu Sant'Elena
Cagliari
Golf von Cagliari
Golf von Sant' Eufemia
Sant' Antioco (Italien)
Ustica (Italien)
Stromboli (Italien)
Catanzaro
Kalabrien
Liparische Inseln (Italien)
Ionisches Meer
Mittelmeer
Ägadische Inseln (Italien)
Palermo
Messina
Reggio di Calabria
Marsala
Ätna 3330
Straße von Messina
Galite (Tunesien)
Simeto
Catania
Straße von Sizilien
Syrakus (Siracusa)
Sizilien (Italien)
Mittelmeer
Pantelleria (Italien)
TUNESIEN
MALTA
Valletta
Lampedusa (Italien)
200 km

Südeuropa Mitte

In der italienischen Hauptstadt Rom steht das Kolosseum, in dem einst Gladiatoren gekämpft haben.

Du befindest dich hier:

Universell begabt

Michelangelo Buonarroti war Maler, Bildhauer, Architekt und Dichter und einer der bedeutendsten Künstler Italiens.

Sixtinische Kapelle

Papst Julius II. beauftragte den Bildhauer und Maler Michelangelo, die Decke der Sixtinischen Kapelle zu verzieren. Dieser benötigte dafür vier Jahre (1508–1512) und bekam einen steifen Nacken. Heute bestaunen Millionen von Menschen sein Meisterwerk.

Italien, das größte Land Südeuropas, ist ein vielfältiges Land und ebenso vielfältig sind seine Bewohner. Neben Italienisch werden mehrere Hundert Dialekte gesprochen. In Südtirol hört man zudem auch Deutsch und im Aostatal Französisch. Im Nordosten an der Grenze zu Slowenien liegt die autonome Region Friaul-Julisch-Venetien, in der zusätzlich Slowenisch und Furlanisch gesprochen wird. Furlanisch basiert wie andere romanische Sprachen auf dem Lateinischen. Während man in San Marino und in der Vatikanstadt ebenso Italienisch spricht, sind in Malta Englisch und Maltesisch Amtssprachen. Italien und Malta sind Mitglied der EU und verwenden als Währung den Euro. Aber auch in San Marino und in der Vatikanstadt wird mit Euro bezahlt.

Autos, Mode und Zitronen

Italien ist ein hoch entwickeltes Industrieland. Allerdings ist es zweigeteilt in einen reicheren Norden und einen ärmeren Süden. Im Norden stellen weltberühmte Unternehmen Maschinen, Computer und Autos her, darunter schnelle Luxussportwagen. In Mailand, wo alljährlich große Modenschauen stattfinden, haben zudem weltweit bekannte Modefirmen ihren Sitz. In der fruchtbaren Poebene – ebenfalls im Norden Italiens – wird aber auch Landwirtschaft betrieben. Je weiter man nach Süden kommt, umso wärmer und trockener wird das Klima. Im Süden Italiens werden viel Wein, Oliven und Tomaten angebaut und es gedeihen sogar Südfrüchte wie Zitronen.

Ein Staat im Staat

San Marino liegt im Osten Italiens. Man nennt ein solches Land, das vollständig von einem anderen Land umschlossen ist, Enklave. Im Mittelalter bestand die italienische Halbinsel aus mehreren mächtigen Stadtstaaten wie Genua, Florenz oder Venedig. Diese wurden von Fürsten regiert. San Marino hingegen ist schon seit dem Jahr 1263 ein unabhängiges, demokratisches Land. Die anderen Stadtstaaten schlossen sich später zu größeren Staaten zusammen und bildeten schließlich das uns bekannte Italien.

Der kleinste Staat der Welt

Die Vatikanstadt ist der kleinste unabhängige Staat der Welt und liegt innerhalb des Stadtgebietes von Rom. Dort ist der Amtssitz des Papstes und damit der Mittelpunkt der römisch-katholischen Kirche, eine der großen Weltreligionen. Es leben rund 800 Einwohner in der Vatikanstadt. Dazu gehören unter anderem katholische Geistliche und die Mitglieder der Schweizergarde. Die meisten von ihnen unterhalten sich auf Italienisch und oft auch auf Latein. Weil hier keine Kinder leben, gibt es auch keine Schule.

Land im Mittelmeer

Trotz seiner Nähe zu Nordafrika zählt Malta zu Europa. Wegen seiner Nähe zu wichtigen Schifffahrtsrouten wurde es im Laufe der Geschichte mehrmals von verschiedenen Mächten erobert und regiert. Seit 1964 ist Malta unabhängig. Der Seehandel ist nach wie vor wichtig für das Land und daher ist die Werft der größte Arbeitgeber des Landes. Dort werden große Passagierschiffe gebaut und repariert. Die wechselhafte Geschichte Maltas hat sich auch in der maltesischen Sprache niedergeschlagen. Entwickelt hat sie sich zwar aus der arabischen Sprache, doch wird sie mit lateinischen Buchstaben geschrieben.

Unglaublich!

Mehr als drei Millionen Tonnen Pasta, also Nudeln, produziert Italien im Jahr. In Italien soll es heute mehr als 300 verschiedene Pastasorten geben, die sich in Teig, Farbe, Form und in der Oberflächenrauigkeit unterscheiden. Für jede Soße gibt es also die perfekte Nudel.

Venedig, die Stadt in der Lagune, zieht jährlich Besucher aus aller Welt an. Die Stadt besteht aus 118 Inseln. Mehr als 400 Brücken führen über zahlreiche Kanäle. Berühmt ist die Stadt auch für den Karneval mit seinen prächtigen Kostümen.

N
O
SCHWEIZ
ÖSTERREICH
SLOWENIEN
KROATIEN
BOSNIEN-HERZEGOWINA
FRANKREICH
Bozen (Bolzano)
Trient (Trento)
Udine
Aosta
Lago Maggiore
Comer See
Bergamo
Oglio
Piave
Etsch
Iseo-see
Garda-see
Vicenza
Treviso
Triest (Trieste)
Mailand (Milano)
Orco
Tessin
Adda
Brescia
Verona
Padua (Padova)
Venedig (Venezia)
Oglio
Po
Turin (Torino)
Piacenza
Golf von Venedig
Ferrara
Tanaro
Po
Genua (Genova)
Modena
Reno
Ravenna
Bologna
La Spezia
Golf von Genua
SAN MARINO
Rimini
Lucca
Florenz (Firenze)
Pisa
Arno
Livorno
Ancona
Dalmatinische Inseln (Kroatien)
MONACO
Arezzo
ITALIEN
Capraia (Italien)
Ligurisches Meer
Trasimenischer See
Perugia
Ombrone
Elba (Italien)
Bolsena-see
Tiber
Terni
Pescara
Adriatisches Meer
Velino
Korsika (Frankreich)
Giglio (Italien)
MONTENEGRO
Bracciano-see
VATIKANSTADT
Rom (Roma)
Sacco
Campo-basso
Foggia
ALBANIEN
Straße von Bonifacio
Latina
Andria
Asinara (Italien)
Volturno
Bari
Golf von Gaeta
Ofanto
Olbia
Sassari
Neapel (Napoli)
Brindisi
Ischia (Italien)
Golf von Neapel
Salerno
Potenza
Golf von Salerno
Tanagro
Tarent (Taranto)
Lecce
Straße von Otranto
Tirso
Sardinien (Italien)
Tyrrhenisches Meer
Capri (Italien)
Golf von Tarent
Golf von Policastro
San Pietro (Italien)
Cagliari
Quartu Sant'Elena
Golf von Cagliari
Sant' Antioco (Italien)
Ustica (Italien)
Stromboli (Italien)
Golf von Sant' Eufemia
Catanzaro
Liparische Inseln (Italien)
Ionisches Meer
Mittelmeer
Ägadische Inseln (Italien)
Palermo
Messina
Reggio di Calabria
Marsala
Straße von Messina
Galite (Tunesien)
Simeto
Catania
Straße von Sizilien
Syrakus (Siracusa)
Sizilien (Italien)
Mittelmeer
Pantelleria (Italien)
TUNESIEN
Valletta
MALTA
Lampedusa (Italien)
200 km

Mittelmeer

Bedrohter Meeressäuger

Begegnungen mit der Mittelmeer-Mönchsrobbe sind leider immer seltener geworden. Vermutlich leben nur noch etwa 400 Tiere in einigen wenigen Rückzugsgebieten rund um Griechenland und die Türkei.

Steckbrief

Mittelmeer

Fläche: ca. 2,5 Mio. km²
Größte Ausdehnung: ca. 4 000 km (Ost-West)
Durchschnittliche Tiefe: ca. 1 450 m
Tiefste Stelle: Calypsotief (ca. 5 267 m)

Das Mittelmeer ist ein Nebenmeer des Atlantischen Ozeans und trennt Europa von Afrika. Weil es nur über die Straße von Gibraltar, einer schmalen Meerenge, mit dem Atlantik verbunden ist, bezeichnet man das Mittelmeer auch als Binnenmeer. Die Meerenge ist etwa 60 Kilometer lang und an der engsten Stelle gerade einmal 14 Kilometer breit. Es handelt sich um eine der meistbefahrenen Wasserstraßen der Welt. Etwa 300 große Handelsschiffe passieren die Straße von Gibraltar täglich.

Rund um das Mittelmeer

Im Osten liegen die Küsten Israels, Syriens und des Libanon. Im Nordosten ist das Mittelmeer über das Marmarameer und den Bosporus, eine Meerenge bei Istanbul, mit dem Schwarzen Meer verbunden. Über den in Ägypten künstlich angelegten Suezkanal gelangen Schiffe in das Rote Meer und von dort weiter in den Indischen Ozean. Der Suezkanal wurde gebaut, um sich den langen Weg um Afrika herum zu ersparen. Zu den wichtigsten Mittelmeerhäfen gehören Barcelona, Marseille, Istanbul, Alexandria, Piräus und Civitavecchia, der Hafen von Rom.

Mittelmeer ohne Wasser

Vor rund sechs Millionen Jahren hat sich die Straße von Gibraltar geschlossen, das heißt, es bestand keine Verbindung mehr zum Atlantik. Als Folge davon wurde das Mittelmeer immer salziger und trocknete am Ende sogar vollständig aus. Dann senkte sich vor etwa 5,3 Millionen Jahren die Landbrücke zwischen Spanien und Marokko und Atlantikwasser floss in das ausgetrocknete Becken. Das anfangs nur langsam fließende Wasser grub einen immer tieferen und breiteren Kanal und das Meeresbecken konnte schnell wieder volllaufen.

Meer mit zwei Becken

Der Meeresboden des Mittelmeeres ist durchzogen von Rücken und Tiefseebecken. Das Meeresbecken teilt sich grob in zwei große Becken: Das westliche und das östliche Becken werden durch eine untermeerische Schwelle, die sogenannte Sizilianische Schwelle, zwischen Tunesien und Italien getrennt. Das Mittelmeer ist durch Nebenmeere und größere Buchten stark gegliedert.

Immer salziger

In das Mittelmeer münden zahlreiche Flüsse. Die größten und bekanntesten sind die italienischen Flüsse Arno, Etsch, Po und Tiber, der spanische Ebro, die Rhône aus Frankreich und der ägyptische Nil. Durch das warme Klima verdunstet viel Wasser und so konzentriert sich das Salz im Mittelmeer immer mehr. Da die Anrainerstaaten immer mehr Wasser aus den Flüssen entnehmen, gelangt gleichzeitig immer weniger Süßwasser ins Mittelmeer. Das Mittelmeer enthält derzeit 3,8 Prozent Salz und ist damit salziger als der Atlantik.

Mediterranes Klima

Die küstennahen Regionen der Anliegerländer in Südeuropa, Vorderasien und Nordafrika bilden zusammen mit den im Mittelmeer liegenden Inseln den Mittelmeerraum, der von einem eigenen Klima, dem mediterranen Klima, geprägt ist. Die Sommer sind warm und meist trocken, die Winter mild und wegen der Nähe zum Meer reich an Niederschlägen. Dieses Klima überstehen nur besonders angepasste Pflanzen. Typisch für den Mittelmeerraum ist der Olivenbaum, der milde und feuchte Winter benötigt und gleichzeitig die Hitze und Trockenheit des Sommers aushält. Besonders gut ertragen Pinien, Feigenkaktus und Sträucher die sommerliche Trockenheit.

Der Fischfang ist ein wichtiger Erwerbszweig. Gefangen werden unter anderem Sardinen, Meerbarben und Tintenfische.

Rekord

25 426 km²

misst die italienische Insel Sizilien, die größte Insel im Mittelmeer. Die nächstgrößten Inseln sind Sardinien, Zypern, Korsika, Kreta und Mallorca.

Für alle Kulturen rund um das Mittelmeer waren Schiffe das wichtigste Transportmittel. Als Transportgefäße für Öl, Wein und Weizen dienten Amphoren aus Ton.

Nordsee
Der Kanal (Ärmelkanal)
Atlantischer Ozean
Golf von Biscaya
FRANKREICH
SPANIEN
MONACO
Côte d'Azur
Italienische Riviera
Ligurisches Meer
Costa Brava
Balearen-Meer
Balearen (Spanien)
Sardinisch-Balearisches Becken
Korsika (Frankreich)
Straße von Bonifacio
Sardinien (Italien)
Algerisches Becken
Costa del Sol
Straße von Gibraltar
Alborán-Meer
ITALIEN
Tyrrhenisches Meer
Tyrrhenisches Becken
Sizilien (Italien)
Straße von Sizilien
SIZILIANISCHE SCHWELLE
MALTA
Straße von Messina
SLOWENIEN
KROATIEN
BOSNIEN U. HERZEGOWINA
MONTENEGRO
ALBANIEN
Kroatische Adria
Italienische Adria
Adriatisches Meer
Straße von Otranto
Ionisches Meer
Ionisches Becken
GRIECHENLAND
Calypsotief 5267
Hellenischer Graben
Ägäisches Meer
Dardanellen
Marmara-meer
Bosporus
Schwarzes Meer
TÜRKEI
Kreta (Griechenland)
Türkische Riviera
ZYPERN
SYRIEN
LIBANON
ISRAEL
Gazastreifen
Suezkanal
Levantinisches Becken
Levantinisches Meer
MITTELMEERRÜCKEN
Mittelmeer
Libysches Meer
Golf von Gabès
Große Syrte
Rotes Meer
MAROKKO
ALGERIEN
TUNESIEN
LIBYEN
ÄGYPTEN
50°N
40°N
30°N
0°
10°O
20°O
30°O
40°O
N
O
S
W
250 km

Südosteuropa

Schon gewusst?

Die Dalmatinerhunde sind nach ihrer Heimat Dalmatien benannt, einer Küstenregion Kroatiens.

Montenegro

Die Tara-Schlucht in Montenegro ist die größte Schlucht in Europa. An manchen Stellen sind die Wände 1 600 Meter hoch.

Mazedonien

Durch den Ohridsee verläuft die mazedonisch-albanische Grenze. Mit einem geschätzten Alter von über 2,5 Millionen Jahren zählt er zu den ältesten Seen der Welt. Hier entwickelten sich Arten, die es nirgendwo sonst auf der Welt gibt. Biologen untersuchen hier, wie die Evolution neue Arten hervorbringt.

Kaneo-Kirche

Auf einem Vorsprung über dem Ohridsee wurde im 13. Jahrhundert die Kirche des Heiligen Johannes von Kaneo errichtet.

Der Südosten Europas ist von schroffen Landschaften und Gebirgszügen geprägt. Ein großer Teil der Region wird auch Balkan genannt, was einfach nur Gebirge bedeutet. Dieser Name stammt vom Balkangebirge, das sich in Bulgarien von Ost nach West erstreckt. Die Balkanhalbinsel umfasst den südlichen Teil Sloweniens, Kroatien, Bosnien und Herzegowina, den Kosovo, Serbien, Montenegro, Mazedonien, Bulgarien, Albanien, Griechenland und den kleinen europäischen Teil der Türkei. Manchmal wird der Süden Rumäniens noch dazu gezählt.

Land der Wölfe und Vampire

Rumänien grenzt im Süden an Serbien und Bulgarien, mit der Donau als Grenzfluss. Die Donau fächert sich auf rumänischem Gebiet zu einem großen Delta auf und mündet dort ins Schwarze Meer. Das Donaudelta ist Heimat für Hunderte von Fisch- und Vogelarten. Rumänien ist über weite Teile sehr dünn besiedelt und so finden sich in den oftmals unberührten Wäldern des Karpatengebirges noch wilde Tiere wie Luchse, Wölfe und Bären. Auch die Vampirsagen haben ihren Ursprung in den wilden Landschaften Rumäniens.

Dinarisches Gebirge

In Südosteuropa hat sich das Dinarische Gebirge aufgefaltet. Es erstreckt sich von Slowenien über Kroatien, Bosnien und Herzegowina und Montenegro bis in den Norden Albaniens. Die felsige Küste Dalmatiens und auch die vielen kroatischen Inseln sind die Fortsetzung dieses Gebirges. In den schroffen Landschaften wurden Karl-May-Romane verfilmt, deren Geschichten eigentlich in Nordamerika spielen, wie der »Schatz im Silbersee«, der die Plitvicer Seen als Drehort hatte.

Karstlandschaften

In Slowenien, Kroatien und Montenegro finden sich typische Karstlandschaften. Ein Karst ist eine Gebirgslandschaft aus durchlässigem und wasserlöslichem Gestein, in diesem Fall Kalk. Regenwasser und Grundwasser waschen das Kalkgestein aus. So bilden sich an der Oberfläche Spalten und darunter Höhlen und unterirdische Wasserläufe. Eingestürzte Hohlräume, die sich auch manchmal mit Wasser füllen, nennt man Dolinen.

Griechenland

Griechenland liegt ganz im Südosten Europas, direkt am Mittelmeer. Es besteht aus Festland, der Halbinsel Peloponnes und zahlreichen Inseln. Bewohnt sind allerdings nur etwa 90 davon. Größere bekannte Inseln sind Kreta, Rhodos und Lesbos. Insgesamt hat Griechenland eine Küstenlinie von über 13 600 Kilometern. Zudem ist die griechische Landschaft sehr gebirgig.

Kroatien

Vor der malerischen Kulisse der Plitvicer Seen mit ihren Wasserfällen wurden schon viele Abenteuerfilme gedreht.

SLOWAKEI
UKRAINE
ÖSTERREICH
UNGARN
MOLDAU
Satu Mare
Baia Mare
Botoșani
Iași
Großwardein (Oradea)
Klausenburg (Cluj-Napoca)
Siebenbürgen
Neumarkt (Târgu-Mureș)
Bacău
OSTKARPATEN
Triglav 2864
Ljubljana
SLOWENIEN
Zagreb
KROATIEN
Arad
Temeschburg (Timișoara)
Hermannstadt (Sibiu)
Moldoveanu 2543
Kronstadt (Brașov)
Galați
Brăila
Buzău
Ploiești
Donaudelta
Rijeka
Pula
Wojwodina
Novi Sad
Banat
SÜDKARPATEN
Pitești
Bukarest
Banja Luka
Tuzla
Belgrad
RUMÄNIEN
Walachei
Dobrudscha
Konstanza (Constanța)
BOSNIEN U. HERZEGOWINA
Dalmatinische Inseln (Kroatien)
Dinara 1831
Troglav 1913
Sarajevo
Kragujevac
Craiova
Ruse
Buško Jezero
Split
Mostar
SERBIEN
WESTBALKAN
Pleven
BULGARIEN
Varna
Maglic 2386
Bobotov Kuk 2522
Niš
Midzor 2168
Schwarzes Meer
MONTENEGRO
Priština
HOHER BALKAN
OSTBALKAN
Sofia
Botev 2376
Stara Zagora
Burgas
Podgorica
Jezerca 2694
KOSOVO
Adriatisches Meer
Skutarisee
Prizren
Kumanovo
Skopje
Musala 2925
Plovdiv
Maritza
Korab 2764
MAZEDONIEN
RHODOPEN
Drin-Golf
Durrës
Tirana
TÜRKEI
Ohridsee
Serres
Kavala
ITALIEN
Elbasan
Prespasee
Makedonien
Thessaloniki
Marmarameer
ALBANIEN
Thasos
Samothraki
Chalkidike
Limnos
Straße von Otranto
Olymp 2917
Larissa
Ägäisches Meer
Korfu (Griechenland)
Epirus
Pindos
Thessalien
Nördliche Sporaden
Lesbos (Griechenland)
TÜRKEI
Ionisches Meer
Ionische Inseln (Griechenland)
GRIECHENLAND
Euböa
Patras
Golf von Patras
Athen
Piräus
Chios (Griechenland)
Kefallinia
Zakynthos
Peloponnes
Arkadien
Kykladen
Südliche Sporaden (Griechenland)
Sizilien (Italien)
Kalamata
Naxos
Rhodos
Santorin
MALTA
Mittelmeer
Kythira
Kreta (Griechenland)
Karpathos (Griechenland)
Rhodos (Griechenland)
Chania
Heraklion
Ida 2456
Kasos (Griechenland)
150 km

Südosteuropa

Schloss Bran

Vlad III. Drăculea regierte im 15. Jahrhundert als grausamer Herrscher in der Walachei, Rumänien. Der Fürst diente dem Schriftsteller Bram Stoker als Vorlage für »Dracula«, den blutsaugenden Vampir aus Transsylvanien.

Die politische Landkarte Südosteuropas hat sich 1991 grundlegend geändert. Bis zu diesem Jahr waren Slowenien, Kroatien, Bosnien und Herzegowina, Montenegro, der Kosovo, Serbien und Mazedonien Teil des größeren Staates Jugoslawien. Dieser Vielvölkerstaat wurde unter kommunistischer Führung künstlich zusammengehalten. Doch Spannungen zwischen Serben und anderen Volksgruppen führten ab 1991 zu Kriegen innerhalb des Landes und ließen Jugoslawien auseinanderbrechen. So manche Nachfolgestaaten leiden noch heute an den Folgen dieser Auseinandersetzungen und haben mit großen wirtschaftlichen Problemen zu kämpfen.

Landwirtschaft und Bodenschätze

Fruchtbares Land und Bodenschätze lassen hoffen, dass sich diese Länder in Zukunft erholen werden. Im Osten Kroatiens und Norden Serbiens erstrecken sich entlang der Donau besonders fruchtbare Gebiete. Hier werden Gemüse, Obst und Getreide sowie Wein angebaut – oft auch Mais.

Wasserstraße Donau

Die Donau ist ein wichtiger Verkehrsweg, der Kroatien, Serbien, Rumänien und Bulgarien miteinander verbindet. Binnenschiffe nutzen den Fluss, um Waren zu transportieren, während Kreuzfahrtschiffe bis zum Schwarzen Meer unterwegs sind. Kroatien verfügt außerdem über eine lange Adriaküste und eine vielfältige Inselwelt, die Touristen ins Land einladen. Südlich des Balkangebirges, rund 200 Kilometer östlich der bulgarischen Hauptstadt Sofia, liegt das Tal der Rosen. Auf kilometerlangen Feldern werden Rosen angebaut, um daraus duftendes Rosenöl zu gewinnen, das für Parfums und auch als Zutat für Marzipan verwendet wird.

Von der Antike zur Moderne

Das antike Griechenland war der Geburtsort der Demokratie, einer Staatsform, bei der die Macht vom Volk ausgeht. Das Land brachte viele große Philosophen und Seefahrer hervor, die mit ihren Entdeckungen und Ideen die ganze Welt bis in unsere Zeit hinein beeinflussten. Die Annahme, dass Atome kleinste Bausteine der Materie sind, geht zum Beispiel auf den griechischen Philosophen Demokrit zurück. So alt die griechischen Traditionen auch sind, so ist das moderne Griechenland ein doch eher junger Staat. Erst nach Freiheitskämpfen, einer Monarchie und einer Militärdiktatur entwickelte sich dort nach 1974 eine moderne Demokratie. In dem seit 1981 zur EU gehörenden Land leben etwa 10,8 Millionen Menschen, davon mehr als 3,5 Millionen im Großraum Athen, der Hauptstadt des Landes. Viele Griechen arbeiten im Tourismus oder in der Handelsschifffahrt, aber auch in der Landwirtschaft und bauen Obst, Gemüse, Wein, Oliven oder Baumwolle an.

Die in den Felsen gebaute Höhlenburg Predjama in Slowenien bot dem Burgherrn und ihren Bewohnern Schutz. Im Notfall konnte man sich in einem nahen Felsenloch verstecken oder aus der Burg über einen Geheimgang fliehen.

Schon gewusst?

Schüttelt ein Bulgare den Kopf, so bedeutet das nicht »Nein«, sondern »Ja«. Wenn er »Nein« meint, dann nickt er. Hier kann es für ausländische Besucher leicht zu Missverständnissen kommen.

Santorin ist eine Inselgruppe in der griechischen Ägäis, die bei einer Vulkanexplosion entstanden ist. Auf den Überresten des Vulkans leben in mehreren Ortschaften über 13 000 Menschen.

Akropolis

Die Akropolis (Oberstadt) in Athen ist eine typische Stadtfestung des antiken Griechenland und umfasst zahlreiche Tempel.

SLOWAKEI
UKRAINE
ÖSTERREICH
MOLDAU
N
W
O
S
Satu Mare
Baia Mare
Botoşani
Szamos
Pruth
Iaşi
Bistrita
Großwardein
(Oradea)
Klausenburg
(Cluj-Napoca)
Bacău
Neumarkt
(Târgu-Mureş)
Siret
Mur
Ljubljana
SLOWENIEN
Zagreb
Arad
Mureş
Hermannstadt
(Sibiu)
Theiß
Temeschburg
(Timişoara)
Kronstadt
(Braşov)
Galaţi
Brăila
Donaudelta
Drau
KROATIEN
Rijeka
Novi Sad
Buzău
Pula
Una
Save
Banja
Luka
Belgrad
Ploieşti
Piteşti
Ialomiţa
Jiu
Argeş
Bukarest
RUMÄNIEN
BOSNIEN U.
HERZEGOWINA
Tuzla
Drina
Kragujevac
Morava
Craiova
Olt
Konstanza
(Constanţa)
Dalmatinische Inseln
(Kroatien)
Buško
jezero
Sarajevo
Ruse
Split
SERBIEN
Donau
Iskar
Pleven
Varna
Mostar
Niš
BULGARIEN
Schwarzes
Meer
MONTENEGRO
Priština
Sofia
Stara
Zagora
Burgas
Podgorica
KOSOVO
Plovdiv
Maritza
Adriatisches
Meer
Skutari-
see
Kumanovo
Drin
Prizren
Skopje
Struma
Drin-Golf
MAZEDONIEN
Tirana
Durrës
Ohrid-
see
Vardar
Serres
Kavala
Elbasan
Prespa-
see
Marmarameer
Thessaloniki
ALBANIEN
Thasos
Samothraki
Aliakmonas
Limnos
Straße
von
Otranto
Larissa
Ägäisches
Meer
Korfu
(Griechenland)
Acheloos
Nördliche
Sporaden
Lesbos
(Griechenland)
Ionisches
Meer
Ionische
Inseln
(Griechenland)
GRIECHENLAND
Euböa
Golf von
Patras
Patras
Athen
Chios
(Griechenland)
Kefallinia
Piräus
Zakynthos
Sizilien
(Italien)
Kykladen
Südliche Sporaden
(Griechenland)
Kalamata
Naxos
Rhodos
MALTA
Mittelmeer
Santorin
Kythira
Karpathos
(Griechenland)
Rhodos
(Griechenland)
Kreta
(Griechenland)
Kasos
(Griechenland)
Chania
Heraklion
150 km

Nordamerika und Mittelamerika

Der Kontinent Nordamerika ist nach Asien und Afrika der drittgrößte Kontinent. Er liegt vollständig auf der nördlichen Hemisphäre und reicht von den eisigen arktischen Regionen Kanadas und Alaskas über die USA und Mexiko bis nach Mittelamerika einschließlich der karibischen Inselwelt. Der nordamerikanische Kontinent ist über die schmale zentralamerikanische Landbrücke mit Südamerika verbunden und endet an der Grenze zwischen Panama und Kolumbien.

Bocas del Toro: Dieser tropische Regenwald befindet sich im Nordwesten Panamas an der Grenze zu Costa Rica.

Die Naturwunder Nordamerikas

Im Westen wird der Kontinent durch den Pazifik, im Osten durch den Atlantik begrenzt; im Süden liegen der Golf von Mexiko und das Karibische Meer. Nordamerika bietet viele abwechslungsreiche Landschaften, darunter die arktische Tundra, das Hochgebirge der Rocky Mountains im Westen und die Appalachen im Osten, Urwälder mit Mammutbäumen, riesige Seengebiete, weite Prärien, tief eingeschnittene Canyons, heiße Quellen und brodelnde Geysire, staubige Wüsten und tropischen Regenwald. Zum Schutz dieser einmaligen Natur wurden zahlreiche Nationalparks eingerichtet, in denen auch Bisons, Wölfe und Bären frei leben.

Nordamerika entsteht

Noch vor rund 200 Millionen Jahren waren alle heutigen Kontinente in einer einzigen Landmasse vereinigt. Dieser Superkontinent mit Namen Pangäa brach auseinander, sodass es etwa vor circa 65 Millionen Jahren bereits zwei Landmassen gab: den Südkontinent Gondwana und Laurasia im Norden. Der Name Laurasia enthält bereits den heutigen Kontinent Asien. Laurasia teilte sich in Nordamerika und Eurasien; die beiden Bruchstücke entfernen sich seitdem immer weiter voneinander. Südamerika hingegen ist ein Zerfallsprodukt Gondwanas, aus dem auch Afrika, Indien, Australien und Antarktika hervorgingen. Nord- und Südamerika näherten sich einander an und es bildete sich vor etwa 13 Millionen Jahren die zentralamerikanische Landbrücke.

➜ Schon gewusst?

Grönland ist geologisch gesehen Teil des nordamerikanischen Kontinents, doch politisch zählt die größte Insel der Welt zu Dänemark und damit zu Europa.

Der Uummannaq-Fjord auf Grönland. Vor den Holzhäusern der Grönländer ziehen gewaltige Eisberge vorbei.

Der Amerikanische Schwarzbär ist in Kanada und in den USA zu Hause. Er klettert auch auf Bäume!

Rocky Mountains

Der Peyto Lake im kanadischen Banff-Nationalpark wird von Gletschern gespeist.

Angeberwissen

- Der höchste Berg Nordamerikas ist mit 6 190 Metern der Denali in Alaska. Von 1917 bis 2015 nannte man ihn auch Mount McKinley.
- Längster Fluss ist mit 6 021 Kilometern der Missouri-Mississippi.

Steckbrief

Nordamerika und Mittelamerika

Fläche: ca. 24,9 Mio. km²
Anzahl der Länder: 23
Größtes Land: Kanada
Kleinstes Land: Saint Kitts und Nevis
Bevölkerung: ca. 529 Mio. Einwohner
Bevölkerungsdichte: ca. 21 Einwohner/km²
Größte Stadt: Mexiko-Stadt (ca. 8,9 Mio. Einwohner)

Schon gewusst?

Archäologische Funde wie diese Pfeil- und Speerspitzen finden sich zu Abertausenden im Boden Nordamerikas.

Materialien

Aus Feuerstein und Obsidian, einem vulkanischen Glas, lassen sich durch geschicktes Abschlagen scharfe Kanten herstellen.

Nordamerika und Mittelamerika

Der größte Teil des etwa 25 Millionen Quadratkilometer großen nordamerikanischen Kontinents entfällt auf Kanada und die Vereinigten Staaten von Amerika, zu denen auch Alaska zählt. Alaska und die nördlichen Gebiete Kanadas sind nahezu menschenleer. Dort sind die Winter lang, dunkel und eisig kalt. Der Süden Kanadas, die USA und Mittelamerika hingegen sind dichter besiedelt. Dort liegen auch die zahlreichen Großstädte des Kontinents.

Hochkulturen

Zur gleichen Zeit, als auf dem Gebiet Kanadas und der USA ausschließlich nomadische und halbnomadische Ureinwohner lebten, gab es in Mexiko und Mittelamerika bereits Hochkulturen. Davon zeugen in Mexiko, Guatemala, Belize und Honduras viele beeindruckende Pyramiden und Tempelanlagen, die meist von den Völkern der Maya und Azteken errichtet wurden – und das lange bevor Kolumbus im Jahr 1492 die Neue Welt zufällig entdeckte.

Europa entdeckt Amerika

Wagemutige Seefahrer suchten einen Seeweg von Europa nach Indien, China und Südostasien; so fuhren sie um Afrika herum Richtung Osten. Christoph Kolumbus hingegen brach über den Atlantik nach Westen auf und erhoffte sich einen neuen und schnelleren Seeweg nach Asien. 1492 landete er auf Hispaniola, einer großen Insel, die sich heute die beiden Staaten Haiti und die Dominikanische Republik teilen. Erst auf seiner vierten und letzten Reise über den Atlantik betrat Kolumbus auch zentralamerikanisches Festland. Allerdings hat er bis zu seinem Tod geglaubt, dass er in Indien oder Japan gelandet war. Er wusste also nicht einmal, dass er einen neuen Kontinent entdeckt hatte. Nach dem berühmten Seefahrer benannt sind das südamerikanische Land Kolumbien, ein Bundesstaat Kanadas, der US-District of Columbia und mehrere Städte. Erst der italienische Kaufmann, Seefahrer und Kartograf Amérigo Vespucci erkannte, dass das Land, das Christoph Kolumbus entdeckt hatte, ein eigener, bis dahin unbekannter Kontinent war. Amérigo Vespucci zu Ehren nannte der Kartograf Martin Waldseemüller Südamerika »America«.

Wikinger in Amerika

Doch Christoph Kolumbus war nicht der erste Europäer in Amerika. Lange vor ihm hatten andere bereits den nordamerikanischen Kontinent erreicht: die Wikinger. In den 1960er-Jahren entdeckten Archäologen auf der zu Kanada gehörenden Insel Neufundland Überreste einer etwa tausend Jahre alten Wikingersiedlung. Allerdings war das Land zu karg und das Leben dort sehr hart; deshalb zogen die Wikinger bald schon wieder ab.

Der deutsche Kartograf Martin Waldseemüller hat 1507 Südamerika (links unten) gezeichnet und es »America« genannt. Später bekam auch der nördliche Kontinent den Namen Amerika.

Christoph Kolumbus

Erster Europäer in Amerika – nach den Wikingern! Christoph Kolumbus hielt die Einheimischen für die Bewohner Indiens und bezeichnete sie daher als Indianer.

Totempfahl

Die Kultur der First Nations, wie die Nachfahren der Ureinwohner Amerikas genannt werden, ist vielfältig. Dieser Totempfahl stammt vom Volk der Haida, einer von über 600 kanadischen First Nations. Die Haida siedeln an den Küstenregionen British Columbias, im Süden Alaskas und auf der Inselgruppe Haida Gwaii, auch Queen-Charlotte-Inseln genannt.

Mayaheiligtum im Urwald

Die Kukulcán-Tempelpyramide ist Teil der Ruinenstadt Chichén Itzá auf der mexikanischen Halbinsel Yucatán. Die Mayastadt war zwischen dem 8. und 11. Jahrhundert ein wichtiger Knotenpunkt im Mayareich.

Nordpolarmeer
NORWEGEN
Spitzbergen
(Norwegen)
N
W
O
S
GROSS-
BRITANNIEN
Grönland
(Dänemark)
ISLAND
IRLAND
Königin-Elisabeth-Inseln
(Kanada)
Beringmeer
Beaufort-
see
Baffin
Bay
Aleuten
(USA)
ALASKA
(BUNDESSTAAT
DER USA)
Hudson
Bay
Haida Gwaii
(Kanada)
KANADA
Neufundland
(Kanada)
Vancouver-
Insel
(Kanada)
Ottawa
Atlantischer
Ozean
Washington, D.C.
VEREINIGTE STAATEN VON AMERIKA
(USA)
Bermuda-
Inseln
(Großbritannien)
Pazifischer
Ozean
BAHAMAS
Nassau
Puerto Rico
(USA)
Golf von
Mexiko
Port-au-Prince
Havanna
KUBA
HAITI
Santo Domingo
DOMINIKANISCHE
REPUBLIK
Große Antillen
Kingston
JAMAIKA
Kleine Antillen
MEXIKO
Mexiko-Stadt
1
A
Belmopan
BELIZE
Karibisches
Meer
Guatemala-Stadt
HONDURAS
Tegucigalpa
GUATEMALA
San Salvador
NICARAGUA
Managua
EL SALVADOR
San José
Panama-Stadt
COSTA RICA
PANAMA
VENEZUELA
KOLUMBIEN
Galápagos-
Inseln
(Ecuador)
ECUADOR
PERU
1000 km
Staaten der Kleinen Antillen
A
Puerto
Rico
(USA)
ANTIGUA U.
BARBUDA
St. John's
ST. KITTS
U. NEVIS
Basseterre
DOMINICA
Roseau
ST. LUCIA
Castries
BARBADOS
Bridgetown
ST. VINCENT
U. DIE GRENADINEN
Kingstown
GRENADA
St. George's
TRINIDAD U.
TOBAGO
Port of Spain
Kleine Antillen
VENEZUELA

Nordamerika und Mittelamerika

Kanada

Die kanadische Nationalflagge heißt auch Maple Leaf Flag – Ahornblattflagge. Die beiden roten Streifen links und rechts symbolisieren den Pazifischen und den Atlantischen Ozean. Das Weiß steht für den arktischen Schnee und das Ahornblatt für Kanadas Natur.

USA

Die sechs weißen und sieben roten Streifen stehen für die 13 Gründungsstaaten. Im blauen Flaggenfeld symbolisieren 50 weiße Sterne die derzeitig 50 Bundesstaaten.

Mexiko

Grün, Weiß und Rot sind die Farben der nationalen Befreiungsarmee. Der auf einem Kaktus sitzende Adler mit der Schlange entstammt einer aztekischen Legende über die Gründung von Tenochtitlán, jenem Ort, an dem heute Mexiko-Stadt steht.

Fakten zu Nord- und Mittelamerika

- Allein in Kanada leben über 600 unterschiedliche Kulturformen und Völker, die sich selbst First Nations nennen, zu Deutsch »Erste Nationen«.
- Zwar gab es in Nordamerika Urpferde, doch die starben aus, noch bevor Menschen den Kontinent erreichten. Die ersten Amerikaner waren also Fußgänger.
- Wahrscheinlich kamen die ersten Amerikaner am Ende der letzten Eiszeit aus Asien über die Beringstraße und einen eisfreien Korridor nach Amerika. Doch dieser Weg ist nur einer von mehreren, die derzeit wissenschaftlich diskutiert werden.
- Auf der mexikanischen Halbinsel Yucatán schlug vor rund 65,5 Millionen Jahren ein zehn Kilometer großer Asteroid ein und verursachte eine weltweite Katastrophe. Das Riesending aus dem All war sehr wahrscheinlich eine der Ursachen für das Aussterben der Dinosaurier.

Der nordamerikanische Kontinent hat eine bewegte Geschichte hinter sich. Hier lebten schon Dinosaurier und von hier aus wurde auch ihr Ende besiegelt. Denn ein Asteroideneinschlag auf der Halbinsel Yucatán im südlichen Mexiko gilt als ein möglicher Grund für ihr Verschwinden. Die Katastrophe hatte für andere ihre Vorteile, denn nun konnten sich die Säugetiere weiterentwickeln – bis hin zum Menschen, der auf Umwegen aus seiner Urheimat Afrika auch auf die beiden amerikanischen Kontinente gelangte. Nord- und Südamerika wurden vom Menschen zuletzt besiedelt.

Wasser des Kontinents

Die fünf Großen Seen Nordamerikas sind zusammenhängende Binnenseen und nur über den Sankt-Lorenz-Strom mit dem Atlantik verbunden. Mit einer Gesamtfläche von 245 000 Quadratkilometern bilden sie die größte Binnensüßwasserfläche der Welt und eine wichtige Trinkwasserquelle für die USA und Kanada. Durch die enorme Größe machen sich sogar die Gezeiten bemerkbar und zeigen sich, wie bei einem Meer, als Ebbe und Flut.

Der Panamakanal

In Panama, dem schmalsten Stück der Landbrücke zwischen Nord- und Südamerika, wurde der 82 Kilometer lange Panamakanal gebaut, eine der bedeutendsten künstlichen Wasserstraßen der Welt.
Die Idee zu diesem Kanal war alt, schon 1871 wurde mit dem Bau begonnen. Doch nach acht Jahren schwieriger Arbeit und 20 000 Todesfällen wurde das Projekt aufgegeben. Erst bei einem zweiten Anlauf wurde der Kanal nach zehnjähriger Bauzeit im Jahr 1914 fertiggestellt. Auch dieses Mal waren die Opfer enorm: Bei Arbeitsunfällen und durch Tropenkrankheiten wie Malaria und Gelbfieber kamen 28 000 Menschen zu Tode.
Weil die Containerschiffe und Tanker immer größer wurden und den Panamakanal nicht benutzen konnten, musste der Kanal modernisiert werden. So müssen heute nur noch die allergrößten Schiffe, wie Flugzeugträger, den langen Umweg um die Südspitze Südamerikas fahren. Jährlich benutzen etwa 14 000 Schiffe den Kanal und gelangen so vom Atlantik in den Pazifik und umgekehrt.

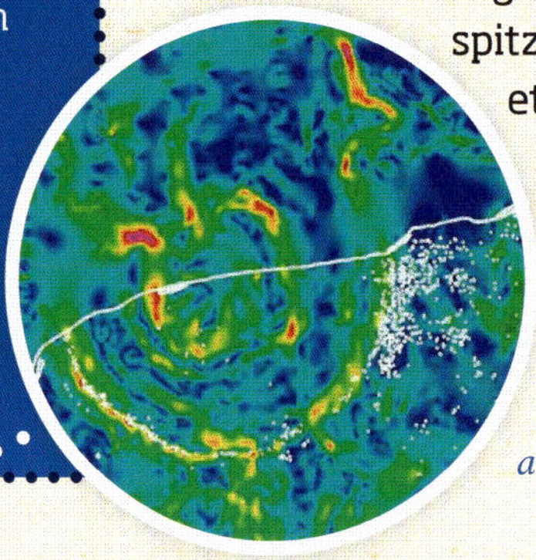

Der Riesenkrater zeigt sich aus dem All mit besonderen Messmethoden. Er liegt zur Hälfte auf Yucatán (untere Bildhälfte), zur anderen Hälfte im Golf von Mexiko.

Die Indianer kannten ursprünglich gar keine Pferde. Diese kamen erst mit europäischen Eroberern ins Land.

Indianer

Einst gehörte den Ureinwohnern Nordamerikas der ganze Kontinent. Doch dann kamen europäische Eroberer und Siedler, begannen Kriege und schleppten Krankheiten ein, die vielen Ureinwohnern das Leben kosteten. Heute leben die meisten First Nations zurückgedrängt in eher kleinen Reservaten.

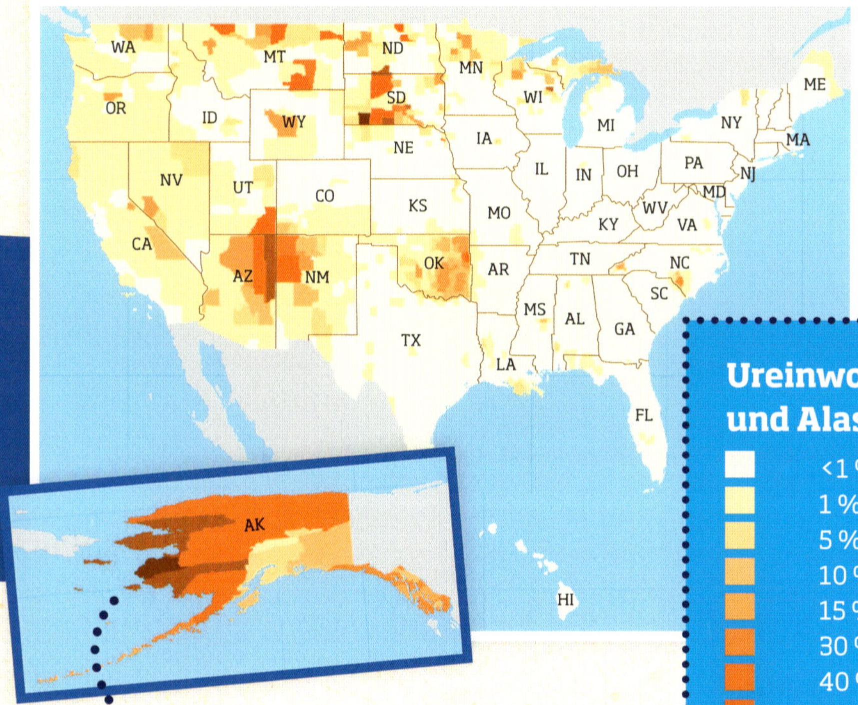

Der Anteil der Ureinwohner in den USA ist sehr gering. Die dunkleren Flecken markieren Reservate mit hohem Anteil.

Besonders hoch ist der Anteil der Ureinwohner im dünn besiedelten Alaska.

Ureinwohner der USA und Alaskas in Prozent

- <1 %
- 1 %–5 %
- 5 %–10 %
- 10 %–15 %
- 15 %–30 %
- 30 %–40 %
- 40 %–60 %
- 60 %–75 %
- 75 %–90 %
- 90 %–95 %
- 95 %–99,3 %

Die Kanadischen Badlands liegen im Südosten der Provinz Alberta. »Bad Land« bedeutet »Schlechtes Land«. Im Erdmittelalter herrschte hier ein Paradies für Dinos mit üppigen Pflanzen und reichlich Wasser.

Dinosaurier

Berühmte Dinofundstätten in Nordamerika sind das Dinosauriernationaldenkmal in Utah, USA, Hell Creek in Montana, USA und der Dinosaur Provincial Park in Alberta, Kanada. In dem kaum bewachsenen Ödland haben Wind und Regen den Boden abgetragen, sodass die versteinerten Überreste zutage treten.

Dinoland

In der kanadischen Region Süd-Alberta entdeckte 1909 ein Farmer auf seiner Ranch die ersten Dinofossilien Kanadas. Die Ranch gehört heute zum Dinosaur Provincial Park, in dem die Überreste von mehr als 40 Dinosaurierarten gefunden wurden.

Dinoskelett

Dampfbetriebene Bagger graben sich durch 60 Meter hohe Hügel und schaffen ein künstliches Tal.

Der Blick aus der Luft lässt erahnen, welche Anstrengungen notwendig waren, um den Panamakanal fertigzustelllen.

Panamakanal

Weil die Schiffe immer größer wurden, musste der Panamakanal in neunjähriger Bauzeit modernisiert werden. Der Kanal wurde breiter und tiefer und bekam neue Schleusen. Seit Juni 2016 können ihn nun auch sehr große Frachter und Tanker passieren und müssen nicht den langen Umweg um Kap Hoorn fahren.

Nördliches Nordamerika

Im Norden des nordamerikanischen Kontinents liegen Kanada und westlich davon Alaska. Obwohl Alaska ein sehr großes Gebiet umfasst und beinahe schon wie ein eigener Staat wirkt, handelt es sich dabei nur um einen Bundesstaat der Vereinigten Staaten von Amerika.

Alaska

Mit über 1,7 Millionen Quadratkilometern ist Alaska sogar der flächenmäßig größte Bundesstaat der USA. Er gliedert sich in drei landschaftliche Großräume: die breite Küstenebene zum Nordpolarmeer hin, die Yukon-Niederung mit ihrem Mittelgebirgs- und Hügelland und die Gebirgskette entlang der südlichen Pazifikküste. Im Südwesten liegt die schmale und spitz zulaufende Alaska-Halbinsel, die sich in dem lang gezogenen Inselbogen der Aleuten fortsetzt. Dieser Inselbogen entstand, weil hier die Pazifische Platte unter die Nordamerikanische Platte abtaucht. An solchen Subduktionszonen schmilzt der abgetauchte Meeresboden in der Tiefe auf und flüssiges Magma und Gase drängen nach oben; so kommt es zu Vulkanismus und auch zu Erdbeben.

Landschaft Alaskas

Entgegen allgemeinen Vorstellungen hat Alaska abwechslungsreiche Landschaften zu bieten. Dort gibt es hochalpine Regionen mit schroffen Bergen, aber auch arktische Tundra und Taiga mit Wäldern und Mooren. Auf den Inseln im Golf von Alaska findet man sogar Regenwälder.

Heute kann man vor der Küste Ostkanadas Wale bestaunen – früher wurden sie hier unerbittlich gejagt.

Eisiges Land

Alaska liegt in der polaren und subpolaren Klimazone. Rund ein Drittel der Fläche Alaskas besteht aus baumloser Tundra. Der mehrere Hundert Meter tief gefrorene Permafrostboden taut nur in den kurzen Sommermonaten und auch nur an der Oberfläche auf. Ein weiteres Drittel ist von Wäldern bedeckt.

Kanada

Kanada hat eine Fläche von fast zehn Millionen Quadratkilometern und ist nach Russland das zweitgrößte Land der Welt. Es ist mehr als 25-mal so groß wie Deutschland, aber sehr viel dünner besiedelt. Kanadas Landschaften stehen für Wildnis und endlose Weite. Die Gebiete nördlich des 60. Breitengrades sind weitgehend unberührt und nur wenige Straßen führen in den arktischen Norden.

Unglaublich!

Etwa 250 000 Jahre alt ist das älteste Eis Grönlands. Es findet sich im Gletscher Jakobshavn Isbræ. Der Gletscher gibt seine Eismassen über den Ilulissat-Eisfjord ins Meer ab, der seit 2004 zum Weltnaturerbe gehört.

Der Westen Kandadas

In British Columbia, ganz im Westen Kanadas, entspringt der Fluss Yukon, der durch die Yukon-Niederung nach Alaska fließt und nach ungefähr 3100 Kilometern ins Beringmeer mündet. Im Westen erheben sich auch die mächtigen Rocky Mountains mit ihren schneebedeckten Gipfeln und direkt an der Westküste erstrecken sich Küstengebirge, zu denen auch die Saint-Elias-Mountains zählen. Die Eliaskette, wie man diesen rund 400 Kilometer langen Gebirgszug auch nennt, ist stark vergletschert und umfasst die fünf höchsten Gipfel Kanadas, darunter den 5 959 Meter hohen Mount Logan. Im Nordosten, rund um das riesige Binnenmeer der Hudson Bay, erstreckt sich der Kanadische Schild, ein recht flaches Gebirge.

Kanadas Mitte

Im Zentrum Kanadas, zwischen den Rocky Mountains und der Hudson Bay, befindet sich eine weite Seenlandschaft. Die größten Seen darin sind der Große Bärensee, der Große Sklavensee und der Winnipegsee. Im Südosten wachsen ausgedehnte Wälder, darin auch viele Ahornbäume. Das rote Ahornblatt ist das Wahrzeichen Kanadas und eines von ihnen ziert auch die Landesflagge.

Nationalparks

In Kanada sind mehr als 40 Nationalparks ausgewiesen. In ihnen haben Elche, Rothirsche, Bisons, Moschusochsen, Karibus – so heißen die nordamerikanischen Rentiere –, Schwarz- und Braunbären und der mächtige Grizzlybär ein sicheres Zuhause gefunden, denn dort ist Jagen verboten.

Die an der Hudson Bay gelegene Kleinstadt Churchill in der kanadischen Provinz Manitoba gilt als »Eisbären-Hauptstadt der Welt«. Hier treffen sich im Herbst viele Eisbären und warten darauf, dass das Meer zufriert, damit sie endlich Robben jagen können.

Nordpolarmeer
RUSSLAND
Ostsibirische See
Wrangel-Insel (Russland)
Spitzbergen (Norwegen)
Grönlandsee
Jan Mayen (Norwegen)
N
W
O
S
Dänemark-straße
ISLAND
Grönland (Dänemark)
Ellesmere-Insel (Kanada)
Beringmeer
Beringstraße
Parry-Inseln (Kanada)
Beaufortsee
Devon-Insel (Kanada)
Baffin Bay
Baffin-Insel (Kanada)
Davisstraße
ALASKA (BUNDESSTAAT DER USA)
Aleuten (USA)
Alaska-Halbinsel
Koyukuk River
Yukon-Niederung
Kuskokwim River
BROOKSKETTE
Mt. Chamberlin 2749
Denali 6190
ALASKAKETTE
Tanana River
Yukon
Anchorage
McClure-Straße
Banks-Insel (Kanada)
Amundsen-Golf
Victoria-Insel (Kanada)
Dawson
YUKON TERRITORY
Mackenzie
MACKENZIEGEBIRGE
Golf von Alaska
Mt. Logan 5959
ELIASKETTE
Whitehorse
Juneau
Großer Bärensee
NORTHWEST TERRITORIES
Barren Grounds
NUNAVUT
Foxe-becken
Iqaluit
Labradorsee
Hudsonstraße
Southampton-Insel (Kanada)
Yellowknife
Großer Sklavensee
KÜSTENGEBIRGE
ROCKY MOUNTAINS
BRITISH COLUMBIA
KANADA
Hudson Bay
NEWFOUNDLAND AND LABRADOR
George
QUÉBEC
Labrador
Churchill
Trinity Bay
Dixonstraße
Haida Gwaii (Kanada)
Peace
Athabascasee
Churchill
Kanadischer Schild
Belcher-Inseln (Kanada)
Grande rivière de la Baleine
La Grande Rivière
St.-Lorenz-Insel
St. John's
Neufundland (Kanada)
ALBERTA
Rentiersee
SASKATCHEWAN
Nelson
Severn
James Bay
St.-Lorenz-Strom
PRINCE EDWARD ISLAND
Hecatestraße
Mt. Waddington 4019
Mt. Robson 3954
Athabasca
Edmonton
Saskatchewan
MANITOBA
ONTARIO
Eastmain
NEW BRUNSWICK
Charlottetown
Königin-Charlotte-Straße
Golden Hinde 2195
Mt. Columbia 3747
Fraser
Winnipegsee
Albany
Saguenay
Pazifischer Ozean
Vancouver-Insel (Kanada)
Vancouver
Calgary
Kanadische Badlands
Saskatoon
Québec
Fredericton
Halifax
NOVA SCOTIA
Victoria
Kelowna
Regina
Winnipeg
Nipigonsee
Trois-Rivières
Montréal
Sherbrooke
Thunder Bay
Oberer See
Sudbury
Ottawa
Huronsee
Kingston
Barrie
Ontariosee
Toronto
London
Hamilton
Eriesee
VEREINIGTE STAATEN VON AMERIKA (USA)
Atlantischer Ozean
1000 km

Nördliches Nordamerika

Im Ersten Weltkrieg haben auch Mitglieder der indigenen Völker Kanadas in Europa gekämpft. Diese Häuptlinge zeigen mit der britischen Flagge, dass sie zu ihrem Mutterland stehen.

Der Norden Nordamerikas wird von Kanada bestimmt, das etwa 46 Prozent der Fläche einnimmt. Das Land Kanada besteht aus zehn Provinzen und drei Territorien. Während die Provinzen über ein hohes Maß an Eigenständigkeit verfügen, übernimmt die kanadische Bundesregierung verschiedene Verwaltungsaufgaben für die Territorien. Die zwei bevölkerungsreichsten Provinzen sind Ontario und Québec.

Bevölkerung

Auf den knapp zehn Millionen Quadratkilometern Kanadas leben etwa 35 Millionen Menschen; das macht im Durchschnitt nur rund 3,5 Einwohner pro Quadratkilometer. Allerdings lebt der größte Teil in einem nur bis zu 350 Kilometer schmalen Streifen entlang der Grenze zu den USA. Die nördlichen Gebiete von Kanada sind dagegen fast menschenleer. Die Bevölkerung ist auf die wenigen städtischen Zentren konzentriert; das sind die Millionenstädte Toronto, Montréal und die Hauptstadt Ottawa.

First Nations

In Teilen Kanadas leben neben Indianervölkern, die lieber First Nations genannt werden wollen, auch Métis, die Nachfahren von europäischen Pelzhändlern und Frauen indianischer Abstammung, sowie Inuit. Die Inuit haben sich besonders gut an ein Leben in Kälte und Einsamkeit angepasst. Sie sind vor allem in den Northwest Territories und in Nunavut angesiedelt, ebenso auf der Insel Grönland.

So viel Grenze

Im Osten grenzt Kanada an Alaska, im Süden teilt sich das Land mit den USA eine etwa 6 400 Kilometer lange Grenze. Im Westen verläuft diese Grenze über weite Strecken entlang des 49. Breitengrades. Rechnet man die Grenze zu Alaska hinzu, ist die Grenze zwischen Kanada und den USA ungefähr 8 891 Kilometer lang; das ist weltweit die längste gemeinsame Grenze zweier Staaten.

Fruchtbares Land

Die weiten Ebenen in der Mitte Kanadas haben sich aus fruchtbaren Lössablagerungen der Eiszeit gebildet. Löss ist von Gletschern fein gemahlenes, kalkhaltiges Felsgestein. Hier werden Rinder gehalten sowie Obst und Gemüse angebaut. Weizen und andere Getreidearten wachsen auf dem fruchtbaren Boden besonders gut. Der Ertrag dieser Felder ist so hoch, dass Überschüsse exportiert werden können. An den Küsten wird Fischzucht betrieben und Wildfische gefangen. In British Columbia im Westen Kanadas wird vor allem Lachs und Heilbutt für den Export gefangen. Kanada ist extrem waldreich und verschifft das Holz und Holzprodukte in alle Teile der Welt.

Goldsucher

Schon gewusst?

Ab 1896 zog es Tausende Goldsucher in das kanadische Yukon Territory mit dem Klondike River. Bis heute wurden dort rund 570 Tonnen Gold gefunden.

Toronto

Der CN-Tower ist ein 555 Meter hoher Fernsehturm und Wahrzeichen der Stadt Toronto. Er wurde 1976 errichtet und war bis 2009 der höchste Fernsehturm der Welt.

Angeberwissen

- In Kanada spricht man Englisch und Französisch, denn ab dem Jahr 1600 gründeten sowohl Franzosen als auch Engländer Kolonien auf dem heutigen kanadischen Staatsgebiet.
- Ein Fünftel der kanadischen Bevölkerung spricht beide Sprachen fließend.
- Außerdem sprechen die First Nations noch über 50 weitere Sprachen.
- Die zehn Provinzen und drei Territorien Kanadas können ihre Amtssprache selbst wählen.

Erdöl

Die Trans-Alaska-Pipeline verläuft rund 1 287 km vom Norden Alaskas bis zum eisfreien Hafen Valdez südöstlich von Anchorage.

Nordpolarmeer
Spitzbergen (Norwegen)
Ostsibirische See
Grönlandsee
N
W
O
S
Jan Mayen (Norwegen)
Wrangel-Insel (Russland)
Ellesmere-Insel (Kanada)
Grönland (Dänemark)
Dänemarkstraße
ISLAND
Beringmeer
Beringstraße
Parry-Inseln (Kanada)
Beaufortsee
ALASKA (BUNDESSTAAT DER USA)
Koyukuk River
McClure-Straße
Devon-Insel (Kanada)
Banks-Insel (Kanada)
Baffin Bay
Aleuten (USA)
Kuskokwim River
Tanana River
Yukon
Baffin-Insel (Kanada)
Amundsen-Golf
Victoria-Insel (Kanada)
Davisstraße
Anchorage
Dawson
Mackenzie
Foxebecken
Iqaluit
YUKON TERRITORY
Whitehorse
Großer Bärensee
NUNAVUT
Labradorsee
Golf von Alaska
NORTHWEST TERRITORIES
Southampton-Insel (Kanada)
Hudsonstraße
Yellowknife
Juneau
Großer Sklavensee
Hudson Bay
NEWFOUNDLAND AND LABRADOR
KANADA
George
QUÉBEC
Trinity Bay
Dixonstraße
BRITISH COLUMBIA
Peace
Athabasca-see
Churchill
Belcher-Inseln (Kanada)
Churchill
Haida Gwaii (Kanada)
ALBERTA
Rentier-see
Grande rivière de la Baleine
St. John's
St.-Lorenz-Insel
Neufundland (Kanada)
Athabasca
SASKATCHEWAN
Nelson
Severn
James Bay
La Grande Rivière
St.-Lorenz-Strom
Hecatestraße
PRINCE EDWARD ISLAND
Königin-Charlotte-Straße
Edmonton
MANITOBA
ONTARIO
Eastmain
NEW BRUNSWICK
Vancouver-Insel (Kanada)
Fraser
Saskatchewan
Winnipeg-see
Albany
Charlottetown
Calgary
Saguenay
Pazifischer Ozean
Vancouver
Kelowna
Saskatoon
Québec
Halifax
Victoria
Nipigonsee
Trois-Rivières
Fredericton
Regina
Winnipeg
Thunder Bay
Oberer See
Montréal
NOVA SCOTIA
Sherbrooke
Sudbury
Ottawa
Kingston
Huronsee
Ontariosee
Barrie
Toronto
VEREINIGTE STAATEN VON AMERIKA (USA)
London
Hamilton
Atlantischer Ozean
Eriesee
1000 km

USA

Weißkopfseeadler

Dieser mächtige Vogel ist das Wappentier der USA und besonders häufig in Alaska anzutreffen.

Die Vereinigten Staaten von Amerika sind ein Zusammenschluss von 50 Bundesstaaten, die zentral von der Hauptstadt Washington, D.C. aus regiert werden. Die Abkürzung D.C. steht für District of Columbia. Neben den 48 zusammenhängenden Kernstaaten gehören auch die beiden Bundesstaaten Alaska und Hawaii im Pazifischen Ozean zu den USA. Ferner unterhalten die USA Außengebiete in der Karibik, wie Puerto Rico, die Amerikanischen Jungferninseln und Navassa. Außengebiete im Pazifik sind Guam, die Nördlichen Marianen, Amerikanisch-Samoa und eine Reihe weiterer Inseln und Inselgruppen.

Im Weißen Haus in Washington, D.C. haben alle Präsidenten bis auf George Washington gewohnt und regiert.

George Washington war von 1789 bis 1797 der erste Präsident der USA. Nach ihm ist die Hauptstadt Washington, D.C. benannt.

Großes Land

Die Vereinigten Staaten sind mit rund 9,8 Millionen Quadratkilometern der drittgrößte Staat der Erde. Größer sind nur noch Russland und Kanada. Auch mit etwa 320 Millionen Einwohnern nehmen sie nach China und Indien den dritten Platz ein. Im Einwanderungsland USA leben Menschen aus allen Nationen und Kulturen. Zwar gibt es keine offizielle Amtssprache, doch wird hauptsächlich amerikanisches Englisch gesprochen. Im Südwesten der USA und in Miami, Florida, hört man Spanisch, denn dort leben viele Einwanderer aus Lateinamerika, wie aus Mexiko und Kuba.

Die ersten Amerikaner

Die ersten Menschen gelangten wahrscheinlich vor mehr als 13 000 Jahren aus Asien auf den nordamerikanischen Kontinent. Einige Forscher vermuten sogar, dass Amerika schon vor 30 000 Jahren besiedelt wurde. Etwa ab 1600 haben sich viele britische Kolonisten an der Ostküste Nordamerikas niedergelassen. Die bis dahin bestehenden Dreizehn Kolonien sagten sich am 4. Juli 1776 in der Unabhängigkeitserklärung der Vereinigten Staaten vom Mutterland Großbritannien los. Doch erst nach dem Amerikanischen Unabhängigkeitskrieg gegen die britische Kolonialmacht wurde die Unabhängigkeit auch anerkannt. 1787 wurde schließlich die Verfassung der Vereinigten Staaten verabschiedet. Dennoch wird jedes Jahr der 4. Juli als Gründungstag der USA gefeiert.

Freiheitsstatue

Diese Statue im Hafen von New York ist ein Geschenk Frankreichs an die USA. Für Millionen Einwanderer war diese Statue das Erste, was sie von ihrem Schiff aus von Amerika sahen.

Wilder Westen

Im Laufe des 19. Jahrhunderts verschob sich die westliche Grenze der USA immer weiter Richtung Pazifik. Die Ureinwohner wurden in den sogenannten Indianerkriegen bekämpft und gewaltsam aus ihren Gebieten vertrieben. Die weißen Siedler breiteten sich weiter aus und nahmen immer mehr Land in Besitz. Im Mexikanisch-Amerikanischen Krieg (1846–1848) kam weiterer Landbesitz hinzu. Aus diesen Gebieten gingen sechs neue US-Staaten hervor: Nevada, Arizona, Utah, Kalifornien, Texas und New Mexico.

Reiches Land

Goldfunde in Kalifornien und Alaska lösten einen Goldrausch im gesamten Land aus. Weitere Funde von Bodenschätzen führten dazu, dass sich eine superreiche Oberschicht bildete. Die Gesellschaft der USA wurde immer mehr von Industrie und Wirtschaft bestimmt, bis die einstige britische Kolonie zur größten Wirtschaftsmacht der Welt geworden war. Zudem wuchsen die Vereinigten Staaten zu einer beeindruckenden Militärmacht heran, die sich im Spanisch-Amerikanischen Krieg (1898) und im Ersten Weltkrieg (1914–1918) behaupten konnte. Die USA gehören heute zu den reichsten Ländern der Welt; doch ist der Reichtum höchst ungleich verteilt. Die Spanne zwischen Arm und Reich ist extrem groß.

Angeberwissen

- Seit der Loslösung vom britischen Mutterland 1776 sind die USA von 13 auf 50 Bundesstaaten angewachsen. Als letzte Staaten traten 1959 Alaska und Hawaii den USA bei.
- Der größte Familienfeiertag in den USA ist Thanksgiving. Am letzten Donnerstag im November treffen sich alle zum Erntedankfest und essen zum Beispiel Truthahn und Süßkartoffeln.

VEREINIGTE STAATEN VON AMERIKA (USA)
ALASKA
Pazifischer Ozean
Juneau
500 km
KANADA
WASHINGTON
Olympia
OREGON
Salem
IDAHO
Boise
MONTANA
Helena
NORTH DAKOTA
Bismarck
MINNESOTA
Saint Paul
WISCONSIN
Madison
MICHIGAN
Lansing
MAINE
Augusta
VERMONT
Montpelier
NEW HAMPSHIRE
Concord
MASSACHUSETTS
Boston
Providence
RHODE ISLAND
CONNECTICUT
Hartford
NEW YORK
Albany
Trenton
NEW JERSEY
PENNSYLVANIA
Harrisburg
Dover
DELAWARE
Annapolis
MARYLAND
Washington, D.C.
SOUTH DAKOTA
Pierre
WYOMING
Cheyenne
NEVADA
Carson City
KALIFORNIEN
Sacramento
UTAH
Salt Lake City
COLORADO
Denver
NEBRASKA
Lincoln
IOWA
Des Moines
ILLINOIS
Springfield
INDIANA
Indianapolis
OHIO
Columbus
WEST VIRGINIA
Charleston
VIRGINIA
Richmond
KENTUCKY
Frankfort
KANSAS
Topeka
MISSOURI
Jefferson City
ARIZONA
Phoenix
NEW MEXICO
Santa Fe
OKLAHOMA
Oklahoma City
ARKANSAS
Little Rock
TENNESSEE
Nashville
NORTH CAROLINA
Raleigh
SOUTH CAROLINA
Columbia
GEORGIA
Atlanta
ALABAMA
Montgomery
MISSISSIPPI
Jackson
LOUISIANA
Baton Rouge
TEXAS
Austin
FLORIDA
Tallahassee
MEXIKO
Golf von Mexiko
Atlantischer Ozean
BAHAMAS
KUBA
500 km
N
Pazifischer Ozean
HAWAII
Honolulu
Pazifischer Ozean
100 km

Westen der USA

Grand Canyon

Der Fluss Colorado hat den Grand Canyon im Laufe von sechs Millionen Jahren in den Boden gegraben und so ein Naturwunder geschaffen.

Du befindest dich hier:

Im Westen der USA erstrecken sich von Nord nach Süd die über 4 500 Kilometer langen Rocky Mountains. Der Gebirgszug beginnt bereits in Kanada und zieht sich durch die US-Staaten Montana, Idaho, Wyoming, Utah, Colorado, Arizona und New Mexico. Die Rocky Mountains sind etwa 2 000 bis 3 000 Meter hoch – die höchste Erhebung, der Mount Elbert in Colorado, sogar 4 396 Meter. Die sogenannten Rockies sind Teil der Amerikanischen Kordilleren, die sich von Alaska bis Feuerland über ganz Nord- und Südamerika entlangziehen.

Ein Gebirge nimmt Form an

Die Rockies begannen sich vor rund 70 Millionen Jahren zu bilden, als die Pazifische Platte unter die kontinentale Platte Nordamerikas abtauchte. Während circa 30 Millionen Jahren türmte sich ein Gebirge auf, das etwa so hoch war, wie der Himalaya heute ist. Gleichzeitig dehnten sich Teile Nordamerikas weiter aus und das Gebirge streckte sich in West-Ost-Richtung mit. So entstanden verschiedene Gebirgsketten und dazwischen Täler und Hochebenen.

Das Große Becken

Bei dieser räumlichen Dehnung entstand auch das Große Becken, im Englischen Great Basin genannt, eine trockene Landschaft, die im Westen von der Kaskadenkette und der Sierra Nevada und im Osten von der Wasatchkette begrenzt wird. Das Große Becken ist abflussfrei. Das bedeutet, Flüsse wie etwa der Humboldt fließen nicht in größere Flüsse und letztendlich ins Meer, sondern in kleinere Seen, wo das Wasser in der trockenen und heißen Wüstenluft schließlich verdunstet. Das Große Becken verteilt sich auf mehrere Bundesstaaten, wobei der größte Teil in Nevada liegt. Es besteht aus steppenhaften Gebieten, Stein- und Sandwüsten, meist trockenen Bachbetten und Flussläufen, Canyons, ausgetrockneten Salzseen und Salzpfannen. Aber auch größere Seen wie der Große Salzsee in Utah finden sich in diesem Gebiet.

Yellowstone Nationalpark

Der größte Teil der Rocky Mountains ist als Nationalpark eingestuft und steht unter Naturschutz. Weltberühmt ist der Yellowstone Nationalpark in Wyoming und Montana. Er wurde 1872 als erster Nationalpark der Welt gegründet, um die Tier- und Pflanzenwelt zu schützen. Der Park beheimatet Elche, Bisons und Grizzlybären. Im Yellowstone Nationalpark finden sich zudem heiße Quellen, brodelnde Schlammtöpfe und rund 300 Geysire. Heute gibt es 59 offizielle Nationalparks in den USA, die Jahr für Jahr Millionen von Besuchern anlocken.

Tiefe Schluchten

Im Nordwesten Arizonas hat der Fluss Colorado den Grand Canyon geschaffen, indem er sich in das über Jahrmillionen abgelagerte Sedimentgestein hineingefressen hat. Die Schlucht ist um die 430 Kilometer lang und stellenweise bis zu 1,8 Kilometer tief, wobei die verschiedenfarbigen Gesteinsschichten aus unterschiedlichen Erdzeitaltern stammen. Dies macht den Grand Canyon zu einer Fundgrube für Geologen und Paläontologen, die hier den Verlauf der Erdgeschichte erforschen.

→ Rekord

115 Meter

misst Hyperion, der derzeit größte Baum der Welt.

Diese Mammutbäume wachsen entlang der Pazifikküste in Oregon und Kalifornien.

Hawaii

Die Hawaii-Inseln mit ihren Lavafelsen sind durch Vulkanismus entstanden und immer noch aktiv.

Death Valley

Das Tal des Todes liegt bis zu 86 Meter unter dem Meeresspiegel und ist damit der tiefste Punkt der USA. Weil das Tal von hohen Bergen umgeben ist, die die Regenwolken abhalten, herrscht hier extreme Trockenheit. Zudem heizt die glühende Sonne den tiefen Talkessel auf.

Monument Valley

Wer Westernfilme liebt, kennt das Monument Valley im Südosten Utahs und im Nordosten Arizonas. Die aberwitzigen Felsformationen sind durch Erosion entstanden.

KANADA
N
W
O
S
NORTH DAKOTA
SOUTH DAKOTA
NEBRASKA
KANSAS
OKLAHOMA
TEXAS
MEXIKO
WASHINGTON
OREGON
IDAHO
MONTANA
WYOMING
NEVADA
UTAH
COLORADO
KALIFORNIEN
ARIZONA
NEW MEXICO
Seattle
Tacoma
Olympia
Mount Rainier 4392
Spokane
Vancouver
Portland
Salem
Eugene
Columbia
BLUE MOUNTAINS
KASKADENKETTE
Willamette River
Malheur Lake
Summer Lake
Harney Lake
Lake Abert
Rogue
Phoenix
Klamath
Goose Lake
Mt. Shasta 4317
Boise
Snake
BITTERROOTKETTE
ROCKY MOUNTAINS
Clark Fork
Helena
Missouri
Yellowstone
Billings
Yellowstone Nationalpark
Yellowstone-see
BIG HORN MOUNTAINS
Cloud Peak 4013
Gannett Peak 4209
North Platte
Cheyenne
Großer Salzsee
Salt Lake City
Provo
WASATCHKETTE
Green River
Humboldt
Pyramid Lake
Reno
Carson City
Lake Tahoe
Walker Lake
Großes Becken
Wheeler Peak 3982
Mono Lake
SIERRA NEVADA
Sacramento
Eel
KÜSTENKETTE
Oakland
San Francisco
Stockton
Palo Alto
San Jose
San Joaquin
Fresno
Mt. Whitney 4421
Tal des Todes
Bakersfield
1
Las Vegas
Henderson
Grand Canyon
Colorado
Colorado-Plateau
2
Longs Peak 4346
Denver
Aurora
Mt. Elbert 4396
Aspen
Colorado Springs
Pueblo
Arkansas
Blanca Peak 4372
Wheeler Peak 4011
Santa Fe
Albuquerque
Rio Grande
Pecos
Phoenix
Scottsdale
Mesa
Gila
Tucson
Pasadena
San Bernardino
Los Angeles
Long Beach
Santa Ana
Salton-see
San Diego
Pazifischer Ozean
USA
HAWAII
Honolulu
Mauna Kea 4205
100 km
200 km

Westen der USA

Die etwa 2 740 Meter lange Golden Gate Bridge überspannt den Zugang zur Bucht von San Francisco.

Seattle, Portland und San Francisco sind wichtige Hafenstädte im Westen der USA. Dort werden Frachtschiffe mit Fisch, Früchten und Holz beladen. Das Holz stammt meist aus den Bundesstaaten Washington und Oregon, wo aufgrund des feuchten Klimas große Tannen-, Fichten- und Kieferwälder wachsen. Washington, Oregon und Idaho nennt man auch den Pazifischen Nordwesten.

Land der Cowboys

In Montana, Wyoming, Utah und Colorado leben viele Menschen von der Rinderzucht oder sind im Bergbau beschäftigt. Auf den auslaufenden Berglandschaften und den weiten Ebenen weiden riesige Rinderherden. Auch wenn moderne Cowboys von Geländewagen und sogar von Helikoptern aus die Herden überwachen, sind sie immer noch auf Pferde angewiesen. Viele Pferdeliebhaber kommen hierher, um im Urlaub auf einer Ranch zu arbeiten.

Sonniges Kalifornien

Sunshine State, Sonnenscheinstaat, so wird Kalifornien auch genannt. Der fruchtbare Boden, der beständige Sonnenschein sowie das aus der Sierra Nevada stammende Wasser machen Kalifornien zu einem wichtigen Erzeuger für landwirtschaftliche Produkte. Auf riesigen Plantagen werden Gemüse, Mandeln und Orangen angepflanzt. Das Napa Valley nördlich von San Francisco ist ein weltberühmtes Weinanbaugebiet, wenn auch nur eines von vielen in Kalifornien.

Los Angeles

Die Stadt der Engel, wie man Los Angeles auch nennt, ist berühmt für ihren Stadtteil Hollywood mit seinen Filmstudios und den Filmstars. Aber auch viele große Unternehmen der Luft- und Raumfahrt haben sich in der Stadt angesiedelt, die von sechsspurigen Autobahnen durchzogen wird. Die meisten der weit über zehn Millionen Menschen im Großraum von Los Angeles leben in ausufernden Vorortsiedlungen mit flachen Gebäuden.

Silicon Valley

Südlich von San Francisco zwischen Palo Alto und San Jose erstreckt sich das Silicon Valley, das Silizium-Tal. Silizium ist ein chemisches Element und ein Halbleiter, aus dem Computerchips hergestellt werden. Früher gab es in diesem Tal nur Obst- und Gemüseplantagen, doch ab den 1950er-Jahren siedelten sich im Tal immer mehr Elektronikunternehmen an. Schließlich kamen Halbleiterfabriken, Computerhersteller und Softwareunternehmen hinzu.

Der 50. Staat

Hawaii ist eine Inselkette mitten im Pazifischen Ozean und seit 1959 der 50. und jüngste Bundesstaat der USA. Eigentlich zählen die Hawaii-Inseln zum polynesischen Kulturraum; doch wurden sie 1898 von den Vereinigten Staaten annektiert und so wurde die hawaiische Sprache und die polynesische Kultur unter dem Einfluss der USA zurückgedrängt. Nach dem Zweiten Weltkrieg übersiedelten viele US-Amerikaner und auch Asiaten nach Hawaii und so wurde die ursprünglich polynesische Bevölkerung zu einer Minderheit im eigenen Land.

Hollywood: Diese Buchstaben wurden 1923 aufgestellt, um Werbung für eine Neubausiedlung in Los Angeles zu machen.

Schon gewusst?

Area 51 ist ein Sperrgebiet im südlichen Nevada. An diesem Ort wurden angeblich UFOs gesichtet. Tatsächlich ist es ein hochgeheimes militärisches Sperrgebiet.

Las Vegas – Stadt in der Wüste

1910 hatte Las Vegas etwa 800 Einwohner. Heute sind es mehr als 600 000, im Großraum leben sogar zwei Millionen Menschen. Las Vegas besuchen jährlich etwa 40 Millionen Menschen, die wegen der Spielcasinos und der Shows hierherkommen.

N
WASHINGTON
Seattle
Tacoma
Olympia
Spokane
Vancouver
Portland
Columbia
Salem
Willamette River
OREGON
Eugene
Summer Lake
Malheur Lake
Harney Lake
Lake Abert
Rogue
Phoenix
IDAHO
Boise
Snake
MONTANA
Missouri
Clark Fork
Helena
Yellowstone
Billings
NORTH DAKOTA
SOUTH DAKOTA
NEBRASKA
KANSAS
OKLAHOMA
TEXAS
MEXIKO
WYOMING
Yellowstone-see
North Platte
Cheyenne
Klamath
Goose Lake
Eel
Sacramento
Humboldt
Pyramid Lake
Reno
Carson City
Lake Tahoe
Walker Lake
NEVADA
Sacramento
Oakland
San Francisco
Palo Alto
San Jose
Stockton
San Joaquin
Mono Lake
Fresno
KALIFORNIEN
Las Vegas
Henderson
Bakersfield
Pasadena
San Bernardino
Los Angeles
Long Beach
Santa Ana
Salton-see
San Diego
Großer Salzsee
Salt Lake City
Provo
UTAH
Green River
Colorado
COLORADO
Denver
Aurora
Aspen
Colorado Springs
Pueblo
Arkansas
ARIZONA
Phoenix
Scottsdale
Mesa
Gila
Tucson
NEW MEXICO
Santa Fe
Albuquerque
Rio Grande
Pecos
Pazifischer Ozean
USA
HAWAII
HAWAII
Honolulu
Pazifischer Ozean
100 km
200 km

Mittlerer Westen der USA

Great Plains

Viele Kilometer geradeaus führen die Straßen durch die Great Plains.

Die Landschaften des Mittleren Westens wurden durch die Gletscher der Eiszeit geformt. Vor etwa 90 000 bis 20 000 Jahren bedeckte ein gigantischer Eisschild Teile Nordamerikas. Im Süden reichte das Eis sogar bis zu den heutigen Städten New York und Chicago. Als sich am Ende der Eiszeit der Eisschild zurückzog, entstanden vor allem in Michigan, Wisconsin und Minnesota einige größere Seen, die in eine weite, ebene Landschaft eingebettet sind, so zum Beispiel der Oberer See, Michigansee, Huronsee und Eriesee.

Die Great Plains

Die eiszeitlichen Gletscher haben den Fels der Gebirge abgerieben und die Landschaft mit Geröll und feinem fruchtbarem Boden eingeebnet. So haben sich zwischen den Rocky Mountains und dem Mississippi riesige weite Prärien gebildet, die Millionen von Bisons Futter gaben. Von den Bisons wiederum ernährten sich die Ureinwohner. Aus Fell, Knochen und Sehnen stellten sie Kleidung, Schmuck, Werkzeuge und Waffen her, so auch Pfeil und Bogen. Die Ureinwohner jagten aber nur so viele Tiere, wie sie zum Leben brauchten. Im 16. Jahrhundert soll es noch mehr als 25 Millionen Bisons in Nordamerika gegeben haben. Ab Mitte des 19. Jahrhunderts, etwa mit dem Bau der großen Eisenbahnlinie durch den Kontinent, machten die weißen Amerikaner vermehrt Jagd auf Bisons, bis die Tiere fast vollständig ausgerottet waren. Die Einrichtung von Nationalparks ab 1872 verhinderte, dass die beeindruckenden Tiere ausstarben.

Mächtige Naturgewalten

Im Mittleren Westen kommt es immer wieder zu extremen Wetterphänomenen. Durch die in Nord-Süd-Richtung orientierten Gebirgszüge fehlt eine Barriere, die den Austausch von kalten und warmen Luftmassen verhindert. So können kalte Luftmassen aus dem Norden und warme, feuchte Luftmassen aus dem Süden ungehindert aufeinandertreffen. Auf glühend heiße Sommer folgen Winter mit eisigen Schneestürmen, sogenannten Blizzards. Besonders häufig sind Tornados. Die meisten Häuser der Tornado Alley, zu der auch Kansas und Missouri zählen, haben für solche Fälle spezielle Schutzräume und -keller, die auch dann noch stehen, wenn der Rest des Hauses in alle Winde zerstreut ist.

Tornados

Berüchtigt für zerstörerische Wirbelstürme ist die Tornado Alley, ein weites Gebiet zwischen den Rocky Mountains im Westen und den Appalachen im Osten. Im Frühjahr treten im Mittleren Westen der USA die meisten und heftigsten Tornados auf. Manche Tornados entwickeln Windgeschwindigkeiten von mehr als 300 Stundenkilometern.

Beinahe wäre das Amerikanische Bison ausgestorben. Heute gibt es wieder eine halbe Million Tiere in Nordamerika.

Blizzard

Im Dezember 2007 fegte ein Eissturm über den Mittleren Westen. Der gefrierende Regen legte sich über Häuser und Bäume und ließ die Äste unter dem Gewicht des Eises brechen.

Angeberwissen

- In den Großen Seen ist fast ein Fünftel des flüssigen Süßwassers der Erde gespeichert.
- Die Great Plains sind zwei Millionen Quadratkilometer groß und ziehen sich von den kanadischen Provinzen Alberta, Saskatchewan und Manitoba durch zehn Bundesstaaten der USA: Montana, Wyoming, Colorado, New Mexico, North Dakota, South Dakota, Nebraska, Kansas, Oklahoma und Texas.

KANADA
N
W
O
S
Williston
Minot
Devils Lake
Grand Forks
Sakakawea-Stausee
NORTH DAKOTA
Dickinson
Bismarck
Fargo
Red River
Upper Red Lake
Lower Red Lake
Leech Lake
Mille Lacs Lake
MESABIKETTE
Oberer See
WISCONSIN
St. Croix
Mississippi
Minneapolis
Saint Paul
Minnesota
MINNESOTA
Aberdeen
Oahe-Stausee
Rapid City
Cheyenne
Pierre
SOUTH DAKOTA
Harney Peak 2207
James
Missouri
Sioux Falls
Great Plains
MONTANA
WYOMING
Wisconsin
Lake Winnebago
Milwaukee
Madison
Houghton Lake
Huronsee
MICHIGAN
Grand Rapids
Flint
Lake St. Clair
Lansing
Grand
Detroit
Michigansee
Eriesee
Cleveland
Akron
Toledo
OHIO
Muskingum
Scioto
Columbus
Dayton
Cincinnati
PENNSYLVANIA
WEST VIRGINIA
VIRGINIA
Rockford
Chicago
Joliet
South Bend
Fort Wayne
Wabash
INDIANA
Indianapolis
Peoria
ILLINOIS
Illinois
Springfield
Kaskaskia
Rend Lake
Evansville
Ohio
KENTUCKY
IOWA
Cedar
Cedar Rapids
Des Moines
Coralville Lake
Rathbun Lake
Mark Twain Lake
Mississippi
Alliance
NEBRASKA
North Platte
Sidney
South Platte
Grand Island
Platte
Omaha
Lincoln
Republican
COLORADO
KANSAS
Kansas
Kansas City
Salina
Topeka
Columbia
St. Louis
Harry S. Truman-Stausee
Jefferson City
MISSOURI
Garden City
Arkansas
Hutchinson
Dodge City
Wichita
Springfield
Black
Table Rock Lake
OKLAHOMA
NEW MEXICO
TENNESSEE
NORTH CAROLINA
SOUTH CAROLINA
ARKANSAS
MISSISSIPPI
ALABAMA
GEORGIA
TEXAS
LOUISIANA
200 km

Mittlerer Westen der USA

Mount Rushmore

In den Berg Mount Rushmore in South Dakota wurden die Abbilder von vier amerikanischen Präsidenten in den Granit gemeißelt: George Washington, Thomas Jefferson, Theodore Roosevelt und ganz rechts Abraham Lincoln. Jeder Kopf ist etwa 18 Meter hoch. Die Arbeiten dauerten von 1927 bis 1941.

Gateway Arch

Der 192 Meter hohe Torbogen steht in Saint Louis, Missouri, wo die berühmte Lewis-und Clark-Expedition zur Erforschung des Westens im Jahr 1804 aufbrach.

Der Name Mittlerer Westen kommt vom englischen Begriff »Midwest« und entstand im 19. Jahrhundert. Diese Bezeichnung sollte helfen, diese Region von der Ostküste abzugrenzen. Denn diese Staaten lagen zwar im Westen, aber nicht so weit westlich wie die damalige Frontier, die Grenze, an der Siedler auf Indianer trafen und wo der Wilde Westen begann.

Fruchtbarer Boden

Teile der weiten Prärien zwischen den Rocky Mountains und dem Mississippi wurden in Getreidefelder umgewandelt, auf denen vor allem Mais und Weizen angebaut werden. Man nennt diese Region auch den Corn Belt, was im Deutschen so viel wie Maisgürtel bedeutet. In den höher gelegenen Regionen weiter im Westen wird Viehwirtschaft betrieben und vor allem Schweine und Rinder gezüchtet. Der Mittlere Westen spielt also eine wichtige Rolle für die Ernährung der USA. Natürlich wird auch östlich des Mississippi Landwirtschaft betrieben. Doch eignen sich die nördlichen Regionen von Minnesota, Wisconsin und Michigan wegen der langen und kalten Winter mehr für die Forstwirtschaft.

Industrie

Im Osten des Mittleren Westens steht die Industrie im Vordergrund. Chicago, Detroit und Cleveland, also die großen Städte der Region, entwickelten sich im Lauf der Jahre immer mehr zu wichtigen Industriezentren. Chicago, die größte Stadt des Mittleren Westens, begann als kleine Hafenstadt am Südufer des Michigansees. Sie diente als Umschlagplatz zwischen den Großen Seen und dem Flusssystem des Mississippi. Als die Stadt Mitte des 19. Jahrhunderts über einen Kanal mit dem Mississippi verbunden und an das Eisenbahnnetz angeschlossen wurde, nahm ihre Weiterentwicklung ständig zu: Es entstanden riesige Schlachthöfe und Fabriken für die Verarbeitung von Fleisch und Getreide und es wurden Hochöfen und Stahlwerke errichtet. Chicago ist heute ein wichtiger Umschlagplatz für die Finanzwirtschaft sowie ein bedeutender Knotenpunkt für den Straßen-, Eisenbahn- und Luftverkehr.

Detroit wurde zu der Autostadt mit großen Automobilfirmen, während rund um Cleveland eine große Zulieferindustrie entstand, die Stahl und Reifen für die Autohersteller produzierte. Mittlerweile sind diese goldenen Zeiten vorbei und viele Autofabriken und Zulieferbetriebe mussten schließen. Deshalb herrscht dort heute eine hohe Arbeitslosigkeit.

Der Mittlere Westen gilt als Kornkammer der USA. Unter »Corn« verstehen die Amerikaner Mais. Es werden aber auch Weizen, Hafer und Soja angebaut.

Chicago

Chicago wurde bei dem großen Brand von 1871 nahezu vollständig zerstört und wurde danach mit modernem Grundriss wiederaufgebaut. 1885 wurde in Chicago der erste Wolkenkratzer der Welt errichtet.

N
Williston
Minot
Devils Lake
Grand Forks
Sakakawea-Stausee
NORTH DAKOTA
Bismarck
Dickinson
Fargo
MONTANA
Upper Red Lake
Lower Red Lake
Leech Lake
Mille Lacs Lake
Red River
Mississippi
Oberer See
Aberdeen
Oahe-Stausee
Rapid City
Cheyenne
Pierre
1
SOUTH DAKOTA
James
Missouri
Sioux Falls
Minneapolis
Saint Paul
Minnesota
MINNESOTA
St. Croix
Wisconsin
WISCONSIN
Lake Winnebago
Milwaukee
Madison
Michigan-see
Houghton Lake
Huronsee
MICHIGAN
Flint
Grand Rapids
Grand
Lansing
Lake St. Clair
Detroit
Eriesee
Cleveland
Toledo
Akron
OHIO
Muskingum
Scioto
Dayton
Columbus
Cincinnati
South Bend
Fort Wayne
Wabash
INDIANA
Indianapolis
Evansville
Ohio
Rockford
Chicago
Joliet
Peoria
ILLINOIS
Illinois
Springfield
Kaskaskia
Rend Lake
Des Moines
Cedar
IOWA
Cedar Rapids
Coralville Lake
Rathbun Lake
Alliance
North Platte
NEBRASKA
Sidney
South Platte
Grand Island
Platte
Omaha
Lincoln
Republican
Mark Twain Lake
Kansas City
Kansas
KANSAS
Salina
Topeka
Columbia
St. Louis
Garden City
Arkansas
Hutchinson
Harry S. Truman-Stausee
Jefferson City
Dodge City
Wichita
MISSOURI
Springfield
Black
Table Rock Lake
KENTUCKY
VIRGINIA
NORTH CAROLINA
ARKANSAS
MISSISSIPPI
ALABAMA
TEXAS
LOUISIANA
200 km

Nordosten der USA

Fire Island

Vor Long Island liegt die etwa 50 Kilometer lange und nur einen Kilometer breite Insel Fire Island. Es handelt sich dabei um eine Barriereinsel, die sich durch Ablagerungen von Wind, Wellen und Strömungen gebildet hat.

Der Central Park auf Manhattan dient den New Yorkern zur Erholung. Hier gibt es sogar einen Zoo.

Viele Touristen kommen im Herbst zum Indian Summer in den Nordosten der USA. In dieser Jahreszeit verfärben sich die Blätter der Laubbäume und tauchen die Landschaft in bunte Farben.

Die Bundesstaaten Connecticut, Rhode Island, Massachusetts, Vermont, New Hampshire und Maine gehören zu den Neuenglandstaaten. Zusammen mit Pennsylvania, New Jersey und New York State bilden sie den Nordosten der USA. Delaware und Maryland werden mal zum Nordosten, manchmal aber auch zu den Südstaaten gezählt. Der Nordosten der USA grenzt an Kanada, wobei der Sankt-Lorenz-Strom sowie der Ontariosee und der Eriesee natürliche Grenzen bilden. Im Osten stößt die Region an den Atlantischen Ozean.

Die Appalachen

Die Landschaften des Nordostens werden zum größten Teil durch die Appalachen bestimmt, ein Mittelgebirgssystem, das lange vor den im Westen gelegenen Kordilleren gebildet wurde. Die meisten ihrer Gipfel bleiben unter 2000 Meter Höhe. Insgesamt erstrecken sie sich von Neufundland bis hinunter nach Alabama. Die Appalachen sind rund 2600 Kilometer lang und zwischen 200 und 300 Kilometer breit. Sie verlaufen parallel zur Atlantikküste. Die Hudson-Mohawk-Furche – benannt nach den beiden gleichnamigen Flüssen – teilt das Gebirge in einen nördlichen und einen südlichen Teil. Der nördliche Teil ist niedriger und reicht nur selten über die Baumgrenze hinaus, die südlichen Appalachen hingegen sind höher und die Gipfel auch felsiger. Nach Osten hin fallen die Appalachen sanft zur Atlantikküste ab. Diese Küstenregion von Washington bis hoch nach Boston ist die am dichtesten besiedelte Region der Vereinigten Staaten.

Mount Washington

Der Mount Washington ist der höchste Gipfel der nördlichen Appalachen und auch Neuenglands. Obwohl nur 1917 Meter hoch, ist er ein Berg mit extremem und unberechenbarem Wetter, denn hier trifft kalte Luft aus dem Norden auf warme Luft aus dem Süden. Der Gipfel des Mount Washington zählt so zu den windreichsten Orten der Erde. An über 100 Tagen im Jahr stürmt es mit über 120 Stundenkilometern. Am 12. April 1934 entwickelte der Wind sogar bis zu 372 Stundenkilometer. Im Winter kann die Temperatur auf dem Gipfel unter minus 40 Grad Celsius fallen.

Eiszeitspuren

In der letzten Eiszeit war der ganze Nordosten von Eis bedeckt. Die Gletscher haben Erhebungen abgeschliffen und Senken mit Material aufgefüllt; so sind auch die Ebenen am Ufer des Ontariosees entstanden. Im Norden des Bundesstaates New York, wo Gletscherzungen sich in den Untergrund gearbeitet haben, sind als eiszeitliche Überreste die elf Finger Lakes oder auch Fingerseen zu sehen. Die langen und schmalen Seen sind in Fließrichtung des Eises angeordnet.

Klima

Im Nordosten der USA herrscht ein feuchtes, gemäßigt kontinentales Klima. Die Sommer sind warm, doch die Winter extrem kalt und schneereich, denn der Labradorstrom transportiert das kalte Wasser der Baffin Bay und des Nordatlantiks bis weit in den Süden. Das ist auch der Grund, warum New York im Winter von Eiseskälte und schweren Schneefällen heimgesucht wird, obwohl es auf der gleichen Breite wie das italienische Rom liegt, dessen Winter sehr viel milder sind.

Niagarafälle

Die amerikanischen Niagarafälle (links) sind etwa 300 Meter lang, die kanadischen Hufeisenfälle (rechts) sogar doppelt so lang. Das Wasser stürzt tosend ungefähr 50 Meter in die Tiefe. Niagara heißt in der Sprache der Ureinwohner »Donnerndes Wasser«.

1

KANADA
Sankt-Lorenz-Strom
Ontariosee
Eriesee
Lake Champlain
ADIRONDACKGEBIRGE
APPALACHEN
Oneida Lake
Finger Lakes
Mohawk
Hudson
Delaware
Susquehanna
West Branch Susquehanna
Allegheny
Allegheny-Plateau
Raystown Lake
Connecticut
Merrimack
Saint-John-River
Eagle Lake
Chamberlain Lake
Chesuncook Lake
Pemadumcook Lake
Moosehead Lake
Flagstaff Lake
Big Lake
Mooselookmeguntic Lake
Mt. Washington 1917
Sebago Lake
Lake Winnepesaukee
Quabbin-Stausee
MAINE
VERMONT
NEW HAMPSHIRE
MASSACHUSETTS
NEW YORK
PENNSYLVANIA
NEW JERSEY
MARYLAND
DELAWARE
RHODE ISLAND
CONNECTICUT
WEST VIRGINIA
VIRGINIA
OHIO
Bangor
Augusta
Portland
Burlington
Montpelier
Concord
Boston
Providence
Hartford
Plymouth
Bridgeport
Albany
Utica
Syracuse
Rochester
Buffalo
Ithaca
Jamestown
Erie
Scranton
Pittsburgh
Harrisburg
Newark
Jersey City
New York
Trenton
Philadelphia
Atlantic City
Dover
Baltimore
Annapolis
Washington, D.C.
Golf von Maine
Kap Cod
Nantucket (USA)
Martha's Vineyard (USA)
Long Island (USA)
Fire Island (USA)
Delaware Bay
Atlantischer Ozean
1
N
W
O
S
200 km

Nordosten der USA

Washington, D.C.

Damit kein Bundesstaat bevorzugt wird, wurde eigens der District of Columbia für die Hauptstadt Washington geschaffen. Ein Großteil der Einwohner arbeitet für die Regierung.

New York

Auf der Insel Manhattan stehen die Wolkenkratzer dicht an dicht und bilden regelrechte Straßenschluchten.

Der Nordosten der USA und dort insbesondere die Küstenregion zwischen Boston und Washington, D.C. ist auffallend dicht besiedelt. Die hohe Besiedlungsdichte dieser Region erklärt sich mit den Einwanderungsströmen. Nachdem die Einwanderer mit dem Schiff in New York angekommen waren, haben sie sich auf die Städte der näheren Umgebung verteilt.

Boswash

Die Region ist überwiegend städtisch geprägt. Von Boston aus zieht sich über New York, Philadelphia, Baltimore bis nach Washington, D.C. ein 750 Kilometer langes Städteband entlang der Atlantikküste. In diesem Gebiet, das auch Boswash genannt wird – nach den Endpunkten BOSton und WASHington –, leben 45 Millionen Menschen. Somit kommen auf nur drei Prozent der Staatsfläche 15 Prozent aller US-Bürger. Das macht Boswash zum größten Ballungsraum der USA. Ein Viertel der Industrie befindet sich ebenfalls in dieser kleinen Region.

Geschichte und Politik

Im Nordosten wurde amerikanische Geschichte geschrieben. Hier errichteten die ersten europäischen Kolonisten ihre Siedlungen. Nicht die ersten, aber die wohl berühmtesten Siedler Nordamerikas waren die Pilgerväter. Sie kamen 1620 mit dem Schiff »Mayflower« dort an, wo heute Plymouth, Massachusetts, ist. Die Pilgerväter waren eine streng religiöse Gruppe, die in ihrer englischen Heimat verfolgt wurde. In der neuen Welt erhofften sie sich auch ein neues und freieres Leben. In Philadelphia wiederum wurden die Unabhängigkeitserklärung und die Verfassung unterzeichnet, die zwei wichtigsten Dokumente, die die Grundlage der heutigen USA bilden. Philadelphia war zudem die erste Hauptstadt der Vereinigten Staaten, bevor Washington, D.C. zur Hauptstadt wurde. In Washington versammelt sich seitdem der Kongress, also das Parlament. Jeder Bundesstaat ist hier durch zwei Abgeordnete vertreten. Viele Einwohner der Stadt arbeiten für die Regierung.

Starke Universitäten

Im Nordosten der USA wurden noch vor dem Bürgerkrieg (1861–1865) acht Universitäten gegründet, die heute zu den Elitehochschulen des Landes gehören. Weltberühmt sind das MIT (Massachusetts Institute of Technology), Yale, Princeton und Harvard. Eine große Rolle im Universitätsleben spielen die Football-Mannschaften der Universitäten. Gute Sportler können mit einem Stipendium dort studieren und müssen nicht die hohen Studiengebühren zahlen. Berühmte Erfinder, Naturwissenschaftler und Mediziner haben an diesen Universitäten studiert, darunter außergewöhnlich viele Nobelpreisträger.

Ellis Island

Bevor Einwanderer in New York an Land durften, wurden sie auf der Insel Ellis Island medizinisch untersucht. Kranke wurden wieder zurückgeschickt.

Angeberwissen

- 1624 errichteten niederländische Siedler an der Südspitze des heutigen Manhattan das Fort Neu-Amsterdam. Ein gewisser Peter Minuit soll den Indianern das Land für 60 Gulden abgekauft haben.
- Manhattan mit seiner heutigen Skyline aus Wolkenkratzern hieß bei den früher dort lebenden Indianern Manna-Hata, was »Insel der vielen Hügel« bedeutet.
- 1664 nahmen britische Kriegsschiffe das Land für die englische Krone in Besitz. Der König wiederum schenkte es seinem Bruder, dem Herzog von York.

N
MAINE
Saint-John-River
Eagle Lake
Chamberlain Lake
Chesuncook Lake
Pemadumcook Lake
Moosehead Lake
Big Lake
Flagstaff Lake
Bangor
Mooselookmeguntic Lake
Augusta
Sebago Lake
Portland
Lake Winnepesaukee
Merrimack
Concord
NEW HAMPSHIRE
Golf von Maine
Lake Champlain
Burlington
Montpelier
VERMONT
Connecticut
Sankt-Lorenz-Strom
Ontariosee
Oneida Lake
Rochester
Buffalo
Utica
Syracuse
Mohawk
Finger Lakes
Albany
NEW YORK
Eriesee
Erie
Jamestown
Ithaca
Quabbin-Stausee
Boston
MASSACHUSETTS
Kap Cod
Hartford
Providence
Plymouth
Hudson
Nantucket (USA)
Martha's Vineyard (USA)
Bridgeport
Scranton
West Branch Susquehanna
Allegheny
PENNSYLVANIA
Newark
New York
Jersey City
Long Island (USA)
Fire Island (USA)
RHODE ISLAND
CONNECTICUT
Pittsburgh
Raystown Lake
Harrisburg
Delaware
Susquehanna
Trenton
Philadelphia
NEW JERSEY
Baltimore
Atlantic City
Dover
Annapolis
Delaware Bay
Washington, D.C.
MARYLAND
DELAWARE
Atlantischer Ozean
VIRGINIA
200 km

Süden der USA

Louisianas Sümpfe am Mississippi-Delta sind schwül und heiß. Dennoch haben sich hier inmitten tropischer Pflanzen und bemooster Sumpfeichen vor rund 250 Jahren französische Siedler niedergelassen.

Schon gewusst?

Die Everglades im Süden Floridas sind ein tropisches Marschland. Es ist die einzige Region der Erde, in der sowohl Alligatoren als auch Krokodile leben.

Entlang der Ostküste ziehen sich im kanadischen Québec beginnend die Appalachen bis hinunter nach South Carolina, Georgia und Alabama. Dieses Mittelgebirge ist Überrest eines sehr alten Hochgebirges, das sich bereits vor mehr als 300 Millionen Jahren über den damaligen Urkontinent Pangäa erstreckte. Damals hing Nordamerika noch mit dem Nordwesten Afrikas zusammen und begann sich erst vor etwa 200 Millionen Jahren allmählich davon zu lösen. Im Laufe der Jahrmillionen löste sich Nordamerika schließlich auch von Westeuropa. Von da an konnte sich der Atlantik bilden. Seitdem wurde das Ur-Appalachengebirge, das möglicherweise höher als die Alpen war, wiederholt abgetragen und die Reste wieder angehoben. Der höchste Berg ist der 2 037 Meter hohe Mount Mitchell in North Carolina.

Schwemmland und Sümpfe

Östlich der Appalachen erstrecken sich flache Küstenebenen. Dazu zählen auch die Halbinsel Florida und die im Süden liegende Küste am Golf von Mexiko. Im Süden gibt es zahlreiche Lagunen und Sumpfgebiete, wie zum Beispiel die Everglades in Florida oder die Sumpfwälder in Louisiana. Tatsächlich besteht die Halbinsel Florida zum großen Teil aus angeschwemmtem Land, das sich nur wenige Meter über den Meeresspiegel erhebt. Wie sich das Land immer weiter ins Meer hinausschiebt, zeigt das Mississippi-Delta. Die vom Fluss mitgeführten Sedimente lagern sich ab und bilden immer neue Landflächen. In den Sümpfen Floridas und entlang der Golfküste herrscht tropische Vegetation mit Mangroven, Sumpfzypressen und Lianen. Weiter im Norden breiten sich Prärien aus, das sind Gras- und Strauchlandschaften mit nur wenigen Bäumen.

Die wilde Katrina

Hurrikane, so heißen gewaltige tropische Wirbelstürme, die über dem Atlantik, dem Nordpazifik und in der Karibik entstehen. Durch ihre hohen Windgeschwindigkeiten von mehr als 118 Stundenkilometern und die starken Regenfälle sind diese extrem zerstörerisch. 2005 suchte der Hurrikan Katrina die Südküste der USA heim. Weil die Dämme zum Mississippi brachen, wurden weite Teile von New Orleans überschwemmt.

Der Mississippi entwässert den größten Teil der USA, der zwischen den Rocky Mountains im Westen und den Appalachen im Osten liegt. Dieses Gebiet ist über drei Millionen Quadratkilometer groß.

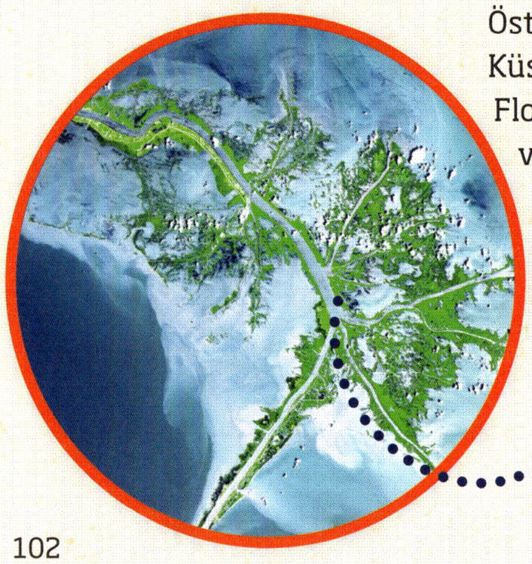

Mississippi-Delta

1

Die Mammoth-Cave oder Mammut-Höhle in Kentucky hat eine Ausdehnung von 627 Kilometern und ist damit die längste erforschte Höhle. In Tausenden von Jahren haben hier Fledermäuse eine dicke Schicht Kot hinterlassen. Dieser enthält Salpeter, der im 19. Jahrhundert zur Herstellung von Schießpulver verwendet wurde.

MONTANA
NORTH DAKOTA
MINNESOTA
KANADA
N
W
O
S
WYOMING
SOUTH DAKOTA
WISCONSIN
MICHIGAN
NEW YORK
NEBRASKA
IOWA
PENNSYLVANIA
MARYLAND
COLORADO
ILLINOIS
INDIANA
OHIO
WEST VIRGINIA
APPALACHEN
Washington, D.C.
KANSAS
MISSOURI
Frankfort
Charleston
Louisville
Lexington
Richmond
VIRGINIA
KENTUCKY
Ohio
Roanoke
Norfolk
1
Winston-Salem
Greensboro
Tulsa
Clarksville
Tennessee
Raleigh
Mt. Mitchell
2037
Amarillo
Oklahoma City
Nashville
Charlotte
Fayetteville
NEW MEXICO
TENNESSEE
NORTH CAROLINA
Arkansas
Memphis
Mississippi
Little Rock
OKLAHOMA
Pee Dee
Columbia
Huntsville
Lubbock
TEXAS
Wichita Falls
Atlanta
SOUTH CAROLINA
Savannah
Birmingham
Red River
ARKANSAS
Alabama
Oconee
Atlantische Küstenebene
Charleston
MISSISSIPPI
Chattahoochee
Guadalupe Peak
2667
Fort Worth
Dallas
Abilene
Shreveport
Columbus
El Paso
Jackson
Montgomery
GEORGIA
Savannah
Atlantischer Ozean
Pecos
Colorado
LOUISIANA
ALABAMA
Waco
Pearl
Golfküstenebene
Edwards-Plateau
Brazos
Mobile
Jacksonville
Austin
Baton Rouge
Tallahassee
Gainesville
Beaumont
Houston
San Antonio
Lafayette
New Orleans
Apalachee Bay
Rio Grande
Orlando
Kap Canaveral
Mississippi-Delta
Tampa
St. Petersburg
FLORIDA
Laredo
Corpus Christi
Okeechobeesee
Cape Coral
Fort Lauderdale
McAllen
Miami
Everglades
Florida-straße
Golf von Mexiko
Florida Keys
(USA)
MEXIKO
BAHAMAS
KUBA
200 km

Süden der USA

Die USA sind einer der größten Baumwollproduzenten der Welt. Wo heute Erntemaschinen eingesetzt werden, pflückten in der ersten Hälfte des 19. Jahrhunderts noch Sklaven die Baumwolle.

Ursprünglich umfassten die Südstaaten jene elf Bundesstaaten, die südlicher als die Mason-Dixon-Linie lagen. Benannt wurde diese Linie nach den beiden Landvermessern, die die Grenze zwischen Pennsylvania und Maryland festgelegt hatten. Südlich davon war die Sklavenhaltung bis 1865 erlaubt – also in South Carolina, Mississippi, Georgia, Louisiana, Florida, Alabama, Texas, Virginia, Arkansas, North Carolina und Tennessee.
Zu den Südstaaten oder genauer zur Großregion Süden zählen heute außerdem noch West Virginia, das sich von Virginia abgespalten hatte, Kentucky und Oklahoma. Manchmal werden auch Delaware und Maryland dazugezählt. Zudem liegt in dieser Region auch der District of Columbia mit der Hauptstadt Washington, D.C.

Vom Kennedy Space Center in Florida starteten alle Spaceshuttles. Der Höhepunkt war jedoch 1969 die Apollo-11-Mission, die erste bemannte Mondlandung.

Plantagen- und Sklavenwirtschaft

Während im 19. Jahrhundert der Nordosten der USA industrialisiert wurde, lebten die Menschen der Südstaaten überwiegend von der Landwirtschaft. In den Küstenebenen war die Plantagenwirtschaft weitverbreitet, denn die Plantagenbesitzer waren auf billige Arbeitskräfte angewiesen. So erlaubte die damalige US-Verfassung diesen Staaten die Haltung von Sklaven. In den Jahren 1860 und 1861 spalteten sich die elf Südstaaten vom Norden ab und es kam zu einem schrecklichen Bürgerkrieg, in dem die Südstaaten unterlagen. Auch nachdem die Sklaverei abgeschafft war und die ehemaligen Sklaven in die Freiheit entlassen wurden, waren sie der weißen Bevölkerung nicht gleichgestellt. Schwarze durften zum Beispiel nicht neben Weißen im Bus sitzen und schwarze Kinder wurden getrennt von weißen Kindern in eigenen Schulen unterrichtet. Erst 1968 bekamen Afroamerikaner die vollen Bürgerrechte; doch leben auch heute noch viele Schwarze oder Indianer, Lateinamerikaner und Asiaten unter schlechteren Lebensbedingungen und in ärmeren Verhältnissen als weiße Amerikaner.

Rinder – Erdöl – Weltraum

Der größte Bundesstaat im Süden ist Texas. Auf dessen riesigen Grasflächen werden hauptsächlich Rinder gezüchtet. Als 1901 Erdöl gefunden wurde, hat dies einen Boom ausgelöst und Texas wurde zum Bundesstaat mit der größten Ölförderung der USA. Das Zentrum der texanischen Ölindustrie ist Houston. Dort befindet sich außerdem die Bodenkontrolle der amerikanischen Raumfahrt. Sobald eine Rakete vom Weltraumbahnhof in Kap Canaveral in Florida abgehoben hat, übernimmt die Bodenkontrolle in Houston.

Die Musik des Südens

Den Südstaaten verdanken wir verschiedene Musikrichtungen. Dort entstanden unter anderem Gospel, Blues und Country-Musik. Während New Orleans ein bedeutendes Zentrum für Blues und Jazz ist, wird Nashville in Tennessee als Wiege der Country-Musik angesehen. Memphis gilt als Geburtsort des Rock 'n' Roll. Der König des Rock 'n' Roll, Elvis Presley, hat dort seine erste Platte aufgenommen.

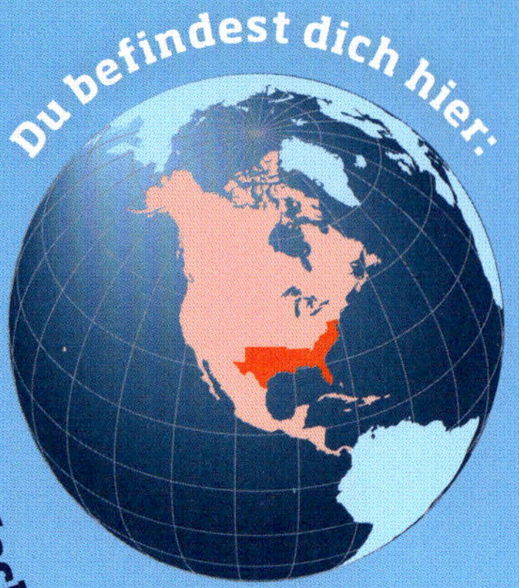

Heckrad

Der Mississippi ist eine der wichtigsten Wasserstraßen Nordamerikas. Im 19. Jahrhundert transportierten Raddampfer Waren, Tiere und Menschen. Heute fahren damit nur noch Touristen.

Der 16. Präsident der USA, Abraham Lincoln (1809–1865), schaffte die Sklaverei in den USA ab. Er vereinte nach dem Bürgerkrieg Norden und Süden. Unter seiner Regierung wurden die USA ein aufstrebender Industriestaat.

N
MONTANA
MINNESOTA
SOUTH DAKOTA
WISCONSIN
NEBRASKA
COLORADO
KANSAS
ILLINOIS
INDIANA
PENNSYLVANIA
WEST VIRGINIA
Washington D.C.
Charleston
Richmond
VIRGINIA
Norfolk
Frankfort
Louisville
Lexington
KENTUCKY
Ohio
Roanoke
Winston-Salem
Greensboro
Raleigh
Clarksville
Nashville
TENNESSEE
Tennessee
Charlotte
Fayetteville
NORTH CAROLINA
Memphis
Huntsville
Columbia
Pee Dee
Savannah
SOUTH CAROLINA
Charleston
Tulsa
Amarillo
Oklahoma City
OKLAHOMA
Arkansas
ARKANSAS
Little Rock
Mississippi
Lubbock
Wichita Falls
Red River
Birmingham
Alabama
Atlanta
Oconee
MISSISSIPPI
Chattahoochee
Abilene
Fort Worth
Dallas
El Paso
Shreveport
Jackson
Columbus
Savannah
Montgomery
ALABAMA
GEORGIA
Atlantischer Ozean
Pecos
Colorado
Waco
LOUISIANA
Pearl
TEXAS
Brazos
Austin
Mobile
Jacksonville
Baton Rouge
Tallahassee
Gainesville
San Antonio
Beaumont
Houston
Lafayette
New Orleans
Apalachee Bay
Orlando
Kap Canaveral
Rio Grande
Mississippi-Delta
Tampa
St. Petersburg
FLORIDA
Laredo
Corpus Christi
Okeechobeesee
Cape Coral
Fort Lauderdale
McAllen
Miami
Florida-straße
Golf von Mexiko
Florida Keys
(USA)
MEXIKO
BAHAMAS
KUBA
200 km

Mittelamerika und Mexiko

Das Great Blue Hole vor Belize. Hier tut sich im Riff ein großes, blaues Loch auf. Es ist 125 Meter tief und hat einen Durchmesser von 300 Metern.

Mexiko zählt geografisch zu Nordamerika – zusammen mit den USA und Kanada. Unter dem Begriff »Mittelamerika« fasst man Zentralamerika und die Karibischen Inseln zusammen. Zentralamerika ist die schmale Landbrücke, die Nordamerika mit dem südamerikanischen Kontinent verbindet.

Karibik

Die Karibik liegt im westlichen, tropischen Teil des Atlantiks und besteht aus dem Karibischen Meer und den darin gelegenen Inseln und Inselgruppen. Zu den Karibischen Inseln zählen die drei Inselgruppen der Bahamas, der Großen Antillen und der Kleinen Antillen, außerdem die Turks- und Caicos-Inseln, San Andrés und Providencia, die Corn-Inseln, Islas de la Bahia und Cozumel. Die Inseln liegen in einem tektonisch aktiven Gebiet und so kommt es immer wieder zu Erdbeben und Vulkanausbrüchen.

Unglaublich!

In Mexiko kann man sogar zusehen, wie Vulkane geboren werden. Der Bauer Dionisio Pulido wurde am 20. Februar 1943 Zeuge, wie sein Feld plötzlich anfing zu qualmen. Steine und Asche flogen aus dem Boden und schichteten sich zu einem kleinen Hügel auf. Innerhalb weniger Tage wurde der Vulkanhügel 50 Meter hoch. In neun Jahren wuchs der Vulkan, der den Namen Paricutín bekam, auf insgesamt 424 Meter Höhe an.

Mexikos Landschaften

Mexiko hat zwei Küsten: im Westen zum Pazifik und im Osten zum Golf von Mexiko, einem Nebenmeer des Atlantiks. Die rund 3 145 Kilometer lange Nordgrenze teilt sich Mexiko mit den USA, im Süden grenzt es an die mittelamerikanischen Länder Guatemala und Belize. Im Westen trennt der lang gezogene Golf von Kalifornien die Halbinsel Niederkalifornien ab. Auf der Halbinsel herrschen vor allem karge Wüstenlandschaften vor. Im Süden zur Grenze nach Guatemala wächst dichter Regenwald, während sich auf der Halbinsel Yucatán eine weite Ebene erstreckt. Einen großen Teil der Landesfläche Mexikos nimmt die zentrale Hochebene ein, die größtenteils zwischen 1 000 und 2 500 Meter über dem Meeresspiegel liegt. Im Süden zieht sich die vulkanische Gebirgskette Sierra Volcánica hin. Sie enthält die höchsten Berggipfel des Landes, darunter den Vulkan Pico de Orizaba, auch Citlaltépetl genannt.

Mittelamerika

Am Isthmus von Tehuantepec, einer Landenge zwischen Coatzacoalcos und Juchitán de Zaragoza im südlichen Teil Mexikos, kommen sich der Golf von Mexiko und der Pazifik bis auf 200 Kilometer nahe. Dieser Isthmus ist die geografische Abgrenzung von Nordamerika und Mittelamerika. Weiter südlich liegt in Panama eine zweite bedeutende Landenge: der Isthmus von Panama. Dieser begann sich vor etwa 13 Millionen Jahren zu bilden. Die Pazifische Platte schob sich unter die Karibische Platte und schuf über Jahrmillionen eine Landbrücke zwischen dem nordamerikanischen und dem südamerikanischen Kontinent. Mit der Bildung der Landbrücke entwickelte sich auch der Golfstrom, der Europa mit warmem Karibikwasser versorgt und so für ein mildes Klima sorgt.

Klima und Wetter

Der größte Teil Nordmexikos liegt im Wind- und damit auch im Regenschatten der Kordilleren, was die trockenen Gebirgs- und Wüstenlandschaften dort erklärt. Der südliche Teil Mexikos und fast ganz Mittelamerika einschließlich der Karibischen Inseln liegen in der Tropenzone. Dort ist es das ganze Jahr über warm, ohne dass es große jahreszeitliche Unterschiede gibt. Allerdings fällt im Sommer starker Regen. Auf der karibischen Seite Mittelamerikas, also im Osten, gibt es die meisten Niederschläge.

Der Fischertukan lebt in den Regenwäldern Zentralamerikas und ist der Nationalvogel von Belize.

Schon gewusst?

Der Nicaraguasee ist der größte Binnensee in Mittelamerika. In ihm schwimmen sogar Bullenhaie.

Cenoten sind durch Regenwasser herausgelöste Kalksteinhöhlen, deren Höhlendecken eingestürzt sind. In dem kristallklaren Süßwasser lässt es sich prima tauchen und schnorcheln.

N
W
O
S
Vereinigte Staaten von Amerika (USA)
Atlantischer Ozean
Bermuda-Inseln (Großbritannien)
Tijuana
Mexicali
Ciudad Juárez
Chihuahua
Hermosillo
Guadalupe (Mexiko)
Niederkalifornien
Golf von Kalifornien
Los Mochis
Culiacán
La Paz
Mazatlán
Westliche Sierra Madre
Conchos
Rio Bravo del Norte
Östliche Sierra Madre
Torreón
Monterrey
MEXIKO
Hochland von Mexiko
Tampico
Zapopan
Guadalajara
Paricutín 3292
Mexiko-Stadt
Citlaltépetl 5636
Puebla
Südliche Sierra Madre
San Benedicto (Mexiko)
Revillagigedo-Inseln (Mexiko)
Socorro (Mexiko)
Acapulco
Juchitán de Zaragoza
Coatzacoalcos
Golf von Mexiko
Golf von Campeche
Mérida
Campeche
Yucatán
Cancún
Cozumel (Mexiko)
Straße von Yucatán
Golf von Honduras
BELIZE
Belmopan
Islas de la Bahia (Honduras)
Tajumulco 4211
Motagua
Tegucigalpa
Managua
Nicaraguasee
GUATEMALA
Guatemala-Stadt
EL SALVADOR
San Salvador
HONDURAS
NICARAGUA
Pazifischer Ozean
San José
Cerro Chirripó 3820
Chiriquí 3475
COSTA RICA
Panamakanal
Panama-Stadt
Isthmus von Panama
PANAMA
Providencia (Kolumbien)
San Andrés (Kolumbien)
Corn-Inseln (Nicaragua)
Galápagos-Inseln (Ecuador)
BAHAMAS
Nassau
Große Bahamabank
Floridastraße
Havanna (La Habana)
KUBA
Guantánamo
Turquino 1972
Windwardpassage
Turks- und Caicos-Inseln (Großbritannien)
DOMINIKANISCHE REPUBLIK
Pico Duarte 3098
Santo Domingo
HAITI
Port-au-Prince
Kingston
JAMAIKA
Große Antillen
Karibisches Meer
Puerto Rico (USA)
Guadeloupe (Frankreich)
Martinique (Frankreich)
Kleine Antillen
BARBADOS
Bridgetown
Port of Spain
TRINIDAD U. TOBAGO
VENEZUELA
GUYANA
KOLUMBIEN
BRASILIEN
ECUADOR
PERU
500 km

Mittelamerika und Mexiko

Havannas Oldtimer

Die US-Autos in Kubas Hauptstadt stammen noch aus den 1950er-Jahren, als Kuba den größten Teil seiner Zuckerproduktion in die USA exportierte. 1959 wurde Kuba kommunistisch und der Handel mit den USA eingestellt. Nach mehr als 50 Jahren Feindschaft hat sich das Verhältnis zwischen den beiden Staaten wieder verbessert.

Während Kanada und die USA hoch entwickelte und wohlhabende Wirtschaftsnationen sind, zählen die Staaten Mittelamerikas zu den eher unterentwickelten Ländern. Zu Mittelamerika gehören die Staaten Guatemala, Belize, Honduras, El Salvador, Nicaragua, Costa Rica und Panama. Die Wirtschaft Mexikos nimmt von allen lateinamerikanischen Ländern einen Spitzenplatz ein. Das Land hat große Silbervorkommen sowie Erdöl- und Erdgasvorräte. Zudem wird mehr als die Hälfte des Landes landwirtschaftlich genutzt, wenn dies auch nur mit aufwendiger künstlicher Bewässerung möglich ist. Viele Landwirtschafts- und Industriebetriebe gehören einigen wenigen Familien und so ist der Reichtum des Landes ungerecht verteilt. Etwa 44 Prozent der Mexikaner leben unter der Armutsgrenze, vor allem in den ländlichen Gebieten mit hoher indianischer Bevölkerung. Viele Mexikaner reisen deshalb illegal in die USA ein, um dort auf Farmen oder als Dienstpersonal zu arbeiten.

Die Inseln der Karibik

Die Karibischen Inseln erstrecken sich in einem weiten Bogen über 4 000 Kilometer von der Südküste Floridas bis vor die Küste Venezuelas. Man unterscheidet die drei Inselgruppen Bahamas, Große Antillen und Kleine Antillen. Der Großteil der dortigen Bevölkerung stammt von Sklaven ab, die von Europäern im 16. Jahrhundert aus Afrika eingeschifft wurden, um sie auf den Plantagen arbeiten zu lassen. Je nachdem welche europäische Nation die Macht über eine Insel hatte, wird dort heute Englisch, Spanisch oder Französisch gesprochen. Die meisten Menschen sind in der Landwirtschaft und im Tourismus beschäftigt, der bedingt durch Sonne, Sandstrände und Palmen eine große Rolle für die Wirtschaft des Landes spielt.

Eine besondere Insel

Kuba nimmt politisch eine Sonderrolle unter den Karibischen Inseln ein. Seit 1959 wurde der sozialistische Staat von Fidel Castro regiert, bis er aus gesundheitlichen Gründen sein Amt nicht mehr ausüben konnte. 2008 hat sein Bruder Raúl Castro die Regierungsgeschäfte übernommen. Kuba war eng mit der Sowjetunion verbunden. Als diese jedoch zerfiel und die sozialistischen Handelspartner Osteuropas wegfielen, ging der ohnehin geringe Lebensstandard noch weiter zurück. Die Wirtschaft des Landes hängt heute von den stark schwankenden Weltmarktpreisen für Tabak und Zucker ab, die Hauptexportwaren Kubas.

Schon gewusst?

Lateinamerika umfasst alle Länder der beiden amerikanischen Kontinente, in denen Spanisch oder Portugiesisch gesprochen wird. Das sind Mexiko und die Länder Mittel- und Südamerikas.

Ein Großteil der Bananen, die in Europa und anderswo in der Welt verkauft werden, stammen aus Ländern wie Honduras, Costa Rica und Ecuador. Dabei kommt die Banane ursprünglich aus Asien. Erst die Spanier führten sie in Mittelamerika ein.

1987 wurde das historische Zentrum von Mexiko-Stadt wegen seiner Überreste der Azteken-Hauptstadt Tenochtitlan zum Weltkulturerbe erklärt.

Tag der Toten

In vielen Kulturen gedenkt man der verstorbenen Verwandten und Freunde in Trauer. Ganz anders in Mexiko. Am 1. und 2. November stellen die Lebenden für die Toten Essen bereit und machen Picknick auf den Friedhöfen. Die Menschen singen und tanzen mit den Toten. Friedhöfe, Schulen und Geschäfte werden mit Skeletten und Totenköpfen geschmückt.

N
W
O
S
Bermuda-Inseln
(Großbritannien)
Atlantischer Ozean
Tijuana
Mexicali
Ciudad Juárez
Chihuahua
Hermosillo
Guadalupe
(Mexiko)
Los Mochis
Conchos
Rio Bravo del Norte
Torreón
Monterrey
MEXIKO
Golf von Kalifornien
La Paz
Culiacán
Mazatlán
Tampico
Zapopan
Guadalajara
Mexiko-Stadt
San Benedicto
(Mexiko)
Socorro
(Mexiko)
Revillagigedo-Inseln
(Mexiko)
Coatzacoalcos
Puebla
Acapulco
Juchitán de Zaragoza
Golf von Mexiko
Golf von Campeche
Mérida
Campeche
Cancún
Cozumel
(Mexiko)
Straße von Yucatán
Floridastraße
Havanna
(La Habana)
KUBA
Guantánamo
Nassau
BAHAMAS
Große Bahamabank
Turks- und Caicos-Inseln
(Großbritannien)
DOMINIKANISCHE REPUBLIK
Santo Domingo
Puerto Rico
(USA)
Guadeloupe
(Frankreich)
Martinique
(Frankreich)
BARBADOS
Bridgetown
Windwardpassage
HAITI
Port-au-Prince
Kingston
JAMAIKA
Große Antillen
Kleine Antillen
Karibisches Meer
Port of Spain
TRINIDAD U. TOBAGO
BELIZE
Belmopan
Golf von Honduras
Islas de la Bahia
(Honduras)
Providencia
(Kolumbien)
San Andrés
(Kolumbien)
Corn-Inseln
(Nicaragua)
Motagua
Tegucigalpa
Managua
Nicaraguasee
San José
Panamakanal
Panama-Stadt
GUATEMALA
Guatemala-Stadt
EL SALVADOR
San Salvador
HONDURAS
NICARAGUA
COSTA RICA
PANAMA
Pazifischer Ozean
Galápagos-Inseln
(Ecuador)
500 km

Südamerika

Ursprünglich dürfte die Kakaopflanze aus Südamerika stammen. Von dort gelangte sie nach Mittelamerika, Afrika und Indonesien, wo sie für die Schokoladenherstellung auf Plantagen angebaut wird.

Südamerika ist mit etwa 17,8 Millionen Quadratkilometern Fläche der viertgrößte Kontinent. In Nord-Süd-Richtung umfasst er etwa 65 Breitengrade, was gewaltige klimatische Unterschiede mit sich bringt. Im Norden, um den Äquator herum, ist es heiß und feucht, in Feuerland ganz im Süden ist es dagegen kalt und auf den Hochebenen der Anden mit ihren Wüsten kann es extrem trocken sein. Südamerika umfasst riesige Urwälder, gewaltige Gebirgszüge sowie Wüsten und Gletscher.

Das Rückgrat des Kontinents

Entlang der Pazifikküste erstrecken sich die Anden, das mit 7 500 Kilometern längste Gebirge der Welt. Einige der schneebedeckten Gipfel sind über 6 000 Meter hoch. In den Anden befinden sich 99 Prozent aller tropischen Gletscher der Welt. Ganz im Süden, in Patagonien und auf Feuerland, reichen die Gletscher sogar bis auf Meereshöhe hinab. Die Andengletscher werden durch Niederschläge genährt, die aus den feuchttropischen Regenwaldgebieten Südamerikas stammen.

Steckbrief

Südamerika

Fläche: ca. 17,8 Mio. km²
Anzahl der Länder: 12
Größtes Land: Brasilien
Kleinstes Land: Suriname
Bevölkerung: ca. 412 Mio. Einwohner
Bevölkerungsdichte: ca. 23 Einwohner/km²
Größte Stadt: São Paulo (ca. 11,9 Mio. Einwohner)

Schon gewusst?

Weil der Amazonasregenwald den globalen Luftkreislauf antreibt und die Atmosphäre der Erde reinigt, nennt man ihn auch die Waschküche des Planeten oder dessen grüne Lunge.

Hochebenen und Tiefländer

Die Anden reichen von Venezuela und Kolumbien über Ecuador, Peru, Bolivien und Argentinien bis nach Chile. Man nennt diese Länder deshalb auch Andenstaaten. Dieses mächtige Gebirge besteht aus mehreren Höhenzügen und umfasst auch weite Hochebenen. An der breitesten Stelle messen die Anden rund 700 Kilometer. Nach Osten fallen sie allmählich ab und es schließt sich Tiefland wie das riesige Amazonasbecken mit seinem tropischen Regenwald an. Das Amazonasbecken beinhaltet den Amazonasfluss und seine zahlreichen Zuflüsse. Das Amazonasgebiet ist der größte zusammenhängende Regenwald der Erde. Darin leben mehr als 40 000 Pflanzenarten und über 420 Säugetierarten, darunter Jaguar, Riesenotter und Flussdelfin. Südlich des Amazonasbeckens und östlich der Anden schließt sich die weitläufige Pampa an, eine subtropische Grassteppe.

Von Ozeanen umgeben

Im Norden ist Südamerika über die Landenge von Panama mit Mittelamerika und damit mit dem nordamerikanischen Kontinent verbunden. Ansonsten ist der südamerikanische Kontinent ausschließlich von Meer umgeben; im Westen vom Pazifik und im Osten vom Atlantik. Die Insel Feuerland an der Südspitze ist vom Kontinent durch die Magellanstraße abgetrennt. An der Südspitze liegt Kap Hoorn, wo Atlantik und Pazifik aufeinandertreffen.

Aconcagua

Der höchste Berg Südamerikas ist der 6 961 Meter hohe Aconcagua in Argentinien. Die Inka hatten hier in 5 167 Meter Höhe Kultstätten errichtet, wo Opfer dargebracht wurden – auch Menschenopfer.

Patagonien

Der Perito-Moreno-Gletscher in Patagonien gehört zum Campo de Hielo Sur, dem größten Gletscherfeld der Anden. Er mündet in einen großen See, wo Eisbrocken abbrechen und schmelzen.

Mangrovenwälder

Die Mangrovenwälder Kolumbiens schützen die Küste vor Erosion. In diesen Wäldern leben Krebse, Leguane und zahlreiche Vogelarten.

80°W
Karibisches Meer
60°W
40°W
N
W
O
S
TRINIDAD U. TOBAGO
VENEZUELA
PANAMA
GUYANA
FRANZÖSISCH-GUAYANA
(FRANKREICH)
SURINAME
KOLUMBIEN
Galápagos-Inseln
(Ecuador)
Äquator 0°
0°
ECUADOR
BRASILIEN
PERU
BOLIVIEN
20°S
PARAGUAY
20°S
Pazifischer Ozean
CHILE
Südlicher Wendekreis
Atlantischer Ozean
Juan-Fernández-Inseln
(Chile)
URUGUAY
ARGENTINIEN
40°S
40°S
Falkland-Inseln
(Großbritannien)
Magellanstraße
Südgeorgien
(Großbritannien)
1000 km
100°W
80°W
Kap Hoorn
60°W
40°W

Südamerika

Südamerika umfasst die zwölf eigenständigen Staaten Argentinien, Bolivien, Brasilien, Chile, Ecuador, Guyana, Kolumbien, Paraguay, Peru, Suriname, Uruguay und Venezuela. Französisch-Guayana gehört zwar geografisch zu Südamerika, politisch jedoch zu Frankreich. Das flächenmäßig größte Land ist Brasilien. Es nimmt die Hälfte des Kontinents ein und dort lebt auch die Hälfte der gesamten Bevölkerung Südamerikas.

Die Menschen in Südamerika

Südamerika ist ein Kontinent der Gegensätze. Direkt neben den reichen Großstädten mit ihren Wolkenkratzern und Prachtbauten liegen die Elendsviertel mit ihren armseligen Behausungen. Während in den Großstädten die Superreichen mit Helikoptern zu Geschäftsterminen fliegen, um dem Verkehrsstau in den Straßen zu entgehen, leben die Bewohner der Armenviertel, der sogenannten Favelas, in Hütten zwischen Abfällen. Die Kriminalitätsrate ist aufgrund der großen Armut sehr hoch. Die Ureinwohner Südamerikas, die Indios und Indianer, leben vor allem in den Andenstaaten Bolivien, Ecuador, Peru und im Amazonasgebiet.

Geteilter Kontinent

In Südamerika wird hauptsächlich Spanisch gesprochen. Eine große Ausnahme ist Brasilien; dort spricht man brasilianisches Portugiesisch. Die spanischen und portugiesischen Einflüsse gehen auf die Entdecker und Eroberer zurück, die im 16. Jahrhundert mit Segelschiffen über den Atlantik nach Südamerika kamen, das Land eroberten und die einheimische Bevölkerung unterdrückten. Spanien und Portugal hatten den Kontinent damals unter sich aufgeteilt: Portugal bekam den großen östlichen Teil, also das heutige Brasilien, Spanien wurde der restliche Kontinent zugesprochen.

Der Ruf des Goldes

Einer kolumbianischen Legende zufolge sollte im unerforschten Zentralsüdamerika das sagenhafte Goldland El Dorado liegen. Getrieben von Abenteuerlust und der Gier nach Gold, drangen die spanischen Eroberer bis in den Westen Südamerikas vor. Dort stießen sie auf das Reich der Inka, das sich von Kolumbien bis in den Norden Chiles erstreckte. Den Spaniern und Portugiesen folgten Niederländer, Franzosen und Briten; die Europäer besiedelten so den ganzen Kontinent und gründeten Kolonien. Diese erkämpften ihre Unabhängigkeit später in Kriegen.

Südamerika wird unabhängig

Die Unabhängigkeitskriege endeten um 1830 und führten dazu, dass die spanischen Vizekönigreiche in Südamerika aufgelöst wurden und unabhängige Staaten entstanden: Argentinien, Bolivien, Chile, Peru, Ecuador, Kolumbien, Paraguay, Uruguay und Venezuela. Auch die portugiesische Kolonie Brasilien erlangte 1822 ihre Unabhängigkeit, wenn auch nur scheinbar. Denn der Sohn des portugiesischen Königs wurde als Kaiser von Brasilien eingesetzt. Erst 1889 wurde in Brasilien die Republik ausgerufen. Nur drei Kolonien waren nach 1825 noch offiziell in europäischer Hand: Britisch-Guayana, Niederländisch-Guayana und Französisch-Guayana. Erst in der zweiten Hälfte des 20. Jahrhunderts wurden aus Britisch- und Niederländisch-Guayana die unabhängigen Staaten Guyana und Suriname. Französisch-Guayana ist seit 1946 als Übersee-Department ganz offizieller Teil Frankreichs und damit auch Teil der Europäischen Union. Hier zahlt man mit dem Euro.

Francisco Pizarro

1532 eroberte der Spanier Francisco Pizarro mit seinem Söldnerheer das Riesenreich der Inka. Er gründete auch die Stadt Lima.

Simón Bolívar

Bolívar (1783–1830) war ein Unabhängigkeitskämpfer gegen die Spanier. Allerdings übernahmen in den Jahren nach der Unabhängigkeit, Mitte des 19. Jahrhunderts, Diktatoren die Macht.

Heute leben in Lima, der Hauptstadt Perus, fast zehn Millionen Menschen.

Das Lama ist eine Haustierform des wild lebenden Guanakos. Es dient als Lasttier.

Machu Picchu

Vergeblich suchten die spanischen Eroberer nach der legendären Inkasiedlung. Erst Jahrhunderte später, im Jahr 1911, entdeckte der amerikanische Archäologe Hiram Bingham die hoch gelegenen und damals noch von Wald überwucherten Ruinen.

Schon gewusst?

Vor etwas mehr als 500 Jahren herrschten die Inka über ein Reich, das sich vom heutigen Kolumbien bis nach Chile erstreckte. Doch dann eroberten ab 1532 die Spanier das Reich und beendeten in der Folgezeit die Inkaherrschaft.

Südamerika

Südamerika ist ein Kontinent mit einer langen Geschichte und auch heute noch bietet er jede Menge Außergewöhnliches. Hier leben zum Beispiel Ureinwohner ein steinzeitliches Leben, abgeschieden von der Zivilisation, während gleichzeitig an einem anderen Ort Raketen ins All starten.

Die Anden wachsen ... immer noch

Die Anden sind erdgeschichtlich gesehen ein junges Gebirge, das sich zu bilden begann, als vor etwa 150 Millionen Jahren die ozeanische Nazca-Platte auf die kontinentale Platte Südamerikas traf. Damals hoben sich bereits die ersten Sedimentgesteine, die auch als Ablagerungen auf dem Meeresboden bekannt sind. Schließlich beschleunigte sich vor etwa 60 Millionen Jahren diese Hebung. Dieser Prozess ist heute immer noch im Gang. So gewinnen die Anden weiter an Höhe, auch wenn sich das jährliche Wachstum nur im Millimeterbereich bewegt. Begleiterscheinungen dieser tektonischen Vorgänge sind Erdbeben und Vulkanismus.

Ein Stückchen Europa

Auf dem südamerikanischen Kontinent liegt ein kleines Land, das kein eigenständiger Staat ist, sondern zu Frankreich und damit zur EU gehört: Französisch-Guayana. Dort spricht man natürlich Französisch und zahlt mit dem Euro. Weil Französisch-Guayana so nahe am Äquator liegt, hat hier die ESA, die Europäische Weltraumagentur, auch ihren großen Raketenbahnhof Kourou errichtet. Denn am Äquator dreht sich die Erde schneller als zum Beispiel in Europa. Das gibt der startenden Rakete einen kostenlosen Extraschubs. Außerdem können ausgebrannte Raketenstufen in den Atlantik fallen, ohne Menschen zu gefährden.

Sprachenvielfalt

In Südamerika leben rund 412 Millionen Menschen. Die meisten sprechen Spanisch oder Portugiesisch. Insgesamt gibt es jedoch acht verschiedene Amtssprachen. Neben den europäischen Sprachen der ehemaligen Kolonialmächte – Portugiesisch,

Sprachen in Südamerika

Die Karte zeigt, welche Sprache in einem Land am meisten verwendet wird. In einigen Staaten hört man auch Deutsch, beispielsweise in Argentinien, Paraguay, Venezuela sowie im Süden Brasiliens und Chiles.

Vom europäischen Weltraumbahnhof Kourou starten Ariane-Raketen ins All.

Fakten zu Südamerika

- Viele Gemüsearten wie Kartoffeln, Tomaten und Mais gelangten erst nach der Entdeckung Südamerikas in den Rest der Welt. Wir verdanken Südamerika zum Beispiel Popcorn und Pommes mit Ketchup.
- In Bolivien tragen die Frauen des Aymara-Volkes Männerhüte. Die Hüte sind seit mindestens 100 Jahren Teil der traditionellen Kleidung des Volkes. Als Vorbild dienten wahrscheinlich die Hüte der britischen Eisenbahningenieure.
- Die Mehrheit der südamerikanischen Bevölkerung bekennt sich zum römisch-katholischen Glauben.

Rodungen

Der Amazonasregenwald ist etwa 8 Mio. km² groß. Alleine in Brasilien wurden 2005–2014 jede Minute etwa zwei Fußballfelder Regenwaldfläche vernichtet.

Spanisch, Französisch und Niederländisch – sind auch Quechua, Aymara und Guarani in einigen Ländern offizielle Amtssprachen. Außerdem werden einige Hundert andere Sprachen von oft sehr kleinen Volksgruppen und Stämmen gesprochen. Vermutlich waren es vor den Eroberungszügen der Europäer sogar noch dreimal so viel.

Die letzten Urwaldvölker

Man schätzt, dass im Amazonasgebiet circa 400 Völker leben, die ihren traditionellen Lebensstil beibehalten wollen und jeglichen Kontakt zur Außenwelt ablehnen. Und das aus gutem Grund, denn in der Vergangenheit sind ganze Stämme entweder rücksichtslos durch andere Völker oder durch eingeschleppte Krankheiten ausgelöscht worden. Holz- und Bergwerksgesellschaften sowie Siedler dringen immer tiefer in den Regenwald vor, um Holz, Erdöl und Gold aus dem Amazonas zu holen. So wird den Ureinwohnern ihre Heimat genommen, das Wasser mit Chemikalien vergiftet und Tiere werden verjagt.

Außerirdisch?

Vor ungefähr 2 000 Jahren hat jemand riesige Figuren in den Wüstenboden von Peru gezeichnet, indem er lange Linien in den Wüstenboden gescharrt hat. Die Bilder sind bis zu 270 Meter groß und eigentlich nur aus der Luft zu erkennen. Ein Rätsel bleibt, wie die Künstler die Eidechsen, Affen und Kolibris geschaffen haben. Manche glauben, dass die Nazca-Linien Botschaften von Außerirdischen sind.

Verrückter Markt

Auf dem Hexenmarkt von La Paz in Bolivien findet man alles, was man für magische Zauber benötigt. Hier gibt es für jedes Problem das passende Mittel, etwa Haarausfallpulver für die böse Nachbarin oder Mittel für einen schönen Po. Ein anderes Pulver verspricht schnellen Reichtum, ein Stück Seife soll Glück bei Gerichtsverhandlungen bringen. Aber echte Hexen benutzen für ihren Zauber getrocknete Kräuter, Schlangenfleisch und Goldpapier.

Quechua

Diese fünf Damen und der kleine Junge sitzen auf einer alten Inkamauer und unterhalten sich auf Quechua, der Sprache der Inka. Auch im Deutschen benutzen wir manchmal Worte aus der Quechua-Sprache wie Lama, Alpaka oder Quinoa.

Waorani

Die Waorani leben in den Regenwäldern im Osten Ecuadors. Einige Gruppen dieses Volkes leben nomadisch tief in den Dschungel zurückgezogen, andere leben sesshaft in Dörfern.

Die Waorani sind Jäger und Sammler. Mit Blasrohr und Giftpfeilen erlegen sie Affen, Vögel und Pekaris, eine Wildschweinart.

Andengipfel

Im nördlichen Peru befindet sich die Cordillera Blanca, eine 180 Kilometer lange Gebirgskette mit vielen Berggipfeln, die höher als 6 000 Meter sind.

Hexenmarkt von La Paz

Hier kann man fertigen Zauber kaufen oder sich von der Hexenmeisterin eine persönliche Mixtur herstellen lassen.

Nazca-Linien

Eine Theorie dazu besagt, dass Menschen mit den Linien um Regen und fruchtbares Land gebeten haben.

Nördliches Südamerika

Amazonas

Ob nun der Amazonas der längste Fluss der Welt ist oder doch der Nil in Afrika, das ist nicht eindeutig zu sagen. Die Länge variiert, je nachdem welchen der zahlreichen Nebenflüsse des Amazonas die Geografen als Quellfluss bezeichnen. Insgesamt dürfte der Amazonas aber etwa 6 800 Kilometer lang sein.

Den Norden Südamerikas beherrschen hohe Berge, Hochebenen, tropischer Regenwald an Berghängen und in den Tiefebenen sowie Ufersümpfe an den Küsten. Ganz im Westen liegt nur ein schmaler Küstenstreifen zwischen dem Pazifik und den Anden. Im Osten erstreckt sich das weite Amazonasbecken mit seinem tropischen Regenwald. Am dichtesten besiedelt sind die Küstenbereiche mit ihren Großstädten.

Venezuela

Im äußersten Norden Südamerikas, direkt am Karibischen Meer, liegt Venezuela. Dessen Küste besteht zum einen aus Mangrovenwäldern, zum anderen aus traumhaften Sandstränden mit hohen Palmen. Im Landesinneren erstrecken sich steppenartige Tiefebenen. Im Süden und Südosten besteht Venezuela aus stark zerklüftetem und schwer zugänglichem Bergland, das nur dünn besiedelt ist. Die meisten Venezolaner leben in dem schmalen Küstenstreifen im Norden. Dort liegt auch die Hauptstadt Caracas. Venezuela wird vom mehr als 2 100 Kilometer langen Orinoco durchflossen. Dessen Quellfluss entspringt im Bergland an der Grenze zu Brasilien und bahnt sich seinen Weg durch den undurchdringlichen Dschungel. In seinem Einzugsgebiet fallen derart viele Niederschläge, dass er auf seinem Weg zum Atlantik zu einem gewaltigen Strom anwächst. Der Orinoco ist nach dem Amazonas der zweitmächtigste Strom Südamerikas.

Amazonasregenwald

Die Quellflüsse des Amazonas entspringen in den peruanischen Anden. Zahlreiche Zuflüsse machen den Amazonas zum wasserreichsten und längsten Strom Südamerikas. Dessen Einzugsgebiet ist so groß wie Australien. Das Amazonasgebiet ist eines von drei wichtigen Regenwaldgebieten der Welt. Die anderen beiden sind der Kongo in Zentralafrika und der Regenwald in Südostasien. Die Regenwälder gelten als die Waschküchen der Erde, denn sie holen Verunreinigungen aus der Luft. Das Amazonasgebiet ist die Heimat vieler Tierarten wie dem Jaguar oder dem Tapir. In den Flüssen leben Zitteraale und Piranhas, aber auch Säugetiere wie der Amazonas-Manati, eine Seekuhart, oder der rosafarbene Amazonasdelfin. Von den zahlreichen Pflanzenarten sind längst nicht alle erforscht. Von vielen erhofft man sich neue Wirkstoffe für Medikamente.

Angeberwissen

- Im Amazonasregenwald leben etwa 400 verschiedene indigene Völker.
- Der Amazonas ist der wasserreichste Fluss der Welt.

1

Die Iguaçu-Wasserfälle in Brasilien gehören zu den mächtigsten Wasserfällen der Welt. Das Wasser stürzt auf einer Breite von 2,7 Kilometern in eine bis zu 80 Meter tiefe Schlucht.

Mit dem Gift des nur fünf Zentimeter großen Schrecklichen Pfeilgiftfrosches bestreichen südamerikanische Indianer die Spitzen ihrer Jagdpfeile. Es gibt noch viele weitere Arten von Pfeilgiftfröschen und alle sind auffallend gefärbt.

2 **Tafelberg**

Die Erosion von Sandstein ließ Hunderte von Metern hohe Tafelberge im Hochland von Venezuela entstehen. Sir Arthur Conan Doyle, der Autor von »Sherlock Holmes«, schrieb einen Roman, in dem auf dem Plateau Dinosaurier bis in die heutige Zeit überlebt haben. Das klingt aufregend, ist aber leider nur ausgedacht.

N
W
O
S
KUBA
DOMINIKANISCHE REPUBLIK
HAITI
JAMAIKA
Puerto Rico (USA)
Karibisches Meer
Atlantischer Ozean
Golf von Venezuela
Pico Cristóbal Colón 5775
Barranquilla
Cartagena
Maracaibo
Maracaibosee
Caracas
Valencia
Drachensund
TRINIDAD U. TOBAGO
Ciudad Guayana
Orinocodelta
PANAMA
Cúcuta
VENEZUELA
Bucaramanga
Medellín
Magdalena
Bogotá
Meta
Orinoco
Bergland von Guayana
Georgetown
GUYANA
Paramaribo
Van Blommesteinsee
Cayenne
2
Marahuaca 2832
SURINAME
FRANZÖSISCH-GUAYANA (FRANKREICH)
Cali
Popayán
KOLUMBIEN
Boa Vista
Pico da Neblina 2994
Florencia
Pasto
Rio Branco
Macapá
Amazonasdelta
Marajóbucht
Quito
Caquetá
ECUADOR
Chimborazo 6268
Japurá
Rio Negro
Belém
São Luís
Galápagos-Inseln (Ecuador)
Guayaquil
Cuenca
Manaus
Santarém
Tucuruí-Stausee
Fortaleza
Iquitos
Amazonas
Amazonasbecken
Marañón
Piura
PERU
Juruá
Purus
Madeira
Tapajós
Marabá
Imperatriz
Teresina
Parnaíba
Natal
Chiclayo
BRASILIEN
Xingu
Caatinga
João Pessoa
Araguaína
Sobradinho-Stausee
Recife
Trujillo
Pucallpa
Rio Branco
Porto Velho
São Manuel
Palmas
CHAP. DAS MANGABEIRAS
Chimbote
Huascarán 6746
Ucayali
Ji Paraná
Arinos
Tocantins
Maceió
ANDEN
SERRA DOS PARECIS
Juruena
Guaporé
Sinop
Barreiras
Salvador da Bahia
Machu Picchu 3410
Lima
Cuzco
La Rinconada
Araguaia
São Francisco
CHAPADA DIAMANTINA
Ica
Titicacasee
Cuiabá
Brasília
Jequitinhonha
BOLIVIEN
Goiânia
Arequipa
Paraguay
Pantanal
Porto Seguro
Paranaíba
Campo Grande
Uberlândia
Rio Grande
Belo Horizonte
Ribeirão Preto
Pazifischer Ozean
Paraná
Nova Iguaçu
Zuckerhut 395
CHILE
PARAGUAY
Campinas
São Paulo
Rio de Janeiro
Itaipú-Stausee
SERRA GERAL
Curitiba
1
Uruguay
Santa Maria
Porto Alegre
Patos-Lagune
Pelotas
Mirim-Lagune
Juan-Fernández-Inseln (Chile)
ARGENTINIEN
URUGUAY
500 km

Nördliches Südamerika

Rio de Janeiro

Hier steht die weltberühmte, riesige Christus-Statue. Weiter hinten steht das Wahrzeichen der Stadt, der 395 Meter hohe Zuckerhut.

Das größte Land des südamerikanischen Kontinents ist Brasilien. Ein Drittel seiner Landesfläche wird von tropischem Regenwald bedeckt. In früheren Zeiten lebten darin bis zu fünf Millionen Ureinwohner – heute sind es schätzungsweise nur noch 200 000. Weite Gebiete wurden abgeholzt, um das Holz zu exportieren, Ackerfläche zu gewinnen oder Farmen für die Rinderzucht anzusiedeln. Goldsucher sind tief in den Regenwald vorgedrungen und vergiften die Flüsse mit Quecksilber, das ihnen hilft, das Gold aus dem Gestein zu lösen. All diese Umstände bedrohen das Leben der Ureinwohner Brasiliens.

Bodenschätze Brasiliens

Brasilien verfügt über viele Bodenschätze, darunter die größten Eisenerzvorkommen der Welt. In Bergwerken und im Tagebau werden unter anderem Eisen, Bauxit, Nickel, Zinn, Silber, Gold, Diamanten und andere Edelsteine, Uran, ferner Kohle, Erdöl und Erdgas abgebaut. Die Rohstoffe werden zum Teil im Land weiterverarbeitet und exportiert. Außerdem werden enorme Mengen an Sojabohnen, Zuckerrohr, Kaffee, Orangen und Baumwolle in alle Welt verschifft. Brasilien ist also ein reiches Land. Allerdings profitieren nur einige wenige von diesem Reichtum, der Großteil der Brasilianer lebt in Armut.

Venezuela

Venezuela war viele Jahre eines der ärmsten Länder Südamerikas. Ab 1925, nachdem reiche Erdölvorkommen entdeckt wurden, entwickelte sich Venezuela zu einem der wichtigsten Ölexporteure. Heute stehen vor der Küste Venezuelas Tausende von Bohrtürmen, ebenso im Maracaibosee. Der Maracaibosee ist genau genommen gar kein See, sondern eine Meeresbucht mit einer kleinen Verbindung zum Karibischen Meer.

Kolumbien

Kolumbien ist ein bedeutender Kaffee-Exporteur. Das Land fördert seine vielfältigen Bodenschätze wie Steinkohle, Eisenerz, Uran, Nickel, Platin und Gold. Daneben ist das Land der weltweit größte Lieferant für Smaragde, das sind kostbare grüne Edelsteine. Außerdem werden Bananen, Zucker, Kakao, Baumwolle und Tabak exportiert.

Guyana und Suriname

Das kleine Land Guyana mit seinen nur ungefähr 760 000 Einwohnern zählt zu den ärmsten Ländern Südamerikas. An der Küste werden hauptsächlich Reis und Zuckerrohr angebaut. Guyana exportiert außerdem den Rohstoff Bauxit, aus dem Aluminium gewonnen wird. Auch das Nachbarland Suriname hat reiche Bauxitvorkommen.

Größte Party der Welt

Im Frühjahr findet in den Straßen von Rio de Janeiro der Karneval statt. Die Sambaschulen bereiten sich monatelang darauf vor, wählen ein Thema, bauen Festwagen und schneidern farbenfrohe Kostüme – und dann wird durch die Stadt getanzt. Tänze und Musik kamen mit den Sklaven aus Afrika nach Brasilien.

Stamm der Yanomami

Dieser Stamm lebt im Grenzgebiet zwischen Brasilien und Venezuela.

Schwimmende Dörfer

Auf der Grenze zwischen Bolivien und Peru liegt in 3 810 Meter Höhe der Titicacasee, der höchstgelegene schiffbare See. Das Volk der Uru baut aus Schilf seine Fischerboote und auch schwimmende Inseln mit Häusern darauf. Auf den Inseln waren die Uru sicher vor Angreifern. Heute leben viele von ihnen aber auf dem Festland.

DOMINIKANISCHE REPUBLIK
JAMAIKA
Puerto Rico (USA)
Karibisches Meer
Atlantischer Ozean
N
W
O
S
Golf von Venezuela
Drachensund
TRINIDAD U. TOBAGO
Orinocodelta
Barranquilla
Cartagena
Maracaibo
Caracas
Maracaibo-see
Valencia
Ciudad Guayana
VENEZUELA
PANAMA
Cúcuta
Bucaramanga
Medellín
Magdalena
Bogotá
Meta
Orinoco
Georgetown
GUYANA
Paramaribo
Van Blommesteinsee
SURINAME
FRANZÖSISCH-GUAYANA (FRANKREICH)
Cali
KOLUMBIEN
Popayán
Florencia
Pasto
Boa Vista
Rio Branco
Macapá
Amazonasdelta
Marajóbucht
Quito
Caquetá
Japurá
Rio Negro
ECUADOR
Guayaquil
Cuenca
Galápagos-Inseln (Ecuador)
Iquitos
Amazonas
Manaus
Santarém
Belém
São Luís
Tucuruí-Stausee
Fortaleza
Marañón
Piura
PERU
Juruá
Purús
Madeira
Tapajós
BRASILIEN
Xingu
Marabá
Imperatriz
Parnaíba
Teresina
Natal
Chiclayo
Pucallpa
Trujillo
Chimbote
Ucayali
Rio Branco
Porto Velho
Ji Paraná
São Manuel
Araguaína
João Pessoa
Recife
Sobradinho-Stausee
Palmas
Maceió
Lima
Guaporé
Juruena
Arinos
Sinop
Tocantins
Barreiras
Cuzco
Ica
La Rinconada
Titicaca-see
Arequipa
Araguaia
São Francisco
Salvador da Bahia
Cuiabá
Brasília
Goiânia
Paraguay
Jequitinhonha
Porto Seguro
Paranaíba
Uberlândia
Campo Grande
Rio Grande
Belo Horizonte
Ribeirão Preto
Paraná
Pazifischer Ozean
Nova Iguaçu
Campinas
São Paulo
Rio de Janeiro
CHILE
Itaipú-Stausee
Curitiba
Santa Maria
Uruguay
Porto Alegre
Patos-Lagune
Pelotas
Mirim-Lagune
Juan-Fernández-Inseln (Chile)
ARGENTINIEN
URUGUAY
500 km

Südliches Südamerika

Im Regenwald Boliviens ist das Totenkopfäffchen zu Hause. Dessen helles Gesicht mit dem dunklen Maul erinnert entfernt an einen Totenkopf.

Das südliche Südamerika ist landschaftlich geprägt von den Anden mit ihren hohen Berggipfeln, der extrem trockenen Atacama-Wüste, dem Flachland Patagoniens und der Pampa. Patagonien wird der Teil Südamerikas genannt, der sich südlich der Flüsse Colorado und Río Bío Bío befindet. Ein Teil Patagoniens gehört zu Chile, der andere Teil zu Argentinien.

Land der Wüsten und Gletscher

Chile ist mit rund 4 300 Kilometern ein sehr langes, dafür aber schmales Land, das zwischen dem Gebirgszug der Anden und der Küstenlinie liegt. An seiner breitesten Stelle misst es nur circa 430 Kilometer. Chile erstreckt sich vom 17. bis zum 56. südlichen Breitengrad. Im Norden, auf einer Hochebene mit wenig Niederschlägen, befindet sich die trockenste Wüste der Welt: die Atacama-Wüste. Ganz im Süden erstrecken sich dagegen mächtige Gletscher, von denen einige ins Meer fließen und auch Eisberge abbrechen. Der Süden Chiles ist durch eine große Anzahl vorgelagerter Inseln stark zerklüftet.

Feuerland

An der Südspitze Südamerikas liegt Feuerland, eine Inselgruppe, die durch die Magellanstraße vom Kontinent abgetrennt ist. Als 1520 der portugiesische Seefahrer Ferdinand Magellan diesen Seeweg erkundete, sah er am Ufer die Feuer der Ureinwohner und gab dem Land den Namen Tierra del Fuego, was Feuerland bedeutet. Mithilfe des von Magellan entdeckten Seewegs konnten die Seefahrer den gefährlichen Weg um das stürmische Kap Hoorn vermeiden.

Argentinien

Argentiniens Klima wird zum Teil von den Anden bestimmt, an die das Land grenzt. Die feuchte Luft, die aus dem Westen vom Pazifik kommt und an den Berghängen der Anden hochsteigt, regnet oder schneit dort ab. Wenn sie die Anden überquert hat und im Osten angekommen ist, ist die Luft sehr viel trockener. Deshalb ist die Landschaft östlich der Anden karger. Im Westen Argentiniens, also im Windschatten der Anden, erstreckt sich über weite Flächen nur baumlose Pampa. Noch trockener wird es weiter im Süden Argentiniens, in Patagonien. Hier gibt es nur noch karge Bergsteppen. Im Osten Argentiniens hingegen ist es sehr viel feuchter. Im Nordosten, weit entfernt von den Anden, wachsen sogar subtropische Regenwälder.

Die Falkland-Inseln

Knapp 400 Kilometer östlich von Argentinien liegen die Falkland-Inseln. Die aus etwa 200 Inseln bestehende Inselgruppe gehört geografisch zu Südamerika und wird von Argentinien beansprucht. Dennoch sind die Inseln britisches Überseegebiet. Die meisten der knapp 3 000 Einwohner stammen von britischen Siedlern ab, die um 1830 auf die Inseln kamen.

Atacama

Im Norden Chiles liegt die 950 Kilometer lange Atacama-Wüste, eine der trockensten Gegenden des Planeten. Ein Grund dafür ist der kalte Humboldtstrom, der aus der Antarktis kommt und verhindert, dass sich Regenwolken bilden können.

Capybara

Das Capybara oder Wasserschwein ist das größte lebende Nagetier der Welt. Zwischen den Zehen hat das Capybara Schwimmhäute und seine Nasenlöcher, Augen und Ohren sitzen hoch oben auf dem Kopf. So kann es auch beim Schwimmen riechen, sehen und hören.

Monte Fitz Roy

Zum Monte Fitz Roy, einem 3 406 Meter hohen Granitberg in den argentinischen Anden, kommen Bergsteiger aus aller Welt. Doch nur wenige gelangen auch bis zum Gipfel. Unberechenbare und extreme Wetterverhältnisse zwingen die meisten zum vorzeitigen Umkehren.

PERU
BOLIVIEN
BRASILIEN
CHILE
PARAGUAY
ARGENTINIEN
URUGUAY
N
W
O
S
Madre de Dios
Beni
Guaporé
Mamoré
Illampu
6368
La Paz
Titicaca-
see
Illimani
6462
Cochabamba
Santa Cruz
de la Sierra
Sajama
6542
Oruro
Poopó-
see
Sucre
Iquique
Atacama
ANDEN
Altiplano
Chaco
Paraguay
San Salvador
de Jujuy
Pilcomayo
Gran Chaco
Bermejo
Salta
Antofagasta
Asunción
Itaipú-
Stausee
Ciudad
del Este
Llullaillaco
6730
Nevado
de Cachi
6380
Formosa
San Miguel
de Tucumán
Ojos del Salado
6893
Paraná
Resistencia
Corrientes
Posadas
Desventuradas-
Inseln
(Chile)
Santiago
del Estero
Salado
Uruguay
Mar
Chiquita
Santa Fe
San Juan
Córdoba
Paraná
Río Negro
Pazifischer
Ozean
Atlantischer
Ozean
Aconcagua
6961
Mendoza
Pampa
Rosario
Valparaíso
URUGUAY
Santiago
Buenos Aires
Montevideo
Río de la Plata
Maipo
5264
Río Salado
del Oeste
Juan-Fernández-
Inseln
(Chile)
Colorado
Talcahuano
Río Bío Bío
Mar del Plata
Bahía Blanca
Bahía Blanca
Temuco
Neuquén
Río Negro
Lanín
3747
Tronador
3491
San Carlos
de Bariloche
San-Matias-Golf
Valdés-
Halbinsel
(Argentinien)
Chiloé
(Chile)
Chubut
Patagonien
Corcovadogolf
Chonos-Archipel
(Chile)
General-
Carrera-
See
San-Jorge-Golf
San Valentín
4058
Taitao-Halbinsel
(Chile)
Golf von Peñas
Falkland-
Inseln
(Großbritannien)
Monte Fitz Roy
3406
Santa Cruz
Wellington-Insel
(Chile)
Bahía
Grande
Magellanstraße
Punta Arenas
Staateninsel
(Argentinien)
Santa Inés
(Chile)
Feuerland
(Tierra del Fuego)
Le-Maire-Straße
Kap Hoorn
Südgeorgien
(Großbritannien)
500 km
1
1
Rekord
ca. 8300 km²
groß ist der Titicacasee. Peru und Bolivien teilen sich den größten See Südamerikas.

Südliches Südamerika

Salar de Uyuni

Der Salar de Uyuni im Hochland von Bolivien ist mehr als 10 000 Quadratkilometer groß und damit die größte Salzpfanne der Erde. Der Salzsee stellt eines der größten Lithiumvorkommen der Welt dar. Lithium benötigt man für Handys, Computer und Elektroautos.

Die chilenische Stadt Punta Arenas liegt an der Magellanstraße gegenüber der Insel Feuerland und ist die südlichste Großstadt der Welt. Von hier aus starten Flüge in die Antarktis.

Atacama

Die große Höhe und die trockene Luft der Atacama-Wüste sind ideal für astronomische Beobachtungen. Die Europäische Südsternwarte hat deshalb im Norden Chiles mehrere Observatorien wie das VLT mit vier Einzelteleskopen und das aus 66 Radioteleskopen bestehende ALMA errichtet.

Die südamerikanischen Länder Chile, Argentinien, Paraguay und Uruguay sind ehemals spanische Kolonien, wurden jedoch im 19. Jahrhundert unabhängig. Die genannten Länder unterscheiden sich deutlich in der Zusammensetzung ihrer Bevölkerung.

Indios – Mestizen – Einwanderer

Die Ureinwohner Südamerikas werden oft auch Indios genannt. Als die spanischen Eroberer ins Land kamen, wurden sie größtenteils verdrängt. Ende des 19. und Anfang des 20. Jahrhunderts kamen außerdem viele Auswanderer aus Europa auf den Kontinent. Die heutigen Einwohner Chiles, Paraguays und Uruguays stammen überwiegend von weißen und indianischen Vorfahren ab und werden Mestizen genannt. In Argentinien hingegen sind über 90 Prozent der Menschen Nachkommen europäischer Einwanderer, meist spanischen und italienischen Ursprungs. Außerdem leben eine halbe Million Deutschstämmige in Argentinien. In allen Ländern machen die Indios inzwischen nur einen kleinen Teil der Bevölkerung aus.

Argentinien

Die argentinische Pampa eignet sich hervorragend als Weideland für Pferde, Rinder und Schafe, aber auch für den Anbau von Getreide. Durch den Export von Weizen, Wolle und Rindfleisch wurde Argentinien zu Beginn des 20. Jahrhunderts ein reiches Land. Auch heute ist es noch einer der größten Weizenexporteure der Welt. Allerdings wurde Argentinien immer wieder von Wirtschaftskrisen in seiner Entwicklung zurückgeworfen. Überdies verfügt Argentinien über reiche Bodenschätze wie Eisenerz, Kohle und Erdöl, die jedoch kaum erschlossen sind.

Chile

Chile zählt zu den bedeutendsten Wirtschaftsnationen Südamerikas und zu den wichtigsten Rohstoffproduzenten. Es verfügt über die größten bekannten Kupfervorkommen der Welt. Lange Zeit war Chile ausschließlich vom Export von Kupfer sowie Gold und Silber abhängig. Mittlerweile werden auch Lachs, Obst, Wein und Holzprodukte ins Ausland verkauft. Heute ist Chile eines der reichsten Länder Südamerikas.

Paraguay

»Fluss, der das Meer gebiert«, das bedeutet der Name Paraguay in Guarani, der Sprache der Ureinwohner. Allerdings ist Paraguay ein Binnenland und hat selbst gar keinen Zugang zum Meer. Die meisten Paraguayer haben indianisch-europäische Vorfahren, wobei die Indianer nur mehr eine Minderheit im Land darstellen. Viele Menschen arbeiten in der Landwirtschaft, meist auf den Farmen von Großgrundbesitzern. Produziert werden vor allem Soja, Baumwolle und Rindfleisch.

Osterinsel

Die Osterinsel liegt weit abgelegen von Chile und ist dennoch chilenisch. An der Küste stehen die Moai genannten Steinstatuen einer untergegangenen Kultur.

N
Madre de Dios
Beni
Guaporé
Mamoré
BOLIVIEN
Titicaca-see
La Paz
Cochabamba
Santa Cruz de la Sierra
Oruro
Poopó-see
Sucre
Iquique
CHILE
Paraguay
PARAGUAY
San Salvador de Jujuy
Pilcomayo
Antofagasta
Salta
Bermejo
Asunción
Itaipú-Stausee
Formosa
Desventuradas-Inseln
(Chile)
San Miguel de Tucumán
Resistencia
Corrientes
Paraná
Santiago del Estero
Salado
Uruguay
Mar Chiquita
Paraná
Santa Fe
San Juan
Córdoba
Paraná
Pazifischer Ozean
Atlantischer Ozean
Río Negro
Valparaíso
Mendoza
Rosario
URUGUAY
Santiago
Río Salado del Oeste
Buenos Aires
Montevideo
Juan-Fernández-Inseln
(Chile)
Río de la Plata
ARGENTINIEN
Talcahuano
Colorado
Río Bío Bío
Bahía Blanca
Mar del Plata
Temuco
Neuquén
Bahía Blanca
Río Negro
San Carlos de Bariloche
San-Matias-Golf
Chiloé
(Chile)
Valdés-Halbinsel
(Argentinien)
Chubut
Corcovadogolf
Chonos-Archipel
(Chile)
General-Carrera-See
San-Jorge-Golf
Taitao-Halbinsel
(Chile)
Golf von Peñas
Falkland-Inseln
(Großbritannien)
Wellington-Insel
(Chile)
Santa Cruz
Bahía Grande
Magellanstraße
Punta Arenas
Staateninsel
(Argentinien)
Santa Inés
(Chile)
Südgeorgien
(Großbritannien)
Le-Maire-Straße
Kap Hoorn
500 km

Asien

Himalaya

In Asien liegt der mächtigste Gebirgszug der Welt. Dieses Hochgebirgssystem erstreckt sich über rund 3 000 Kilometer Länge und ist bis zu 350 Kilometer breit.

Asien ist mit gut 44 Millionen Quadratkilometern der größte der sieben Kontinente. Mit allen Inseln nimmt der asiatische Kontinent ein Drittel der gesamten Landfläche der Erde ein. Asien reicht von der Arktis bis zum Äquator. Im Westen liegen Afrika sowie Europa, das direkt mit Asien verbunden ist. Die Grenze zwischen diesen beiden Kontinenten bilden das Uralgebirge, der Uralfluss, das Kaspische Meer, das Kaukasusgebirge und das Schwarze Meer. Im Osten trennt die schmale Beringstraße Asien von Nordamerika. Im Süden grenzt Asien an den Indischen Ozean, im Osten an den Pazifik und im Norden an das Nordpolarmeer.

Du befindest dich hier:

Landschaften und Klima

Die arktische Tundra, die endlosen Wälder der Taiga, weite Steppen, trockene Wüsten, riesige Flussdeltas und tropische Regenwälder bilden die abwechslungsreiche Landschaft des asiatischen Kontinents. Im russischen Sibirien finden sich einige der kältesten bewohnten Gebiete der Welt, in den Wüsten der Arabischen Halbinsel wird es dagegen tagsüber unerträglich heiß. Der meiste Niederschlag weltweit fällt im Nordosten Indiens, wo die jährlichen Monsunregen niedergehen und oftmals weite Teile des Landes überschwemmen.

Die baumlose Tundra ist typisch für das nördliche Russland um den Polarkreis. Hier wachsen allenfalls niedrige Sträucher.

Schwarzes Gold

In Asien gibt es große Erdölvorkommen. Erdöl ist ein Bodenschatz und das Zersetzungsprodukt von Millionen Jahre alten Meeresorganismen.

Sand und Wasser

Die Wüste Takla Makan in China ist von über 100 Meter hohen Dünen bedeckt. Das Grundwasser tritt an manchen Stellen zutage und bildet dann eine Oase.

Grünes Paradies

Wegen der Lage am Äquator ist die Insel Sumatra von tropischem Regenwald bedeckt. Darin leben zum Beispiel Orang-Utans, Tiger und Schabrackentapire.

Kontinent der Extreme

In Asien befindet sich sowohl der tiefste als auch der höchste Punkt unseres Planeten: Das Tote Meer liegt rund 428 Meter unter dem Meeresspiegel – tiefer liegt kein anderer Festlandspunkt. Der Gipfel des Mount Everest misst 8 848 Meter und ist damit der höchste Berg über dem Meeresspiegel. Die Mehrzahl der Berge mit mehr als 8 000 Metern Gipfelhöhe stehen im Himalaya, der höchsten Gebirgskette der Welt.

Vorsicht, Naturgewalt!

Da große Teile Asiens an den Pazifik grenzen, sind diese Regionen auch Teil des berüchtigten Pazifischen Feuerrings. Hier bedrohen schwere Erdbeben und unberechenbar explosive Vulkane die Dörfer und Städte. Die von Seebeben ausgelösten Tsunamis können Inseln und die flachen Küsten überfluten. Zudem entwickeln sich über dem warmen Pazifik energiereiche Wirbelstürme, die in diesem Teil der Welt Taifune genannt werden. Wenn die Taifune über Inseln oder das Festland hinwegziehen, richten sie große Verwüstungen an.

Monsunregen in Indien

Auch wenn starke Regenfälle ganze Städte unter Wasser setzen, geht der Alltag meist weiter. In der freien Natur jedoch reißen die Wassermassen so gut wie alles mit.

Steckbrief

Asien

Fläche: ca. 44,6 Mio. km²
Anzahl der Länder: 48
Größtes Land: Asiatischer Teil Russlands
Kleinstes Land: Malediven
Bevölkerung: ca. 4,4 Mrd. Einwohner
Bevölkerungsdichte: ca. 99 Einwohner/km²
Größte Stadt: Tokio (ca. 13 Mio. Einwohner)

60°N
Nördlicher Polarkreis
Grönland (Dänemark)
0°
Spitzbergen (Norwegen)
40°O
80°O
120°O
160°O
160°W
ALASKA (BUNDESSTAAT DER USA)
N
W
O
S
Beringstraße
ISLAND
Europäisches Nordmeer
Franz-Josef-Land (Russland)
Nordpolarmeer
Sewernaja Semlja (Russland)
Neusibirische Inseln (Russland)
Ostsibirische See
Beringmeer
Nowaja Semlja (Russland)
Karasee
Laptewsee
FINNLAND
ESTLAND
LETTLAND
LITAUEN
WEISS-RUSSLAND
RUSSLAND
UKRAINE
Kamtschatka (Russland)
Ochotskisches Meer
Sachalin (Russland)
40°N
Schwarzes Meer
TÜRKEI
GEORGIEN
Zypern
ARMENIEN
Kaspisches Meer
KASACHSTAN
MONGOLEI
Hokkaido (Japan)
Honshu (Japan)
Japanisches Meer
NORD-KOREA
JAPAN
SÜD-KOREA
SYRIEN
ASERBAID-SCHAN
USBEKISTAN
TURKMENISTAN
KIRGISISTAN
TADSCHIKISTAN
IRAK
IRAN
JORDANIEN
KUWAIT
AFGHANISTAN
CHINA
Shikoku (Japan)
Kyushu (Japan)
Nördlicher Wendekreis
Ostchinesisches Meer
20°N
SAUDI-ARABIEN
BAHRAIN
KATAR
PAKISTAN
Ryukyu-Inseln (Japan)
Pazifischer Ozean
NEPAL
BHUTAN
TAIWAN
VEREINIGTE ARABISCHE EMIRATE
JEMEN
OMAN
INDIEN
HONGKONG
Golf von Aden
SOMALIA
Sokotra (Jemen)
Arabisches Meer
MYANMAR
LAOS
BANGLADESCH
Hainan (China)
Luzon (Philippinen)
Golf von Bengalen
THAILAND
VIETNAM
PHILIPPINEN
Mindanao (Philippinen)
KAMBODSCHA
Andamanisches Meer
Andamanen (Indien)
Südchinesisches Meer
Äquator
0°
Golf von Thailand
BRUNEI
Celebessee
ZYPERN
LIBANON
Gaza-streifen
SYRIEN
Westjordan-land
ISRAEL
IRAK
JORDANIEN
Nikobaren (Indien)
MALEDIVEN
SRI LANKA
MALAYSIA
MALAYSIA
Molukken (Indonesien)
SINGAPUR
Borneo (Indonesien)
TIMOR-LESTE
Sumatra (Indonesien)
Sulawesi (Indonesien)
Mentawai-Inseln (Indonesien)
INDONESIEN
Javasee
Indischer Ozean
Westtimor (Indonesien)
Java (Indonesien)
Kleine Sunda-Inseln (Indonesien)
Timorsee
AUSTRALIEN
60°O
80°O
100°O
1000 km

Asien

Berghänge unter Wasser

In künstlich angelegten Terrassenfeldern wächst der wasserliebende Reis, wie hier in der chinesischen Provinz Yunnan. Fast 90 Prozent der weltweiten Produktion von Reis werden in Indien, China und in Südostasien geerntet.

Drachen

Während in Europa Drachen böse Ungeheuer sind, wird der Drache in Asien als Gottheit verehrt. Drachen gelten als stark und weise, sie bringen den Menschen Glück und Gesundheit. Versteinerte Knochen und andere Fossilien werden in China Drachenknochen genannt und in der traditionellen chinesischen Medizin verwendet.

Asien gliedert sich in 48 Länder. Die fünf größten Staaten sind Russland mit gut 17 Millionen Quadratkilometern (europäischer und asiatischer Teil zusammengenommen), China mit circa 9,6 Millionen Quadratkilometern, Indien mit etwa 3,3 Millionen Quadratkilometern, Kasachstan mit ungefähr 2,7 Millionen Quadratkilometern und Saudi-Arabien mit gut 2,1 Millionen Quadratkilometern. Zum Vergleich: Deutschland ist nur gut 357 000 Quadratkilometer groß.

So viele Menschen

Asien ist der bevölkerungsreichste Kontinent. Über vier Milliarden Menschen leben in Asien, das sind zwei Drittel der gesamten Erdbevölkerung. Chinas Einwohnerzahl liegt bei fast 1,4 Milliarden, es ist somit das bevölkerungsreichste Land Asiens. In Indien leben mehr als 1,3 Milliarden Menschen.

Arm und Reich

Zu den reichsten Ländern der Welt gehört das kleine Katar. Erdöl- und Erdgasvorkommen haben den Menschen dort großen Wohlstand beschert. Viele Menschen leben in luxuriösen Villen mit Gastarbeitern als Bediensteten. Die Schulen sind kostenlos und viele Kinder haben teure Hobbys wie Golf oder die Falkenjagd. In den ärmeren Ländern Asiens wie etwa Timor-Leste wachsen dagegen viele Kinder in Armut auf. Vielen Familien fehlt es dort an Geld für Schulbücher und Schuluniformen, sodass ihre Kinder nicht zur Schule gehen können und stattdessen arbeiten müssen.

Faszinierende Kulturen

Die Bevölkerung Asiens besteht aus den unterschiedlichsten Völkern, die alle ihre eigene Kultur, Sprache und Religion haben. Da gibt es zum Beispiel das naturverbundene Volk der Ainu. Diese Ureinwohner Nordjapans stammen von eiszeitlichen Jägern und Sammlern ab und verehren den Braunbären. Das Volk der Moken führt ein außergewöhnliches Leben als Seenomaden im östlichen Andamanischen Meer, in der Straße von Malakka und im Südchinesischen Meer. Sie ziehen mit ihren Booten von Insel zu Insel und leben von Fischen und Meeresfrüchten.

Alle großen Weltreligionen – Buddhismus, Christentum, Hinduismus, Islam und Judentum – haben ihren Ursprung in Asien und haben sich von dort aus in die ganze Welt verbreitet.

Grundnahrungsmittel Reis

Viele Menschen in Asien verbringen ihr ganzes Leben in riesigen Millionenstädten wie Moskau, Tokio oder Peking. Andere leben an den entlegensten Orten, wie zum Beispiel ein Großteil der Mongolen, die als Nomaden in Zeltbehausungen wohnen. Die zentralasiatischen Steppen sind öde und karg und zwingen die Viehzüchter dazu, als Nomaden durch die Region zu ziehen. An anderen Orten erstrecken sich hingegen fruchtbare Ebenen mit Getreidefeldern bis zum Horizont. Der Südosten Asiens mit seinem feuchtheißen Klima eignet sich besonders gut für den Reisanbau, das wichtigste Nahrungsmittel der Region.

Asiens Industrie

Einige asiatische Länder haben sich durch Erdöl ins Industriezeitalter eingekauft – so etwa der Iran, der Irak, Kuwait, Saudi-Arabien und die Vereinigten Arabischen Emirate. Andere Staaten haben sich zu großen Industrienationen entwickelt: Japan, Singapur, Taiwan, China, Südkorea und Israel produzieren Computer, Unterhaltungselektronik und auch Roboter. Sie haben zum Teil sogar eigene Raumfahrtprogramme.

Aiko Chihira begrüßt in einem Tokioter Kaufhaus die Kunden. Doch sie ist kein Mensch, sondern ein humanoider Roboter.

Indien baut eigene Weltraumraketen sowie Raumsonden und wird bald auch Menschen ins All schicken.

Grönland
(Dänemark)
Spitzbergen
(Norwegen)
ISLAND
Europäisches
Nordmeer
Franz-Josef-Land
(Russland)
Nordpolarmeer
ALASKA
(BUNDESSTAAT
DER USA)
N
O
S
Beringstraße
Sewernaja
Semlja
(Russland)
Neusibirische
Inseln
(Russland)
Ostsibirische
See
Beringmeer
Nowaja
Semlja
(Russland)
Laptewsee
Karasee
FINNLAND
RUSSLAND
Moskau
Kamtschatka
(Russland)
Ochotskisches
Meer
Sachalin
(Russland)
Schwarzes
Meer
Ankara
TÜRKEI
GEORGIEN
Tiflis
ARMENIEN
Jerewan
Kaspisches
Meer
Baku
SYRIEN
Damaskus
Amman
JORDANIEN
Bagdad
IRAK
ASERBAID-
SCHAN
Teheran
IRAN
Kuwait-
Stadt
KUWAIT
BAHRAIN
Manama
Riad
SAUDI-
ARABIEN
Doha
KATAR
Abu Dhabi
Maskat
VEREINIGTE
ARABISCHE
EMIRATE
OMAN
Sana
JEMEN
Golf von Aden
Sokotra
(Jemen)
Arabisches
Meer
KASACHSTAN
Astana
USBEKISTAN
TURKMENISTAN
Aşgabat
Taschkent
Bischkek
KIRGISISTAN
Duschanbe
TADSCHIKISTAN
AFGHANISTAN
Kabul
Islamabad
PAKISTAN
Neu-Delhi
INDIEN
NEPAL
Kathmandu
BHUTAN
Thimphu
Dhaka
BANGLADESCH
Golf von
Bengalen
Andamanisches Meer
Andamanen
(Indien)
Nikobaren
(Indien)
Colombo
SRI LANKA
Malé
MALEDIVEN
Chagos-Inseln
(Großbritannien)
Indischer Ozean
MONGOLEI
Ulan Bator
Peking
CHINA
NORD-
KOREA
Pjöngjang
Seoul
SÜD-
KOREA
Japanisches
Meer
Hokkaido
(Japan)
Tokio
JAPAN
Honshu
(Japan)
Shikoku
(Japan)
Kyushu
(Japan)
Ostchinesisches
Meer
Ryukyu-
Inseln
(Japan)
Pazifischer
Ozean
Taipeh
TAIWAN
HONGKONG
(CHINA)
Hainan
(China)
Luzon
(Philippinen)
Manila
PHILIPPINEN
Mindanao
(Philippinen)
MYANMAR
Naypyidaw
Hanoi
LAOS
Vientiane
THAILAND
Bangkok
VIETNAM
KAMBODSCHA
Phnom Penh
Golf von
Thailand
Südchinesisches
Meer
Bandar Seri
Begawan
BRUNEI
Celebessee
MALAYSIA
Kuala Lumpur
SINGAPUR
Borneo
(Indonesien)
Molukken
(Indonesien)
Sulawesi
(Indonesien)
TIMOR-LESTE
Dili
Mentawai-
Inseln
(Indonesien)
Sumatra
(Indonesien)
INDONESIEN
Javasee
Jakarta
Java
(Indonesien)
Kleine Sunda-
Inseln
(Indonesien)
Westtimor
(Indonesien)
Timorsee
AUSTRALIEN
Christmas-Insel
(Australien)
1000 km
Nordzypern
ZYPERN
Nikosia
A
LIBANON
Beirut
SYRIEN
Gaza-
streifen
Jerusalem
Westjordanland
ISRAEL
JORDANIEN
IRAK
SAUDI-
ARABIEN

Asien

Anak Krakatau

1883 explodierte der indonesische Vulkan Krakatau bei Sumatra und zerstörte die Vulkaninsel vollständig. Erst 1927 begann eine neue Vulkaninsel aus dem Wasser zu wachsen: Anak Krakatau, das Kind des Krakatau.

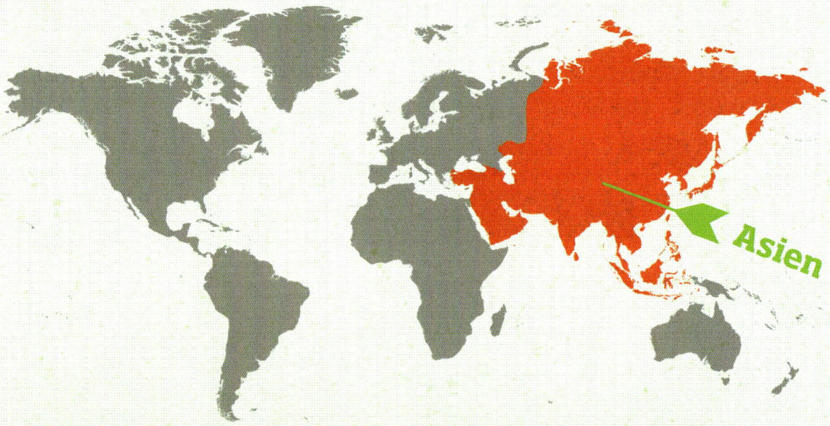

In Asien entstanden vor über 5 000 Jahren die ersten Hochkulturen der Welt, darunter auch das Reich der Sumerer, die in Mesopotamien lebten, einem besonders fruchtbaren Gebiet im heutigen Irak. Die Sumerer erfanden mit der Keilschrift das erste Schriftsystem und standen mit anderen Kulturen in Handelsbeziehungen.

Handelspartnerschaft

Später wurde Fernhandel über ganz Asien hinweg betrieben. So war das entfernte China mit Europa über die legendäre Seidenstraße verbunden. Karawanen mit Seide und chinesischem Porzellan beladen, kämpften sich durch Steppen, Wüsten und über Gebirge hinweg. Außer den Handelsgütern wurde auch naturwissenschaftliches und medizinisches Wissen zwischen Ost und West ausgetauscht. Allerdings wurden die Karawanenwege von islamischen Herrschern kontrolliert. Die Europäer suchten deshalb nach einem Weg, direkt mit Asien Handel zu betreiben.

Seeweg nach Indien

Ende des 15. und Anfang des 16. Jahrhunderts erschlossen portugiesische Seefahrer den Seeweg nach Asien um Afrika herum. Auf der sogenannten Gewürzroute konnten Kaufleute nun die Indische Halbinsel und die Gewürzinseln Hinterindiens (Molukken) erreichen. Auf dem neuen Handelsweg gelangten damals extrem teure Gewürze wie Muskat, Pfeffer, Gewürznelken und Zimt nach Europa.

Lebenserwartung in Asien

Die höchste durchschnittliche Lebenserwartung in Asien haben Japaner und die Bewohner Singapurs – sie liegt jeweils bei etwa 85 Jahren. Die niedrigste Lebenserwartung von 51 Jahren herrscht in Afghanistan. Auffallend ist auch der große Unterschied zwischen Südkorea mit 80 Jahren und Nordkorea mit etwa 70 Jahren. Die durchschnittliche Lebenserwartung sagt viel über Ernährung, hygienische Bedingungen und medizinische Versorgung in einem Land aus.

Fakten zu Asien

- Tigerstaaten werden die sich wirtschaftlich schnell entwickelnden Staaten Singapur, Südkorea, Taiwan und die chinesische Sonderverwaltungszone Hongkong genannt.
- Die Bevölkerungsdichte liegt in China bei rund 146, in Indien bei etwa 394 Einwohnern pro Quadratkilometer. Am dünnsten besiedelt ist die Mongolei mit nur knapp zwei Menschen auf einem Quadratkilometer.
- Im Permafrostboden Sibiriens werden immer wieder gefrorene Überreste eiszeitlicher Tiere gefunden.
- Indiens Filmindustrie Bollywood produziert sehr viel mehr Filme im Jahr als das US-amerikanische Hollywood!

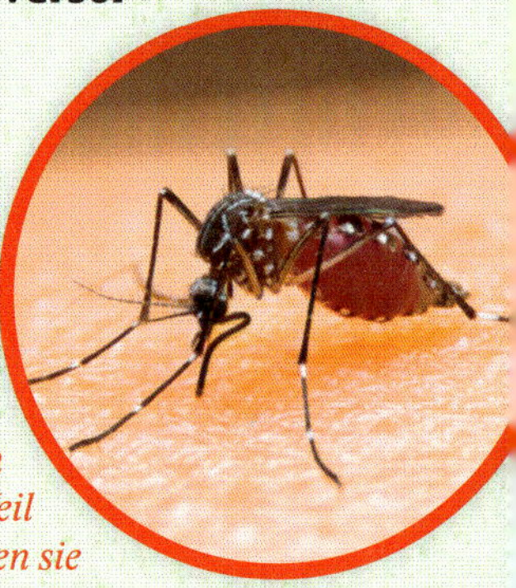

Vorsicht, Mücke!

Im Süden und Südosten Asiens besteht ein hohes Malariarisiko. Der Erreger der Tropenkrankheit wird von weiblichen Moskitos – denn nur die Weibchen stechen – beim Blutsaugen übertragen. Weil Moskitos ihre Eier in Wasser ablegen, fühlen sie sich in den feuchten Tropen besonders wohl.

Wissenschaftsrekord

Auf der russischen Kola-Halbinsel wurde zwischen 1970 und 1992 das tiefste Loch der Welt gebohrt. Nach 12 262 Metern wurde das wissenschaftliche Projekt jedoch beendet. Dort unten herrschten 210 Grad Celsius. Als man angeblich ein hitzefestes Mikrofon in das Bohrloch hinunterließ, zeichnete dieses seltsame Geräusche auf, die wie gequälte Schreie aus der Tiefe geklungen haben sollen. Es hieß, die Forscher hätten die Hölle angebohrt und die Geräusche wären Stimmen daraus. Zeitungen und Fernsehsender in den USA berichteten darüber. Schließlich stellte sich heraus, dass sich zwei Männer einen Scherz erlaubt hatten und das Gerücht in Umlauf brachten.

Der große Knall

Zwischen den indonesischen Inseln Java und Sumatra liegt die Vulkaninsel Anak Krakatau. Die ursprüngliche Vulkaninsel Krakatau war sehr viel größer, doch am 27. August 1883 explodierte sie und die Hälfte der Insel verschwand. 25 Kubikkilometer Asche wurden in die Erdatmosphäre geschleudert. Eine bis zu 40 Meter hohe Tsunamiwelle überflutete die benachbarten Küsten. Ascheregen und pyroklastische Ströme, die aus heißem Gestein, Asche und Gas bestehen, zerstörten die umliegenden Inseln, Städte und Dörfer. Eine Aschewolke zog um den Planeten und ließ die Temperaturen weltweit sinken.

Eine weitere Katastrophe

Der Tobasee auf Sumatra entstand als Folge eines Supervulkanausbruchs vor etwa 74 000 Jahren. Damals entlud sich eine riesige Magmablase und hinterließ eine Caldera, einen Einbruchtrichter, der sich mit Wasser füllte. Die Eruption war so gewaltig, dass sich das Erdklima weltweit verschlechterte und sich die Weltbevölkerung auf schätzungsweise 10 000 Menschen verringerte. Damals entging die Menschheit nur knapp dem Aussterben.

Die Weisheiten des Konfuzius

Zu den großen Lehren Asiens gehört der Konfuzianismus. Der chinesische Philosoph Konfuzius, der vor etwa 2 500 Jahren lehrte, sah als erstrebenswerte Ziele Harmonie und Mitte, Gleichmut und Gleichgewicht. Den Weg dorthin sah Konfuzius vor allem in der Bildung und im beharrlichen Lernen. Die Lehren des Konfuzius haben seit vielen Jahrhunderten Alltag, Kultur und Gesellschaft nicht nur in China, sondern auch in Japan, Korea, Singapur, Taiwan und Vietnam geprägt. Eine überlieferte Weisheit lautet: »Wer große Meister kopiert, erweist ihnen Ehre.«

Keilschrift

Keilschrift der Sumerer

Auf solchen Keilschrifttafeln wurden wichtige Dinge, aber auch Witze niedergeschrieben. So wissen wir, dass die Sumerer ganz offensichtlich über Pupswitze lachten.

Im Mittelalter waren Asien und Europa nur über den Landweg durch die legendäre Seidenstraße miteinander verbunden.

Wandmalerei

Seidenstraße

Die endlosen Weiten Zentralasiens wie hier in Kirgisistan überwindet man am besten auf dem Rücken von Pferden – so wie früher, als Diplomaten, Kaufleute und Spione auf der Seidenstraße reisten.

Weltrekord

Japan ist bekannt für seine vielen Hundertjährigen. 2015 hat der 105 Jahre alte Hidekichi Miyazaki einen Weltrekord im 100-Meter-Lauf aufgestellt – in seiner Altersklasse.

Funny Fact

Häufiger Familienname

Rund 100 Millionen Mal soll es den Namen Li in China geben. Etwa jeder 14. Chinese heißt mit Familiennamen Li. Eine chinesische Schauspielerin heißt sogar Li Li-Li.

Russland

Kamtschatka

Die russische Halbinsel Kamtschatka ist ein Land voller Vulkane sowie Thermalquellen und die Heimat des Kamtschatka-Bären, einer der beiden größten Braunbärenarten.

Die Russische Föderation, oder einfach nur Russland, erstreckt sich über zwei Kontinente: Westlich des Uralgebirges, das als Grenze zwischen Europa und Asien gilt, liegt der kleinere, europäische Teil. Östlich des Uralgebirges erstreckt sich der asiatische Teil, der zwei Drittel der Landesfläche ausmacht. Beide Teile zusammen haben eine Fläche von gut 17 Millionen Quadratkilometern; das macht Russland zum größten Land der Welt. Die drei nächstgrößeren Länder Kanada, USA und China umfassen jeweils weniger als zehn Millionen Quadratkilometer.

Weites Land

Russland ist in Ost-West-Richtung 9 000 Kilometer lang und deckt damit elf Zeitzonen ab. Von Norden nach Süden beträgt die Ausdehnung bis zu 4 000 Kilometer. Das weitläufige Land umfasst die unterschiedlichsten Landschaften und Vegetationszonen. Mit Ausnahme tropischer Regenwälder findet man in Russland alle Klimazonen: von der arktischen Tundra über gemäßigtere Zonen bis hin zu subtropischem Klima. Sehr verbreitet sind Gebiete mit kontinentalem Klima mit kurzen, trockenen Sommern und langen, eisigen Wintern. Dieses Klima herrscht in Sibirien, jenem riesigen Gebiet, das einen Großteil Nordasiens einnimmt. Dort können die Temperaturen im Winter unter minus 60 Grad Celsius fallen.

Tundra, Taiga und mehr

Ganz im Norden, in der meist flachen Tundra, lässt der Permafrostboden keine Bäume wachsen. Hier gibt es nur niedrige Pflanzen wie Gräser, Moose und Flechten, allenfalls noch kleine Sträucher. Südlich davon schließt die Taiga mit Sümpfen, Torfmooren und Nadelwäldern an. Die Wälder bestehen überwiegend aus Kiefern, Fichten, Tannen und Lärchen. Jahrhundertelang konnten hier nur Menschen leben, die sich von der Jagd und vom Fischfang ernährten oder den Rentierherden folgten. Weiter im Süden folgen Waldsteppen, wo vor allem Birken wachsen, und schließlich die Steppe mit Kräutern und Gräsern. In der arktischen Tundra im hohen Norden leben Eisbären, Walrosse und Robben, Lemminge, Polarhasen sowie Polarfüchse. In der Taiga trifft man auf Braun- und Schwarzbären, Wölfe, Zobel, Hermeline und viele andere Tiere. Die Gegend um den Fluss Amur ganz im Osten Russlands ist bekannt für Leoparden und Tiger.

So viel Wasser

120 000 Flüsse und fast zwei Millionen Seen machen Russland zu einem wasserreichen Land. Im europäischen Teil ist die Wolga der wichtigste Fluss, der den Norden mit Zentralasien verbindet und in das Kaspische Meer mündet. Das Kaspische Meer ist das größte Binnenmeer der Erde. Es ist jedoch gar kein Meer, sondern genau genommen ein Salzsee; denn Meere stehen mit Ozeanen in Verbindung. Am Rand des Baikalgebirges, nahe der Grenze zur Mongolei, liegt der 673 Kilometer lange und etwa 1 642 Meter tiefe Baikalsee, der tiefste Süßwassersee der Erde.

Du befindest dich hier:

Unglaublich!

Das Dorf Oimjakon, 680 Kilometer nordöstlich von Jakutsk, der Hauptstadt von Jakutien, hält den Kälterekord als dauerhaft bewohnter Ort. Hier war es schon mal unter minus 67 Grad Celsius kalt. Der Ort liegt in einem Hochland, das von Gebirgen umgeben ist. Ein Gebirgszug im Süden verhindert, dass warme Luftmassen zuströmen.

Jakuten

Im Nordosten Russlands liegt die Republik Sacha, auch als Jakutien bekannt. Die Jakuten haben ihr Leben der extremen Kälte angepasst. In Nerjungri finden immer wieder Rennen der Rentierzüchter statt.

Diese Seenlandschaft befindet sich westlich des großen Baikalsees nahe der Grenze zur Mongolei.

Grönland (Dänemark)
ALASKA (BUNDESSTAAT DER USA)
N
W
O
S
Europäisches Nordmeer
Nordsee
Spitzbergen (Norwegen)
Nordpolarmeer
Wrangel-insel (Russland)
Beringstraße
Franz-Josef-Land (Russland)
Ostsibirische See
Beringmeer
Ostsee
Barentssee
Neusibirische Inseln (Russland)
Aion (Russland)
Sewernaja Semlja (Russland)
Nowaja Semlja (Russland)
Kaliningrad
POLEN
LITAUEN
LETTLAND
ESTLAND
FINNLAND
Murmansk
Laptewsee
ANJUI-GEBIRGE
Anadyr
KORJAKENGEBIRGE
St. Petersburg
Ladoga-see
Onega-see
Archangelsk
Petschorasee
Karasee
Pjasina-Bucht
Chatanga-bucht
Jana-bucht
Indigirka
Kolyma
WEISS-RUSSLAND
Smolensk
Twer
Tscherepowez
Nordrussisches Tiefland
BYRRANGAGEBIRGE
Nordsibirisches Tiefland
Pobeda 3147
Aborigen 2586
KOLYMAGEBIRGE
Kljutschewskaja Sopka 4750
UKRAINE
Moskau
Jaroslawl
Rjasan
Nischni Novgorod
Kursk
Woronesch
Lipetzk
Wytschegda
Petschora
Narodnaja 1895
Obbusen
Ob
Taz
Norilsk
Kamen 1701
PUTORANAGEBIRGE
Olenjok
WERCHOJANSKER GEBIRGE
Oimjakon
Mus-Chaja 2959
Kamtschatka (Russland)
Petropawlowsk-Kamtschatski
Schwarzes Meer
Kirow
Kasan
Krasnodar
Rostow
Saratow
Kama
Perm
URALGEBIRGE
Konschakowski Kamen 1569
Westsibirisches Tiefland
Surgut
Mittelsibirisches Bergland
Wiljui-Stausee
Wiljui
Jakutsk
Lena
Aldan
Ochotskisches Meer
Sotchi
Don
Wolga
Samara
Wolgograd
Ufa
Jekaterinburg
Tjumen
Nischnewartowsk
Elbrus 5642
Stawropol
Jamantau 1640
Irtysch
RUSSLAND
Untere Tunguska
Aldan-hochland
DSCHUGDSCHURGEBIRGE
Sachalin (Russland)
GEORGIEN
Grosny
Astrachan
Orenburg
Ural
Tscheljabinsk
Angara
Stanowoi-hochland
STANOWOIGEBIRGE
Machatschkala
Orsk
Tobol
Omsk
Tschany-see
Tomsk
Kemerowo
Bratsk
Komsomolsk
Terpenija-bucht
ASERBAID-SCHAN
Nowosibirsk
Jenissej
Baikalsee
Amur
Chabarowsk
KASACHSTAN
Barnaul
Krasnojarsk
Kaspisches Meer
Bisk
Nowokusnezk
Tschita
BAIKALGEBIRGE
JABLONOWYGEBIRGE
Blagoweschtschensk
SICHOTE-ALIN
Pazifik
ALTAI
Kysyl
Irkutsk
Ulan-Ude
Wladiwostok
JAPAN
MONGOLEI
Japanisches Meer
NORDKOREA
CHINA
SÜDKOREA
Ostchinesisches Meer
Arabisches Meer
1000 km

Russland

Schloss Peterhof

Nahe Sankt Petersburg ließ sich Zar Peter I. eine würdige Sommerresidenz errichten. Die Palastanlage, die Katharina die Große weiter ausbauen ließ, zählt mit ihren beeindruckenden Wasserspielen zu den »Sieben Wundern Russlands«.

Die Russische Föderation hat 14 Nachbarstaaten. Sie grenzt im Westen an Finnland, Estland, Lettland, Weißrussland und die Ukraine. Im Osten endet Russland kurz vor Alaska und dem Pazifik. Neben dem zusammenhängenden Kernland besitzt Russland noch eine Exklave an der Ostseeküste: die Oblast Kaliningrad. Exklave bedeutet, dass dieses Stück Land vollständig von fremden Ländern umgeben ist.

Lebensraum Russland

In Russland leben rund 144 Millionen Menschen auf gut 17 Millionen Quadratkilometer verteilt. Doch weite Landesteile sind wegen des kalten Klimas äußerst unwirtlich und daher nur dünn besiedelt. Die durchschnittliche Bevölkerungsdichte beträgt so nur etwa acht Einwohner pro Quadratkilometer. Der größte Teil der Bevölkerung, nämlich 75 Prozent, lebt im kleineren, europäischen Teil. Hier befindet sich auch die Hauptstadt Moskau mit ihren rund zwölf Millionen Einwohnern.

Sibirien

Der asiatische Teil Russlands wird auch Sibirien genannt. Trotz der enormen Fläche leben nur etwa 40 Millionen Menschen dort – also halb so viele wie in Deutschland. Die sibirische Bevölkerung konzentriert sich auf einen schmalen Streifen im Süden und Südwesten, wo Ackerbau möglich ist und die Transsibirische Eisenbahn wichtige Städte miteinander verbindet.

Vom Großfürstentum zur Weltmacht

Russland entwickelte sich aus dem Großfürstentum Moskau zu einem Vielvölkerstaat. Aus ihm wurde im 20. Jahrhundert das politische Zentrum der Sowjetunion, auch UdSSR genannt. Die kommunistische UdSSR stand nach dem Zweiten Weltkrieg dem von den USA angeführten, kapitalistisch orientierten Westen gegenüber. In dieser Zeit des sogenannten Kalten Krieges standen beide Seiten im ständigen Konkurrenzkampf. Nachdem das kommunistische System 1991 zusammengebrochen war, erklärten sich viele ehemalige Teilrepubliken zu unabhängigen Staaten. Russland ist heute Fortsetzerstaat der UdSSR; das heißt, Russland nimmt die Stelle der UdSSR in internationalen Organisationen ein.

Vielvölkerstaat

In Russland sind 80 Prozent der Menschen Russen; daneben leben noch etwa 150 weitere Völker im Staatsgebiet. Einige der Völker bestehen oft nur aus wenigen Tausend Menschen. Die größten Minderheiten sind die Tataren mit etwa vier Prozent und die Ukrainer mit weniger als zwei Prozent Bevölkerungsanteil.

Religion

Zu Zeiten der Sowjetunion war die Ausübung von Religion zeitweise verboten oder stark eingeschränkt. Daher sind heute auch ungefähr 50 Millionen Russen, also etwa ein Drittel der Bevölkerung, religionslos. Die meisten Gläubigen gehören der russisch-orthodoxen Kirche an, einer Form des Christentums. Katholiken, Protestanten, Buddhisten und Juden sind religiöse Minderheiten in Russland.

Russisch ist die offizielle Amtssprache in Russland. Die kyrillischen Buchstaben sind etwa tausend Jahre alt und wurden aus dem griechischen Alphabet abgeleitet.

Schon gewusst?

Im Kaspischen Meer und im Schwarzen Meer lebt der Stör. Dessen Fischeier, die man auch Rogen nennt, werden gereinigt und gesalzen und danach als die teure Delikatesse Kaviar verkauft.

Zwiebeltürme

Auf dem Roten Platz in Moskau steht die Basilius-Kathedrale mit ihren bunten Zwiebeltürmen. Sie wurde auf Anordnung Zar Iwans des Schrecklichen von 1555–1561 errichtet. Hinter den hohen Ziegelmauern regierten Großfürsten und Zaren, später kommunistische Regierungen. Seit dem Ende des Kommunismus hat hier der russische Präsident seinen Amtssitz.

Europäisches Nordmeer
Nordpolarmeer
Nordsee
Ostsee
Barentssee
Karasee
Laptewsee
Ostsibirische See
Beringmeer
Beringstraße
Ochotskisches Meer
Japanisches Meer
Ostchinesisches Meer
Pazifik
Schwarzes Meer
Kaspisches Meer
Arabisches Meer
Grönland (Dänemark)
Spitzbergen (Norwegen)
Franz-Josef-Land (Russland)
Nowaja Semlja (Russland)
Sewernaja Semlja (Russland)
Neusibirische Inseln (Russland)
Wrangel-insel (Russland)
Aion (Russland)
ALASKA (BUNDESSTAAT DER USA)
Kamtschatka (Russland)
Sachalin (Russland)
Terpenija-bucht
Petschorasee
Pjasina-Bucht
Chatanga-bucht
Jana-bucht
JAPAN
NORDKOREA
SÜDKOREA
CHINA
MONGOLEI
KASACHSTAN
FINNLAND
POLEN
UKRAINE
GEORGIEN
ASERBAIDSCHAN
RUSSLAND
Kaliningrad
Murmansk
St. Petersburg
Ladoga-see
Onega-see
Archangelsk
Twer
Tscherepowez
Smolensk
Jaroslawl
Moskau
Rjasan
Nischni Novgorod
Kursk
Woronesch
Lipetzk
Kirow
Kasan
Perm
Krasnodar
Rostow
Saratow
Sotchi
Don
Wolga
Kama
Samara
Ufa
Jekaterinburg
Wolgograd
Stawropol
Tjumen
Orenburg
Grosny
Machatschkala
Tscheljabinsk
Ural
Tobol
Irtysch
Surgut
Nischnewartowsk
Omsk
Tschany-see
Nowosibirsk
Barnaul
Bisk
Tomsk
Kemerowo
Krasnojarsk
Nowokusnezk
Kysyl
Bratsk
Irkutsk
Baikalsee
Ulan-Ude
Tschita
Norilsk
Untere Tunguska
Angara
Jenissej
Taz
Obbusen
Ob
Petschora
Wytschegda
Olenjok
Wiljui
Wiljui-Stausee
Lena
Jakutsk
Aldan
Oimjakon
Indigirka
Kolyma
Anadyr
Petropawlowsk-Kamtschatski
Komsomolsk
Amur
Chabarowsk
Blagoweschtschensk
Wladiwostok
N
O
S
W
1000 km

Kleinasien und Südkaukasien

1 Höhlen von Kappadokien

Die Felslandschaft Kappadokiens in der Türkei ist entstanden, nachdem Vulkanismus die Gegend mit einer dicken, weichen Tuffschicht überzogen hat. Die bizarren Formen wurden durch Erosion gebildet. Die Menschen haben Häuser, Kirchen und ganze Städte in den weichen Stein hineingegraben.

Der größte Teil Kleinasiens wird von der Türkei eingenommen. Diese teilt sich in einen kleineren, europäischen und den sehr viel größeren, asiatischen Teil. Die Meerenge des Bosporus trennt die beiden Kontinente Europa und Asien voneinander. Im Nordosten der Region liegt der Kaukasus, ein etwa 1100 Kilometer langes Gebirge. Vom Marmarameer im Westen bis zum Vansee im Osten erstreckt sich die Nordanatolische Verwerfung. Wenn sich an diesem Bruch in der Erdkruste die Platten verschieben, kommt es zu Erdbeben.

Schützendes Gebirge

Im Norden Georgiens und Aserbaidschans ragt der Kaukasus mit seinen zum Teil über 5000 Meter hohen Vulkangipfeln empor. In der Gebirgsregion kann es im Winter ziemlich kalt werden; gleichzeitig schützt das Gebirge die südlich davon gelegenen Länder vor den eiskalten Nordwinden aus Russland. Deshalb können in Georgien, Aserbaidschan und Armenien sogar kälteempfindliche Zitrusfrüchte, Tee und Wein angebaut werden. Während die Gipfel des Kaukasus auch im Sommer schneebedeckt sind, sind die deutlich niedrigeren Berge im Süden Georgiens frei von Schnee. An der Schwarzmeerküste Georgiens ist das Klima so mild, dass sogar Palmen wachsen.

Kalt und heiß

Armenien liegt eigentlich in der subtropischen Zone. Weil das Land jedoch sehr gebirgig ist und 90 Prozent der Landesfläche höher als 1000 Meter liegen, herrscht hier trockenes, kontinentales Klima. Im Winter fällt das Thermometer fast täglich unter null Grad. In höheren Gegenden kann die Frostperiode sogar bis zu sechs Monate dauern. Die Sommer hingegen sind heiß und trocken.

Strände, Buchten und Berge

Die Insel Zypern liegt auf der Anatolischen Platte und wird geografisch zu Kleinasien gezählt. Die Insel ist bekannt für ihre Felsküsten mit sandigen Buchten, aber auch für ihre Gebirge. An der Nordküste erhebt sich gleich im Anschluss an eine schmale Küstenebene das eher niedrige Kyrenia-Gebirge. In der Landesmitte liegt das Troodos-Gebirge mit dem 1953 Meter hohen Olympos, dem höchsten Berg der Insel. Hier kann man im Winter sogar Ski fahren! Und das, obwohl auf Zypern eigentlich ein mediterranes Klima mit milden, feuchten Wintern und heißen Sommern herrscht.

In Georgien gibt es häufig wilde Landschaften. Fast die Hälfte des Landes ist mit Wald bedeckt.

Die Türkisch Van ist eine besondere Katze. Die Heimat der zum größten Teil weißen Katze liegt am Vansee im Osten der Türkei. Sie liebt Wasser und fängt im See Fische.

Zypern

An der Küste Zyperns finden sich zum Teil natürliche Höhlen, die das Meerwasser aus dem vulkanischen Gestein gewaschen hat.

Kalksinterterrassen von Pamukkale 2

Die Touristenattraktion Pamukkale verdankt ihren Namen den weißen Kalksinterterrassen. Das türkische Wort »Pamukkale« bedeutet nämlich »Watteburg«. Das heiße Quellwasser enthält große Mengen gelösten Kalk, der beim Austreten ausfällt und die weißen Terrassen und Wasserbecken bildet.

RUMÄNIEN
MOLDAWIEN
UKRAINE
RUSSLAND
BULGARIEN
Asowsches Meer
Schwarzes Meer
Kaspisches Meer
N
W
O
S
Maritza
Edirne
Ergene
Thrakien
Bosporus
İstanbul
Marmara-meer
Gökçeada (Türkei)
Dardanellen
Ägäisches Meer
Kaz Dağı 1774
Lesbos (Griechenland)
Chios (Griechenland)
Südliche Sporaden (Griechenland)
Rhodos (Griechenland)
Zonguldak
Samsun
Ordu
Trabzon
Batumi
Kutaissi
Rioni
Kolchis-Ebene
GEORGIEN
Tiflis
Alazani
KAUKASUS
Sumqayıt
Baku
ARMENIEN
Jerewan
Sewan-see
Ganja
Kura
Terter
ASERBAIDSCHAN
Arax
Ararat 5137
Kaçkar Dağı 3932
Çoruh
PONTISCHES GEBIRGE
Kelkit
Bursa
Sakarya
Ankara
Kızılırmak
Eskişehir
Simav
Gediz
Uşak
İzmir
Büyük
Menderes
Aydın
Eğirdir Gölü
Beyşehir Gölü
Isparta
Konya
Carsamba
Tuzsee
Anatolien
Delice
TÜRKEI
Sivas
Erzincan
Erzurum
Westlicher Euphrat
Östlicher Euphrat
Arax
Vansee
Van
Kayseri
Erciyes Dağı 3917
Malatya
SÜDÖSTLICHER TAURUS
Diyarbakır
Tigris
Euphrat
Atatürk-Stausee
Şanlıurfa
Gaziantep
Ceyhan
MITTLERER TAURUS
WESTLICHER TAURUS
Adana
Tarsus
Mersin
Göksu
Golf von İskenderun
Antalya
Alanya
Nordzypern
Nikosia (Lefkosía)
ZYPERN
Olympos 1953
Mittelmeer
LIBANON
ISRAEL
Westjordanland
Gazastreifen
ÄGYPTEN
SYRIEN
IRAK
IRAN
JORDANIEN
SAUDI-ARABIEN
200 km

Kleinasien und Südkaukasien

Die Region östlich des Bosporus wird von der anatolischen Halbinsel beherrscht. Diese setzt sich weiter ins Landesinnere fort und macht den asiatischen Teil der Türkei aus, der allgemein auch als Kleinasien bezeichnet wird. Im Osten der Türkei liegen die südkaukasischen Staaten Georgien, Armenien und Aserbaidschan.

Die Türkei – europäisch und asiatisch

Der europäische Teil der Türkei grenzt an Bulgarien und Griechenland, der sehr viel größere asiatische Teil des Landes teilt Grenzen mit Georgien, Armenien, dem Iran und dem Irak sowie Syrien. Im Norden grenzt das Land an das Schwarze Meer, im Süden an das Mittelmeer und im Westen an das Ägäische Meer, ein Nebenmeer des Mittelmeers. Das Schwarze Meer ist über die beiden Meerengen Bosporus und Dardanellen mit dem Mittelmeer verbunden. Wie das Land ist auch die Millionenstadt Istanbul durch den Bosporus geteilt. Zwar ist Istanbul die größte Stadt der Türkei, doch Ankara ist die Hauptstadt des Landes.

Menschen der Türkei

In der Türkei leben fast 79 Millionen Menschen, von denen 99 Prozent islamischen Glaubens sind. 70 Prozent sind Türken, die sich wiederum aus verschiedenen Volksgruppen zusammensetzen. In der Türkei leben ebenso mehr als 14 Millionen Kurden, vor allem in Ostanatolien, aber auch in Istanbul. Die Kurden sprechen eigene kurdische Sprachen, meist Kurmancî, haben jedoch kein eigenes Land. Außer in der Türkei leben Kurden auch in den benachbarten Ländern Syrien, Irak und Iran.

Gestern und heute

Die heutige Türkei war zuvor Teil des großen Osmanischen Reiches, das bis 1922 von mächtigen Sultanen beherrscht wurde. Dort sprach man Osmanisch, eine Sprache, die in arabischer Schrift niedergeschrieben wurde. Das änderte sich, als 1923 Mustafa Kemal Atatürk (1881–1938) die Republik Türkei ausrief. Er erließ entsprechende Gesetze und führte die lateinische Schrift für die türkische Sprache ein. Atatürk gilt als der Gründer einer modernen Türkei.

Industrie und Landwirtschaft

Der westliche Landesteil der Türkei ist stark industrialisiert. Die Grundlage dafür sind reiche Bodenschätze wie Steinkohle und Eisenerz, die zum Teil im Land weiterverarbeitet werden. Bedeutende Industrien sind Maschinen- und Fahrzeugbau, Elektrotechnik und Chemie. Etwa die Hälfte der Landesfläche wird landwirtschaftlich genutzt. Hauptanbaugebiete für Getreide, Tabak, Südfrüchte und Tee sind die weiten Flächen entlang der Schwarzmeerküste. An der Mittelmeerküste mit ihren Hotelanlagen sorgt der Tourismus für Einnahmen.

Neue Länder auf der Landkarte

Georgien, Armenien und Aserbaidschan sind seit 1991 unabhängige Staaten. Davor waren sie Teil der Sowjetunion. Da Aserbaidschan sehr auf Erdölförderung sowie den Export von Öl und Gas gesetzt hat, ist es von den stark schwankenden Weltmarktpreisen abhängig. Auch Georgien und Armenien haben wirtschaftliche Probleme. In Georgien ging seit der Unabhängigkeit die Industrieproduktion rapide zurück. Dafür stieg im Verhältnis die landwirtschaftliche Produktion. In der fruchtbaren Kolchis-Ebene im Westen Georgiens werden unter anderem Gemüse und Wein angebaut. Ein Teil der Produktion gelangt per Schiff über das Schwarze Meer, unter anderem nach Europa.

In Armenien gehören 94 Prozent der Bevölkerung der Armenisch Apostolischen Kirche an. Das Christentum wurde in Armenien bereits 301 zur Staatsreligion erhoben.

Konstantinopel

1453 eroberten die Osmanen (Türken) Konstantinopel und gaben der Stadt den Namen Istanbul. Von hier aus regierte der grausame Sultan Süleyman I. sein schnell wachsendes Osmanisches Reich.

Süleyman I.

Topkapi-Palast

Der Sultan residierte einst in diesem prächtigen Palast in Istanbul. Zahllose Schätze waren in sieben Schatzkammern angehäuft.

Hagia Sophia

Die berühmte Hagia Sophia in Istanbul war eine byzantinische Kirche, deren Grundstein im Jahr 532 gelegt wurde. 1453 wurde sie zur Moschee. Seit Mitte der 1930er-Jahre ist sie ein Museum.

Schwarzes Meer
Asowsches Meer
Kaspisches Meer
Mittelmeer
Ägäisches Meer
Marmara-meer
N
O
S
W
UKRAINE
MOLDAWIEN
RUMÄNIEN
BULGARIEN
RUSSLAND
GEORGIEN
ARMENIEN
ASERBAIDSCHAN
TÜRKEI
SYRIEN
IRAK
IRAN
LIBANON
ISRAEL
Westjordanland
Gazastreifen
JORDANIEN
SAUDI-ARABIEN
ÄGYPTEN
Nordzypern
ZYPERN
Nikosia (Lefkosia)
Tiflis
Kutaissi
Batumi
Jerewan
Sewan-see
Ganja
Baku
Sumqayıt
Rioni
Alazani
Kura
Terter
Arax
Edirne
Ergene
Maritza
Bosporus
İstanbul
Dardanellen
Gökçeada (Türkei)
Lesbos (Griechenland)
Chios (Griechenland)
Südliche Sporaden (Griechenland)
Rhodos (Griechenland)
Zonguldak
Bursa
Sakarya
Ankara
Kızılırmak
Eskişehir
Simav
Gediz
Uşak
İzmir
Menderes
Büyük
Aydın
Eğirdir Gölü
Beyşehir Gölü
Isparta
Tuzsee
Konya
Carsamba
Antalya
Alanya
Goksu
Tarsus
Mersin
Adana
Golf von İskenderun
Ceyhan
Delice
Kayseri
Samsun
Ordu
Trabzon
Kelkit
Sivas
Erzincan
Westlicher Euphrat
Çoruh
Erzurum
Östlicher Euphrat
Malatya
Atatürk-Stausee
Gaziantep
Euphrat
Şanlıurfa
Diyarbakır
Tigris
Vansee
Van
200 km

Zentralasien

Tor zur Hölle

Die Bewohner des turkmenischen Dorfes Derweze nennen diesen gespenstischen Ort das Tor zur Hölle. Auf der Suche nach Erdgas brach 1971 der Bohrturm durch den Boden und hinterließ diesen etwa 70 Meter großen Krater. Man versuchte, das Gas abzufackeln, und hoffte, dass das Feuer nach wenigen Tagen erlischt – doch seitdem brennt der Krater ohne Unterlass.

Die Länder Zentralasiens sind weit entfernt von den großen Weltmeeren, sodass dort trockenes kontinentales Klima herrscht, mit heißen Sommern und kalten Wintern. Der Nordwesten besteht aus einer weiten, ebenen Steppe, in der zwei große Wüsten liegen: die Karakum oder Schwarzer Sand und die Kysylkum, was Roter Sand bedeutet. Im Süden erstrecken sich lange Gebirgszüge – die Vorgebirge des Himalaya.

Kasachstan

Im Osten der wüstenhaften Steppe liegt der Balchaschsee, was im Deutschen so viel wie Sumpfsee heißt. Der sichelförmige See ist bei höchstem Wasserstand rund 34-mal so groß wie der Bodensee. Allerdings ist er im Durchschnitt nur etwa sechs Meter tief. Eine Einengung in der Seemitte teilt den See in zwei Teile, zwischen denen kaum Wasser ausgetauscht wird. Die großen Süßwasserzuflüsse des Westteils führen dazu, dass dieser kaum salzhaltig ist, während der Ostteil einen extrem hohen Salzgehalt aufweist. Der See ist ohne Abfluss und droht, wie auch der Aralsee, auszutrocknen.

Turkmenistan

Turkmenistan besteht zum größten Teil aus der Karakum-Wüste, einer Sand- und Salzwüste, die größer ist als Deutschland. Darin leben unter anderem die Karakal-Wüstenkatze, die kleinere Sandkatze und der eineinhalb Meter lange Wüstenwaran, der auch in vielen anderen Wüsten in Afrika und Zentralasien beheimatet ist.

Schroffe Gebirge

Kirgisistan, Tadschikistan und Afghanistan bestehen zum Großteil aus unzugänglichen Hochgebirgen. Nach Osten hin gehen diese in den Hindukusch über. Dieses Gebirge ist durch Schluchten zerteilt und teilweise vergletschert. Dort liegt auch der höchste Gipfel Afghanistans, der 7 485 Meter hohe Noshak. Der Hindukusch setzt sich im benachbarten Pakistan fort.

In den Hochgebirgen Zentralasiens lebt der Schneeleopard, eine vom Aussterben bedrohte Großkatze. Sein dichtes bis zu zehn Zentimeter langes Fell schützt den Schneeleoparden vor Kälte.

Schon gewusst?

Tadschikistan und Kirgisistan werden oft von Erdbeben heimgesucht und manchmal kommt es dabei zu schweren Erdrutschen.

Karakum-Wüste

Die Karakum ist über 400 000 km² groß und nimmt 90 Prozent der Landesfläche von Turkmenistan ein.

Schiffe ohne Wasser

Der Aralsee auf der Grenze zwischen Kasachstan und Usbekistan war früher der viertgrößte See der Welt. Da große Mengen Wasser für Bewässerungszwecke abgeleitet wurden, geht seine Fläche immer weiter zurück. Der ursprüngliche See besteht heute aus mehreren kleineren Seen.

RUSSLAND
MONGOLEI
N
W
O
S
Petropawlosk
(Petropawl)
Kostanai
(Qostanai)
Rudny
Tobol
Kokschetau
(Kökschetau)
Seletytenis-
see
Pawlodar
Ekibastus
Irtysch
Ischim
Astana
Semej
(Semei)
Ust-
Kamenogorsk
(Öskemen)
Oral
(Uralsk)
Ural
Aktobe
(Aqtöbe)
Turgaisenke
Tengis-
see
Temirtau
Karaganda
(Qaraghandy)
Kasachische Schwelle
Buchtarma-
Stausee
TARBAGATEI
Kaspische Senke
Atyrau
MUGODSCHARYBERGE
Ulutau
1134
Aksoran
1565
KASACHSTAN
Scheskasgan
(Schesqasghan)
Alakol
Kleiner
Aralsee
Baikonur
(Baiqongyr)
Betpak-Dala
(Hungersteppe)
Balchaschsee
Dsungarische
Pforte
Siebenstromland
ALATAU
Aktau
(Aqtau)
Schanaosen
(Schangaösen)
Ustjurt-
Plateau
Großer
Aralsee
Turan
Kysylorda
Mujunkum
Ili
Almaty
Kaspisches
Meer
Syrdarja
KARATAU
Taras
Bischkek
Issyk-Kul
Kysylkum
Nukus
Schymkent
TALAS-ALATAU
Naryn
Kara-Bogas-
Gol
Sarykamysch-
see
Daşoguz
Urgentsch
USBEKISTAN
TIAN SCHAN
ASERBAID-
SCHAN
Karakum
Amudarja
Taschkent
(Toshkent)
Namangan
Gora Arlan
1880
Derweze
Buchara
Samarkand
ALAIKETTE
KIRGISISTAN
TURKMENISTAN
KOPET-DAG
Türkmenabat
Karschi
Duschanbe
Pik Ismail
Samani
7495
Aşgabat
Mary
Termes
Pjandsh
PAMIR
TADSCHIKISTAN
Balch
Kunduz
Noshak
7485
Mazar-e
Sharif
Baghlan
HINDUKUSCH
Herat
Hari Rud
Shah Fuladi
5143
Kabul
KOH-I-BABA
AFGHANISTAN
Ghazni
Farah
Helmand
Kandahar
PAKISTAN
INDIEN
NEPAL
Persischer
Golf
250 km

Zentralasien

Ruinenstadt Merv

Inmitten der Karakum-Wüste in Turkmenistan wuchs ab dem 6. Jahrhundert vor Christus eine Weltstadt heran: Merv. Im Mittelalter haben in dieser Oasenstadt an der Seidenstraße viele Hunderttausend Menschen gelebt.

Bajterek-Turm

Der Stararchitekt Norman Foster hat das Wahrzeichen der kasachischen Hauptstadt Astana entworfen. Deren Einwohner nennen den Turm auch »Aschenbecher«. In 97 Metern Höhe befindet sich die Aussichtsplattform.

Südlich von Russland liegen die Staaten Zentralasiens: Kasachstan, Usbekistan, Turkmenistan, Kirgisistan, Tadschikistan und Afghanistan. Außer Afghanistan waren alle Länder Teil der ehemaligen Sowjetunion. Zentralasien ist reich an Bodenschätzen, darunter Erdöl und Erdgas. Allerdings ist Wasser oft knapp, sodass Landwirtschaft nur in wenigen Gebieten möglich ist. Besonders die Menschen Afghanistans leiden unter der Dürre und den Folgen eines langen Bürgerkriegs sowie einer schlechten medizinischen Versorgung. Die durchschnittliche Lebenserwartung ist deshalb entsprechend gering.

Das Leben der Nomaden

Die Sowjetunion trieb in den 1920er- und 1930er-Jahren die Industrialisierung und die Kollektivierung der Landwirtschaft voran. Kollektivierung bedeutet, dass alle Bauern gemeinsam in großen staatlichen Landwirtschaftsbetrieben arbeiten und kein eigenes Land oder Vieh besitzen. Der Staat wollte damals auch die zahlreichen nomadisch und halb nomadisch lebenden Völker kontrollieren und nahm ihnen die Viehherden, die ihre Existenzgrundlage waren. Ihnen wurden unfertige Lehmhütten zugewiesen und unfruchtbares Land ohne Wasser. Hunderttausende Nomaden wollten sich kein sesshaftes Leben aufzwingen lassen und flohen deshalb über die Grenze, zum Beispiel nach China. Seit dem Zerfall der Sowjetunion im Jahr 1991 sind die Länder Zentralasiens unabhängig und die nomadischen Völker pflegen wieder ihre Kultur und ihre Bräuche.

Schon gewusst?

Hier vom Kosmodrom Baikonur in Kasachstan startete 1961 Juri Gagarin als erster Mensch ins All. Heute wird von hier aus die Internationale Raumstation ISS angeflogen.

Vieh und Raketen

Die Bewohner der kasachischen Steppe leben von der Viehzucht und manche auch von Weltraumschrott, der bei den Starts russischer Raketen vom Himmel fällt. Sie sammeln ausgebrannte Raketenstufen ein und verkaufen diese als Schrott.

Kasachstans Geschichte

Das kasachische Volk entstand durch Vermischung türkischer und mongolischer Stämme. Die Region des heutigen Kasachstan wurde um 1219 vom legendären Mongolen-Herrscher Dschingis Khan erobert. Mitte des 18. Jahrhunderts schloss sich das Land den russischen Zaren an; so kamen auch russische Kolonisten ins Land. 1936 wurde Kasachstan eine Teilrepublik der Sowjetunion, bevor es 1991 schließlich unabhängig wurde.

Viele Wirtschaftszweige

Kasachstan hat neben Erdöl, Erdgas und Kohle auch bedeutende Metallvorkommen wie Eisen, Kupfer, Chrom, Mangan, Zink, Silber und Gold. Somit ist der Bergbau der wichtigste Industriezweig Kasachstans. Nur ein Viertel der Landesfläche kann landwirtschaftlich genutzt werden. Dennoch wird der Eigenbedarf an Getreide mehr als gedeckt. Die Überschüsse werden meist ins Nachbarland China exportiert. Wichtig ist auch die Fleisch- und Milchviehhaltung.

Usbekistan

Zu den reichsten Ländern Zentralasiens zählt Usbekistan, das Erdöl, Erdgas, Uran und Gold fördert. Landwirtschaft ist nicht überall möglich, da Wasser oft knapp ist. Dennoch gehört Usbekistan zu den größten Baumwollproduzenten der Welt. Allerdings geht dies auf Kosten der Umwelt. Das Wasser für die Baumwollfelder stammt aus den Zuflüssen des Aralsees – und der ist nun im Begriff auszutrocknen.

N
Petropawlosk
(Petropawl)
Kostanai
(Qostanai)
Rudny
Tobol
Kokschetau
(Kökschetau)
Seletytenis-
see
Pawlodar
Ekibastus
Irtysch
Ischim
Astana
Oral
(Uralsk)
Ural
Aktobe
(Aqtöbe)
Tengis-
see
Temirtau
Karaganda
(Qaraghandy)
Semej
(Semei)
Ust-
Kamenogorsk
(Öskemen)
Buchtarma-
Stausee
Atyrau
KASACHSTAN
Scheskasgan
(Schesqasghan)
Alakol
Kleiner
Aralsee
Baikonur
(Baiqongyr)
Balchaschsee
Kysylorda
Ili
Almaty
Aktau
(Aqtau)
Schanaosen
(Schangaösen)
Großer
Aralsee
Syrdarja
Taras
Bischkek
Issyk-Kul
Kaspisches
Meer
Nukus
Schymkent
Sarykamysch-
see
Naryn
Kara-Bogas-
Gol
Daşoguz
Urgentsch
USBEKISTAN
Taschkent
(Toshkent)
Namangan
ASERBAID-
SCHAN
Amudarja
CHINA
Derweze
Buchara
Samarkand
KIRGISISTAN
TURKMENISTAN
Karschi
Türkmenabat
Duschanbe
TADSCHIKISTAN
Aşgabat
Mary
Termes
Pjandsh
Balch
Kunduz
Mazar-e
Sharif
Baghlan
Herat
Kabul
Hari Rud
AFGHANISTAN
Ghazni
Farah
Helmand
Kandahar
INDIEN
Persischer
Golf
250 km

Naher und Mittlerer Osten

Die Region Naher Osten ist geografisch nicht genau abgegrenzt. Oft versteht man darunter die Staaten Jordanien, Libanon, Syrien und Israel sowie die palästinensischen Autonomiegebiete Gazastreifen und Westjordanland. Zum Mittleren Osten rechnet man meist die an den Nahen Osten grenzenden Länder der Arabischen Halbinsel und des Fruchtbaren Halbmonds sowie den Iran.

Naher Osten

Die Region ist geprägt von trockenen Wüstenlandschaften, nur in Küstennähe finden sich fruchtbare Ebenen. So ist Wassermangel ein ständiges Problem. Der Jordan, der wichtigste Fluss der Region, fließt vom Norden kommend zunächst in den See Genezareth und schließlich in das Tote Meer. Das Tote Meer ist genau genommen kein Meer, sondern ein abflussfreier See. Der Jordan ist zugleich auch die natürliche Grenze zu Jordanien.

Arabische Halbinsel

Die Arabische Halbinsel umfasst Saudi-Arabien, den Jemen und Oman sowie Kuwait, Katar und die Vereinigten Arabischen Emirate. Im Norden liegt noch ein Teil des Iraks auf der Halbinsel. Das Königreich Bahrain besteht aus 33 Inseln, die in einer Bucht im Persischen Golf zwischen Saudi-Arabien und Katar liegen. Im Westen wird die Arabische Halbinsel durch den Golf von Akaba und das Rote Meer begrenzt, im Süden vom Golf von Aden und im Osten sowohl vom Persischen Golf als auch vom Golf von Oman. Tektonisch gesehen bildet die Halbinsel die Arabische Platte, die sich von der Afrikanischen Kontinentalplatte abgespalten hat. Während dieses Vorgangs entstand auch das Rote Meer. Die Halbinsel besteht nahezu vollständig aus Wüste. Die Nefud im Norden und die Große Arabische Wüste im Süden bilden zusammen ein Wüstengebiet, das zu den fünf größten der Welt zählt.

Fruchtbarer Halbmond

An die Arabische Halbinsel schließt im Norden der Fruchtbare Halbmond an, eine mondsichelförmige Region, die aufgrund von reichen Winterregen besonders fruchtbar ist. Diese Sichel erstreckt sich im weiten Bogen von Jordanien über den Gazastreifen, Israel, das Westjordanland, den Libanon und den Norden Syriens bis in den südlichen Irak.

Berge und Flüsse

Im Iran gibt es zwei große Gebirge: das Elburs-Gebirge im Norden und das Zagrosgebirge im Süden. Der 5 604 Meter hohe Demawend im Elburs-Gebirge ist der höchste Gipfel des Irans. Der noch nicht ganz erloschene Vulkan stößt gelegentlich noch Gaswolken aus. Westlich des Zagrosgebirges im Iran und zum Teil auf syrischem und türkischem Gebiet liegt das fruchtbare Zweistromland Mesopotamien mit seinen beiden Flüssen Euphrat und Tigris. Der Euphrat ist der größte Strom der Region.

Totes Meer

Das Tote Meer ist gar kein Meer, sondern ein See. Sein Wasser ist so salzhaltig, dass man an der Oberfläche treibt, ohne sich bewegen zu müssen. Der See grenzt an Jordanien, Israel und an das Westjordanland.

Fluss ohne Wasser

Das Wadi Rum in Jordanien mit seinen bizarren Sandsteinformationen. Ein Wadi ist ein meist trockenes Flusstal.

Flaschenbaum

Auf der zum Jemen gehörenden Insel Sokotra wächst dieser seltsame Flaschenbaum, der eigentlich ein Kürbis ist.

Dugongs

Während es an Land brütend heiß ist, tummeln sich die Dugongs von Katar ihr Leben lang im Wasser. Diese Seekühe werden bis zu 900 Kilogramm schwer. Um ihr Gewicht zu halten, müssen sie den ganzen Tag fressen.

Schwarzes Meer
RUSSLAND
KASACHSTAN
USBEKISTAN
N
W
O
S
Kaspisches Meer
GEORGIEN
ARMENIEN
ASERBAIDSCHAN
TÜRKEI
TURKMENISTAN
KOPET DAG
Arax
Urmia-see
Täbris (Tabriz)
Ardabil
Rasht
Qizil Uzan
Urmia
Mittelmeer
ZYPERN
Latakia (Al-Ladiqiya)
Aleppo (Halab)
Euphrat
Mosul
Arbil
Gorgan
Mesched (Maschhad)
Sabzevar
Hari Rud
ELBURS
Demawend 5604
Zanjan
Karadsch
Teheran (Tehran)
Hama
Homs (Hims)
SYRIEN
Kirkuk
Hamadan
Qom (Gum)
Große Salzwüste (Dasht-e Kavir)
LIBANON
Tripoli
Beirut
Syrische Wüste
Tharthar-See
Dijala
Westjordan-land
Damaskus (Dimashq)
Kermanshah (Bakhtaran)
Arak
AFGHANISTAN
Haifa
See Genezareth
Jordan
Bagdad
Ar-Ramadi
Razzaza-See
Mesopotamien
IRAN
Birjand
Tel Aviv-Jaffa
Jerusalem
Gaza
Amman
Karbala
Karun
Zard Kuh 4547
Isfahan
Hochland von Iran
Totes Meer
An-Nadjaf
ZAGROSGEBIRGE
Gazastreifen
Al-Qurayyat
IRAK
Tigris
Yazd
Lut
Zabol
ISRAEL
Petra
Arar
Uruk
Basra
Ahvaz
Rafsanjan
Kerman
JORDANIEN
Abadan
Schatt al-Arab
1
Sakaka
Kuwait-Stadt
Shiraz
Sirjan
Kuh-e Lalehzar 4374
Zahedan
PAKISTAN
Djabal al-Lawz 2579
Tabuk
Nefud
KUWAIT
Bandar-e Bushehr
Golf von Akaba
Persischer Golf
Iranshahr
Ha'il
Ad-Dahna
Hedschas
Nedjd
Jubail (Al-Djubail)
BAHRAIN
Bandar-e Abbas
Ad-Dammam
Manama
Makran
Buraida
Unaiza
Al-Hufuf
Doha (Ad-Dauha)
Ash-Shariqa
ÄGYPTEN
Medina (Al-Madina)
Dubai
Suhar
Golf von Oman
Riad (Ar-Riyad)
KATAR
Abu Dhabi
As-Suwaiq
Yanbu
Al-Ain
Maskat
OMANGEBIRGE
Ibri
SAUDI-ARABIEN
VEREINIGTE ARABISCHE EMIRATE
OMAN
Jidda (Djidda)
Mekka
Taif
Masira (Oman)
Rotes Meer
Große Arabische Wüste (Ar-Rub al-Chali)
Tihama
SUDAN
Abha
Dhofar
Nadjran
Kuria-Muria-Inseln (Oman)
Farasan-Inseln (Saudi-Arabien)
Salala
JEMEN
Djabal an-Nabi Shu'aib 3665
Sana
ERITREA
Hadramaut
Indischer Ozean
Dhamar
Al-Hudaida
Al-Mukalla
Ibb
Ta'izz
Aden
ÄTHIOPIEN
DSCHIBUTI
Golf von Aden
Sokotra (Jemen)
SOMALIA
500 km

Naher und Mittlerer Osten

Jerusalem

In Jerusalem finden sich wichtige Orte der drei Weltreligionen Judentum, Christentum und Islam. Die Klagemauer gilt als heiliger Ort der Juden. Die Grabeskirche steht an dem Ort, wo Christus begraben worden und wieder auferstanden sein soll. Unter der goldenen Kuppel des Felsendoms soll der Prophet Mohammed in den Himmel aufgestiegen sein. Die Juden wiederum glauben, dass an diesem Ort Abraham seinen Sohn Isaak opfern wollte.

In der Region um den Persischen Golf begannen vor über 10 000 Jahren die ersten Menschen sesshaft zu werden. Aus Jägern und Sammlern wurden Ackerbauern und Viehzüchter. In den folgenden Jahrtausenden bauten die Menschen Getreide wie Gerste und Weizen sowie Hülsenfrüchte an. Bauern zähmten Wildtiere und machten sie so zu Haustieren. Zu Beginn waren es vor allem Ziegen und Schafe, später auch Rinder und Schweine.

Erste Dörfer und Städte

Vor mehr als 6 000 Jahren entstanden im Bereich der beiden großen Flüsse Euphrat und Tigris Stadtstaaten, die zu den ältesten Zivilisationen der Welt zählen. Archäologische Überreste wie Tempel, Paläste, Statuen, aber auch Wohnhäuser zeugen von Hochkulturen mit Religion, Verwaltung und Handel.

Islamische Welt

Heute bildet die Region um den Persischen Golf den Mittelpunkt der islamischen Welt. In Saudi-Arabien befindet sich Mekka, die Geburtsstadt Mohammeds. Für Muslime ist Mohammed der letzte Gesandte Gottes. In Mekka steht die Kaaba, ein würfelförmiges Gebäude, in dem sich ein großer schwarzer Stein befindet. Diesen soll der Prophet Abraham vom Engel Gabriel empfangen haben. Zu jenem Heiligtum in Mekka sollten daher alle gläubigen Muslime wenigstens einmal im Leben pilgern. Die meisten Menschen in dieser Region gehören auch dem Islam an.
Im gesamten Nahen und Mittleren Osten ist Arabisch die meistgesprochene Sprache; lediglich im Iran wird etwa von der Hälfte der Bevölkerung, die aus Persien stammt, Farsi gesprochen.

Reich durch Erdöl

Bis 1937 war das saudi-arabische Königshaus nicht sonderlich reich. Die Menschen lebten von Ackerbau und Viehzucht und von den Pilgern, die Mekka besuchten. Dann entdeckten amerikanische Geologen Erdöl im Land und das Königshaus und seine rund 40 000 Angehörigen wurden mit einem Schlag unsagbar reich. Heute ist Saudi-Arabien der bedeutenste Erdölproduzent weltweit. Im Nahen Osten lagern über die Hälfte der weltweit bekannten Erdölvorräte. Daher sind die Vereinigten Arabischen Emirate, Kuwait, der Irak und der Iran neben Saudi-Arabien die größten Erdölproduzenten der Welt. Auch andere Länder des Mittleren und Nahen Ostens wie Oman und Syrien verfügen über Erdölvorkommen.

Burj al Arab

Dieses 321 Meter hohe Luxushotel hat die Form eines Segels und steht in der Stadt Dubai, die einst ein wichtiges Seehandelszentrum war.

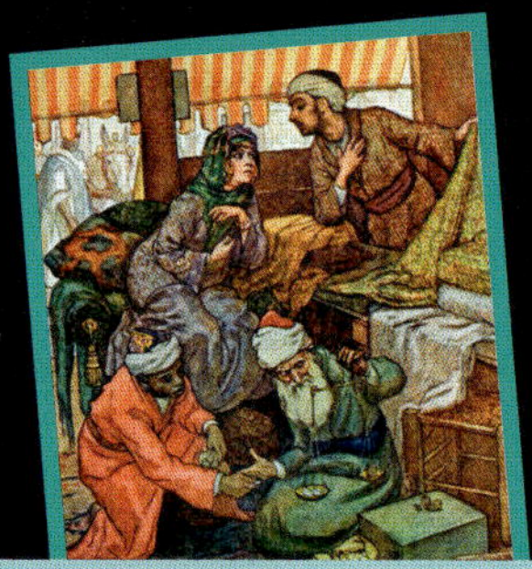

Schon gewusst?

Die arabische Märchensammlung »Tausendundeine Nacht« erschien vermutlich im 1. Jahrtausend. Die Geschichten selbst sind sehr viel älter und stammen aus unterschiedlichen Ländern.

Die Palmeninseln vor Dubai sind künstlich aufgeschüttet worden. Darauf wurden Luxusvillen, Ferienwohnungen und Vergnügungsviertel errichtet.

Antike Stadt Petra

Das antike Petra in Jordanien zieht viele Touristen an. Die meisten der prächtigen Bauwerke wurden in den Fels hineingehauen. Petra war die Hauptstadt eines arabischen Königreichs.

Schwarzes Meer
Kaspisches Meer
USBEKISTAN
N
W
O
S
GEORGIEN
ARMENIEN
ASERBAIDSCHAN
TÜRKEI
TURKMENISTAN
Mittelmeer
ZYPERN
Latakia (Al-Ladiqiya)
Aleppo (Halab)
Euphrat
Hama
Homs (Hims)
SYRIEN
Tripoli
Beirut
LIBANON
Westjordanland
Damaskus (Dimashq)
Haifa
See Genezareth
Jordan
Tel Aviv-Jaffa
Jerusalem
Gaza
Gazastreifen
ISRAEL
Amman
Totes Meer
Al-Qurayyat
Petra
JORDANIEN
Mosul
Arbil
Kirkuk
Tharthar-See
Dijala
Bagdad
Ar-Ramadi
Razzaza-See
Karbala
An-Nadjaf
IRAK
Uruk
Tigris
Karun
Basra
Schatt al-Arab
Kuwait-Stadt
KUWAIT
Urmia-see
Arax
Täbris (Tabriz)
Ardabil
Urmia
Qizil Üzan
Rasht
Zanjan
Karadsch
Teheran (Tehran)
Hamadan
Qom (Gum)
Kermanshah (Bakhtaran)
Arak
Gorgan
Mesched (Maschhad)
Sabzevar
Hari Rud
Birjand
IRAN
Isfahan
Yazd
Zabol
Rafsanjan
Kerman
Sirjan
Ahvaz
Abadan
Shiraz
Zahedan
PAKISTAN
Bandar-e Bushehr
Persischer Golf
Iranshahr
Bandar-e Abbas
Arar
Sakaka
Tabuk
Golf von Akaba
Ha'il
Jubail (Al-Djubail)
BAHRAIN
Manama
Ad-Dammam
Buraida
Unaiza
Al-Hufuf
Doha (Ad-Dauha)
KATAR
Ash-Shariqa
Dubai
Abu Dhabi
Al-Ain
Suhar
As-Suwaiq
Maskat
Golf von Oman
ÄGYPTEN
Medina (Al-Madina)
Riad (Ar-Riyad)
Yanbu
SAUDI-ARABIEN
VEREINIGTE ARABISCHE EMIRATE
Ibri
OMAN
Jidda (Djidda)
Mekka
Taif
Masira (Oman)
Rotes Meer
Abha
Nadjran
Farasan-Inseln (Saudi-Arabien)
Kuria-Muria-Inseln (Oman)
Salala
ERITREA
JEMEN
Sana
Dhamar
Al-Hudaida
Ibb
Ta'izz
Al-Mukalla
Aden
Indischer Ozean
ÄTHIOPIEN
DSCHIBUTI
Golf von Aden
Sokotra (Jemen)
SOMALIA
500 km

Ostasien

Zhangye Danxia

Was aussieht wie ein bunter Herbstwald, ist Sandstein. Diese »bunten Berge« nahe der chinesischen Stadt Zhangye sind durch Wind und Regen entstanden. Danxia heißt »rote Wolken«.

1 *Der chinesische Steinwald Shilin in der Nähe von Kunming besteht aus bis zu 30 Meter hohen Kalksteinfelsen und hat sich vor mehr als 270 Millionen Jahren gebildet.*

Die Volksrepublik China nimmt einen Großteil Ostasiens ein, der Rest entfällt auf die Mongolei und die koreanische Halbinsel mit Nord- und Südkorea sowie die Insel Taiwan. Ostasien besteht zum größten Teil aus hohen Gebirgen, weiten Steppen und schier endlosen Wüsten.

China

Im Norden Chinas erstreckt sich die Wüste Gobi, die sich in der Mongolei fortsetzt. Ganz im Westen erhebt sich Hochland. Dort befindet sich auch die Wüste Takla Makan. An den Grenzen nach Pakistan, Indien und Nepal liegt der Himalaya mit den höchsten Bergen der Welt. Die meisten Menschen leben im Osten Chinas, wo die Landschaft weniger gebirgig und das Klima milder ist. In diesen Regionen und in Südkorea werden auch die Nahrungsmittel für die dicht besiedelten Küstenregionen Ostasiens produziert.

Jangtsekiang und Huang He

Chinas längster Fluss ist der Jangtsekiang. Er ist zugleich der drittlängste Fluss der Welt und entspringt im Osten des chinesischen Hochlands. Von dort fließt der Jangtsekiang in östliche Richtung, bis er nach 6 300 Kilometern bei Shanghai ins Ostchinesische Meer mündet. Gespeist wird der Jangtsekiang von rund 700 Nebenflüssen, die ein Gebiet von 1,8 Millionen Quadratkilometern entwässern. Der andere große Fluss Chinas ist der Huang He, der Gelbe Fluss. Diesen Namen verdankt er großen Mengen Löss, die sein Wasser gelb färben. Löss besteht aus feinen kalkhaltigen Ablagerungen. Der Gelbe Fluss tritt im Sommer immer wieder über die Ufer und führt zu schweren Überschwemmungen, weshalb er auch »Chinas große Sorge« genannt wird.

Mongolei

Die Mongolei ist ein Binnenstaat – das Land hat also keinen Zugang zum Meer. Das Klima dort ist extrem: Im Sommer kann es sehr heiß werden, im Winter dagegen ist es bitterkalt. Vor allem ist es aber außerordentlich trocken in der Mongolei. Im Norden und Westen des Landes erheben sich hohe Gebirge, im Süden liegt die nahezu menschenleere Wüste Gobi. Ein Großteil der Landesfläche wird von Grassteppe eingenommen.

Viele Expeditionen machten sich in die Wüste Gobi auf, um Fossilien zu suchen. Diese Männer entdeckten in den 1920er-Jahren den Schädel eines gewaltigen hornlosen Rhinozeros.

Angeberwissen

- Die Wüste Gobi erstreckt sich über 2 000 mal 1 000 Kilometer und ist die größte Wüste Asiens.
- Sie liegt an der Grenze zwischen der Mongolei und China.
- Vor 80 Millionen Jahren lebten in dieser Region Dinosaurier.

Die älteste bekannte Baumart dürfte der Ginkgo mit seinen gespaltenen Blättern sein. Vor über 200 Millionen Jahren waren noch verschiedene Arten des Baums weltweit verbreitet. Überlebt hat allerdings nur eine einzige Art in China, der Ginkgo biloba.

Der Große Panda lebt nur noch in einigen Gebirgsgegenden Chinas. Er verbringt rund 14 Stunden am Tag damit, Bambustriebe zu fressen. Den Rest des Tages schläft er.

Kegelberge

Im Süden Chinas erstreckt sich diese Karstlandschaft. Die Kegelberge bestehen aus dem Kalkstein ehemaligen Meeresbodens.

RUSSLAND
KASACHSTAN
KIRGISISTAN
TADSCHIKISTAN
AFGHANISTAN
PAKISTAN
INDIEN
NEPAL
BHUTAN
BANGLADESCH
MYANMAR
LAOS
VIETNAM
THAILAND
MONGOLEI
CHINA
NORD-KOREA
SÜD-KOREA
JAPAN
TAIWAN
PHILIPPINEN
Japanisches Meer
Gelbes Meer
Ostchinesisches Meer
Südchinesisches Meer
Pazifischer Ozean
Golf von Bengalen
Golf von Tonkin
Amur
Argun
Hailar
Hulun Nur
Nenjiang
KLEINER CHINGAN
GROSSER CHINGAN
Hegang
Ussuri
Bei'an
Qiqihar
Shuangyashan
Harbin
Jixi
Songhua Jiang
Mudanjiang
Baicheng
Changchun
Jilin
Laoha He
CHANGBAI SHAN
Tumen
Fushun
Himmelssee
Shenyang
Anshan
Jalu
Dandong
Hamhung
Pjöngjang
Dalian
Seoul
Daejeon
Daegu
Busan
Gwangju
Jeju (Südkorea)
Kyushu (Japan)
Nansei Inseln (Japan)
Uws Nuur
Chöwsgöl Nuur
Selenge
Altay
Schwarzer Irtysch
MONGOLISCHER ALTAI
Munkh Khairkhan 4362
Otgon Tenger Uul 4031
CHANGAIGEBIRGE
Tergun Bogd 3957
GOBI-ALTAI
Ulan Bator (Ulaanbaatar)
Shihezi
Urumchi (Ürümqi)
SINKIANG
Turpan (Turfan)
Hami (Kumul)
Korla
Bosten Hu
Lop Nor
Kashi (Kashghar)
Aksu
Aral
Tarim He
Konqi
Yarkand
Takla Makan
BEI SHAN
Gobi
Jiayuguan
Zhangye
NAN SHAN
ALTUN SHAN
Jinchang
Wuwei
Qaidambecken
Hetian (Hotan)
KARAKORUM
Ak Tag 6748
Muztag Feng 6973
Liushi Shan 7167
KUNLUN SHAN
Golmud
Qinghai Hu
Xining
Purog Kangri 6929
Hochland von Tibet
Tibet (Xizang)
HIMALAYA
Indus
TANGGULA SHAN
Siling Co
Nu Jiang
Nam Co
Nyenchen Tanglha 7088
Lhasa
Namcha Barwa 7782
Lunpo Gangri 7095
Mt. Everest 8848
Yarlung Tsangpo
Mekong
BAYAN HAR SHAN
Jangtsekiang
Jalunkiang
MIN SHAN
Baotou
Huang He
Ordos
Lanzhou
Tianshui
Xi'an
QIN LING
Datong
Peking (Beijing)
Tangshan
Tianjin
Shijiazhuang
Taiyuan
Jinan
Zibo
Qingdao
Handan
Tai'an
Zhengzhou
Luoyang
Große Ebene
Hongze Hu
Huainan
Nanjing
Shanghai
Tai Hu
Hangzhou
Ningbo
Shiyan
Han Jiang
Xinyang
Hefei
Wuhan
Chengdu
Nanchong
Neijiang
Chongqing
Zigong
Yueyang
Poyang Hu
Nanchang
Yuan Jiang
Changsha
Gang Jiang
WUYI SHAN
Fuzhou
Taiwanstraße
Taipeh (Taipei)
Taichung
Kaohsiung
Xiamen
Shantou
Jieyang
Südchinesisches Bergland
Shangri-La
Lijiang
Anshun
Guiyang
Guilin
Kunming
Hongshui He
Guangzhou (Kanton)
Shenzhen
Hongkong (Xianggang)
Macau (Aomen)
Yunfu
Nanning
Zhanjiang
Roter Fluss
Schwarzer Fluss
1
Haikou
Hainan (China)
Luzon (Philippinen)
N
O
S
W
500 km

Südasien

Das Inselparadies der Malediven mit seinen weißen Sandstränden und Korallenbänken lebt vom Tourismus. Vor allem Taucher kommen wegen der Riffe hierher.

Da die Länder südlich des Himalaya-Gebirges einen großen Teil des asiatischen Kontinents einnehmen und zudem geologisch eigenständig sind, spricht man auch vom indischen Subkontinent. Dieser besteht aus Indien, Sri Lanka sowie Teilen der Staaten Bangladesch, Bhutan, Nepal, Pakistan und den Malediven. Geologisch sind diese Länder Teil der Indischen Platte, die sich einst vom Urkontinent Gondwana losgelöst hat und mit der Eurasischen Platte kollidierte. Dabei wurde der Himalaya aufgeworfen, der diese Region geografisch von Zentralasien abtrennt.

Flusswelt Südasiens

Im Westen des Subkontinents fließt das Flusssystem des Indus in das Arabische Meer. Der Indus führt durch das Indusbecken, eine flache Ebene, die der Fluss mit seinen eigenen Sedimenten aufgefüllt hat. Das Indusbecken macht rund 70 Prozent der Landesfläche Pakistans aus. Der Osten des indischen Subkontinens wird vom Ganges bestimmt, der in einem weit gefächerten Flussdelta in den Golf von Bengalen mündet. Beide Flusssysteme, Indus wie Ganges, werden regelmäßig während der sommerlichen Regenzeit vom Hochwasser überschwemmt.

Rekord

3 mächtige Ströme

Asiens fließen in Bangladesch zusammen: der Ganges, der Brahmaputra und der Meghna. Bevor die Ströme in den Golf von Bengalen münden, spannen sie das größte Flussdelta der Welt auf.

Malediven

Der Archipel der Malediven besteht aus etwa 1 200 kleinen Koralleninseln – bewohnt sind jedoch nur 220 davon. Die Inseln sind auf 26 Atolle verteilt und liegen nur etwa einen Meter über dem Meeresspiegel. Die höchste Erhebung der Malediven misst nur 2,4 Meter.

Hohe Berge

Im Norden Pakistans treffen die drei höchsten Gebirgszüge der Erde zusammen: der Hindukusch, der Karakorum und der Himalaya. Im Karakorum erhebt sich der K2, der zweithöchste Gipfel der Erde. Auf der Grenze zwischen Nepal und dem chinesischen Tibet findet man schließlich den Mount Everest, den höchsten Berg der Welt.

Bergsteiger aus der ganzen Welt zahlen viel Geld, um auf dem Mount Everest zu stehen. Erfahrene Sherpas helfen ihnen dabei. Bei diesem Aufstieg in Nepal helfen Träger bei dem schweren Gepäck. Doch ist Vorsicht geboten, denn hoch oben in der Todeszone droht die Höhenkrankheit.

Von Meeren umgeben

Der indische Subkontinent ist vom Indischen Ozean und seinen Nebenmeeren umgeben. Im Westen liegt das Arabische Meer, im Osten der Golf von Bengalen. Vor der Südspitze Indiens befindet sich die Insel Sri Lanka, weiter westlich im Indischen Ozean die Atolle der Malediven.

Der Monsun

Typisch für den indischen Subkontinent ist sein Monsunklima. Von März bis Mai ist es trocken, während von Juni bis September regenreiche Winde vom Indischen Ozean und vom Golf von Bengalen heranziehen, um schließlich auf dem Festland abzuregnen. Der Monsunregen ist zwar wichtig für die Bewässerung der Felder, richtet mitunter aber auch schwere Verwüstungen an. Die heftigen Regenfälle können ganze Dörfer wegspülen. Nach dem Monsun ist es von Oktober bis Februar vergleichsweise kühl und trocken.

Wenn der Monsun das Festland erreicht, kommt es oft zu schweren Überschwemmungen, wie hier in Varanasi, einer Stadt im Norden Indiens.

TURKMENISTAN
TADSCHIKISTAN
AFGHANISTAN
CHINA
N
S
HINDUKUSCH
KARAKORUM
HIMALAYA
Nanga Parbat 8126
8610
Peshawar
Islamabad
Rawalpindi
Srinagar
Indus
Jhelam
Chenab
Gujranwala
Faisalabad (Lyallpur)
Amritsar
Lahore
Sutlej
Ravi
Quetta
SULAIMANGEBIRGE
Multan
Ludhiana
PAKISTAN
KIRTHARKETTE
Indus
Sukkur
Indusbecken
Thar
Delhi (Dili)
Meerut
Yamuna
Neu-Delhi
NEPAL
Dhaulagiri 8167
Manaslu 8163
Annapurna 8091
Cho Oyu 8188
Mt. Everest 8848
Kanchenjunga 8586
Kathmandu
BHUTAN
Thimphu
Dibrugarh
Gangestiefland
Ganges
Agra
Jaipur
Jodhpur
Lakhnau
Kanpur
Ghaghara
Gandak
Koshi
Shiliguri
Brahmaputra
Dimapur
Guwahati
Rangpur
Imphal
Pali
Chambal
Gwalior
Hyderabad
Karachi
Udaipur
Kota
Allahabad
Varanasi
Patna
Ganges
Son
Indusdelta
Golf von Kutch
Jamnagar
Ahmedabad
Vadodara
Rajkot
Betwa
Bhopal
Indore
Jabalpur
Ranchi
Durgapur
Jamshedpur
Dhaka
Padma
Meghna
Aizawl
Khulna
Chittagong (Chattagam)
Kalkutta (Kolkata)
Gangesdelta
BANGLADESCH
MYANMAR
Arabisches Meer
Golf von Khambhat
Narmada
Tapi
Surat
Nashik
Nagpur
Mahanadi
Brahmani
Raipur
Sambalpur
Tel
Wainganga
Aurangabad
INDIEN
Godavari
Mumbai (Bombay)
Nizamabad
Nowrangapur
Brahmapur
Golf von Bengalen
Pune (Poona)
Warangal
Bhima
Godavari
Visakhapatnam
Kolhapur
Krishna
Hyderabad
Hubli-Dharwad
Mormugao
Tungabhadra
Krishna
Pennar
Nellore
Bangalore (Bengaluru)
Chennai (Madras)
Mangalore
Mysore
Tiruvannamalai
Cauvery
Selam
Andamanen (Indien)
Port Blair
Lakkadiven (Indien)
Coimbatore
Tiruchirappalli
Palkstraße
Madurai
Kochi
Jaffna
Andamanisches Meer
Tirunelveli
Thiruvananthapuram (Trivandrum)
Golf von Mannar
Trincomalee
Kandy
Kalmunai
Nikobaren (Indien)
Colombo
Lakkadivensee
SRI LANKA
Sumatra (Indonesien)
MALEDIVEN
Malé
Indischer Ozean
500 km

Südasien

Was aussieht wie ein Palast, ist ein riesiges Grabmal und heißt Taj Mahal. Der Großmogul Shah Jahan ließ es im 17. Jahrhundert zum Andenken an seine dritte Frau in Agra erbauen.

Auf dem indischen Subkontinent lebt rund ein Fünftel der Weltbevölkerung. Aufgrund von früheren Eroberungen, Besetzungen und durch den Zuzug von Menschen aus anderen Regionen vereint sich in Südasien eine Vielfalt an Kulturen und Religionen.

Südasien und die Religionen

Vor rund zweieinhalbtausend Jahren entstanden in Indien die Religionen Hinduismus und Buddhismus. In Indien und Nepal ist der Hinduismus weit verbreitet, während die meisten Bewohner Bhutans und Sri Lankas Buddhisten sind. Die Pakistani und die Bewohner von Bangladesch sowie der Malediven wiederum sind überwiegend Moslems. Hindus glauben, dass sich Leben und Tod im ständigen Kreislauf befinden und dass man wiedergeboren wird.

Indien

Mehr als 1,3 Milliarden Menschen leben in Indien. Damit ist es nach China das bevölkerungsreichste Land. Ein solch großes und vielfältiges Land lässt sich nur regieren und verwalten, indem man es in kleinere Einheiten unterteilt. So besteht Indien aus 29 Bundesstaaten und sieben Unionsterritorien. Die Inselgruppen der Andamanen und Nikobaren sind solche Unionsterritorien und gehören somit zu Indien. Während die Bundesstaaten ihre eigenen Regierungen haben, unterstehen die Unionsterritorien unmittelbar der Zentralregierung in Neu-Delhi. Viele der Einwohner Indiens leben in Millionenstädten wie Mumbai, Delhi, Kalkutta und Chennai. Obwohl viele Menschen in großer Armut leben, ist Indien ein hoch entwickeltes Industrieland mit modernen Fabriken für Autos, Düsenflugzeuge und Weltraumraketen. Zudem zählen indische Computer- und Softwareexperten zu den besten der Welt.

Kastenwesen

Allerdings profitieren von dem Wohlstand nur die oberen Gesellschaftsschichten. Denn noch immer herrscht in Indien das Kastensystem. Die Hindus glauben, dass jeder Mensch in eine von vier Kasten hineingeboren wird: Die höchste ist die Kaste der Priester, dann folgt die Kaste der Krieger und hohen Beamten. Danach kommen die Händler und Bauern. Die niedrigste Kaste ist die der Knechte und Diener. Die Kastenzugehörigkeit entscheidet über das Ansehen und den Beruf eines Menschen. Die Allerärmsten gehören gar keiner Kaste an und verrichten schmutzige Arbeiten oder sind Bettler. Sie heißen deswegen auch die »Unberührbaren«.

Bhutan

Das Königreich Bhutan befindet sich am Rand des Himalayas; einem Gebirgszug, in dem sich einige der höchsten Berge der Welt befinden. Doch leben die meisten Bhutaner in den Tälern der Vorgebirge, die zwischen 2 000 und 3 000 Meter hoch sind. Die Landschaften sind unwegsam und so gehen die Menschen viel zu Fuß. Lasten werden oft auf Yaks transportiert.

Tigernest-Kloster

Taktshang, auch Tigernest genannt, ist ein berühmtes buddhistisches Kloster. Es wurde im Jahr 1692 in 3 120 Metern Höhe an einem Felsvorsprung errichtet. Das Kloster und seine neun heiligen Höhlen sind der Geburtsort des Buddhismus in Bhutan.

Schon gewusst?

Im Frühjahr feiern die Hindus das Holi-Fest, wie hier im Krishna-Tempel in Nandgaon. Dabei bewirft man sich gegenseitig mit Farbpulver.

Heilige Kühe

Für die meisten Hindus steht die Kuh unter besonderem Schutz. Auf indischen Straßen liegen deshalb oft Rinder, wie hier vor einem Tempel in Chidambaram.

Unglaublich!

330 Millionen Götter und Göttinnen soll es im Hinduismus geben. Wer aber kennt sie alle? Und wer hat sie gezählt?

Der beliebteste Hindugott ist der Elefantengott Ganesha, der Gott des Erfolges. Er zerstört das Böse und beseitigt Hindernisse.

TADSCHIKISTAN
CHINA
N
W
O
S
PAKISTAN
Peshawar
Islamabad
Rawalpindi
Gujranwala
Faisalabad (Lyallpur)
Lahore
Quetta
Multan
Sukkur
Hyderabad
Karachi
Indusdelta
Golf von Kutch
Arabisches Meer
Indus
Jhelam
Chenab
Ravi
Sutlej
Srinagar
Amritsar
Ludhiana
Yamuna
Delhi (Dili)
Meerut
Neu-Delhi
NEPAL
Kathmandu
BHUTAN
Thimphu
Dibrugarh
Brahmaputra
Dimāpur
Guwahati
Shiliguri
Rangpur
Imphal
Dhaka
Meghna
Padma
Aizawl
Khulna
Chittagong (Chattagam)
Gangesdelta
BANGLADESCH
Ganges
Agra
Jaipur
Jodhpur
Pali
Lakhnau
Kanpur
Chambal
Gwalior
Ghaghara
Gandak
Koshi
Udaipur
Kota
Allahabad
Varanasi
Patna
Betwa
Son
Durgapur
Ranchi
Jamshedpur
Brahmani
Kalkutta (Kolkata)
Ahmedabad
Bhopal
Jabalpur
Jamnagar
Vadodara
Indore
Rajkot
Narmada
Tapi
Mahanadi
Sambalpur
Raipur
Nagpur
Surat
Golf von Khambhat
Nashik
Aurangabad
INDIEN
Wainganga
Tel
Godavari
Mumbai (Bombay)
Nowrangapur
Brahmapur
Golf von Bengalen
Pune (Poona)
Nizamabad
Warangal
Bhima
Visakhapatnam
Hyderabad
Krishna
Kolhapur
Hubli-Dharwad
Mormugao
Tungabhadra
Pennar
Nellore
Bangalore (Bengaluru)
Chennai (Madras)
Mangalore
Mysore
Tiruvannamalai
Selam
Cauvery
Tiruchirappalli
Lakkadiven (Indien)
Coimbatore
Madurai
Palkstraße
Kochi
Jaffna
Tirunelveli
Thiruvanan-thapuram (Trivandrum)
Trincomalee
Golf von Mannar
Kandy
Kalmunai
Colombo
SRI LANKA
Lakkadiven-see
Andamanen (Indien)
Port Blair
Andamanisches Meer
Nikobaren (Indien)
MALEDIVEN
Malé
Sumatra (Indonesien)
Indischer Ozean
500 km

Südostasien

Südostasien befindet sich östlich der großen Indischen Halbinsel und südlich von China. Man unterteilt diese Region in das südostasiatische Festland und in dessen Inselwelt. Zu den Staaten der Inselwelt Südostasiens zählen Indonesien, die Philippinen, Brunei, Timor-Leste und Teile Malaysias. Das südostasiatische Festland umfasst die Länder Myanmar, Thailand, Kambodscha, Laos und Vietnam. Vom Festland geht die Malaiische Halbinsel ab, auf der sich neben Malaysia auch die südlichen Landesteile Myanmars und Thailands sowie der Staat Singapur befinden.

So viel Meer

Das südostasiatische Festland wird im Norden durch Gebirgsketten von Indien und China abgegrenzt, während es im Westen und im Süden an den Indischen Ozean und im Osten an den Pazifik stößt. Zwischen dem südlichen Ende der lang gestreckten Malaiischen Halbinsel und der Insel Sumatra verläuft die Malakkastraße, einer der meistbefahrenen Seewege der Welt.

Landschaften und Klima

Auf dem südostasiatischen Festland, der Malaiischen Halbinsel wie auch auf den zahlreichen Inseln sind die Landschaften abwechslungsreich. Es gibt Gebirgsketten mit dichten Bergwäldern, tropische Regenwälder, Flusstäler mit fruchtbarem Boden und weite Ebenen; zum Teil herrscht tropisch-immerfeuchtes Klima. In anderen Gegenden herrscht Monsunklima: In einer Jahreshälfte ist es trocken, in der anderen regnet es heftig. Die Menschen leben hauptsächlich in den Flusstälern und auf den fruchtbaren Festlandsebenen sowie an den Küsten der zahlreichen Inseln.

Angeberwissen

- 1815 brach in Indonesien der Vulkan Tambora aus und Aschewolken verfinsterten den Himmel sogar in Europa.
- Das Jahr darauf, 1816, ging als »Jahr ohne Sommer« in die Geschichte ein. Weltweit kam es zu Missernten und schweren Hungersnöten als Folgen des Vulkanausbruchs.

Saola

1992 wurde in den Wäldern Vietnams an der Grenze zu Laos das Saola entdeckt. Zuerst fand man nur Hörner. 1996 gelang es, auch ein lebendes Tier zu fotografieren. Das Waldrind ist eines der seltensten Huftiere der Welt.

Regenwälder

In den dichten Regenwäldern von Vietnam und Kambodscha lauern Überraschungen und Gefahren. Dort werden immer wieder neue Tierarten entdeckt. Manche davon sind beachtlich groß, so wie das 1937 entdeckte Kouprey, ein wild lebendes Riesenrind mit einer Höhe von über 1,80 Metern. Wer sich aber auf die Suche nach weiteren Tieren macht, sollte sich vor den zahlreichen Giftschlangen in Acht nehmen. Die Königskobra ist mit über fünf Metern Länge die längste Giftschlange der Welt.

Indonesien

Die größte Inselgruppe Südostasiens ist Indonesien. Zu dem Inselstaat zählen mehr als 17 500 Inseln, wovon nur ein kleiner Teil bewohnt ist.
Die Inseln sind geprägt von Vulkanlandschaften und dichten Regenwäldern. In höheren Berglagen sind einige Regionen den ganzen Tag über in Wolken gehüllt. In diesen Nebelwäldern kann man Gibbons beobachten; das sind Primaten, die in den Bäumen leben und sich mit ihren langen Armen geschickt von Ast zu Ast hangeln.

Malaysia

Malaysia ist ein zweigeteiltes Land. Der Westteil befindet sich auf der Malaiischen Halbinsel und grenzt im Norden an Thailand. Der Ostteil befindet sich auf der Insel Borneo. Beide Landesteile von Malaysia sind im Inneren gebirgig und an der Küste zu weiten Teilen sumpfig und mit Mangrovenwäldern durchsetzt. In den Regenwäldern auf Borneo leben in Schutzgebieten noch Tiere wie der Orang-Utan und der Indochinesische Tiger.

Kleiner Panda

In den Bambuswäldern Myanmars fühlt sich der Kleine Panda extrem wohl. Er schläft tagsüber in den Astgabeln der Bäume und geht nachts auf Nahrungssuche. Wie sein großer Namensvetter liebt er Bambustriebe.

Kuang-Si-Wasserfall

Eine Touristenattraktion: Dieser mehrstufige Wasserfall in Laos hat mehrere natürliche Becken gebildet, in denen man schwimmen kann.

Indonesiens Wälder

Der tropische Regenwald geht ab etwa 1 500 Metern Höhe in einen Gebirgsregenwald und ab etwa 2 000 Metern in einen Nebelwald über.

INDIEN
MYANMAR
BANGLA-DESCH
CHINA
Roter Fluss
Schwarzer Fluss
Sa Pa
Hanoi
Haiphong
Golf von Tonkin
Hainan (China)
TAIWAN
Luzonstraße
Lashio
Monywa
Mandalay
Chindwin
Irawadi
Saluen
Akyab (Sittwe)
Naypyidaw
LAOS
1
Pyay
Pegu (Bagu)
Henzada
Bassein (Pathein)
Rangun (Yangon)
Chiang Mai
Lampang
Ping
Nan
Vientiane (Viangchan)
Vinh
Udon Thani
Khon Kaen
Mekong
Mun
THAILAND
Hue
Da Nang
VIETNAM
Golf von Martaban
Bangkok (Krung Thep)
Play Cu
Qui Nhon
Siemreap
Tonle Sap
Buon Me Thuot
KAMBODSCHA
Nha Trang
Andamanen (Indien)
Phnom Penh
Takeo
Ho-Chi-Minh-Stadt (Saigon)
Andamanisches Meer
Golf von Thailand
Rach Gia
Mekongdelta
Südchinesisches Meer
Surat Thani
Phuket
Nikobaren (Indien)
Hat Yai
Banda Aceh
Alor Setar
Kota Bharu
Sumatra (Indonesien)
Taiping
Ipoh
MALAYSIA
BRUNEI
Bandar Seri Begawan
Simeuluë (Indonesien)
Medan
Kuantan
Kuala Lumpur
Tobasee
Johor Bahru
SINGAPUR
Malakkastraße
Nias (Indonesien)
Pekanbaru
Bukittinggi
Batu-Inseln (Indonesien)
Indragi
Padang
Jambi
Kerinci 3805
Mentawai-Inseln (Indonesien)
Musi
Pangkalpinang
Palembang
Bengkulu
Bandar Lampung
Metro
Enggano (Indonesien)
Sundastraße
Krakatau 813
Jakarta
Bandung
Java (Indonesien)
Yogyakarta
Javasee
Semarang
Surabaya
Semeru 3676
Indischer Ozean
Christmas-Insel (Australien)
Laoag
Baguio
Pinatubo 1486
Manila
Luzon (Philippinen)
Pazifischer Ozean
PHILIPPINEN
Puerto Princesa
Iloilo
Cebu
Tacloban
Sulusee
Balabacstraße
Zamboanga
Cagayan de Oro
Davao
Mindanao (Philippinen)
General Santos
Kota Kinabalu
Kinabalu 4095
Sandakan
Jolo
Lahad Datu
Tawau
Miri
IRAN-GEBIRGE
Kayan
Celebessee
Talaud-Inseln (Indonesien)
Kuching
Kapuas
Pontianak
Mahakam
Samarinda
Balikpapan
Palangkaraya
Barito
Karimata-straße
Banjarmasin
Borneo (Indonesien)
Makassar-straße
INDONESIEN
Manado
Gorontalo
Molukken-see
Ternate
Palu
Rantemario 3455
Kendari
Makassar (Ujung Pandang)
Sulawesi (Indonesien)
Floressee
Tambora 2850
Bali (Indonesien)
Lombok (Indonesien)
Sumbawa (Indonesien)
Komodo (Indonesien)
Flores (Indonesien)
Sumba (Indonesien)
Sawusee
TIMOR-LESTE
Dili
Kupang
Westtimor (Indonesien)
Molukken (Indonesien)
Ambon
Bandasee
Seramsee
Vogelkopf-Halbinsel (Indonesien)
Sorong
Biak (Indonesien)
Yapen (Indonesien)
Papua (Indonesien)
Jaya-pura
Mamberamo
Puncak Jaya 4884
Digul
PAPUA-NEUGUINEA
Tanimbar-Inseln (Indonesien)
Aru-Inseln (Indonesien)
Arafurasee
Timorsee
AUSTRALIEN
N
W
O
S
500 km

Südostasien

Singapur

Singapur mit seinen Wolkenkratzern steht für den wirtschaftlichen Aufschwung Asiens.

Die Region Südostasien hat viele Gesichter und die Länder unterscheiden sich zum Teil drastisch. Singapur, Thailand und Malaysia sind moderne Industriestaaten, während Vietnam, Kambodscha und Laos noch dabei sind, sich von den Folgen langer Kriege zu erholen.

Indonesische Inselwelt

Im mehr als 1,8 Millionen Quadratkilometer großen Inselstaat Indonesien leben etwa 250 Millionen Menschen. Der Großteil sind Muslime, der Rest gehört dem Christentum, Hinduismus oder Buddhismus an. Die Hälfte der indonesischen Bevölkerung lebt auf den großen Inseln Sumatra und Java. Weiter gehören zu Indonesien Borneo, Sulawesi und der westliche Teil Neuguineas. Diese Insel teilt sich das Land mit dem Staat Papua-Neuguinea, der zu Ozeanien gezählt wird. Auch die Insel Timor gehört im Westen zu Indonesien, der östliche Teil jedoch ist Timor-Leste, ein junger eigenständiger Staat. Borneo wiederum ist zwischen Indonesien und den Staaten Brunei und Malaysia aufgeteilt. Indonesien ist ein Vielvölkerstaat. Hier leben viele verschiedene Völker, die unterschiedliche Sprachen sprechen. Damit sich die Menschen verständigen können, lernen die Kinder zusätzlich zu ihrer Muttersprache in der Schule auch die Amtssprache Indonesisch, die eine Mischung aus verschiedenen Sprachen ist. Sie enthält unter anderem persische, chinesische, arabische und europäische Wörter.

Singapur

An der Südspitze der Malaiischen Halbinsel liegt der kleine Stadtstaat Singapur. Er besteht aus einer Hauptinsel und mehr als 50 kleineren Inseln. Singapur gehört zu den am dichtesten besiedelten Ländern der Welt. Es wurde 1819 als Handelsposten der britischen Ostindiengesellschaft für die Schifffahrtsroute zwischen Indien und China gegründet. Heute arbeiten die Menschen, die überwiegend chinesischen, malaiischen und indischen Ursprungs sind, in großen Elektronikunternehmen, auf Erdölplattformen und Werften sowie in Restaurants und Hotels. Auch Medizintechnik und Forschung sind in Singapur stark vertreten. Entscheidend für die Wirtschaft des wohlhabenden Landes ist der große Hafen Keppel Harbour, wo viele der in Singapur hergestellten Produkte auf Containerschiffe verladen werden. Zudem gilt Singapur als ein wichtiger Finanzplatz.

Angkor Wat

Die Tempelanlage von Angkor Wat in Kambodscha ist etwa 800 Jahre alt und zeugt vom großen Reichtum des Khmer-Reichs. Dieser basierte auf Reisanbau und raffinierten Bewässerungsanlagen.

Thien Mu-Pagode

Im vietnamesischen Hue steht diese mehr als 400 Jahre alte buddhistische Pagode. Der 21 Meter hohe siebenstöckige Turm kam allerdings erst 1844 hinzu.

Rangun

In der größten Stadt Myanmars leben mehr als fünf Millionen Menschen. Die über 45 Meter hohe Sule-Pagode ist ein bedeutsames buddhistisches Bauwerk und steht im belebten Stadtzentrum.

Schwimmender Markt

Hier in Amphawa, 50 Kilometer von Bangkok entfernt, findet der Markt noch traditionell auf dem Wasser statt.

N
W
O
S
INDIEN
MYANMAR
BANGLADESCH
CHINA
Chindwin
Lashio
Monywa
Mandalay
Saluen
Irawadi
Naypyidaw
Akyab
(Sittwe)
Pyay
Pegu
(Bagu)
Henzada
Bassein
(Pathein)
Rangun
(Yangon)
Golf von
Martaban
Andamanen
(Indien)
Andamanisches
Meer
Nikobaren
(Indien)
Roter Fluss
Sa Pa
Hanoi
Schwarzer Fluss
Haiphong
Golf von
Tonkin
LAOS
Vientiane
(Viangchan)
Vinh
Chiang Mai
Lampang
Ping
Nan
Udon Thani
Khon
Kaen
Mekong
THAILAND
Bangkok
(Krung Thep)
Mun
Hainan
(China)
Hue
Da Nang
VIETNAM
Play Cu
Qui Nhon
Buon Me Thuot
Nha Trang
Siemreap
Tonle Sap
KAMBODSCHA
Phnom Penh
Takeo
Ho-Chi-Minh-Stadt
(Saigon)
Rach Gia
Mekongdelta
Golf von
Thailand
Surat
Thani
Phuket
Hat Yai
Südchinesisches
Meer
TAIWAN
Luzonstraße
Laoag
Baguio
Luzon
(Philippinen)
Manila
PHILIPPINEN
Pazifischer
Ozean
Puerto
Princesa
Iloilo
Cebu
Tacloban
Sulusee
Cagayan de Oro
Davao
Zamboanga
Mindanao
(Philippinen)
Jolo
General Santos
Balabacstraße
Kota
Kinabalu
Sandakan
Lahad Datu
Tawau
Bandar Seri
Begawan
BRUNEI
Miri
Banda Aceh
Alor Setar
Kota Bharu
Sumatra
(Indonesien)
Taiping
Ipoh
MALAYSIA
Simeuluë
(Indonesien)
Medan
Kuantan
Kuala Lumpur
Tobasee
Johor Bahru
SINGAPUR
Malakkastraße
Nias
(Indonesien)
Pekanbaru
Bukittinggi
Indragi
Batu-Inseln
(Indonesien)
Padang
Jambi
Pangkalpinang
Mentawai-
Inseln
(Indonesien)
Musi
Palembang
Bengkulu
Bandar
Lampung
Metro
Enggano
(Indonesien)
Sundastraße
Kuching
Kayan
Kapuas
Pontianak
Mahakam
Samarinda
Balikpapan
Palangkaraya
Barito
Karimata-
straße
Banjarmasin
Borneo
(Indonesien)
Makassar-
straße
Celebessee
Talaud-Inseln
(Indonesien)
Manado
Ternate
Gorontalo
Molukken-
see
Palu
Molukken
(Indonesien)
Kendari
Ambon
Seramsee
Vogelkopf-
Halbinsel
(Indonesien)
Sorong
Biak
(Indonesien)
Yapen
(Indonesien)
Papua
(Indonesien)
Jaya-
pura
Mamberamo
PAPUA-NEUGUINEA
Digul
INDONESIEN
Jakarta
Javasee
Semarang
Surabaya
Bandung
Yogyakarta
Java
(Indonesien)
Makassar
(Ujung Pandang)
Sulawesi
(Indonesien)
Floressee
Bandasee
TIMOR-LESTE
Dili
Flores
(Indonesien)
Sawusee
Kupang
Westtimor
(Indonesien)
Tanimbar-Inseln
(Indonesien)
Aru-Inseln
(Indonesien)
Arafurasee
Indischer
Ozean
Christmas-Insel
(Australien)
Bali
(Indonesien)
Lombok
(Indonesien)
Sumbawa
(Indonesien)
Komodo
(Indonesien)
Sumba
(Indonesien)
Timorsee
AUSTRALIEN
500 km

Japan

Die Inselgruppe Okinawa im Südwesten der Hauptinseln Japans ist ein wahres Badeparadies.

Japan liegt im nördlichen Pazifik und besteht aus mehreren Tausend Inseln, die einen rund 3500 Kilometer langen Inselbogen bilden. Dieser erstreckt sich parallel zur Ostküste des asiatischen Festlandes. Man kann Japan auch als Gebirgssystem bezeichnen, das aus über 4000 Metern Tiefe aus dem Pazifik aufsteigt. Die höchste Erhebung ist mit 3776 Metern über dem Meeresspiegel der Vulkankegel des Fuji. Die vier Hauptinseln Hokkaido, Honshu, Shikoku und Kyushu bestehen zu drei Vierteln aus bewaldeten Gebirgen. Die restliche Fläche wird von flacherem Land und Gewässern eingenommen. Weit im Süden liegen die Ryukyu-Inseln, zu denen auch die Inselgruppe Okinawa gehört.

Klima

Da die japanischen Inseln über viele Breitengrade verteilt sind, ist das Klima je nach Region sehr unterschiedlich. Der Hauptteil Japans, in dem auch die meisten Menschen leben, liegt in der nördlichen Klimazone. Im Sommer herrscht dort ein feuchtes Monsunklima, das von den Winden bestimmt wird, die aus Richtung des Pazifik aus Südosten wehen. Im Winter hingegen ziehen kalte Winde vom asiatischen Festland über die nördlich gelegenen Hauptinseln Japans. Auf den weiter südlich gelegenen Inseln ist es das ganze Jahr über warm. Die warmen Gewässer bergen aber auch Gefahren: Über dem Meer vor Japan entstehen immer wieder zerstörerische Taifune.

Vulkane – Erdbeben – Tsunamis

Der unterseeische Gebirgsbogen, dessen Spitzen die japanischen Inseln bilden, entstand, weil hier eine ozeanische Platte unter die kontinentale Erdkruste abtaucht. Wie überall, wo Platten der Erdkruste aufeinandertreffen, bauen sich Spannungen auf, die sich plötzlich ruckartig entladen können. Fast täglich erschüttern kleinere, seltener aber auch größere Erdbeben das Land. Zudem gibt es in Japan zahlreiche aktive Vulkane, die jederzeit ausbrechen können.

Du befindest dich hier:

Im Jahr 2011 führte ein Seebeben zu einer Tsunamiwelle, die sogar über die Schutzmauern an der Küste trat.

Erdbebenübung

Am 1. September jedes Jahres übt ganz Japan, wie man sich bei einem Erdbeben richtig verhält. Wird man in der Schule von einem Erdbeben überrascht, kriecht man am besten unter die Schulbank.

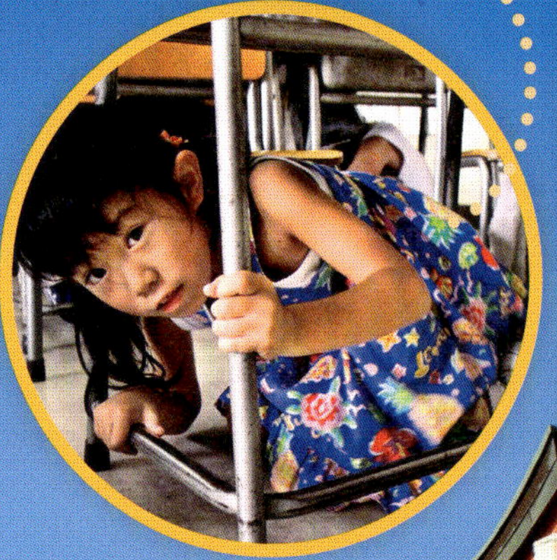

Bambus

Sagano-Bambuswald

In diesem berühmten Wald in Kyoto stehen die Bambuspflanzen dicht an dicht. Sie sind übrigens keine Bäume, sondern gehören zu den Süßgräsern. Dennoch sind sie sehr stabil.

Japanmakak

Wenn es dem Japanmakak im Winter zu kalt wird, badet er oft stundenlang im warmen Wasser vulkanischer Quellen. Die Affen sind auf allen Hauptinseln verbreitet, nur nicht auf Hokkaido, der nördlichsten Insel.

Fuji

Wir kennen diesen Vulkan unter dem Namen Fuji. Die Japaner verehren ihn als Fujisan.

Sachalin
(Russland)
N
W
O
S
La-Pérouse-
Straße
Kurilen
(Russland)
Rebun-Insel
(Japan)
Rishiri-Insel
(Japan)
Asahikawa
Asahi
2290
Kitami
Ishikari
Kushiro
Sapporo
Obihiro
Tomakomai
Hokkaido
(Japan)
CHINA
RUSSLAND
Okushiri
(Japan)
Hakodate
Tsugarustraße
Aomori
Hachinohe
Korea-
bucht
NORDKOREA
Japanisches
Meer
Akita
Morioka
JAPAN
Sakata
Honshu
(Japan)
Sado-Insel
(Japan)
Yamagata
Sendai
Ullung
(Südkorea)
Niigata
Fukushima
Joetsu
Koriyama
Iwaki
Toyama
Nagano
SÜDKOREA
Oki-Inseln
(Japan)
Kanazawa
Utsunomiya
Tate
3015
Tone
Saitama
Gelbes
Meer
Biwa-
See
Tottori
Tokio
Matsue
Fuji
3776
Gifu
Kawasaki
Kyoto
Tsushima
(Japan)
Okayama
Kobe
Nagoya
Yokohama
Hiroshima
Shizuoka
Koreastraße
Osaka
Hamamatsu
Kitakyushu
Izu-Inseln
(Japan)
Matsuyama
Fukuoka
Kochi
Jeju
(Südkorea)
Oita
Nagasaki
Kumamoto
Shikoku
(Japan)
Nanpo-Inseln
(Japan)
Nobeoka
Fukue-Insel
(Japan)
Yatsushiro
Miyazaki
Kagoshima
Kyushu
(Japan)
Ostchinesisches
Meer
Pazifischer
Ozean
Osumi-Inseln
(Japan)
Nansei-Inseln
Naze
Amami-Inseln
(Japan)
Okinawa
(Japan)
Ryukyu-Inseln
(Japan)
Naha
Bonin-Inseln
(Japan)
Daito-Inseln
(Japan)
Sakishima-Inseln
(Japan)
Vulkan-Inseln
(Japan)
250 km

Japan

Sushi

Das weltbekannte Sushi stammt aus Japan. Es besteht aus kaltem Reis mit Gemüse, rohem Fisch oder Tofu. Oft wird ein Algenblatt drum herumgewickelt.

Japan hat im Verlauf seiner Geschichte viele Ideen aus anderen Kulturen übernommen und daraus eine einzigartige Kultur mit eigenen Bräuchen, eigener Sprache und Schrift entwickelt. Der heute von den meisten Japanern gepflegte Lebensstil ist eine Mischung aus asiatisch beeinflussten Traditionen und westlich moderner Kultur. Das soziale Leben funktioniert in Japan nach strengen Regeln. Wichtig ist den Japanern ein respektvoller und höflicher Umgang miteinander. So verbeugen sie sich bei der Begrüßung voreinander.

Gottgleicher Kaiser

Ab dem 6. Jahrhundert regierte ein Kaiser, der als gottähnlich verehrt wurde, das Land. Nach dem Zweiten Weltkrieg, als Japan 1945 vor den USA kapitulieren musste, verlor der Kaiser seine Macht. Dennoch genießt er bis heute hohes Ansehen bei der Bevölkerung und repräsentiert weiterhin das Land.

Was Japaner glauben

In Japan sind die Religionen Shintoismus und Buddhismus weit verbreitet. Der Shinto-Glaube ist sogar in Japan entstanden. Im Shintoismus spielen die Natur und die Verehrung der Ahnen eine wichtige Rolle. Der Buddhismus ist im 6. Jahrhundert aus Indien nach Japan gelangt. Die meisten Japaner besuchen sowohl Shinto-Schreine als auch buddhistische Tempel. Viele japanische Paare heiraten in Shinto-Heiligtümern; Beerdigungen finden hingegen oft in buddhistischen Tempeln statt. Die beiden Religionen schließen sich also nicht aus. Christen und Anhänger anderer Religionen machen nur einen kleinen Teil der japanischen Bevölkerung aus.

Knappes Land

Drei Viertel der Landesfläche werden von waldbewachsenen Bergen eingenommen. Um mehr landwirtschaftliche Fläche und Baugrund zu schaffen, werden zum Teil Berghänge abgetragen oder es wird an den Küsten neues Land aus dem Meer gewonnen. Die meisten der gut 127 Millionen Einwohner Japans leben in den großen Städten in den Ebenen. Die Hauptstadt Tokio hat mehr als 13 Millionen Einwohner; im Großraum Tokio leben weit über 30 Millionen Menschen.

Reis und Fisch

Auf den wenigen landwirtschaftlichen Flächen wird hauptsächlich Reis angebaut, das Grundnahrungsmittel in Japan. Aufgrund der Insellage ist auch Fisch ein wichtiger Bestandteil der japanischen Küche. Das Land hat eine der größten Fischfangflotten der Welt. Viele Japaner ernähren sich sehr gesund, was ein Grund für ihre hohe Lebenserwartung sein mag.

Burg von Osaka

Das beeindruckende Bauwerk stammt aus dem 16. Jahrhundert. Von solchen Burgen aus regierten Shogune, die Anführer der Samurai.

Shinto-Schrein

Der Itsukushima-Schrein steht auf der Insel Miyajima in der Bucht von Hiroshima. Das 16 Meter hohe Tor steht nur bei Flut im Wasser.

Shinai

Ein Shinai ist ein Bambusschwert, mit dem beim Kendo gekämpft wird.

Kendo

Die Kampfkunst Kendo kommt aus der Tradition der Samurai und lehrt den Umgang mit dem Schwert.

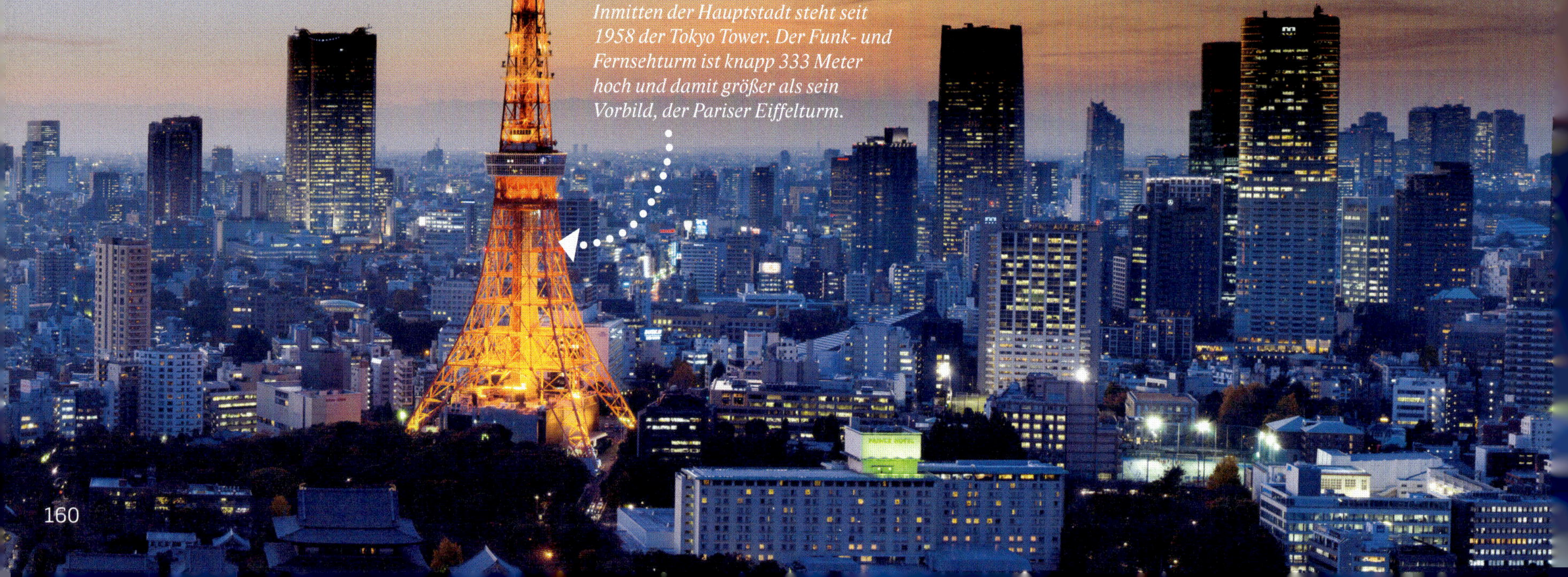

Tokio

Inmitten der Hauptstadt steht seit 1958 der Tokyo Tower. Der Funk- und Fernsehturm ist knapp 333 Meter hoch und damit größer als sein Vorbild, der Pariser Eiffelturm.

Sachalin
(Russland)
N
W
O
S
La-Pérouse-
Straße
Kurilen
(Russland)
Rebun-Insel
(Japan)
Rishiri-Insel
(Japan)
CHINA
Asahikawa
Kitami
Ishikari
Obihiro
Kushiro
Sapporo
Tomakomai
Hokkaido
(Japan)
RUSSLAND
Okushiri
(Japan)
Hakodate
Tsugarustraße
Aomori
Hachinohe
NORDKOREA
Japanisches
Meer
Korea-
bucht
Akita
Morioka
JAPAN
Sakata
Honshu
(Japan)
Sado-Insel
(Japan)
Yamagata
Sendai
Ullung
(Südkorea)
Niigata
Fukushima
Koriyama
Joetsu
Iwaki
Toyama
Nagano
Oki-Inseln
(Japan)
Kanazawa
Utsunomiya
SÜDKOREA
Tone
Saitama
Biwa-
See
Tokio
Gelbes
Meer
Matsue
Tottori
Gifu
Kawasaki
Kyoto
Yokohama
Tsushima
(Japan)
Okayama
Kobe
Nagoya
Shizuoka
Hiroshima
Osaka
Hamamatsu
Koreastraße
Kitakyushu
Matsuyama
Izu-Inseln
(Japan)
Fukuoka
Kochi
Jeju
(Südkorea)
Oita
Nagasaki
Kumamoto
Shikoku
(Japan)
Nanpo-Inseln
(Japan)
Fukue-Insel
(Japan)
Nobeoka
Yatsushiro
Miyazaki
Kagoshima
Kyushu
(Japan)
Ostchinesisches
Meer
Pazifischer
Ozean
Osumi-Inseln
(Japan)
Nansei-Inseln
Naze
Amami-Inseln
(Japan)
Okinawa
(Japan)
Ryukyu-Inseln
(Japan)
Naha
Bonin-Inseln
(Japan)
Daito-Inseln
(Japan)
Sakishima-Inseln
(Japan)
Vulkan-Inseln
(Japan)
250 km

Afrika

Sahara

Nur ein Fünftel der neun Millionen Quadratkilometer großen Sahara ist Sandwüste, der Rest besteht aus Stein- und Felswüste.

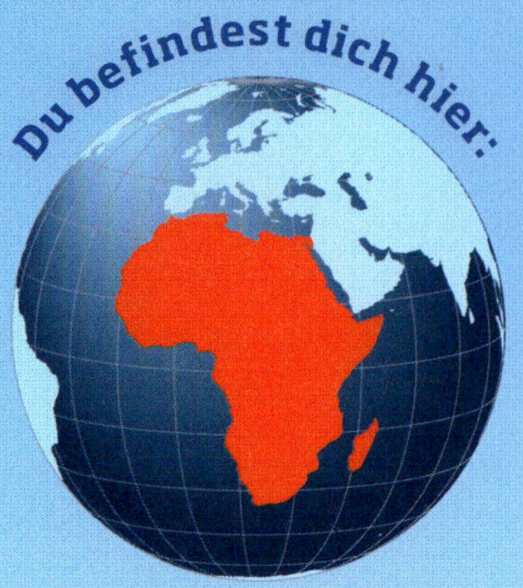

Afrika ist nach Asien der zweitgrößte Kontinent. Er ist im Norden vom Mittelmeer, im Westen vom Atlantik und im Osten vom Indischen Ozean und dem dazugehörigen Roten Meer umgeben. Die Sinai-Halbinsel verbindet Afrika mit Eurasien. Besonders nahe kommt Afrika dem europäischen Kontinent bei der Straße von Gibraltar und der Straße von Sizilien, einer Meeresregion zwischen Tunesien und Sizilien. Afrika hat nur wenige Halbinseln und Buchten; die Küstenlinie verläuft weitgehend geradlinig.

Von der Wüste zum Regenwald

Im Norden Afrikas liegt die größte Trockenwüste der Welt: die Sahara. Sie besteht aus Stein-, Fels- und Sandwüsten und wird lediglich durch einen schmalen grünen Streifen entlang des Nils unterbrochen. Trotz der kargen und lebensfeindlichen Umgebung leben in der Sahara Nomaden. Siedlungen, mitunter sogar größere Städte, finden sich an Oasen, wo Grundwasser an die Oberfläche tritt. Großstädte wie Algier, Tunis oder Kairo finden sich dagegen in dem schmalen, dichter besiedelten Küstenstreifen am Mittelmeer. Südlich der Sahara schließt die Sahelzone an, die sich von Senegal bis nach Äthiopien erstreckt. In diesem trockenen Grasland ist spärlicher Ackerbau möglich und einige Nomadenvölker leben hier von der Viehzucht.

Im Osten erstrecken sich von Ostafrika bis hinunter nach Südafrika weite Savannengebiete. Südlich der trockenen Sahelzone beginnt ein fruchtbarer Gürtel, der allmählich in Regenwald übergeht. Wegen der hohen Feuchtigkeit existieren dort viele Insekten, von denen einige gefährliche Tropenkrankheiten wie Schlafkrankheit, Gelbfieber oder Malaria auf den Menschen übertragen. Der Regenwald ist ebenso die Heimat vieler Pflanzen- und Tierarten, darunter Gorillas, Schimpansen und Waldelefanten. Ganz im Süden Afrikas befinden sich wieder trockenere Gebiete wie die Wüste Namib. Weiter im Landesinneren liegt hier die Kalahari, eine Trockensavanne.

Berggorillas leben in zwei kleinen Gebieten in Uganda. Man findet sie aber auch im gemeinsamen Grenzgebiet der Staaten Demokratische Republik Kongo, Ruanda und Uganda.

Heißer Kontinent

Von Gabun im Westen bis nach Kenia und Somalia im Osten verläuft der Äquator durch den Kontinent. Er teilt Afrika klimatisch in zwei Hälften. Um den Äquator erstreckt sich der tropische Regenwald, das regenreichste Gebiet Afrikas – allerdings nur im Westen. Im Osten, jenseits des Ostafrikanischen Grabenbruchs mit seinen Gebirgen, ist es trockener. Hier findet man Savannenlandschaften, die berühmt sind für ihre Tierwanderungen und Tierarten wie Büffel, Elefant, Nashorn, Löwe und Leopard. Am Äquator gibt es keine Jahreszeiten; es ist das ganze Jahr über gleichbleibend heiß. Nachmittags regnet dort die im Laufe des Tages aufgestiegene warmfeuchte Luft ab. Je weiter man sich vom Äquator nach Norden oder Süden entfernt, umso trockener wird die Landschaft. Zugleich kommt es zu tropischem Wechselklima; das heißt, dass sich über das Jahr hinweg Regen- und Trockenzeiten abwechseln. Hier ist die Landschaft mit baumarmer Savanne bedeckt. Daran schließt Wüste an, in der es unregelmäßig und manchmal nur alle paar Jahre regnet.

Im Unterschied zu anderen Katzen lebt der Löwe in Rudeln. Er ist das größte Landraubtier Afrikas.

Kilimandscharo

Schnee in Afrika: Der höchste Berg des Kontinents ist der tansanische Vulkan Kilimandscharo; er misst 5 895 Meter. Seine Gipfel sind mit Gletschern bedeckt.

Steckbrief

Afrika

Fläche: ca. 30,2 Mio. km²
Anzahl der Länder: 54
Größtes Land: Algerien
Kleinstes Land: Seychellen
Bevölkerung: ca. 1,2 Mrd. Einwohner
Bevölkerungsdichte: ca. 40 Einwohner/km²
Größte Stadt: Lagos (ca. 8 Mio. Einwohner)

Atlantischer Ozean
Azoren (Portugal)
Madeira (Portugal)
Kanarische Inseln (Spanien)
Nördlicher Wendekreis
Westsahara (von Marokko besetzt)
KAP VERDE
PORTUGAL
SPANIEN
ITALIEN
GRIECHENLAND
TÜRKEI
SYRIEN
LIBANON
ISRAEL
Gazastreifen
Mittelmeer
MAROKKO
TUNESIEN
ALGERIEN
LIBYEN
ÄGYPTEN
SAUDI-ARABIEN
Rotes Meer
JEMEN
Golf von Aden
MAURETANIEN
MALI
NIGER
TSCHAD
SUDAN
ERITREA
DSCHIBUTI
SENEGAL
GAMBIA
GUINEA-BISSAU
GUINEA
SIERRA LEONE
LIBERIA
BURKINA FASO
ELFENBEIN-KÜSTE
GHANA
TOGO
BENIN
NIGERIA
ZENTRAL-AFRIKANISCHE REPUBLIK
SÜDSUDAN
ÄTHIOPIEN
SOMALIA
KAMERUN
ÄQUATORIAL-GUINEA
SÃO TOMÉ U. PRÍNCIPE
GABUN
REPUBLIK KONGO
DEMOKRATISCHE REPUBLIK KONGO
UGANDA
KENIA
RUANDA
BURUNDI
TANSANIA
Indischer Ozean
0° Äquator
CABINDA (ANGOLA)
Ascension (Großbritannien)
SEYCHELLEN
ANGOLA
SAMBIA
MALAWI
KOMOREN
St. Helena (Großbritannien)
SIMBABWE
MOSAMBIK
NAMIBIA
BOTSUANA
Réunion (Frankreich)
MAURITIUS
MADAGASKAR
Südlicher Wendekreis
Atlantischer Ozean
SWASILAND
LESOTHO
SÜDAFRIKA
Kap der Guten Hoffnung
Tristan da Cunha (Großbritannien)
Gough-Insel (Großbritannien)
Prinz-Eduard-Inseln (Südafrika)
Crozet-Inseln (Frankreich)
1000 km
N
20°W
0°
20°O
40°O
60°O
40°N
20°N
20°S
40°S

Afrika

Bildung

Südlich der Sahara, wie hier in Kigoma, Tansania, besucht nur etwa die Hälfte der Kinder die Schule. Viele Kinder müssen zu Hause mithelfen.

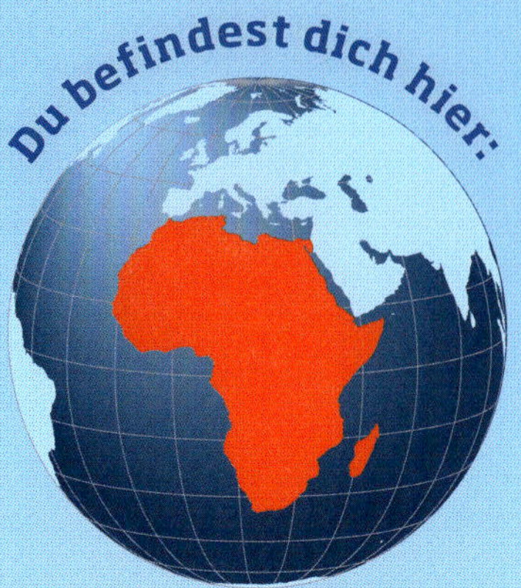

Auf einer Fläche von etwa 30,2 Millionen Quadratkilometern leben rund 1,2 Milliarden Menschen in Afrika, das sind 16 Prozent der Weltbevölkerung. Neben stark bevölkerten Regionen, wie den Küstenstreifen, gibt es nahezu menschenleere Gebiete, etwa die drei großen Wüstengebiete Sahara, Namib und Kalahari. Afrika besteht aus 54 Staaten und ist somit der Kontinent mit den meisten Ländern. Der kleinste Staat auf dem Festland ist das westafrikanische Gambia, der größte ist Algerien in Nordafrika. Algerien ist etwa siebenmal so groß wie Deutschland. Vor der Ostküste des Kontinents liegt im Indischen Ozean der Staat Madagaskar, die größte Insel Afrikas.

Afrika und seine Bewohner

Im Norden Afrikas leben schätzungsweise etwas mehr als 200 Millionen Menschen, meist Araber und Berber. Der Großteil der Afrikaner lebt somit südlich der Sahara. Diese Menschen gehören rund 3 000 verschiedenen afrikanischen Volksgruppen an. Zu den bekannteren zählen die Massai in Tansania und Kenia und die südafrikanischen Zulu. Jedes Volk hat seine eigene Kultur und Sprache.

Armer, reicher Kontinent

Die meisten afrikanischen Staaten spielen kaum eine Rolle in der Weltwirtschaft. Dabei exportiert der Kontinent seine reichen Bodenschätze, darunter Kupfer, Gold und Diamanten. Außerdem interessieren sich Industrienationen sowie aufstrebende Schwellenländer wie China für die landwirtschaftlichen Nutzflächen in einigen Regionen. Dort sollen Nahrungsmittel für die wachsende chinesische Bevölkerung angebaut werden. Viele Länder südlich der Sahara sind kaum entwickelt; einige zählen sogar zu den ärmsten Ländern der Welt. Warum das so ist, ist gar nicht so einfach zu beantworten. Eine Mitschuld tragen reichere Länder, die lange Zeit den Kontinent ausgebeutet haben. Einige Konzerne der Industrieländer tun dies noch heute, indem sie in Afrika günstig Rohstoffe abbauen.

Schon gewusst?

In Ksar Ouled Soltane in Tunesien wurden einige Szenen für den Kinofilm »Star Wars. Die dunkle Bedrohung« gedreht.

Tuareg

Einige wenige Tuareg ziehen noch immer als Nomaden durch die Sahara. Sie leben in Algerien, Mali, Niger sowie in Libyen, Mauretanien und Burkina Faso.

Marktleben

Auf diesem Markt in Nairobi, Kenia, stapeln sich Tomaten, Bananen, Mangos sowie anderes Obst und Gemüse. Die Bauern verkaufen hier einen Teil ihrer Ernte.

Massai-Krieger

Diese groß gewachsenen Krieger leben im Norden Tansanias und im Süden Kenias, wie hier in der Massai Mara. Früher mussten junge Männer ihren Mut beweisen, indem sie mit dem Speer einen Löwen erlegten. Heute schützen viele Massai als Wildhüter die bedrohten Tiere. Bekannt sind sie für ihren Springtanz namens Adumu. Die jungen Massai-Krieger zeigen damit, wie stark sie sind.

Unglaublich!

Kairo in Ägypten, Addis Abeba in Äthiopien und Algier in Algerien sind die einzigen Städte Afrikas mit einer U-Bahn.

Afrika

Kolonialmächte im Jahr 1913

Die Karte zeigt, wie sich sieben europäische Kolonialmächte Afrika aufgeteilt hatten. Eingezeichnet sind außerdem die heutigen Staatsgrenzen. Der belgische König Leopold II. gründete in Zentralafrika den Kongo-Freistaat, der von 1885 bis 1908 sogar sein persönliches Eigentum war. Zu jener Zeit wurde aus dem Kongo vor allem Elfenbein und Kautschuk exportiert. 1908 wurde das Territorium unter dem Namen Belgisch-Kongo Eigentum des belgischen Staates.

Afrika gilt als Wiege der Menschheit. Hier praktizierten Vormenschenformen wie die Australopithecinen den aufrechten Gang auf zwei Beinen. In Afrika entwickelte sich auch die Gattung Mensch. Daher finden sich dort auch die ältesten Hinweise auf den Werkzeuggebrauch unserer Vorfahren. In Afrika wurden also die entscheidenden Kapitel der Menschheitsgeschichte geschrieben. Auch der Homo sapiens, also der anatomisch moderne Mensch, entwickelte sich in Afrika und besiedelte von dort aus nahezu den ganzen Planeten. Jeder der heute mehr als sieben Milliarden Menschen hat somit Vorfahren in Afrika.

Geschichte Afrikas

In Nordafrika entwickelte sich mit den alten Ägyptern eine der frühesten Hochkulturen. Deren Königsgräber und Pyramiden haben Jahrtausende bis heute überdauert. In einer wechselhaften Geschichte stiegen Großreiche auf und vergingen wieder. Zeitweise war Nordafrika auch Teil des Römischen Reichs. Weiter im Süden entstanden ebenfalls große Reiche, wie zum Beispiel das Munhumutapa-Reich, dessen Blütezeit vom 11. bis zum 15. Jahrhundert dauerte. Das Reich umfasste das heutige Simbabwe und Teile Mosambiks.

Schon gewusst?

Die Pyramiden von Giseh sind das einzige erhaltene der sieben Weltwunder der Antike.

Fakten zu Afrika

- Afrika war wie Südamerika, Australien, Antarktika und Indien über Hunderte von Millionen Jahren Teil des südlichen Superkontinents Gondwana. Dieser begann vor etwa 130 Millionen Jahren auseinanderzubrechen und die einzelnen Stücke wanderten zu ihren heutigen Positionen.
- In Afrika werden über 2 000 eigenständige Sprachen gesprochen. Die bekanntesten afrikanischen Sprachen sind Kisuaheli (Ostafrika) und Hausa (West-Zentral-Afrika).
- Afrika ist der Kontinent mit der niedrigsten Lebenserwartung. Doch es gibt starke Unterschiede: So beträgt die Lebenserwartung in Libyen durchschnittlich gut 75 Jahre, in Sierra Leone dagegen nur etwa 46 Jahre.

Afrika und die Europäer

Im 15. Jahrhundert weckten die Schätze Afrikas das Interesse europäischer Entdecker. Gold und Elfenbein, aber auch Sklaven wurden beliebte Handelswaren. Ab dem 16. Jahrhundert schickten europäische Sklavenhändler gefangene Afrikaner gegen ihren Willen nach Amerika, wo sie auf Plantagen arbeiten mussten. So kam die afrikanische Kultur nach Nord-, Mittel- und Südamerika. Europäische Länder, vor allem Frankreich, Großbritannien und Portugal, kolonisierten fast den ganzen afrikanischen Kontinent und unterwarfen die dort lebenden Menschen. Die Europäer bauten in ihren Kolonien Bodenschätze ab und pflanzten auf Plantagen Baumwolle und Zuckerrohr sowie Kaffee und Tee für den Export nach Europa.

Die Kolonien werden selbstständig

Ab etwa Mitte des 20. Jahrhunderts wurden die Kolonien nach und nach in die Unabhängigkeit entlassen und es entstanden die afrikanischen Staaten. Allerdings wurden die zum Teil willkürlich gezogenen Grenzen der ehemaligen Kolonien einfach übernommen, was zu großen Problemen führte. Denn nur selten berücksichtigten die Grenzen die ursprünglichen Siedlungsgebiete der unterschiedlichen Völker. So kommt es bis heute immer wieder zu Konflikten und Kriegen zwischen afrikanischen Staaten.

Abu Simbel
Entlang des Nils haben die alten Ägypter große Grabmäler und Tempelanlagen geschaffen, wie zum Beispiel den Tempel von Abu Simbel südlich von Assuan.

Casablanca
In Casablanca, Marokko, wurde 1993 eine der größten Moscheen der Welt fertiggestellt. Ihr Minarett ist 210 Meter hoch und in der Gebetshalle finden 25 000 Menschen Platz.

Ruinenstadt Groß-Simbabwe
Dies war das politische Machtzentrum und der Königssitz des Munhumutapa-Reichs. Der Name Groß-Simbabwe bedeutet »Große Steinhäuser«.

Ruinen

Cheops-Pyramide
Sie ist die größte der Pyramiden von Giseh und wurde aus rund drei Millionen Steinblöcken errichtet. Die über 4 500 Jahre alten Pyramiden sind Königsgräber.

Nordwestliches Afrika

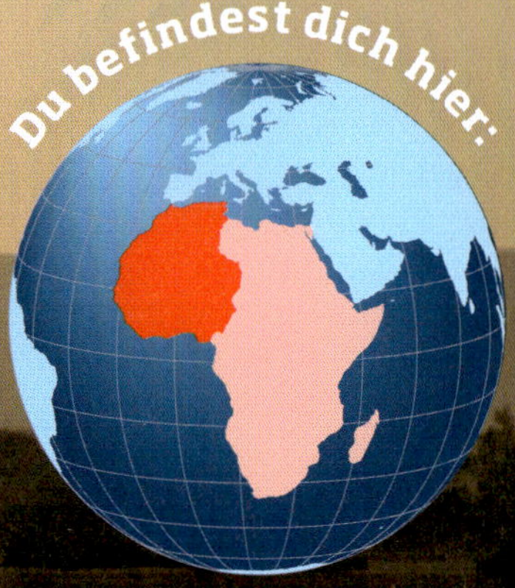

Der Fluss Niger

Der Niger ist nach dem Nil und Kongo der drittlängste Fluss Afrikas. Er fließt erst vom Atlantik weg ins Innere des Kontinents, um nach etwa 4 184 Kilometern in den Golf von Guinea zu münden. Auf seinem Weg fließt er durch fünf Staaten Westafrikas: Guinea, Mali, Niger, Benin und Nigeria.

Marokko, Algerien und Tunesien bilden den äußersten Nordwesten Afrikas. An den Mittelmeerküsten dieser Länder liegt eine fruchtbare und dicht besiedelte Küstenebene. Südlich davon erhebt sich das Atlas-Gebirge, in dem Wildschafe und Berberaffen leben. Während die Gipfel des Atlas-Gebirges im Winter verschneit sind, erstreckt sich südlich davon die tagsüber heiße Sahara. Der größte Teil Algeriens besteht somit aus Wüste. In Tunesien läuft das Atlas-Gebirge in Richtung Mittelmeer aus. An Tunesiens Ostküste finden sich lange Sandstrände.

Algerische Sahara

Das Ahaggar-Gebirge besteht aus Vulkanschloten, die durch Wind und Wetter abgetragen wurden und so ihre bizarren Formen erhalten haben.

Rekord

9 Millionen

Quadratkilometer groß ist die Sahara und damit 26-mal so groß wie Deutschland. Sie ist die größte Trockenwüste der Welt.

Sahelzone

Die Länder Senegal, Mauretanien, Mali, Burkina Faso und Niger gehören zur Sahelzone, die sich weiter östlich auch im Tschad und Sudan fortsetzt. Sahel ist das arabische Wort für Ufer. Vom 16. bis 18. Jahrhundert war dieses Gebiet bei Weitem nicht so trocken wie heute. Damals war es begrünt und musste Karawanen, die aus der Wüste kamen, wie ein Ufer am Rand eines Wüstenmeeres vorgekommen sein. Heute kommt es in der Sahelzone regelmäßig zu verheerenden Dürrekatastrophen und Hungersnöten.

In der Sahelzone fällt meist nur während zwei Monaten im Jahr Regen – und dann auch nur wenig. Doch immer wieder bleiben die lebensnotwendigen Niederschläge ganz aus und es kommt zu katastrophalen Dürren.

Mangroven

Die Mangrovenwälder im Mündungsgebiet des Flusses Gambia können die regelmäßigen Überschwemmungen gut überstehen. Sie bieten zudem vielen Tieren einen Lebensraum.

Die Wüste breitet sich immer weiter nach Süden aus und dringt so in die Sahelzone vor. Dies ist eine Folge der Trockenheit, aber auch der Abholzung von Bäumen durch den Menschen.

Trocken- und Regenzeiten

Die südlich von der Sahelzone gelegenen Länder stehen unter dem Einfluss des westafrikanischen Monsuns: Hier herrscht tropisch-wechselfeuchtes Klima mit Trocken- und Regenzeiten. Während der Trockenzeit führen viele Flüsse kaum noch Wasser und oft fällt monatelang kein Tropfen Regen. Für die westafrikanischen Länder ist der Monsun mit seinen Regenfällen deshalb überlebenswichtig. Der über dem Atlantik entstehende Wind nimmt große Mengen Wasser auf und lässt es an Land wieder abregnen. Ist der Monsun schwach oder bleibt er ganz aus, kommt es zu Ernteausfällen und die Tiere finden nicht mehr genug Trinkwasser.

Kap Verde

600 Kilometer vor der Westküste Afrikas liegen im Atlantik die Kapverdischen Inseln. Von den 15 Vulkaninseln sind jedoch nur neun bewohnt. Zwar bedeutet ihr Name auf Deutsch »Grünes Kap«, doch die meisten Inseln sind eher kahl und felsig und nur einige wenige kleinere Tiere ertragen die dort herrschende Hitze. Die Trockenheit ist eine Folge des Nordostpassats – ein beständig wehender Wind, der trockene Luft aus der Sahara über die Inseln weht. Viele Einwohner Kap Verdes haben deshalb ihre Heimat verlassen und sich Arbeit im Ausland gesucht.

Azoren (Portugal)
PORTUGAL
SPANIEN
ITALIEN
Mittelmeer
MALTA
N
W
O
S
Madeira (Portugal)
Funchal
Kanarische Inseln (Spanien)
Santa Cruz
Las Palmas
Teide 3718
Straße von Gibraltar
Tanger (Tandja)
Tétouan
Fès (Fas)
Rabat (Ar-Ribat)
Casablanca (Ad-Dar al Bayda)
Meknès (Miknas)
Oujda (Ujda)
Oran (Wahran)
Tlemcen
Algier (Al-Djazair)
Constantine
Sétif
Batna
Tebessa
Bizerte
Tunis
Sousse
Kairouan
Sfax
Gabès
Midoun
TUNESIEN
Djelfa
Biskra
El Oued
Ouargla
TELLATLAS
SAHARAATLAS
Safi
MAROKKO
Marrakech (Murrakush)
Toubkal 4167
Agadir
HOHER ATLAS
ANTIATLAS
Béchar
Hamada des Draa
Westlicher Großer Erg
Östlicher Großer Erg
TADEMAIT-PLATEAU
In Salah
LIBYEN
El Aaiún
Erg Iguidi
Erg Chech
ALGERIEN
TASSILI DER ADJER
AHAGGAR
Tahat 3003
Tamanrasset
Tanezrouft
Westsahara (von Marokko besetzt)
Al-Djawf
Westsaharisches Becken
MAURETANIEN
S a h a r a
ADRAR DES IFORAS
MALI
DJADO-PLATEAU
Djado
AÏR
Monts Bagzane 2022
Ténéré
Tschad-becken
Agadez
NIGER
KAP VERDE
Praia
Nouakchott (Nawakshut)
Timbuktu (Tombouctou)
Saint-Louis
Senegal
Niger
Nigerbecken
Dakar
Touba
SENEGAL
Kaolack
GAMBIA
Gambia
Banjul
Kayes
Bakoy
Mopti
Djénné
Bani
BURKINA FASO
Niamey
Maradi
Zinder
Tschad-see
Ziguinchor
Bamako
Ouagadougou
Sokoto
Katsina
Komadugu
Bissau
GUINEA-BISSAU
GUINEA
Sikasso
Schwarzer Volta
Weißer Volta
Oti
Kandi
Gusau
Kano
Maiduguri
Zaria
Gombe
Mubi
Kindia
Bobo-Dioulasso
BENIN
Kaduna
Jos
Bauchi
Jimeta
Conakry
Kankan
Comoé
Tamale
Djougou
Minna
Kainji-Stausee
Abuja
Jalingo
Benue
Freetown
Rokel
Nzérékoré
Sassandra
Bandama
Bouaké
Ouémé
Oyo
Ilorin
Bo
Kenema
SIERRA LEONE
GHANA
TOGO
Ibadan
NIGERIA
St. Paul
Daloa
Yamoussoukro
Kumasi
Volta-Stausee
Lagos
Monrovia
Cestos
Cavally
Lomé
Porto-Novo
Benin-Stadt
Enugu
LIBERIA
Abidjan
Accra
San-Pédro
Sekondi-Takoradi
Bucht von Benin
Port Harcourt
KAMERUN
ELFENBEIN-KÜSTE
ÄQUATORIAL-GUINEA
Golf von Guinea
GABUN
Atlantischer Ozean
SÃO TOMÉ U. PRÍNCIPE
500 km

Nordwestliches Afrika

Marrakech

Diese Stadt heißt wegen der rosa Häuser ihrer Altstadt auch die »rote Stadt«.

Du befindest dich hier:

Auf dem Gebiet des heutigen Marokko lebten ursprünglich Berber. Ab 146 vor Christus wurde dieses Land jedoch Teil des Römischen Reichs und gegen Ende des 7. Jahrhunderts brachten schließlich die Araber ihre Sprache und den islamischen Glauben ins Land. 1912 wurde der nördliche Teil des Berbergebiets zum französischen Protektorat Französisch-Marokko, der südliche Teil zu Spanisch-Marokko. 1956 entließ Frankreich Marokko in die Unabhängigkeit. 1976 wurde auch der spanische Teil im Süden unabhängig; heute ist dieses Land unter dem Namen Westsahara bekannt. Marokko hat 1979 die Verwaltung von Westsahara übernommen, doch bis heute kämpft eine Unabhängigkeitsbewegung für einen eigenen, unabhängigen Staat.

Landwirtschaft im Sandmeer: Mauern schützen Gärten und Felder vor dem Sand. Bewässert wird mit Grundwasser aus der Tiefe.

Angeberwissen

- In den Wüstenoasen, wo Wasser an die Erdoberfläche tritt, werden Nahrungspflanzen in verschiedenen Etagen angebaut. Die großen Dattelpalmen überragen die kleineren Mandel- und Obstbäume.
- Die größeren Pflanzen spenden dem niedrig wachsenden Gemüse oder Getreide Schatten.
- Auf solchen Oasenplantagen werden auch Wein, Datteln, Feigen, Oliven und Zitrusfrüchte angepflanzt und in andere Länder exportiert.

Algerien und Tunesien

Wie Marokko wurden auch Algerien und Tunesien ursprünglich von Berbern bewohnt. Dann aber kamen unter anderem die Römer, später die Araber und schließlich französische Kolonialherren, die diese Gebiete besetzten. Nach einem Befreiungskrieg wurde Algerien 1962 endlich unabhängig. Tunesien erhielt seine Unabhängigkeit bereits im Jahr 1956.

Wüstenländer

Große Teile der Staaten Niger, Mali und Mauretanien sind Wüste oder trockene Steppe und damit unfruchtbar. Dennoch war Mali einst ein reiches Land, denn es lag an wichtigen Handelswegen, die durch Afrika führten. Damals handelte man vor allem mit Salz, Gold und Elfenbein. 1895 wurde Mali französische Kolonie und erst 1960 unabhängige Republik. Aus der Kolonialzeit ist Französisch als Amtssprache geblieben. Das heute arme Land exportiert zwar Baumwolle, Diamanten, Gold und Phosphatdünger; dennoch ist es auf internationale Hilfe angewiesen.

Senegal

Das westlichste Land Afrikas ist Senegal, das nach dem gleichnamigen Grenzfluss zu Mauretanien benannt ist. Die Hauptstadt Dakar gilt als Modemetropole des afrikanischen Kontinents. Die Mode wird meist von Frauen entworfen, an der Nähmaschine sitzen dafür häufig Männer.

Wodaabe-Männer

Beim Volk der Wodaabe in Niger werfen sich die Männer in Schale und schminken sich, um eine Braut zu finden.

Baumziegen

Ziegen, die auf Bäumen wachsen? Natürlich nicht. Diese marokkanischen Ziegen sind geschickte Kletterer und lieben die Früchte des Arganbaumes.

Lehmmoschee in Djénné

Viele Hochkulturen haben Wohnhäuser, Tempel und Paläste mit Lehm erbaut. Und auch heute wird für traditionell errichtete Häuser in Afrika Lehm als Baumaterial verwendet. Die größte mit Lehm errichtete Moschee steht in Djénné, Mali. Jeweils nach der Regenzeit muss sie ausgebessert werden.

N
S
ITALIEN
MALTA
Azoren
(Portugal)
PORTUGAL
SPANIEN
Mittelmeer
Madeira
(Portugal)
Kanarische
Inseln
(Spanien)
Straße von Gibraltar
Tanger
(Tandja)
Tétouan
Fès
(Fas)
Rabat
(Ar-Ribat)
Casablanca
(Ad-Dar al Bayda)
Meknès
(Miknas)
Oujda
(Ujda)
Safi
MAROKKO
Marrakech
(Murrakush)
Agadir
Oran
(Wahran)
Tlemcen
Béchar
Algier
(Al-Djazair)
Djelfa
Constantine
Sétif
Batna
Biskra
El Oued
Ouargla
Bizerte
Tunis
Sousse
Kairouan
Sfax
Tebessa
Gabès
Midoun
TUNESIEN
El Aaiún
Westsahara
(von Marokko
besetzt)
In Salah
ALGERIEN
Tamanrasset
Djado
MAURETANIEN
MALI
NIGER
KAP VERDE
Praia
Nouakchott
(Nawakshut)
Timbuktu
(Tombouctou)
Niger
Agadez
Saint-
Louis
Senegal
Dakar
Touba
SENEGAL
GAMBIA
Kaolack
Banjul
Gambia
Ziguinchor
Bissau
GUINEA-
BISSAU
Kayes
Bakoy
Mopti
Djénné
Bamako
Bani
Sikasso
BURKINA
FASO
Ouagadougou
Niamey
Maradi
Zinder
Tschad-
see
Komadugu
Sokoto
Katsina
Kano
Maiduguri
Gusau
Zaria
Kaduna
Gombe
Jos
Bauchi
Mubi
Jimeta
Minna
Abuja
Kainji-
Stausee
Jalingo
Benue
Ilorin
Oyo
Ibadan
Lagos
NIGERIA
Benin-
Stadt
Enugu
Port
Harcourt
KAMERUN
GUINEA
Kindia
Kankan
Conakry
Freetown
Rokel
Bo
Kenema
SIERRA
LEONE
Nzéré-
koré
St. Paul
Monrovia
Cestos
Cavally
LIBERIA
Sassandra
Bandama
Comoé
Bouaké
Daloa
Yamoussoukro
Abidjan
San-
Pédro
ELFENBEIN-
KÜSTE
Bobo-
Dioulasso
Schwarzer Volta
Weißer Volta
Oti
Tamale
GHANA
Kumasi
Volta-
Stausee
Accra
Sekondi-
Takoradi
TOGO
Lomé
Kandi
BENIN
Djougou
Ouémé
Porto-
Novo
Bucht von Benin
Golf
von
Guinea
ÄQUATORIAL-
GUINEA
SÃO TOMÉ U.
PRÍNCIPE
Atlantischer
Ozean
500 km

Nordöstliches Afrika

Guelta d´Archei

An manchen Stellen tritt in der Sahara Wasser zutage. Diese Wasserstellen nennt man Guelta. Die berühmteste Wasserstelle der Sahara ist das Guelta d´Archei im Tschad.

Im Norden des Tschad wird die Landschaft von den Ausläufern der Sahara und vom Tibesti-Gebirge mit seinen erloschenen Vulkanen beherrscht. Die Felsen sind tagsüber unglaublicher Hitze ausgesetzt und kühlen nachts extrem aus. Diese Temperaturwechsel und das frierende Tauwasser in den Steinritzen zerstören die Felsen nach und nach. Hinzu kommen Winde und Sandstürme, die das Gestein abtragen. So entstehen die oft bizarren Gesteinsformationen.

Der schrumpfende See

Der Tschadsee im Westen des Landes liegt mitten in der Sahelzone. Einst der größte See Afrikas, schrumpfte er in den letzten Jahren auf einen Bruchteil seiner ursprünglichen Fläche zusammen. Zuvor erstreckte er sich auf die Länder Nigeria, Tschad, Kamerun und Niger. Doch heute gibt es während der Trockenzeit oft monatelang nur noch Wasserflächen in Kamerun und im Tschad. Die Regenfälle haben in den letzten Jahren nachgelassen, sodass die Zuflüsse des Tschadsees, wie etwa der Chari, nicht mehr genügend Wasser liefern können. Die durchschnittliche Wassertiefe beträgt heute meist nur noch zwei Meter.

Sudan

Bei Khartum, der Hauptstadt des Sudan, fließen der Weiße und der Blaue Nil zusammen. Ab hier heißt der Fluss dann nur noch Nil. Für das Land ist das Nilwasser wichtig, denn es leidet unter extremer Trockenheit. Im regenarmen Norden breitet sich eine große Sandwüste aus. Manchmal verfinstert sich der Himmel über ihr und gewaltige Sandstürme ziehen übers Land. Große Teile des Sudan sind trockene Savanne.

Südsudan

Im Südsudan hat der Weiße Nil ein Überschwemmungsgebiet geschaffen: den Sudd. Hier sind Grasland und Savannen überflutet und bilden ein etwa 55 000 Quadratkilometer großes Sumpfgebiet. Darin wachsen Papyrus, Schilfgräser und Sumpfpflanzen.

Nacktmulle sind in den Trockengebieten Ostafrikas zu Hause. Die jüngeren Tiere kümmern sich um den Nachwuchs, ältere halten als Arbeiter den Bau instand oder verteidigen ihn als Soldaten.

Schon gewusst?

Der Assalsee in der heißen Afar-Senke in Dschibuti ist mit 35 Prozent Salzgehalt das salzhaltigste Gewässer der Welt, sieht man von einigen Seen in den Trockentälern der Antarktis ab. Wegen der hohen Verdunstung konnte sich hier das Salz so stark anreichern.

Tibesti-Gebirge

Die Erosion hat im Tibesti-Gebirge aus Sandstein bizarre Formen geschaffen.

Wilder Kaffee

Im Hochland von Äthiopien wächst weltweit der letzte Wildkaffee der Sorte Coffea arabica. Diese Sorte ist eine von drei Kaffeesorten, die heute als Kulturpflanze in vielen afrikanischen Ländern, aber auch in Asien sowie in Mittel- und Südamerika angebaut wird.

Tschadsee

Der Klimawandel wirkt sich besonders stark auf die Sahelzone aus und lässt den Tschadsee zurückgehen. Die Tiere müssen immer weiter laufen, um ans Wasser zu gelangen.

FRANKREICH
SPANIEN
ITALIEN
GRIECHENLAND
TÜRKEI
MALTA
ZYPERN
ISRAEL
TUNESIEN
ALGERIEN
JORDANIEN
SAUDI-ARABIEN
JEMEN
NIGER
NIGERIA
Mittelmeer
Tripolis
(Tarabulus)
Al-Chums
Misrata
Große Syrte
Sirt
Bengasi
(Benghazi)
Ajdabiya
Tobruk
(Tubruq)
Alexandria
(Al-Iskandariya)
Nildelta
Port Said
(Bur Said)
Suezkanal
Kairo
(Al-Qahira)
Sues
(As-Suwais)
Sinai
2285
Sinai-Halbinsel
Al-Fayyum
Al-Minya
Asyut
Hurghada
Luxor
(Al-Uqsur)
Assuan
(Aswan)
Nassersee
Arabische Wüste
Rotes Meer
Hammada al-Hamra
Sabha
AL-HARUDJ AL-ASWAD
Murzuq
LIBYEN
Libysche Wüste
Al-Djauf
ÄGYPTEN
TIBESTI
Emi Koussi
3415
ERDI-PLATEAU
ENNEDI
Nubische Wüste
Port Sudan
(Bur Sudan)
Nil
SUDAN
Tschadbecken
TSCHAD
Atbara
Omdurman
(Umm Durman)
Khartum
(Al-Chartum)
ERITREA
Asmara
Kassala
Golf von Aden
Tschadsee
N'Djamena
El Fasher
(Al-Fashir)
Djabal Marra
3088
El Obeid
(Al- Ubayyid)
Wad Madani
Kusti
Ras Daschan
4533
Mekele
DSCHIBUTI
Bab al-Mandab
Afar-Senke
Dschibuti
Boosaaso
(Bender Qasim)
Berbera
Hargeysa
Assalsee
Tanasee
Gonder
Dese
Blauer Nil
Weißer Nil
NUBA-BERGE
Ad-Du'ain
Maroua
Chari
Garoua
Moundu
Sarh
Aouk
Malakal
Addis Abeba
Nazret
Awash
Dire Dawa
Ngaoundéré
ZENTRALAFRIKANISCHE REPUBLIK
Ouham
Bahr al-Ghazal
Sudd
Waw
Sobat
Bahr al-Jabal
Akobo
Pibor
Jimma
Omo
Awasa
Shebele
ÄTHIOPIEN
SOMALIA
KAMERUN
Bamenda
Douala
Sanaga
Bertoua
Jaunde
(Yaoundé)
Kadéï
Bangui
Mbomou
Juba
SÜDSUDAN
Baydhabo
(Baidoa)
Mogadischu
(Muqdishu)
Marka
Jubba
Jamaame
Kismaayo
ÄQUATORIAL-GUINEA
SÃO TOMÉ U. PRÍNCIPE
GABUN
REPUBLIK KONGO
DEMOKRATISCHE REPUBLIK KONGO
UGANDA
KENIA
Atlantischer Ozean
Indischer Ozean
500 km
N
W

Nordöstliches Afrika

Nil

Die jährlichen Überschwemmungen bringen fruchtbaren Schlamm auf die Felder. Der Nil dient seit den Pharaonen auch als Verkehrsstraße.

Wasser ist in Afrika ungleich verteilt. Hier im Tschad muss es oft von Wasserstellen geholt werden.

Im Nordosten Afrikas finden sich die ältesten Kulturen des Kontinents. Archäologische Funde, Pyramiden und Königsgräber zeugen von einstigem Wohlstand. Zugleich liegen in dieser Region heute einige der ärmsten Länder Afrikas, wie beispielsweise die Zentralafrikanische Republik, der Tschad oder Eritrea. Die meisten Menschen leben als Bauern in den ländlichen Gebieten oder ziehen als Hirtennomaden in den kargen Landschaften umher, ständig auf der Suche nach neuen Weidegebieten und Wasser. Viele Menschen zieht es in die großen Städte, etwa nach Kairo oder Alexandria.

Ägypten

Ägypten liegt im äußersten Nordosten Afrikas, wo es an das Mittelmeer und an das Rote Meer grenzt. Zum Staatsgebiet zählt auch die gebirgige Sinai-Halbinsel. Der größte Teil des Landes besteht aus sandiger Wüste, die nur von einem schmalen grünen Streifen entlang des Nils durchzogen ist. Der Fluss ist die Lebensader Ägyptens und teilt die Wüste in einen östlichen und einen westlichen Teil: in die Arabische Wüste und in die Libysche Wüste. Entlang des Nils und im Nildelta, der Mündung ins Mittelmeer, leben fast alle der rund 88 Millionen Einwohner Ägyptens. Vergleichsweise wenige Menschen leben in den fünf großen westlichen Oasen Al-Fayyum, Dachla, Farafra, Siwa und Charga.

Somalia

Somalia liegt am Horn von Afrika; so nennt man den spitzen Vorsprung im Nordosten des Kontinents. Wegen der Piratenüberfälle zählen die Schifffahrtsrouten vor Somalia zu den gefährlichsten der Welt. Unter den Piraten sind oft ehemalige Fischer, die vom Fischfang nicht mehr leben können und meist keinen anderen Ausweg sehen.

Sudan und Südsudan

Im Sudan und Südsudan leben über 500 Volksstämme. Ursprünglich war der Sudan der größte Staat Afrikas. Doch es kam immer wieder zu Konflikten zwischen dem arabisch-islamischen Norden und dem afrikanisch-christlich geprägten Süden. 2011 löste sich schließlich der Südsudan als unabhängige Republik vom Norden ab. Das junge Land erhofft sich eine wirtschaftliche Zukunft als Erdölproduzent.

Libyen

Libyen besteht zum überwiegenden Teil aus Wüste. Nur ein schmaler Küstenstreifen ist fruchtbar und dort leben auch die meisten der etwa 6,4 Millionen Einwohner. Die ehemalige italienische Kolonie ist seit 1951 unabhängig und wurde bis 1969 von einem König beherrscht. Als 1959 Erdölvorkommen im Land entdeckt wurden, machte dies Libyen zu einem bedeutenden Ölexporteur und zum reichsten Land Afrikas.

Zentralafrikanische Republik

Die Ureinwohner der Zentralafrikanischen Republik kennt man auch unter dem Namen Pygmäen. Tatsächlich sind es verschiedene Völker, die sich durch eine geringe Körpergröße auszeichnen. Diese Menschen lebten traditionell als Jäger und Sammler im dichten Wald. Doch viele haben sich in Dörfern niedergelassen und arbeiten zum Teil in den Holzfabriken, in denen Tropenhölzer verarbeitet werden. Von den fast fünf Millionen Einwohnern des Landes machen die Pygmäen heute aber nur noch einen winzigen Teil aus.

Felsmalerei

In der Libyschen Wüste belegen jahrtausendealte Felszeichnungen, dass es hier früher sehr viel grüner war.

Hieroglyphen

Die Bilderschrift der alten ägyptischen Kultur konnte erst zu Beginn des 19. Jahrhunderts entschlüsselt werden.

Die Pyramiden des Sudan

Jeder kennt die ägyptischen Pyramiden. Doch der Sudan hat wesentlich mehr Pyramiden als Ägypten, nämlich etwa 200 Stück. Sie sind zwar deutlich kleiner, dafür umso spitzer. Es sind Grabmäler von Königen, Königinnen und hohen Beamten.

FRANKREICH
SPANIEN
ITALIEN
GRIECHENLAND
TÜRKEI
MALTA
ZYPERN
Mittelmeer
ISRAEL
JORDANIEN
ALGERIEN
SAUDI-ARABIEN
NIGER
NIGERIA
Tripolis
(Tarabulus)
Al-Chums
Misrata
Große Syrte
Bengasi
(Benghazi)
Sirt
Ajdabiya
Tobruk
(Tubruq)
Sabha
Murzuq
LIBYEN
Al-Djauf
Nildelta
Alexandria
(Al-Iskandariya)
Port Said
(Bur Said)
Suezkanal
Kairo
(Al-Qahira)
Suez
(As-Suwais)
Sinai-Halbinsel
Al-Fayyum
Al-Minya
Asyut
Hurghada
Luxor
(Al-Uqsur)
Assuan
(Aswan)
Nasser-see
ÄGYPTEN
Rotes Meer
Port Sudan
(Bur Sudan)
SUDAN
Nil
Atbara
Omdurman
(Umm Durman)
Khartum
(Al-Chartum)
Kassala
Wad Madani
El Fasher
(Al-Fashir)
El Obeid
(Al- Ubayyid)
Kusti
Ad-Du'ain
Weißer Nil
Blauer Nil
ERITREA
Asmara
Golf von Aden
DSCHIBUTI
Bab al-Mandab
Dschibuti
Assalsee
Mekele
Gonder
Tanasee
Dese
Addis Abeba
Awash
Dire Dawa
Jimma
Nazret
Awasa
Omo
Akobo
Shebele
ÄTHIOPIEN
Berbera
Hargeysa
Boosaaso
(Bender Qasim)
SOMALIA
Baydhabo
(Baidoa)
Mogadischu
(Muqdishu)
Marka
Jubba
Jamaame
Kismaayo
TSCHAD
Tschad-see
N'Djamena
Chari
Moundu
Sarh
Aouk
ZENTRAL-AFRIKANISCHE REPUBLIK
Ouham
Bangui
Mbomou
Malakal
Sobat
Bahr al-Ghazal
Waw
Bahr al-Jabal
Pibor
Juba
SÜDSUDAN
Maroua
Garoua
Ngaoundéré
Bamenda
KAMERUN
Douala
Sanaga
Bertoua
Jaunde
(Yaoundé)
Kadéï
ÄQUATORIAL-GUINEA
SÃO TOMÉ U. PRÍNCIPE
DEMOKRATISCHE REPUBLIK KONGO
Atlantischer Ozean
Indischer Ozean
N
500 km

Südliches Afrika

Schräger Gesang

Der Indri ist die größte Lemurenart und bekannt für seine lauten Morgengesänge. Damit markiert er sein Revier.

Flusspferd

An den Ufern des Kongo fühlen sich die Flusspferde sichtlich wohl. Die bis zu drei Tonnen schweren Pflanzenfresser sorgen mit ihrem Dung für eine artenreiche Fischwelt im Fluss.

Das südliche Afrika ist voller Gegensätze und bietet Landschaften vom feuchttropischen Regenwald bis hin zu weiten Savannen und spektakulären Wüsten. Im Osten befinden sich die großen Seen des Afrikanischen Grabenbruchs. Im Indischen Ozean liegen die Inselgruppe der Seychellen und die Insel Mauritius. Und im Golf von Guinea findet man direkt am Äquator den kleinen Inselstaat São Tomé und Príncipe.

Demokratische Republik Kongo

Benannt wurde die Demokratische Republik Kongo – ebenso wie der Nachbarstaat Republik Kongo – nach dem Fluss Kongo, dem zweitlängsten Fluss Afrikas. Große Landesteile sind von tropischem Regenwald bedeckt. Im Osten des Landes, wo die Demokratische Republik Kongo auf Uganda und Ruanda trifft, erheben sich die Virunga-Vulkane.

Kongoregenwald

Nach dem Amazonasregenwald ist der Kongoregenwald der zweitgrößte tropische Regenwald der Erde. Er ist die Heimat von über 1 000 Vogelarten und mehr als 400 Säugetierarten, darunter auch Menschenaffen wie Schimpansen und Gorillas. Der Dschungel ist stellenweise so dicht, dass man ihn nur auf dem gleichnamigen Fluss mit dem Boot erforschen kann. Der Kongo ist etwa 4 700 Kilometer lang und auch der wasserreichste Fluss Afrikas. An manchen Stellen ist er bis zu 220 Meter tief und damit der tiefste Fluss der Erde.

Okavangodelta

Der Okavango erreicht nie das Meer. Aus dem Norden kommend verlässt er in Botsuana sein Flussbett und fächert sich zum Okavangodelta auf. Je nach Regenfällen misst das Delta 15 000 bis 22 000 Quadratkilometer und zählt somit zu den größten Sumpfgebieten der Welt. In der Hitze verdunstet der größte Teil des Wassers, sodass sich nie auf Dauer ein See bildet. Während in der näheren Umgebung Trockenzeit herrscht, ist das Okavangobecken Heimat von Krokodilen, Wasservögeln, Antilopen und Elefanten.

Savanne

Die Serengeti ist ein riesiges Savannengebiet in Tansania, das sich in Kenia als Massai Mara fortsetzt. Dort leben Tiere wie Elefanten, Löwen, Leoparden und Strauße. Jährlich ziehen rund 1,3 Millionen Gnus und 300 000 Zebras in einer spektakulären Wanderung durch die Savanne. Nationalparks wie der Serengeti-Park sind wichtige Schutzeinrichtungen für die Wildtiere, die durch immer weiter in die Natur vordringende Siedlungen und Ackerflächen bedroht werden. Ein besonderes Projekt planen die drei Staaten Südafrika, Mosambik und Simbabwe. Sie wollen ihre Nationalparks zu einem großen, grenzübergreifenden Park zusammenschließen, dem 100 000 Quadratkilometer großen Great Limpopo Transfrontier Park.

Namibia

Das Klima in Namibia ist generell heiß und trocken, insbesondere im Westen, wo sich die extrem trockene Wüste Namib befindet. Weiter östlich im Landesinneren liegt das Kalaharibecken, eine immer noch recht trockene Landschaft. Die meisten Niederschläge fallen im schmalen Caprivi-Zipfel im Nordosten des Landes und haben dort einen subtropischen Savannenwald entstehen lassen.

Victoriafälle

An der Grenze zwischen Simbabwe und Sambia stürzen die Wassermassen des Flusses Sambesi auf über 1 700 Meter Länge in eine 110 Meter tiefe Schlucht. Die Einheimischen nennen die Fälle Mosi-oa-Tunya, was »donnernder Rauch« bedeutet.

Strudellöcher

Wo die Flüsse Treur und Blyde in Südafrika aufeinandertreffen, hat das fließende Wasser die Bourkes Glück-Strudellöcher geformt.

Tafelberg

Der Tafelberg ist das Wahrzeichen des südafrikanischen Kapstadt. Der höchste Punkt des Plateaus liegt 1 087 Meter über dem Meer.

Schon gewusst?

Weil sich Madagaskar früh vom Festland getrennt hat, konnten sich auf der Insel einige seltsame Säugetierarten entwickeln, so die Lemuren, die zu den Halbaffen zählen.

Südliches Afrika

Sprinter
Geparden können über 100 km/h schnell werden.

Das Volk der San
In der Region der Kalahari leben in Botsuana und Namibia etwa 85 000 San, von denen aber nur noch ein Bruchteil nomadisch lebt. Diese machen mit Speeren oder Pfeil und Bogen Jagd auf Tiere und sammeln Wurzeln sowie Früchte.

In Mosambik schützen sich die Makua-Frauen, wie hier in Pangane, mit weißen Gesichtsmasken aus Bestandteilen des Msiro-Baumes gegen die intensive Sonne.

Wie fast alle afrikanischen Staaten haben auch die Länder des südlichen Afrika eine koloniale Vergangenheit. Nach ihrer Entlassung in die Unabhängigkeit kam es unter anderem in Ruanda, Burundi, Angola und der Demokratischen Republik Kongo zu blutigen Konflikten der verschiedenen Volksgruppen.

Botsuana

Der Süden Afrikas verfügt über viele Bodenschätze, darunter Kupfer, Uran, Gold und Diamanten. In Botsuana stammt der größte Teil der Exporteinnahmen aus dem Verkauf von Diamanten. Dass das Diamantvorkommen 1967 überhaupt entdeckt wurde, verdankt das Land Termiten. Auf der Suche nach Wasser graben sich diese oft 30 Meter und tiefer in den Boden hinein und schaffen das Erdreich nach oben. Wenn sich darin das Mineral Kimberlit nachweisen lässt, deutet dies auf Diamanten hin. Einen Teil des mit Diamanten erwirtschafteten Geldes verwendet Botsuana für Schulen und Krankenhäuser sowie für die Bekämpfung der Armut im Land.

Demokratische Republik Kongo

Die Demokratische Republik Kongo im Herzen Afrikas ist siebenmal so groß wie Deutschland. Allerdings leben dort mit fast 80 Millionen Einwohnern auch ähnlich viele Menschen; das Land ist somit sehr dünn besiedelt. Die Einwohner gehören etwa 250 Volksgruppen an. Entsprechend hoch ist die Vielfalt der Kulturen und Sprachen. Offizielle Amtssprache der Demokratischen Republik Kongo ist jedoch Französisch. Das Land ist besonders reich an Coltan, ein Erz, das Tantal enthält. Tantal ist ein chemisches Element, das für elektronische Geräte benötigt wird, so auch für Handys und Computer.

Südafrika

Der Staat Südafrika wurde lange Zeit von einer weißen Minderheit regiert. In ihrem System der Apartheid wurden schwarze und weiße Südafrikaner strikt voneinander getrennt. So gab es zum Beispiel unterschiedliche Schulen für schwarze und für weiße Kinder. Die schwarze Mehrheit wurde unterdrückt und durfte auch nicht wählen. Nachdem sich viele Länder aus aller Welt gegen diese Regierungsform aussprachen und es auch im Land Proteste gab, wurde die Apartheid 1994 abgeschafft. Heute nennt man Südafrika aufgrund der vielen unterschiedlichen Völker auch die Regenbogennation.

Nelson Mandela organisierte Proteste gegen die weiße südafrikanische Regierung und wurde dafür 1964 zu lebenslanger Haft verurteilt. Erst nach über 26 Jahren kam er frei. 1994 wurde er sogar der erste demokratisch gewählte Präsident Südafrikas.

Madagaskar

Madagaskar liegt vor der Ostküste Afrikas im Indischen Ozean und ist die größte Insel des Kontinents. Viele Menschen dort leben vom Fischfang, der Landwirtschaft und vom Anbau und Handel mit Kaffee, Zucker, Gewürznelken, Vanilleschoten und Vanilleblüten. Wegen seiner Lage inmitten des Indischen Ozeans haben sich auf Madagaskar seefahrende Menschen aus den unterschiedlichsten Gegenden angesiedelt, sowohl Afrikaner als auch Araber, Indonesier und Europäer.

Mauritius

Weit draußen im Indischen Ozean liegt die kleine Vulkaninsel Mauritius, die vor allem von indischen, aber auch von europäischen, afrikanischen und chinesischen Nachfahren besiedelt ist. Mit rund 637 Einwohnern pro Quadratkilometer ist es der am dichtesten besiedelte Staat Afrikas. Aufgrund des wachsenden Tourismus ist das Land nicht mehr allein von seinen Tee- und Zuckerexporten abhängig und zählt zu den reichsten Ländern des Kontinents.

Diamant

Riesenglück
Im Jahr 1905 wurde in einer südafrikanischen Diamantenmine der bis dahin größte Diamant entdeckt: der 621 Gramm schwere Cullinan-Diamant.

N
W
O
S
ÄTHIOPIEN
KAMERUN
ÄQUATORIAL-GUINEA
Malabo
Golf von Guinea
São Tomé
SÃO TOMÉ U. PRÍNCIPE
Bata
Libreville
GABUN
REP. KONGO
Sangha
Ubangi
Gemena
Kongo
Mbomou
Uelle
Isiro
Tshuapa
Mbandaka
DEM. REP. KONGO
Kisangani
Albert-Nil
Gulu
Lira
Turkana-see
KENIA
Eldoret
Kampala
Victoria-see
Nairobi
RUANDA
Kigali
Bukavu
Bujumbura
BURUNDI
Malindi
Mombasa
Arusha
Tanga
Pemba
Sansibar
Daressalam
(Dar as-Salam)
Mafia
Dodoma
TANSANIA
Tanganjika-see
Mbeya
Songea
Rovuma
Malawi-see
Lukenie
Pointe-Noire
Brazzaville
Kinshasa
Ilebo
Kananga
Mbuji-Mayi
Mwene-Ditu
Kasai
Tshikapa
Matadi
CABINDA
(ANGOLA)
Cuango
Kwilu
Luanda
Ndalatando
Cuanza
Kolwezi
Luapula
Lubumbashi
Kitwe
Kafue
Luangwa
Lobito
Benguela
Kuito
Huambo
ANGOLA
SAMBIA
Lusaka
MALAWI
Lilongwe
Blantyre
Pemba
Nacala
Nampula
Lubango
Cunene
Cubango
Cuito
Cuando
Livingstone
(Maramba)
Sambesi
Harare
Quelimane
SIMBABWE
Bulawayo
Okavango
Beira
Save
NAMIBIA
Windhuk
BOTSUANA
MOSAMBIK
Limpopo
Maxixe
Xai-Xai
Gaborone
Pretoria
Johannesburg
Soweto
Maputo
Mbabane
SWASILAND
Auob
Kimberley
Maseru
Pietermaritzburg
Bloemfontein
Durban
Oranje
SÜDAFRIKA
Vaal
LESOTHO
Atlantischer Ozean
Indischer Ozean
Queenstown
Bhisho
Kapstadt
(Cape Town)
Worcester
Port Elizabeth
Kap der Guten Hoffnung
Straße von Mosambik
KOMOREN
Moroni
Mayotte
(Frankreich)
Victoria
SEYCHELLEN
Îles Glorieuses
(Frankreich)
Agalega-Inseln
(Mauritius)
Mahajanga
Toamasina
Antananarivo
Toliara
MADAGASKAR
Tromelin
(Frankreich)
MAURITIUS
Port Louis
Réunion
(Frankreich)
Prinz-Eduard-Inseln
(Südafrika)
Crozet-Inseln
(Frankreich)
500 km

Australien und Ozeanien

Ayers Rock

Der Uluru in der zentralaustralischen Wüste ist für die dort lebenden Aborigines ein heiliger Berg. Außerhalb Australiens kennt man ihn auch unter dem englischen Namen Ayers Rock.

Australien befindet sich auf der Südhalbkugel. Wenn in Europa Winter herrscht, ist in Australien gerade Sommer. Der Kontinent Australien ist eine riesige Insel, die von Meer und weiteren Inseln umgeben ist. Die größten sind Neuguinea, Neuseeland und Tasmanien. Im Südpazifik und um den Äquator herum gibt es noch zahlreiche weitere Vulkaninseln und Korallenatolle. Manche sind so klein, dass sie auf einer Weltkarte oder einem Globus nur schwer abzubilden sind. Diese Inselwelt, die sich über den halben Pazifischen Ozean erstreckt, heißt Ozeanien.

Australien und Neuseeland

Oft werden Neuseeland und Australien in einem Atemzug genannt. Die Neuseeländer hören das gar nicht gerne, denn auch wenn Neuseeland kleiner ist als der australische Kontinent, ist es doch unabhängig von Australien. Neuseeland ist zudem kein Teil der Australischen Kontinentalplatte und gehört somit auch geologisch nicht zu Australien.

Pazifische Inselwelt

Nördlich und östlich von Australien ist die Inselwelt Ozeaniens zu finden, die aus überwiegend kleineren Inseln, Atollen und Archipelen besteht. Sie beginnt östlich von Indonesien und den Philippinen und erstreckt sich bis hin zur entlegenen Osterinsel. Die größeren Inseln sind aus vulkanischem Gestein, manche haben vorgelagerte Koralleninseln. Die kleineren Inseln sind meist Atollinseln und bestehen somit aus den Kalkskeletten von Korallen, also den Gehäusen von Tieren. Ozeanien zählt schätzungsweise weit über 7500 Inseln, von denen jedoch der größte Teil nicht einmal einen Namen hat. Nur etwa 2100 Inseln sind bewohnt.

Great Barrier Reef

Dieses Riffsystem an der Ostküste des australischen Bundesstaats Queensland besteht aus einer Vielzahl kleinerer Korallenriffe und ist rund 2300 Kilometer lang.

Papua-Neuguinea

Dieser Staat liegt auf dem östlichen Teil der Insel Neuguinea. Neben tropischem Regenwald finden sich auf der gebirgigen Insel auch Gletscher, Vulkane und Grasebenen.

Die Palau-Inseln liegen ganz im Westen Mikronesiens und sind Atollinseln, die aus abgestorbenen Korallen bestehen. Die etwa 300 bewachsenen Inseln sind von Riffen umgeben, die sich auch aus noch lebenden Korallen zusammensetzen.

Fidschi

Diese Inselgruppe besteht aus 332 Inseln, wovon nur etwa 110 bewohnt sind. Sie ist für ihre Sandstrände und Kokospalmen berühmt.

Steckbrief

Australien und Ozeanien

Fläche: ca. 8,5 Mio. km²
Anzahl der Länder: 14
Größtes Land: Australien
Kleinstes Land: Nauru
Bevölkerung: ca. 38 Mio. Einwohner
Bevölkerungsdichte: ca. 4 Einwohner/ km²
Größte Stadt: Sydney (ca. 4,7 Mio. Einwohner)

Angeberwissen

- Ein Atoll ist ein ringförmiges Korallenriff. Das Riff wiederum besteht aus kleineren, zum Teil schmalen Inselchen, die eine Lagune umschließen.
- Ein Archipel ist eine Region, die aus einer Inselgruppe besteht.

120°O
Japanisches Meer
140°O
160°O
180°
160°W
N
W
O
S
40°N
Gelbes Meer
Ostchinesisches Meer
Bonin-Inseln (Japan)
Ryukyu-Inseln (Japan)
Vulkan-Inseln (Japan)
Nördlicher Wendekreis
TAIWAN
Midway-Inseln (USA)
20°N
Nördliche Marianen (USA)
Marianen
Wake (USA)
PHILIPPINEN
Hawaii-Inseln (USA)
Guam (USA)
20°N
Yap-Inseln (Mikronesien)
MARSHALL-INSELN
PALAU
MIKRONESIEN
Celebes-see
Papua (Indonesien)
Bismarck-Archipel (Pap.-Neug.)
Gilbert-Inseln (Kiribati)
Palmyra (USA)
Teraina (Kiribati)
0° Äquator
Neuguinea
INDONESIEN
NAURU
Tabuaeran (Kiribati)
Salomon-Inseln
PAPUA-NEUGUINEA
Phönix-Inseln (Kiribati)
Kiritimati (Kiribati)
Pazifischer Ozean
TIMOR-LESTE
Westtimor (Indonesien)
Arafurasee
KIRIBATI
Malden-Insel (Kiribati)
Timorsee
SALOMONEN
TUVALU
Tokelau-Inseln (Neuseeland)
Starbuck-Insel (Kiribati)
Korallensee
VANUATU
SAMOA
Millennium-Insel (Kiribati)
20°S
Südlicher Wendekreis
Flint-Insel (Kiribati)
Marquesas-Inseln (Frankreich)
FIDSCHI
AUSTRALIEN
Neu-kaledonien (Frankreich)
NIUE
TONGA
Bora Bora (Frankreich)
Tahiti (Frankreich)
Cook-Inseln (Neuseeland)
Norfolk-Insel (Australien)
Französisch-Polynesien (Frankreich)
20°S
Lord-Howe-Insel (Australien)
Tasmansee
40°S
NEUSEELAND
Chatham-Inseln (Neuseeland)
Tasmanien (Australien)
Indischer Ozean
Bounty-Inseln (Neuseeland)
Auckland-Inseln (Neuseeland)
40°S
Antipoden-Inseln (Neuseeland)
Campbell-Inseln (Neuseeland)
Macquarie-Insel (Australien)
60°S
Südpolarmeer
120°O
ANTARKTIS
140°O
160°O
180°
160°W
140°W
1000 km

Australien und Ozeanien

Opernhaus

Der Architekt Jørn Utzon hat sich für das Wahrzeichen Sydneys Orangenschalen zum Vorbild genommen.

Sydney

Direkt gegenüber dem Sydney Opera House legen große Kreuzfahrtschiffe und Ozeanriesen an. Mit seinen gut 4,7 Millionen Einwohnern ist Sydney das Industrie-, Handels- und Finanzzentrum Australiens und wichtig für ganz Ozeanien.

Australien, zu dem auch Tasmanien gehört, ist Teil des Commonwealth of Nations – genau wie Neuseeland und einige pazifische Inselstaaten. Das Commonwealth ist eine lose Verbindung selbstständiger Staaten, die aus dem Vereinigten Königreich Großbritannien und Nordirland sowie dessen ehemaligen Kolonien besteht. Der jeweilige Herrscher Großbritanniens ist auch Staatsoberhaupt der Mitgliedstaaten des Commonwealth.

Wirtschaftszentren

In der südwestpazifischen Inselwelt spielen Australien und Neuseeland eine besondere wirtschaftliche Rolle. Australien ist für die Region Ozeanien ein sehr wichtiger Partner, denn es verfügt über eine große Wirtschaftskraft und ist reich an Bodenschätzen. Viele Bewohner der kleineren Inseln kommen nach Australien und Neuseeland, um dort zu studieren oder zu arbeiten. Für Samoa ist die Beziehung zu den beiden Ländern sogar so wichtig, dass beim Jahreswechsel von 2011 auf 2012 die Datumsgrenze verlegt wurde, sodass sich der Inselstaat nun westlich davon befindet – wie Neuseeland und Australien.

In der Kolonialzeit trafen die Europäer auf viele ihnen fremde Völker mit eigenen Bräuchen. Auf diesem Foto aus der Zeit um 1920 sind Männer der Marind-anim, die man damals auch Tugeri nannte, in Festkleidung zu sehen.

Grenze zu Asien

In Australien und Ozeanien gibt es nur eine einzige Festlandgrenze zu einem Nachbarstaat. Es ist zugleich auch die politische Grenze zwischen dem asiatischen Kontinent und dem Kontinent Australien und Ozeanien. Es handelt sich um die Teilung der Insel Neuguinea in Papua, das politisch zu Indonesien und damit zu Asien gehört, und den Staat Papua-Neuguinea, der zu Australien und Ozeanien gezählt wird. Die Grenze verläuft exakt auf dem 141. östlichen Längengrad und stammt noch aus der Kolonialzeit, als die Europäer die Grenzen willkürlich mit dem Lineal zogen. Nur an einer Stelle wurde sie dem Verlauf des Flusses Fly angepasst. Dort schiebt sich das ehemals britische Papua-Neuguinea etwas nach Westen in das früher niederländische Gebiet hinein.

Kopfjäger und Kannibalen

Noch bis Mitte des 20. Jahrhunderts soll es auf der Insel Neuguinea Kannibalen und Kopfjäger gegeben haben, die aus den Köpfen ihrer Feinde Schrumpfköpfe hergestellt haben. Auf diese Weise sollte die Kraft der Unterlegenen auf die Sieger übergehen. Auch wenn viele Völker ihre traditionelle Lebensweise bewahrt haben, praktizieren sie diese blutigen Rituale schon seit Jahrzehnten nicht mehr. Aus den Kopfjägern sind Fischer und Bauern geworden, die alles, was sie brauchen, selbst anbauen, wie zum Beispiel Süßkartoffeln, Gemüse, Bananen und Tabak.

Traditionell

In Papua-Neuguinea leben zahlreiche Völker in abgeschiedenen und nur schwer zugänglichen Tälern. So konnten sie ihre Kultur bis in die heutige Zeit bewahren.

Vanuatu

Port Vila ist die Hauptstadt von Vanuatu und hat etwa 50 000 Einwohner. So manch andere Hauptstadt in Ozeanien hat nur wenige Tausend Einwohner.

N
W
O
S
NORDKOREA
Japanisches Meer
SÜDKOREA
Gelbes Meer
Ostchinesisches Meer
Ryukyu-Inseln (Japan)
Bonin-Inseln (Japan)
Vulkan-Inseln (Japan)
TAIWAN
Midway-Inseln (USA)
Nördliche Marianen (USA)
Marianen
Wake (USA)
PHILIPPINEN
Guam (USA)
Hawaii-Inseln (USA)
Yap-Inseln (Mikronesien)
Melekeok
PALAU
Palikir
MIKRONESIEN
MARSHALL-INSELN
Majuro
Celebes-see
Papua (Indonesien)
Neuguinea
Bismarck-Archipel (Pap.-Neug.)
South Tarawa
Gilbert-Inseln (Kiribati)
Yaren
NAURU
Palmyra (USA)
Teraina (Kiribati)
Tabuaeran (Kiribati)
Kiritimati (Kiribati)
INDONESIEN
PAPUA-NEUGUINEA
Salomon-Inseln
Pazifischer Ozean
Phönix-Inseln (Kiribati)
TIMOR-LESTE
Arafurasee
Port Moresby
Honiara
Funafuti
KIRIBATI
Malden-Insel (Kiribati)
Westtimor (Indonesien)
Timorsee
SALOMONEN
TUVALU
Tokelau-Inseln (Neuseeland)
Starbuck-Insel (Kiribati)
Millennium-Insel (Kiribati)
Korallensee
VANUATU
SAMOA
Apia
Port Vila
Suva
Flint-Insel (Kiribati)
Marquesas-Inseln (Frankreich)
FIDSCHI
Niue (Neuseeland)
AUSTRALIEN
Neu-kaledonien (Frankreich)
Nuku'alofa
TONGA
Bora Bora (Frankreich)
Tahiti (Frankreich)
Cook-Inseln (Neuseeland)
Norfolk-Insel (Australien)
Französisch-Polynesien (Frankreich)
Lord-Howe-Insel (Australien)
Canberra
Tasmansee
NEUSEELAND
Wellington
Chatham-Inseln (Neuseeland)
Tasmanien (Australien)
Indischer Ozean
Bounty-Inseln (Neuseeland)
Auckland-Inseln (Neuseeland)
Antipoden-Inseln (Neuseeland)
Campbell-Inseln (Neuseeland)
Macquarie-Insel (Australien)
Südpolarmeer
ANTARKTIS
1000 km

Australien und Ozeanien

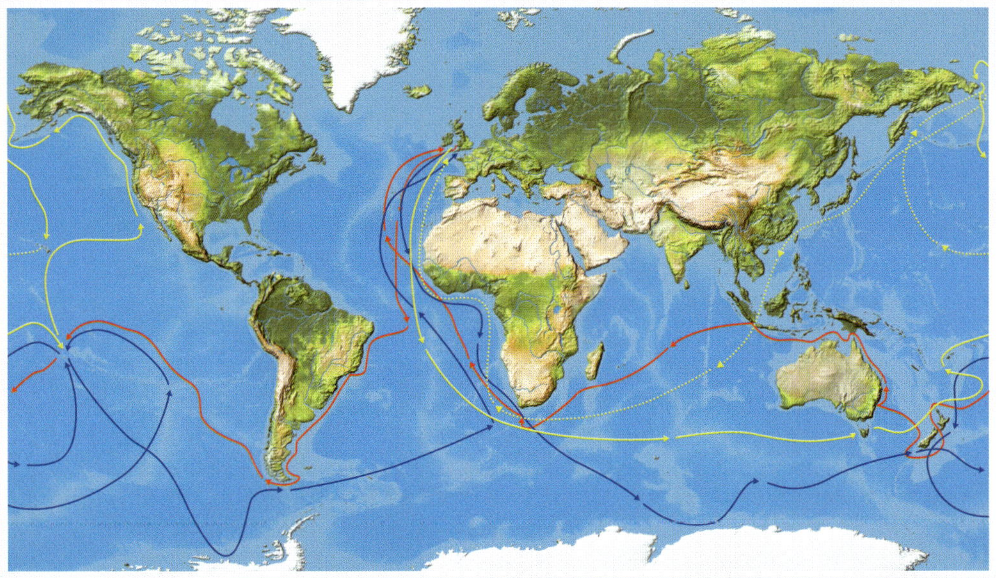

- 1. Reise (1768–1771)
- 2. Reise (1772–1775)
- 3. Reise (1776–1779/80)
- Rückreise der Mannschaft nach Cooks Tod

Die Reisen des James Cook

Von 1768 bis 1779 umrundete James Cook auf drei Reisen den Globus. Dabei nahm er Vermessungen der australischen Küste, Neuseelands und zahlreicher pazifischer Inseln vor.

James Cook

Der britische Kapitän James Cook hat Australien nicht entdeckt, denn vor ihm hatten schon andere die Küsten gesichtet und auch betreten. Allerdings hat er Australien und die pazifische Inselwelt auf seinen drei Reisen kartografiert und erforscht. Auf seiner dritten großen Reise entdeckte er die Hawaii-Inseln. Dort wurde er nach einem Streit mit den Inselbewohnern am 11. Februar 1779 getötet.

Käpt'n James Cook fiel auf, dass sich Sprache und Kultur vieler Inselbewohner ähnelten und folgerte daraus, dass alle Polynesier einen gemeinsamen Ursprung haben mussten.

1773 landete James Cook auf den Freundschaftsinseln – dem heutigen Tonga.

Die Besiedlung Australiens und Ozeaniens begann vor mindestens 40 000 Jahren, möglicherweise sogar schon vor 60 000 Jahren. Zu dieser Zeit kamen die ersten Menschen in einfachen Booten aus Südostasien nach Australien. Damals lag der Meeresspiegel tiefer und Australien bildete zusammen mit Neuguinea und einigen weiteren Inseln des heutigen Melanesien den Kontinent Sahul. Das restliche Ozeanien blieb vorerst unbesiedelt.

Besiedlung der Inselwelt

Erst um 1500 bis 1300 vor Christus herum begann die eigentliche Besiedlung der pazifischen Inselwelt; wahrscheinlich kamen die Menschen von den Philippinen und aus Taiwan. Über viele Jahrhunderte hinweg drangen sie immer weiter nach Osten vor. Insbesondere die Polynesier brachen von den Inseln Fidschi, Tonga und Samoa zu Reisen über den Ozean auf. Mit Doppelrumpfbooten und Auslegerkanus gelangten die mutigen Seefahrer wahrscheinlich schon bis nach Hawaii und Neuseeland. Waren die Meeresströmungen günstig, konnte man vielleicht sogar die Osterinsel ganz im Osten erreichen. Da es aber keine schriftlichen Überlieferungen und nur wenige archäologische Funde gibt, kann man über den Verlauf der Besiedlung Ozeaniens nur Vermutungen anstellen.

Fakten zu Australien

- Bis vor etwa 6 000 Jahren, als die Landbrücke zu Neuguinea durch den steigenden Meeresspiegel überflutet wurde, gab es einen kulturellen Austausch zwischen dem Norden Australiens und Neuguinea.
- Später landeten immer wieder Einwanderer vom indischen Subkontinent oder Seefahrer von den Inseln der Torresstraße und vielleicht sogar aus China in Australien.
- Bereits im 16. Jahrhundert dürften portugiesische, französische, spanische und niederländische Seefahrer die Küsten Australiens erreicht haben. Sicher ist, dass 1606 der Niederländer Willem Jansz die Halbinsel Kap York im Norden Australiens betreten hat.

Die großen Schiffe kommen

Die Europäer sind erst ab dem 16. Jahrhundert nach Ozeanien vorgestoßen, also viele Jahrhunderte nach den ersten Ureinwohnern. Zum einen wollten die europäischen Entdeckungsreisenden die Westroute über den Pazifik erforschen, die schneller zu den Handelszentren Asiens führte als die Ostroute über den Indischen Ozean. Zum anderen sollte der seit der Antike vermutete, höchst geheimnisvolle Südkontinent Terra Australis Incognita gefunden werden. Anfangs erkundeten portugiesische und spanische Seefahrer Ozeanien, später durchkreuzten auch niederländische, britische und französische Schiffe die pazifische Inselwelt. Der bekannteste Entdecker und Forschungsreisende war der Brite James Cook, nach dem auch die Cook-Straße zwischen den beiden Hauptinseln Neuseelands und die Cook-Inseln benannt sind.

Gesellschaftsinseln

Etwa 175 Kilometer nordwestlich von Tahiti liegt das Atoll Huahine, das zu den Gesellschaftsinseln zählt. Diese sind heute Teil Französisch-Polynesiens. Auf seiner dritten und letzten Reise in die Inselwelt des Pazifiks ließ James Cook 1777 seine Schiffe »Resolution« und »Discovery« dort vor Anker gehen.

Kolonien in Ozeanien

1914 war Ozeanien zwischen Europa, Russland, Japan und den Vereinigten Staaten von Amerika aufgeteilt. Auch Deutschland hatte dort Kolonien, zum Beispiel im Osten Neuguineas. Die Inseln des Bismarck-Archipels waren ebenfalls in deutscher Hand und wurden sogar nach dem deutschen Reichskanzler Otto von Bismarck benannt. Im Ersten Weltkrieg (1914–1918) verlor Deutschland alle seine Kolonien – auch jene in Ozeanien.

Auslegerkanu

Mit solchen Booten wurde früher gefischt – oder man besuchte Nachbarinseln. Vielleicht erfolgte mit ihrer Hilfe auch die Besiedlung Ozeaniens. Die seitlichen Ausleger lassen die Boote stabiler im Wasser liegen.

Nach dem Zweiten Weltkrieg

Im Zweiten Weltkrieg (1939–1945) wurde Ozeanien zum Schauplatz von Seeschlachten zwischen den USA und Japan. Nach der Niederlage Japans wurden dessen Kolonien den USA als Treuhandgebiete zugesprochen. In der zweiten Hälfte des 20. Jahrhunderts erlangten sowohl die Kolonien der Vereinigten Staaten von Amerika als auch die Großbritanniens und Frankreichs die Unabhängigkeit. Die USA sicherten sich jedoch weiterhin das Recht der politischen Einflussnahme. So können sie nach wie vor militärische Stützpunkte, also Häfen und Flugplätze, auf den Inseln unterhalten.

Schon gewusst?

Stabkarten wurden in Mikronesien als Navigationsinstrument verwendet. Damit konnte man sich vor Antritt einer Fahrt mit den Meeresströmungen und Windverhältnissen vertraut machen. Die unterschiedlichen Stäbe standen für Strömungen oder Bereiche mit tückischem Seegang, die eingearbeiteten Muscheln oder Schnecken wiederum für Inseln.

Australien und Papua-Neuguinea

Der Strand von Whitsunday Island vor der australischen Ostküste besteht zu 99 Prozent aus Quarz und ist einer der weißesten Strände der Welt.

Australien ist zwar der kleinste der sieben Kontinente, dafür aber die größte Landmasse in Australien und Ozeanien. Das Land ist vollständig von Meer umgeben und liegt zwischen dem Indischen Ozean und dem Pazifik. Das Landesinnere besteht aus Wüste und Halbwüste mit dem typischen roten Sand. Die Australier nennen das unwirtliche, heiße Innere ihres Kontinents auch Outback, was Busch oder Hinterland bedeutet.

Mehr als nur Outback

Der größte Teil Australiens liegt in der tropischen und subtropischen Klimazone; lediglich der äußerste Süden befindet sich in der gemäßigten Klimazone. Australien ist weltweit das Land mit den wenigsten Flüssen. Sein größter See ist der Eyresee. Dieser ist jedoch nicht immer mit Wasser gefüllt – außerhalb der Regenzeit trocknet der Eyresee nahezu vollständig aus. Je nach Wasserstand verändern sich auch Form und Aussehen des Sees: Oft teilt er sich in einen nördlichen und einen südlichen See. In den großen Waldgebieten im Osten Australiens wachsen Eukalyptusbäume, von deren Blättern und Rinde sich Koalabären ernähren. Auf der südöstlich von Australien gelegenen Insel Tasmanien leben viele Beuteltiere. Hier sind einige Arten erhalten, die auf dem australischen Kontinent bereits ausgestorben sind, wie zum Beispiel Beuteldachse, kleine Wallaby-Arten oder der Beutelteufel.

Gefährlicher Kontinent

Die Tierwelt Australiens kann sehr heimtückisch sein; es gibt dort einige der giftigsten Spinnen und Schlangen der Welt. Besonders berüchtigt sind aber die Salzwasserkrokodile. Diese können über sechs Meter lang und eine Tonne schwer werden. Die Tiere halten sich meist an der Küste im Brackwasser auf, leben aber auch in Flüssen und Sümpfen. Gelegentlich schwimmen sie sogar einige Hundert Kilometer auf den Ozean hinaus.

Einzigartig: das Schnabeltier

Die bekanntesten tierischen Bewohner Australiens sind die Kängurus und Koalas. Aber auch das Schnabeltier, ein Eier legendes Säugetier, ist dort zu Hause. Es hat ein Wasser abweisendes, braunes Fell, einen Entenschnabel und Schwimmhäute zwischen den Zehen. Zudem besitzt es einen flachen Steuerschwanz. Das Schnabeltier sieht zwar recht harmlos aus, doch wehrlos ist es nicht: An den Hinterbeinen der Männchen befindet sich ein hohler Sporn, der mit einer Giftdrüse verbunden ist. Für einen Menschen ist der Stich eines Schnabeltiers zwar nicht tödlich, aber äußerst schmerzhaft.

Papua-Neuguinea

Der zu Melanesien und somit zu Ozeanien zählende Staat Papua-Neuguinea besteht aus dem Ostteil der gebirgigen Insel Neuguinea sowie einer Reihe kleinerer Inseln und Inselgruppen. Die gesamte Hauptinsel ist von einem 200 Kilometer breiten Gebirge mit vielen tief eingegrabenen Tälern durchzogen. Deshalb leben zahlreiche Volksstämme auch völlig isoliert voneinander. Vor der Nordküste liegen besonders artenreiche Korallenriffe. Dort wurden eigens Meeresschutzgebiete eingerichtet, um die Riffe und ihre Bewohner zu schützen.

Outback

Das Outback ist typisch für Australien. Die endlosen Weiten umfassen Wüsten, Bergrücken und Schluchten, aber auch riesige Rinder- und Schafsfarmen.

Beutelteufel

Dieser Räuber ist auf dem australischen Festland schon vor Jahrhunderten ausgestorben und hat nur auf Tasmanien überlebt. Sein Kreischen ist über viele Kilometer zu hören.

Känguru

Bei großer Eile springen Kängurus auf den Hinterbeinen und steuern mit dem Schwanz.

Tasmanien

In den tasmanischen Urwäldern sind bis zu 3 000 Jahre alte Bäume und eine einzigartige Tier- und Pflanzenwelt zu finden.

N
W
O
S
INDONESIEN
Papua (Indonesien)
Bismarck-Archipel (Pap.-Neug.)
Sepik
PAPUA-NEUGUINEA
Mt. Wilhelm 4508
Ulawun 2334
Mt. Balbi 2715
Purari
Fly
Neubritannien (Pap.-Neug.)
Mt. Takuan 2251
INDONESIEN
TIMOR-LESTE
Timorsee
Arafurasee
Papuagolf
Mt. Victoria 4073
Torresstraße
Port Moresby
Melville-Insel
Westtimor (Indonesien)
Darwin
Joseph-Bonaparte-Golf
Daly
Groote Eylandt
Pazifischer Ozean
Indischer Ozean
Roper
Carpentaria-golf
Ord
Victoria
Argyle-see
KIMBERLEY-PLATEAU
Mitchell
Great Barrier Reef
Cairns
Mt. Bartle Frere 1622
Korallensee
Fitzroy
Tanamiwüste
BARKLY-TAFELLAND
GREAT DIVIDING RANGE
Townsville
NORTHERN TERRITORY
Burdekin
Große Sandwüste
TAFELLAND
Mackay-see
Mt. Meharry 1249
Disappointment-See
Mt. Zeil 1510
Alice Springs
QUEENSLAND
Amadeus-see
MACDONNELKETTE
Mackenzie
Gibsonwüste
Uluru (Ayers Rock) 863
Simpson-wüste
AUSTRALIEN
WESTERN AUSTRALIA
Carnegie-see
MUSGRAVEKETTE
Consuelo Peak 1174
Wells-see
WESTAUSTRALISCHES
Große Victoriawüste
Nördlicher Eyresee
Toowoomba
Brisbane
DARLINGKETTE
SOUTH AUSTRALIA
Gold Coast
Barlee-See
Carey-see
Südlicher Eyresee
Barwon
Mt. Warning 1159
Torrens-see
Moore-See
Nullarborebene
Frome-see
Darling
NEW SOUTH WALES
Macquarie
Cowan-see
St. Mary Peak 1188
Barrington Tops 1585
Perth
Große Australische Bucht
Gairdner-see
Lachlan
Newcastle
Adelaide
Murray
Sydney
Bluff Knoll 1109
Canberra
AUSTRALIAN CAPITAL TERRITORY
Känguru-Insel
Mt. Kosciuszko 2230
VICTORIA
Mt. Bogong 1986
Melbourne
Bass-Straße
Indischer Ozean
Tasmansee
Mt. Ossa 1617
TASMANIA
Hobart
Tasmanien (Australien)
500 km

Australien und Papua-Neuguinea

Der australische Kontinent ist rund 7,7 Millionen Quadratkilometer groß, also gut 21-mal so groß wie Deutschland. Auf dem ganzen Kontinent leben aber nur etwa 22,8 Millionen Menschen. Deutschland dagegen hat über dreieinhalb Mal so viele Einwohner. Die meisten Australier leben in den Städten an den Küsten. Australien besteht aus sechs Bundesstaaten, zwei Territorien sowie mehreren Außengebieten. Im australischen Hauptstadtterritorium, dem Australian Capital Territory, liegt auch die Hauptstadt Canberra.

Aborigines

Australiens Ureinwohner werden Aborigines genannt. Das Wort kommt aus dem Lateinischen und bedeutet »von Anfang an«. Natürlich waren diese Menschen nicht von Anfang an im Land; allerdings kamen ihre Vorfahren schon viele Tausend Jahre vor den ersten weißen Siedlern in Australien an. Die Ureinwohner selbst möchten nicht als Aborigines bezeichnet werden; viel lieber lassen sie sich mit ihrem jeweiligen Stammesnamen ansprechen. Denn jeder Stamm hat seine eigene Kultur mit einer eigenen Sprache. Fast jeder kennt heute den Bumerang, der von den Ureinwohnern als Jagdwaffe genutzt wurde, oder das Didgeridoo. Dieses Blasinstrument wird aus einem Baumstamm hergestellt, den Termiten ausgehöhlt haben.

Die Siedler kommen

Die Briten nutzten Australien zunächst als Freiluftgefängnis und schickten Strafgefangene dorthin. Mit der Ankunft der Europäer sank die Zahl der Ureinwohner rapide. Die Gründe dafür waren eingeschleppte Krankheiten und gewaltsam ausgetragene Konflikte. Die Aborigines wurden von den neuen Siedlern immer mehr unterdrückt und zurückgedrängt. Heute leben noch etwa 600 000 Aborigines in Australien. Viele haben sich der modernen westlichen Lebensweise angepasst, doch einige ziehen das traditionelle Leben ihrer Urahnen vor.

Geplante Hauptstadt

1908 sollte die Hauptstadt Australiens festgelegt werden. Zur Wahl standen Sydney und Melbourne. Doch es kam zu keiner Einigung – zu groß war die Rivalität beider Städte. Also entschloss sich die australische Regierung, die zukünftige Hauptstadt Canberra einfach völlig neu zu errichten. Heute zählt Canberra, das 1927 schließlich fertiggestellt wurde, rund 400 000 Einwohner und ist damit nur die achtgrößte Stadt Australiens. Die größte Stadt ist Sydney mit etwa 4,7 Millionen Einwohnern, gefolgt von Melbourne, Brisbane, Perth und Adelaide.

Land der vielen Sprachen

Obwohl in Papua-Neuguinea nur etwa 6,6 Millionen Menschen leben, werden dort mehr als 800 Sprachen gesprochen. Denn manche Dörfer sind komplett von der Außenwelt abgeschnitten, sodass sich hier ganz eigene Sprachen entwickeln konnten. Viele Menschen betreiben Landwirtschaft. Papua-Neuguinea exportiert einige Güter in andere Länder, etwa Erdöl, Kupfer, Gold und Kaffee.

»Kleiderbügel«

Die Hafenbrücke spannt sich über den Hafen von Sydney – und das schon seit 1932. Die Einheimischen haben ihr den Spitznamen »Kleiderbügel« gegeben.

Road Trains sind Lastwagen mit mehreren Anhängern. Diese Straßenzüge versorgen die entlegeneren Regionen Australiens.

Asaro Mudmen

Die Vorfahren dieses Stamms sollen einmal überlegene Feinde in die Flucht geschlagen haben, weil diese glaubten, Geister vor sich zu haben – dabei waren es bloß schlammverkrustete Männer.

Hier in Goroka im Hochland Papua-Neuguineas findet jedes Jahr um den 16. September, dem Unabhängigkeitstag des Landes, ein großes Fest statt. Über 100 Stämme nehmen daran teil.

N
W
O
S
INDONESIEN
Papua
(Indonesien)
Bismarck-
Archipel
(Pap.-Neug.)
Sepik
PAPUA-NEUGUINEA
Fly
Purari
Neubritannien
(Pap.-Neug.)
INDONESIEN
TIMOR-LESTE
Timorsee
Arafurasee
Torresstraße
Papuagolf
Port Moresby
Westtimor
(Indonesien)
Melville-
Insel
Darwin
Groote
Eylandt
Joseph-
Bonaparte-
Golf
Daly
Carpentaria-
golf
Roper
Pazifischer
Ozean
Indischer
Ozean
Ord
Victoria
Mitchell
Cairns
Great Barrier Reef
Argyle-
see
Korallensee
Fitzroy
Townsville
Burdekin
NORTHERN
TERRITORY
Mackay-
see
QUEENSLAND
Disappointment-
See
Alice Springs
Mackenzie
Amadeus-
see
WESTERN
AUSTRALIA
AUSTRALIEN
Carnegie-
see
Wells-
see
Nördlicher Eyresee
Toowoomba
Brisbane
Gold Coast
SOUTH
AUSTRALIA
Südlicher
Eyresee
Barlee-
See
Carey-
see
Torrens-
see
Barwon
Darling
Moore-
See
Frome-
see
NEW
SOUTH
WALES
Macquarie
Cowan-
see
Perth
Große
Australische
Bucht
Gairdner-
see
Lachlan
Newcastle
Adelaide
Sydney
Murray
Canberra
AUSTRALIAN
CAPITAL
TERRITORY
Känguru-
Insel
VICTORIA
Melbourne
Bass-Straße
Indischer
Ozean
Tasmansee
TASMANIA
Hobart
Tasmanien
(Australien)
500 km

Neuseeland

Leuchtende Höhlen
Die Waitomo-Höhlen auf der Nordinsel Neuseelands leuchten blaugrün. Wände und Decken sind mit unzähligen Pilzmückenlarven samt ihren klebrigen Fangfäden bedeckt, mit denen sie Insekten fangen. Die Höhlen werden deshalb auch Höhlen der Leuchtkäfer genannt.

Champagne Pool
Auf der Nordinsel befindet sich diese Thermalquelle. Das orangefarbene Sediment besteht aus giftigen Schwefelverbindungen.

Fox-Gletscher
Der etwa 13 Kilometer lange Fox-Gletscher an der Westküste der Südinsel erstreckt sich über 2600 Höhenmeter.

Südöstlich vor Australien und durch die Tasmansee getrennt, liegt Neuseeland. Die Maori, die Ureinwohner Neuseelands, nennen ihre Heimat auch Land der langen weißen Wolke. Neuseeland besteht aus zwei großen Inseln, der Nordinsel und der größeren Südinsel, sowie zahlreichen kleineren Inseln. Seiner Lage im Südpazifik verdankt das Land ein mildes Klima mit warmen Sommern und kühlen, feuchten Wintern.

Berge und Wälder

Neuseelands vielfältige Landschaften umfassen Palmenstrände, subtropischen Regenwald, Vulkane, Gebirge mit schneebedeckten Gipfeln und Gletschern. Vor Ankunft der Europäer war das Land nahezu vollständig von Wald bedeckt. Die neuen Siedler haben vielerorts die Bäume gefällt und aus den gewonnenen Flächen Acker- und Weideland gemacht. Beide Hauptinseln sind sehr gebirgig und in den Gebirgstälern fließen kurze Flüsse ins Meer. Vor allem auf der Südinsel, wo sich die schneebedeckten Neuseeländischen Alpen erstrecken, finden sich in den von Gletschern ausgefrästen Tälern viele längliche Seen, wie der Wanakasee und der Haweasee. Auf der vulkanischen Nordinsel ist es weniger gebirgig und das Klima ist wärmer. Getrennt werden die beiden Inseln durch die rund 35 Kilometer breite Cook-Straße.

Vulkane auf Neuseeland

Neuseeland liegt an der Grenze zwischen Australischer und Pazifischer Platte. So kommt es zu häufigen, wenn auch meist harmlosen Erdbeben. Die tektonischen Kräfte sind jedoch nicht zu unterschätzen, denn sie haben auf der Südinsel die Neuseeländischen Alpen aufgetürmt. Auf der Nordinsel bildeten sich dadurch heiße Quellen, Geysire und Vulkane. Die meisten Vulkane befinden sich im Zentrum der Nordinsel. So auch der größte, der 2797 Meter hohe Ruapehu. Der Kratersee, der sich im Innern des Kraters befand, ging bei dem Ausbruch von 2007 als Schlammlawine ins Tal ab. In der Nähe befindet sich auch der Tauposee, der größte See Neuseelands. Dieser hat sich in der Caldera des Supervulkans Taupo gebildet. Als Caldera wird eine eingestürzte, entleerte Magmakammer bezeichnet.

Das Fliegen verlernt

Neuseeland liegt abgeschieden im Pazifik, weit entfernt von größeren Landmassen. So konnte hier die Evolution eine eigene Pflanzen- und Tierwelt hervorbringen. Da viele Tiere in Neuseeland keine natürlichen Feinde hatten, mussten sie auch nie fliehen. Daher haben zum Beispiel einige Vogelarten auf die Fähigkeit des Fliegens verzichtet, so der Kakapo und der Kiwi. Der kaum 35 Zentimeter große Kiwi hat verkümmerte Flügel, dafür aber kräftige Beine; er ist ein typischer Laufvogel. Mit seinem langen Schnabel stochert er im Boden nach Nahrung; am liebsten mag der Allesfresser Würmer.

Laufvogel
Der Kiwi kann nicht fliegen und ist das Nationaltier Neuseelands. Neuseeländer werden häufig auch Kiwis genannt. Das ist übrigens keine Beleidigung – sie nennen sich selbst so.

Pancake Rocks
An der Westküste der Südinsel Neuseelands hat sich diese Felsformation gebildet. Weil diese aussieht wie gestapelte Eierkuchen, bekam sie den Namen Pfannkuchenfelsen.

Angeberwissen

- Kein Ort in Neuseeland ist weiter als 128 Kilometer vom Meer entfernt.
- Bevor die ersten Siedler nach Neuseeland kamen, gab es hier an Land nur Fledermäuse als Säugetiere.
- Während in Australien besonders viele giftige Tiere vorkommen, gibt es in Neuseeland kaum welche. Vor der seltenen Katipo-Spinne, einer Verwandten der giftigen Schwarzen Witwe, sollte man sich allerdings in Acht nehmen.

Neuseeland

Hobbiton – Dorf der Hobbits

Seitdem hier die Filme der Tolkien-Trilogie »Herr der Ringe« gedreht wurden, kommen immer häufiger internationale Filmproduktionen nach Neuseeland, um Spielfilme zu drehen.

Du befindest dich hier:

In Neuseeland leben etwa 4,7 Millionen Menschen. Die Bevölkerung verteilt sich jedoch ungleich auf die Landesteile: Auf der Südinsel sind es nur ungefähr eine Million Einwohner, auf der erheblich kleineren Nordinsel über drei Millionen. Ungefähr 1,3 Millionen leben allein im Großraum Auckland. Das Land ist mit rund 18 Einwohnern pro Quadratkilometer sehr dünn besiedelt.

Die Neuseeländer

Jeder vierte bis fünfte Neuseeländer ist nicht im Land geboren, sondern eingewandert. Etwa zwei Drittel der Neuseeländer sind europäischer, vor allem britischer Abstammung. Die zweitgrößte Gruppe sind polynesischstämmige Ureinwohner; die Maori machen etwa 15 Prozent der Bevölkerung aus. Fast zehn Prozent sind Asiaten, vor allem Chinesen und Inder. Außerdem kamen viele Menschen von den pazifischen Inseln, so aus Samoa und Tonga oder von den Cook-Inseln. Bis heute ist das reiche Neuseeland ein beliebtes Einwanderungsland.

Die Ureinwohner

Vor über 1 000 Jahren kamen Polynesier mit einfachen Booten übers Meer und landeten auf der Nordinsel: Es waren die Vorfahren der heutigen Maori. Die ersten Siedler lebten über Generationen weitgehend isoliert von den übrigen Polynesiern und entwickelten eine eigene Kultur. Selbst nach der Kolonisierung durch die Briten behielten viele ihre Stammeskultur bei. Dazu gehören unter anderem die Gesichts- und Körperverzierungen und der Ritualtanz Haka, zu dem auch das Fratzenschneiden und die rausgestreckte Zunge gehören. Mit diesem Tanz sollten vor allem Feinde eingeschüchtert werden. Die neuseeländische Rugby-Nationalmannschaft tanzt den Haka heute noch vor jedem Spiel.

Von Abel Tasman bis heute

Der niederländische Seefahrer Abel Tasman erreichte 1642 als erster Europäer die Südinsel Neuseelands. Doch während seines Aufenthalts kam es zu Auseinandersetzungen mit den Ureinwohnern, bei denen vier seiner Seeleute getötet wurden. Tasman setzte nie wieder einen Fuß auf neuseeländisches Gebiet. Über ein Jahrhundert später erkundete der britische Seefahrer und Entdecker James Cook Neuseeland und erkannte, dass dieses aus zwei großen Inseln besteht. Im 19. Jahrhundert wurde Neuseeland britische Kolonie, bevor es 1947 unabhängig wurde. Heute ist Neuseeland Teil des Commonwealth of Nations und erkennt den britischen Herrscher als Staatsoberhaupt an.

Wirtschaft und Hobbits

Neuseeland gewinnt elektrischen Strom überwiegend durch Wasserkraft und aus Erdwärme. Die wichtigsten Wirtschaftszweige sind Land- und Forstwirtschaft sowie die Nahrungsmittelindustrie. Das Land exportiert Lamm- und Rindfleisch, Wein und Kiwis – die grüne, haarige Frucht, nicht den Vogel. Viele Fachleute aus aller Welt arbeiten in der neuseeländischen Filmindustrie. Wegen der exotischen Landschaften und um die Filmkulissen aus »Herr der Ringe« zu sehen, kommen auch immer mehr Touristen nach Neuseeland. Man kann dort sogar die Behausungen der Hobbits bestaunen.

Maori

Hier bei Rotorua präsentiert ein Maori die Verzierung in seinem Gesicht. Sie gibt Auskunft über Rang und Herkunft.

Die Maori begrüßen auch Mitglieder des britischen Königshauses mit dem Hongi, also Stirn an Stirn und Nase an Nase. Damit man sich nicht unfreundlich in die Augen starrt, wird der Blick gesenkt.

Baldwin Street

Hier in der Stadt Dunedin auf Neuseeland befindet sich mit bis zu 35 Prozent Steigung die steilste Straße der Welt.

Queenstown

Die Kleinstadt am Wakatipusee war im 19. Jahrhundert eine Goldgräberstadt.

Angeberwissen

- Neuseeland hat drei Amtssprachen: Englisch, Maori und die neuseeländische Gebärdensprache. Es ist damit das erste Land, das eine Gehörlosensprache zur Amtssprache erhoben hat.
- Neben der Nationalhymne der Briten hat Neuseeland seit 1977 eine zweite offizielle Nationalhymne: »God defend New Zealand« – »Gott schütze Neuseeland«. Natürlich gibt es diese auch in einer Maori-Version.

Pazifische Inseln

Auf Tahiti hat das Wasser tiefe Täler in die Vulkanberge geschnitten. An manchen Stellen stürzen Wasserfälle in die Tiefe.

Die pazifische Inselwelt Ozeaniens besteht aus mehreren Tausend Inseln. Die zum Teil sehr kleinen Inseln und Inselgruppen erstrecken sich über ein Meeresgebiet von vielen Millionen Quadratkilometern.

Hohe und flache Inseln

Vielen Inseln Ozeaniens sieht man ihre vulkanische Herkunft deutlich an, wie der zum Inselstaat Vanuatu gehörenden Insel Ambrym, einem aktiven Vulkan. Manchmal sind jedoch nur Vulkanruinen übrig geblieben, wie auf Tahiti. Man nennt diese Inseln auch High Islands, was hohe Inseln bedeutet. In vielen Fällen sind die Vulkane sogar ganz abgetragen oder haben sich abgesenkt. Während sie langsam im Wasser verschwunden sind, blieben die Korallenriffe bestehen, die die Vulkane umgaben. So entstanden ringförmige Atolle oder Rifftafeln, die nur wenige Meter aus dem Meer herausragen. Solche Inseln nennt man Low Islands oder niedrige Inseln.

Tierische Bewohner

Auf den kleinen Inseln der pazifischen Inselwelt findet man nur vergleichsweise wenige Tierarten. So leben auf und um Tonga und die Fidschi-Inseln nur noch ein bis zwei Schlangenarten, Französisch-Polynesien ist sogar komplett schlangenfrei. Da die Tiere überwiegend aus Asien und Australien auf die Inseln gelangten, nimmt die Artenzahl von Westen nach Osten hin ab. Je weiter östlich eine Insel liegt und je kleiner sie ist, desto geringer ist also die Wahrscheinlichkeit, dass eine Art diese Insel erreichen konnte. Allerdings brachten die Menschen unter anderem Haustiere wie Hühner, Schweine, Hunde sowie Katzen auf die Inseln mit – unbeabsichtigt aber auch Mücken, Mäuse und Ratten als blinde Passagiere.

Die Welt der Pflanzen

Der Artenreichtum der Pflanzen wird ebenso immer weniger, je weiter man nach Osten in den Pazifik vordringt. Das kommt daher, weil die Pflanzensamen durch Wind, Meeresströmungen und Vögel verbreitet werden. Die großen und hohen Inseln mit ihren fruchtbaren vulkanischen Böden und reichlich Regen boten ideale Voraussetzungen für eine Verbreitung. Hier konnten tropische Wälder mit einer Vielzahl von Pflanzen entstehen. Ganz anders ist die Vegetation auf den niederen Koralleninseln und -atollen, die von Natur aus artenarm sind. Durch Seefahrer und Siedler wurden neue Pflanzen eingeführt, vor allem viele Blütenpflanzen.

Klima

Die Inseln Ozeaniens liegen in der tropischen und der subtropischen Klimazone. Sie sind einen Großteil des Jahres den Passatwinden ausgesetzt. Diese ständig wehende Meeresbrise macht das Tropenklima angenehm. Etwa zwischen November und April ist die niederschlagsreichere Zeit. Dabei bekommen höhere Inseln, die ein Hindernis für die feuchten Luftmassen darstellen, mehr Regen ab. Dort wachsen an den Berghängen auch Regenwälder. Flachere Inseln hingegen leiden oft unter Trockenheit. Zudem werden viele Inseln Ozeaniens von tropischen Wirbelstürmen heimgesucht, den Taifunen.

Der Meeresspiegel steigt

Der Klimawandel lässt den Meeresspiegel steigen und setzt Teile einiger Inseln unter Wasser. Es zeichnet sich heute schon ab, dass sich einige Völker eine neue Heimat suchen müssen. Die Marshallinseln mit ihren nur zwei Meter hohen Korallenatollen haben bereits einige Atolle ans Meer verloren. Auf so manchen Inseln kommt es bei Vollmond zu hohen Fluten, die Straßen überschwemmen und das knappe Ackerland versalzen. Davon betroffen sind unter anderem Inseln der Staaten Tuvalu, Nauru, Kiribati und Palau.

Atafu

Das zu den Tokelau-Inseln gehörende Atoll Atafu besteht aus über 40 Motus, das sind kleinere Inselchen.

Schwarzer Sand

Tahiti

Der schwarze Strand von Tahiti verrät den vulkanischen Ursprung der Insel. Nur künstlich angelegte Hotelstrände sind hier weiß.

Kiribati

Die etwas mehr als 100 000 Bewohner Kiribatis werden wegen des steigenden Meeresspiegels ihre Heimat-Atolle wohl irgendwann verlassen müssen. Vermutlich werden sie auf die höher gelegenen Fidschi-Inseln umsiedeln.

JAPAN
N
W
O
S
Bonin-Inseln
(Japan)
Vulkan-Inseln
(Japan)
Marcus-Insel
(Japan)
Midway-Inseln
(USA)
Hawaii-Inseln
(USA)
Kauai
Oahu
Honolulu
Maui
Hawaii
Wake
(USA)
Marianen
Nördliche Marianen
(USA)
Saipan
Saipan
(USA)
Hagåtña
Guam
(USA)
Bikini-Atoll
(Marshallinseln)
MARSHALLINSELN
Johnston-Insel
(USA)
Yap-Inseln
(Mikronesien)
Mikronesien
Pazifischer Ozean
Melekeok
Palikir
Majuro
PALAU
Karolinen
MIKRONESIEN
South Tarawa
Phönix-Inseln
(Kiribati)
Kiritimati
(Kiribati)
Yaren
Gilbert-Inseln
(Kiribati)
NAURU
KIRIBATI
Line-Inseln
SALOMONEN
PAPUA-NEUGUINEA
Santa-Cruz-Inseln
(Salomonen)
Marquesas-Inseln
(Frankreich)
Funafuti
Tokelau-Inseln
(Neuseeland)
Arafurasee
Honiara
TUVALU
Französisch-Polynesien
(Frankreich)
Melanesien
Mata-Utu
Apia
Pago Pago
Pentecost
Korallensee
VANUATU
Ambrym
Suva
SAMOA
Bora Bora
Port Vila
Papeete
Tahiti
FIDSCHI
Nuku'alofa
Niue
(Neuseeland)
Avarua
Rarotonga
Nouméa
TONGA
Neukaledonien
(Frankreich)
Cook-Inseln
(Neuseeland)
Mururoa-Atoll
(Frankreich)
AUSTRALIEN
Kermadec-Inseln
(Neuseeland)
Norfolk-Insel
(Australien)
Rapa Iti
(Frankreich)
Pitcairn-Inseln
(Großbritannien)
Polynesien
Tasmansee
NEUSEELAND
1000 km

Pazifische Inseln

Du befindest dich hier:

Die weit über den Pazifik verstreuten Inseln Ozeaniens sind die Heimat von Menschen der unterschiedlichsten Kulturen und Sprachen. Um Ordnung in die vielfältige Inselwelt zu bringen, unterteilt man die Inseln im südwestlichen Pazifik in die drei Kulturräume Melanesien, Mikronesien und Polynesien.

Polynesien

Polynesien befindet sich im östlichen Teil Ozeaniens und bedeutet übersetzt viele Inseln. Zu Polynesien gehören die unabhängigen Länder Tonga und Samoa sowie viele abhängige Gebiete wie die Tokelau-Inseln und die Cook-Inseln, die beide zu Neuseeland gehören. Weiter zählen zu Polynesien auch die französischen Inseln Französisch-Polynesien sowie Guam und die Nördlichen Marianen, die beide zu den USA gehören. Die weit im Osten liegende isolierte Osterinsel wird politisch bei Chile und somit bei Südamerika eingeordnet, obwohl sie von der chilenischen Küste mehr als 3500 Kilometer entfernt ist. Die Hawaii-Inseln im Norden liegen zwar im polynesischen Kulturraum, sind aber seit 1959 der 50. Bundesstaat der Vereinigten Staaten von Amerika.

Königreich Tonga

Das zu Polynesien gehörende Tonga besteht aus etwa 170 Inseln, die über 700 000 Quadratkilometer im Pazifik verteilt sind. Die gesamte Landesfläche beträgt jedoch nur 747 Quadratkilometer, das entspricht ungefähr der Fläche Hamburgs. Tonga ist der einzige Inselstaat im Pazifik, der nie von einer fremden Macht regiert wurde. Er hat bis heute einen eigenen König, doch das Volk hat sich für mehr Demokratie eingesetzt, sodass dieser auf seine absolute Macht verzichtete. Die Bewohner wählen nun mehr als die Hälfte der Parlamentsabgeordneten.

Melanesien

Der größte Staat Melanesiens ist Papua-Neuguinea. Östlich davon liegen die Salomonen, Fidschi, Vanuatu und Neukaledonien. Fidschi gehört zu den wohlhabendsten Inselstaaten Ozeaniens. Die vulkanischen Inseln sind reich an Gold und Silber und zusätzlich werden Zuckerrohr und Lebensmittel verarbeitet sowie Textilien hergestellt. Der wichtigste Wirtschaftszweig ist jedoch der Tourismus.

Mikronesien

Nördlich von Melanesien liegt Mikronesien, was übersetzt kleine Inseln bedeutet. Zu Mikronesien zählen unter anderem die Inselstaaten Palau, Nauru, Kiribati und die Marshallinseln. Zum Kulturraum Mikronesien gehört auch der gleichnamige Staat, dessen offizieller Name Föderierte Staaten von Mikronesien lautet. Der mikronesische Staat Nauru besteht aus einer nur rund 21 Quadratkilometer großen Insel, deren Haupteinnahmequelle lange Zeit der Abbau von Phosphat war. Nauru war so reich, dass das Volk keine Steuern bezahlen musste und ein sorgenfreies Leben führte. Als jedoch die Phosphatvorkommen erschöpft waren, verarmte das Land.

Traumurlaub

Viele Inseln Ozeaniens sind regelrechte Südseeparadiese. Die zahlreichen Riffe, Lagunen und Inseln ziehen Taucher, Kajakfahrer und Segler aus aller Welt an. Viele Touristen verbringen am Strand unter Palmen ihren Weihnachts- und Neujahrsurlaub. Wer an Silvester auf Tonga ist, kann als Erster das neue Jahr begrüßen, denn Tonga liegt knapp vor der Datumsgrenze.

Überwasser-Bungalows

Weißer Sandstrand, exotische Palmen und luxuriöse Hotelanlagen. Das Atoll Bora Bora zählt zu den teuersten Reisezielen der Welt.

Gewagter Sprung

Die zu Vanuatu gehörende Insel Pentecost ist berühmt für ihre mutigen Lianenspringer. Aus dieser alten Tradition soll sich das moderne Bungeespringen entwickelt haben.

Polynesien ist bekannt für seine traditionellen Tänze, wie hier auf Tahiti in Französisch-Polynesien. Die Tänze und die begleitende Musik stehen für die »Südsee« und werden hauptsächlich für Touristen aufgeführt.

Fidschi

Auf Viti Levu, Fidschi, befindet sich der größte Hindutempel der südlichen Hemisphäre, der Sri Siva Subramaniya Tempel. Viele Menschen hier sind indische Auswanderer.

JAPAN
N
W
O
S
Bonin-Inseln (Japan)
Vulkan-Inseln (Japan)
Marcus-Insel (Japan)
Midway-Inseln (USA)
Hawaii-Inseln (USA)
Kauai
Oahu
Maui
Hawaii
Wake (USA)
Marianen
Nördliche Marianen (USA)
Saipan (USA)
Guam (USA)
Johnston-Insel (USA)
Bikini-Atoll (Marshallinseln)
MARSHALLINSELN
Yap-Inseln (Mikronesien)
Mikronesien
Melekeok
PALAU
Karolinen
Palikir
Majuro
Pazifischer Ozean
MIKRONESIEN
South Tarawa
Kiritimati (Kiribati)
Yaren
Gilbert-Inseln (Kiribati)
Phönix-Inseln (Kiribati)
Line-Inseln
NAURU
KIRIBATI
SALOMONEN
PAPUA-NEUGUINEA
Santa-Cruz-Inseln (Salomonen)
Marquesas-Inseln (Frankreich)
Funafuti
Tokelau-Inseln (Neuseeland)
Arafurasee
Melanesien
Honiara
TUVALU
Französisch-Polynesien (Frankreich)
Mata-Utu
Apia
Pago Pago
Pentecost
Korallensee
Bora Bora
VANUATU
Ambrym
Suva
SAMOA
Port Vila
Tahiti
FIDSCHI
Nuku'alofa
Niue (Neuseeland)
Rarotonga
TONGA
Neukaledonien (Frankreich)
Cook-Inseln (Neuseeland)
Mururoa-Atoll (Frankreich)
AUSTRALIEN
Kermadec-Inseln (Neuseeland)
Norfolk-Insel (Australien)
Rapa Iti (Frankreich)
Pitcairn-Inseln (Großbritannien)
Polynesien
Tasmansee
NEUSEELAND
1000 km

Antarktis

Trockentäler

In den McMurdo-Trockentälern sind die Niederschläge so gering, dass der Boden blank zutage liegt.

Die Antarktis besteht aus einer großen Festlandmasse, dem eigentlichen Kontinent Antarktika, sowie dem Südpolarmeer und den darin liegenden Inseln. Antarktika ist vollständig vom Südpolarmeer umgeben, das auch Antarktischer Ozean genannt wird. Mit einer Fläche von 14 Millionen Quadratkilometern ist Antarktika der fünftgrößte Kontinent.

Was ist die Antarktis?

Manchmal versteht man unter Antarktis auch alles, was sich südlich der antarktischen Konvergenz befindet. Diese etwas gewundene Linie, an der kaltes, antarktisches Wasser auf wärmeres Wasser aus dem Norden trifft, bewegt sich zwischen dem 40. und 60. Breitengrad südlicher Breite. Nach dem Antarktis-Vertrag wiederum zählt zur Antarktis alles, was sich südlich des 60. Breitengrades befindet.

Geteilter Kontinent

Das Transantarktische Gebirge unterteilt den Kontinent in das größere Ostantarktika und das kleinere Westantarktika. Die Zweiteilung erfolgt zudem durch zwei große Einbuchtungen des Kontinents: auf der atlantischen Seite durch das Wedellmeer, auf der pazifischen Seite durch das Rossmeer. Große Teile dieser Meere sind von Schelfeis bedeckt. Westantarktika läuft nach Norden in einer lang gestreckten, spitz zulaufenden Halbinsel aus, der Antarktischen Halbinsel. Auf der Ross-Insel im Rossmeer befindet sich auch der südlichste aktive Vulkan des Planeten: der 3 794 Meter hohe Mount Erebus. Der Vulkan enthält in seinem Krater einen der wenigen Lavaseen der Erde. Der höchste Berg Antarktikas ist der Mount Vinson mit 4 897 Metern. Er befindet sich in der nördlichen Hälfte des Ellsworthgebirges in Westantarktika.

Das Klima von Antarktika

Das Klima des Kontinents ist sehr unterschiedlich, denn in den Küstengebieten von Westantarktika herrscht eher ozeanisches Klima, während im Zentrum von Ostantarktika das kontinentale Klima überwiegt. Ganz allgemein gesehen sind die Küsten wärmer als das Landesinnere. In einigen Gebieten der Antarktischen Halbinsel steigen die Temperaturen im Sommer sogar über den Gefrierpunkt. In den Küstenregionen fallen zudem häufiger Niederschläge als im trockeneren Landesinneren.

Die Eiswüste

Antarktika ist der kälteste der sieben Kontinente und zu 98 Prozent mit Eis bedeckt. Nur an wenigen Stellen tritt Fels und Geröll an die Oberfläche. Eisfreie Gebiete, die die meiste Zeit von Eis umgeben sind, nennt man antarktische Oasen. Dazu zählen die Antarktischen Trockentäler im Victorialand in Ostantarktika oder am McMurdo-Sund in Westantarktika. Auch auf der Antarktischen Halbinsel finden sich eisfreie Gebiete. Der antarktische Eisschild, der den großen Rest bedeckt, ist die derzeit größte Eisfläche der Erde. Weil die Niederschläge so außergewöhnlich gering sind, ist Antarktika extrem trocken und gilt damit als Wüste. Dabei sind in den Eismassen rund 70 Prozent des kompletten Süßwassers der Erde gespeichert.

Stürmischer Kontinent

Vor allem in Ostantarktika kommt es mitunter häufig zu schweren Stürmen. Kalte Luftmassen fallen vom Landesinneren zu den Küsten hin ab. Diese Fallwinde werden auch katabatische Winde genannt. In der Sturmregion des Georg-V.-Landes stürmt es im Jahr an 340 Tagen mit extremen Windgeschwindigkeiten von über 300 Stundenkilometern.

Rekord

Minus 98,6 °C

Bodentemperatur wurden bereits in der Antarktis gemessen – per Satellit aus dem All. Man schätzt, dass die Luft zwei Meter über dem Boden immerhin noch minus 94 °C kalt ist.

Kalbendes Schelfeis

Im Sommer geht das meist nur wenige Meter dicke Meereis zurück und auch vom sehr viel dickeren Schelfeis brechen große Stücke ab und treiben im Südpolarmeer. Im Jahr 2000 löste sich vom Ross-Schelfeis eine 11 000 Quadratkilometer große Eismasse. Weil diese für die Antarktis typischen Eisberge an der Oberseite flach und eben sind, heißen sie auch Tafeleisberge.

Kaiserpinguin

Als einzige Vögel brüten Kaiserpinguine im Winter. So haben die Jungen genügend Zeit, um heranzuwachsen – denn der nächste Winter kommt bestimmt.

Atlantischer Ozean
Südsandwich-Inseln (Großbritannien)
Südgeorgien (Großbritannien)
Mount Paget 2934
Südorkney-Inseln
Südshetland-Inseln
Carlini (Argentinien)
Palmer Station (USA)
Vernadsky (Ukraine)
San Martín (Argentinien)
Rothera (Großbritannien)
Alexander-Insel
Antarktische Halbinsel
Weddellmeer
Berkner-Insel
Mount Andrew Jackson 3184
Ronne-Schelfeis
Filchner-Schelfeis
Bellingshausensee
Peter-I.-Insel
Farewell-Insel
Thurston-Insel
Amundsensee
Südpolarmeer
Pazifischer Ozean
Indischer Ozean
Südlicher Polarkreis
Neumayer III (Deutschland)
SANAE IV (Südafrika)
Troll (Norwegen)
Kyrkjeskipet Peak 3085
Maitri (Indien)
Isachsen Mountain 3425
Syowa (Japan)
Mount McMaster 2830
Neuschwabenland
Königin-Maud-Land
Enderby-Land
Halley (Großbritannien)
Belgrano II (Argentinien)
Mawson (Australien)
McRobertson-Küste
Amery-Schelfeis
Zhongshan (China)
Davis (Australien)
Davissee
England Peak 2150
Edith-Ronne-Land
ANTARKTIS
Ellsworthland
Mount Vinson 4897
Anderson Summit 2810
Amundsen-Scott Südpol-Station (USA)
Südpol
Mount Seelig 3020
Faure Peak 3940
American Highland
Mirny (Russland)
Wostok (Russland)
Mount Takahe 3460
Mount Kaplan 4230
Mount Fridtjof Nansen 4068
Mount Kirkpatrick 4528
TRANSANTARKTISCHES GEBIRGE
Mount Sidley 4181
Marie-Byrd-Land
Ross-Schelfeis
Roosevelt-Insel
Concordia (Frankreich, Italien)
Casey (Australien)
Wilkesland
Mount Lister 4025
Scott Base (Neuseeland)
McMurdo Station (USA)
Ross-Insel
Mount Erebus 3794
Rossmeer
Jang Bogo (Südkorea)
Adélie-Land
Georg-V.-Land
Mount Minto 4163
Dumont d'Urville (Frankreich)
Balleny-Inseln
N
W
O
S
20°W
0°
20°O
40°W
40°O
60°S
60°W
60°O
80°S
80°W
80°O
100°W
100°O
120°W
120°O
140°W
160°W
180°
160°O
500 km

Antarktis

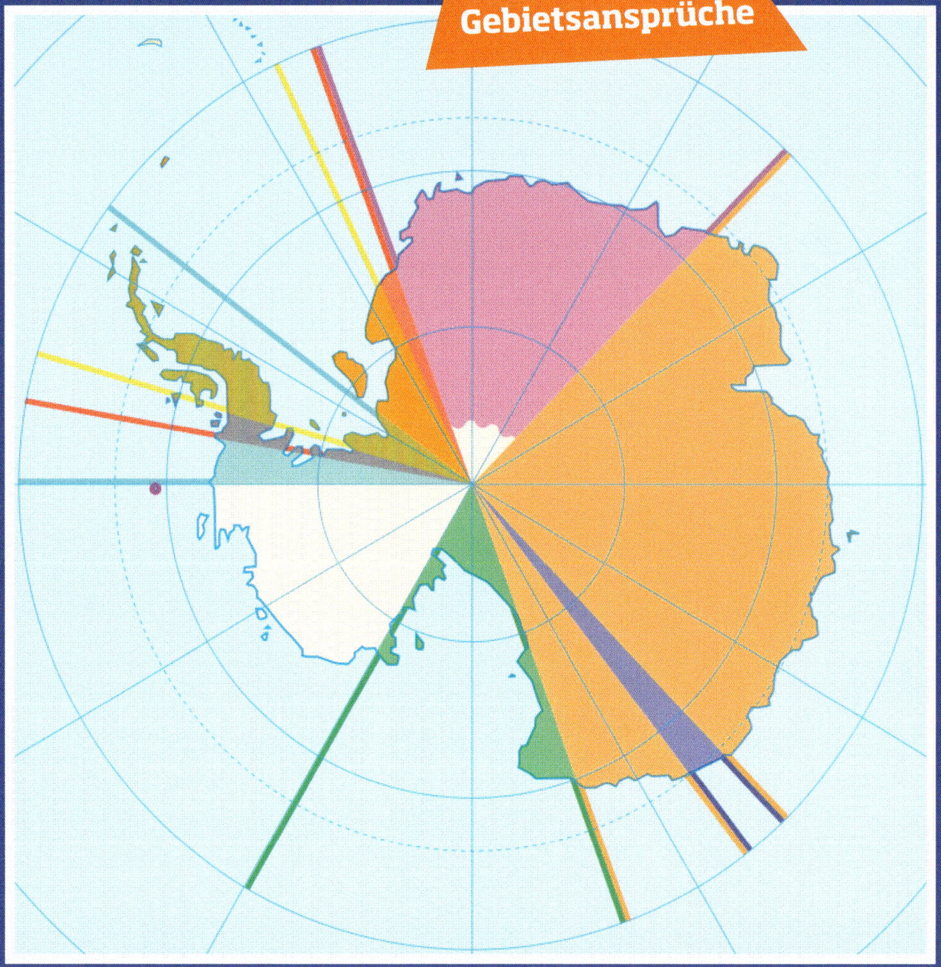

Argentinien
Australien
Chile
Frankreich
Neuseeland
Norwegen
Großbritannien

Gebietsansprüche

Sieben Nationen erheben derzeit Ansprüche auf Teile von Antarktika. Die Gebiete, die in Sektoren aufgeteilt sind und jeweils von der Küstenlinie (zum Teil einschließlich der Schelfeisflächen) bis zum Südpol reichen, überlappen sich teilweise. So beansprucht Argentinien ein Stück des britischen Gebietes. Andere Länder, wie Deutschland, Russland, Südafrika und die USA, hatten nie Ansprüche gestellt oder stellen keine mehr.

Fakten zur Antarktis

- Wer zum geografischen Südpol will, dem hilft ein Kompass nicht weiter. Der magnetische Südpol beziehungsweise Nordpol, auf den die Kompassnadel zeigt, liegt nämlich ganz woanders. Seine Lage verändert sich zudem von Jahr zu Jahr und liegt derzeit außerhalb der Festlandmasse im Südpolarmeer. Ob man den geografischen Südpol erreicht hat, verrät nur der Stand der Gestirne oder ein GPS-Gerät. GPS ist die Abkürzung für das über Satellitennavigation funktionierende Global-Positioning-System.
- Durch die Kälte gefriert Wasserdampf als winzige, sechseckige Eisplättchen aus, die in allen Regenbogenfarben glitzern. Man nennt dieses Phänomen Diamantenstaub.

Kaum vorstellbar, dass die Antarktis einmal von Wäldern und grünen Weiden bedeckt war. Noch vor 66 Millionen Jahren lebten Dinosaurier auf dem Kontinent. Die Erde war zu dieser Zeit zwar viel wärmer als heute; dennoch gab es im antarktischen Hochland schon einige Gletscher. Schwankungen der Erdbahn um die Sonne und der Erdachsenneigung brachten vor etwa 34 Millionen Jahren für einige Jahrtausende kühlere Sommer. Die Eisdecke wuchs und reflektierte immer mehr Sonnenenergie ins All zurück. So verschwand der Kontinent schließlich unter einem dicken Eispanzer.

Menschen in der Antarktis

Das stürmische Südpolarmeer und die Massen von Meereis haben lange Zeit verhindert, dass Schiffe weiter in den Süden vordringen konnten. So ist Antarktika erst spät entdeckt und erforscht worden. Während alle anderen Kontinente vom Menschen besiedelt wurden, gibt es in Antarktika keine Dauersiedlungen und auch keine antarktischen Einwohner – lediglich zeitweilige Besucher. Im Sommer arbeiten bis zu 4 000 Wissenschaftler und Techniker in über 80 Forschungsstationen; im Winter sind es nur noch etwa 1 000.

Wem gehört die Antarktis?

Chile, Argentinien, Australien und Neuseeland, also Staaten, die an das Südpolarmeer grenzen, machen Gebietsansprüche aufgrund ihrer Nähe geltend; Brasilien hat Interessenansprüche angemeldet. Die weiter entfernten Länder Norwegen, Großbritannien und Frankreich erheben Besitzansprüche aus historischen Gründen. Doch sind diese Ansprüche vorerst bis zum Jahr 2041 durch den Antarktis-Vertrag »eingefroren«. Dieser Vertrag ist ein internationales Abkommen, das 1961 in Kraft trat. Bis heute haben 51 Staaten den Antarktis-Vertrag unterzeichnet, darunter auch Deutschland, Österreich und die Schweiz. Dem Vertrag zufolge gehören die Antarktis oder Gebiete davon keiner einzelnen Nation.

Scott-Amundsen-Südpolstation

Direkt am geografischen Südpol unterhalten die USA eine große Forschungsstation. Der dicke Eisschild dort ist ideal, um Neutrinos nachzuweisen, das ist Teilchenstrahlung aus dem All. Dazu werden hochempfindliche Nachweisgeräte im Eis versenkt.

Schutz der Antarktis

Die Gebiete südlich des 60. südlichen Breitengrades dürfen nur friedlich und insbesondere wissenschaftlich genutzt werden. Es dürfen keine militärischen Aktivitäten durchgeführt und kein Atommüll gelagert werden. Die Ökosysteme müssen streng geschützt werden und es ist verboten, Bodenschätze abzubauen. Alle Forschungseinrichtungen, die nicht mehr benötigt werden, müssen vollständig entfernt werden und es darf kein Müll zurückbleiben. Reiseveranstalter und Forschungsinstitute müssen alle Aktivitäten genehmigen lassen. Wer als Tourist sein Schiff verlässt und an Land geht, muss seine Gummistiefel besonders reinigen und darf auch keine Lebensmittel mit an Land nehmen. Damit die Tiere nicht gestört werden, muss ein Mindestabstand zu ihnen eingehalten werden.

Der Wettlauf zum Südpol

Nachdem um 1900 mehrere Versuche gescheitert waren, den geografischen Südpol zu erreichen, kam es 1911 zum entscheidenden Wettlauf zwischen dem Norweger Roald Amundsen und dem Briten Robert F. Scott. Amundsen und seine Männer konnten am 14. Dezember 1911 die norwegische Fahne ins Eis des Südpols rammen. Amundsen hatte zuvor bereits die Arktis erforscht und von den Inuit gelernt, wie man sich richtig kleidet und wie man mit Schlittenhunden umgeht. Scott hingegen hatte vergeblich auf Ponys und Motorschlitten gesetzt. Die Männer mussten die meiste Zeit den Schlitten selbst ziehen. Deshalb erreichten sie den Südpol erst vier Wochen nach Amundsen – alle fünf Männer kamen auf dem Rückweg ums Leben.

Angeberwissen

- Sowohl am geografischen Südpol wie auch am geografischen Nordpol treffen alle Längengrade an einem Punkt zusammen. Hier ist es somit möglich, alle Zeitzonen innerhalb einiger Sekunden mit wenigen Schritten zu überschreiten.
- In ganz Antarktika sind keine Zeitzonen festgelegt. Die Forscher in den Forschungsstationen benutzen meist die Zeit ihres Heimatlandes oder ihres außerhalb der Antarktis gelegenen Versorgungsstützpunktes.

Wettlauf zum Südpol

Im Jahr 1911 liefern sich zwei Expeditionen ein Rennen zum geografischen Südpol. Der Norweger Roald Amundsen setzt auf Schlittenhunde, der Brite Robert F. Scott außerdem auf moderne Motorschlitten und Ponys. Amundsen erreicht den Südpol am 14. Dezember 1911. Scott trifft mit vier Männern erst vier Wochen später ein.

Erster am Südpol

Helmer Hansen vom Team Amundsen mit der norwegischen Flagge am Südpol. Die Schlittenhunde waren die richtige Wahl.

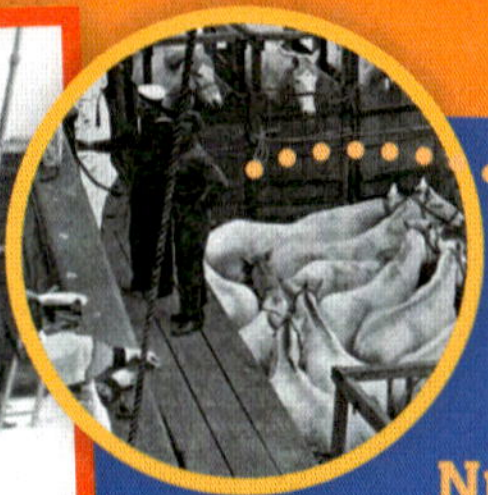

Nur Zweiter

Scotts Team bricht zu spät auf und seine Ponys bewähren sich nicht. Scott und seine vier Begleiter kommen beim Rückweg ums Leben.

»FS Polarstern«

Forschungseisbrecher wie die deutsche »FS Polarstern« versorgen Forschungsstationen in der Antarktis.

Arktischer Ozean

Rund um den geografischen Nordpol liegt der Arktische Ozean, auch Nordpolarmeer oder Nördliches Eismeer genannt. Er ist zum größten Teil von Landmassen des nordamerikanischen und des eurasischen Kontinents umgeben. Über die nur etwa 80 Kilometer schmale Beringstraße ist der Arktische Ozean mit dem Pazifik verbunden. Die Kontinentalschelfe sind ungewöhnlich breit und nehmen fast die Hälfte des Meeresbodens ein. Das macht den Arktischen Ozean auch zum flachsten aller Ozeane.

Meeresrücken und arktische Tiefen

Das Becken des Nordpolarmeeres ist durch mehrere Meeresrücken unterteilt. Der längste ist der 1800 Kilometer lange Lomonossowrücken, der von Grönland aus unter dem geografischen Nordpol hindurch bis vor die Neusibirischen Inseln verläuft. Die zwei tiefsten Stellen sind das Molloytief an der Grenze zwischen Nordpolarmeer und der Grönlandsee sowie das Litketief nördlich von Spitzbergen.

Barentssee

Das größte und bekannteste Nebenmeer des Arktischen Ozeans ist die Barentssee, die sich nördlich von Norwegen und dem europäischen Teil Russlands befindet. Wegen des Nordatlantikstroms, einem Ausläufer des warmen Golfstroms, sind viele Häfen der Barentssee trotz der hohen Breiten ganzjährig eisfrei, so auch das russische Murmansk. Durch die vergleichsweise hohe Wassertemperatur kommt es in der Barentssee im Frühjahr zu einer außergewöhnlichen Algenblüte und damit zu einem Anwachsen tierischen Planktons, welches die Nahrungsgrundlage für Fische, Seevögel und Meeressäuger ist. Deshalb sieht man hier im Sommer sogar Buckelwale.

Die Arktis

Üblicherweise werden zur Arktis alle Gebiete und Meere gezählt, die nördlich des Nördlichen Polarkreises liegen. Eine andere Definition der Arktis bezieht sich auf die 10°C-Juli-Isotherme. Demnach umfasst die Arktis alle jene Orte, die im wärmsten Monat des Jahres zehn Grad Celsius nicht übersteigen. Am geografischen Nordpol selbst gibt es keinen festen Boden, auf dem man stehen könnte, sondern nur Meereis. Darunter befindet sich am Nordpol in 4087 Meter Tiefe der Meeresgrund.

Leben in der Arktis

Im arktischen Winter fallen die Temperaturen zum Teil unter minus 50 Grad Celsius. Dennoch konnte sich in der Arktis vielseitiges pflanzliches und tierisches Leben ansiedeln. Am bekanntesten ist der Eisbär. Er stammt von Braunbären ab, die immer weiter in den Norden vorgedrungen sind und sich über Generationen an die extreme Umwelt angepasst haben. Das weiße Fell tarnt den Jäger perfekt, etwa wenn er auf dem Meereis den Robben auflauert, die an den Atemlöchern auftauchen, um Luft zu holen. Das Fell und eine dicke Speckschicht schützen ihn vor Auskühlung. Die Ureinwohner der Arktis, wie etwa die Inuit, konnten hier nur Fuß fassen, weil sie ein Leben als Jäger führten. In der europäischen und asiatischen Arktis leben einige Völker als Rentierzüchter.

Die Zukunft der Arktis

In der Arktis liegen zahlreiche Bodenschätze, deren Abbau jedoch Eis und Permafrostboden bislang erschwert haben. Mit zunehmenden Temperaturen und dem zurückgehenden Eis könnte in Zukunft der Abbau von Bodenschätzen wie auch der Schiffsverkehr weiter zunehmen und die Arktis gefährden. Umweltschützer setzen sich daher für einen besonderen Schutz der Arktis und ihrer empfindlichen Tier- und Pflanzenwelt ein.

Kaltwasserkorallen besiedeln in allen Weltmeeren Kontinentalschelfe und Seeberge in Tiefen zwischen 40 und 3000 Metern.

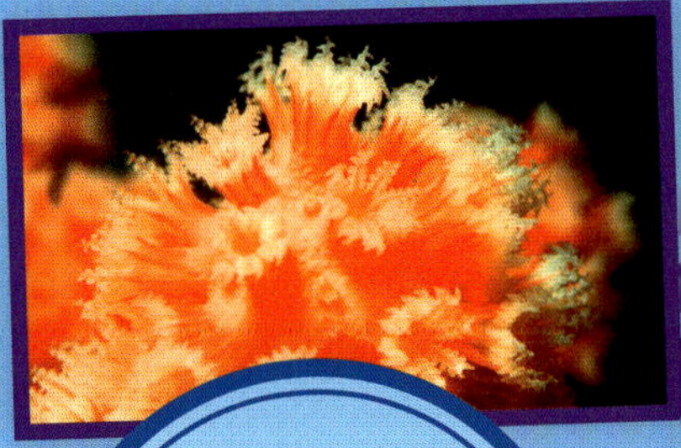

Häuser der Arktis

Früher lebten die Arktisbewohner in Erdhütten, Iglus und Zelten – heute meist in Holzhäusern. Das Holz für diese Siedlung auf Grönland wurde aus Dänemark geliefert.

Inmitten von Meereisschollen treiben Eisberge, die von Gletschern abgebrochen sind.

Eisbären

Eisbären leben überwiegend von der Jagd im Nordpolarmeer.

Steckbrief

Arktischer Ozean

Fläche: ca. 14 Mio. km²
Größte Ausdehnung: ca. 5000 km
Durchschnittliche Tiefe: ca. 978 m
Tiefste Stelle: Molloytief (ca. 5669 m)

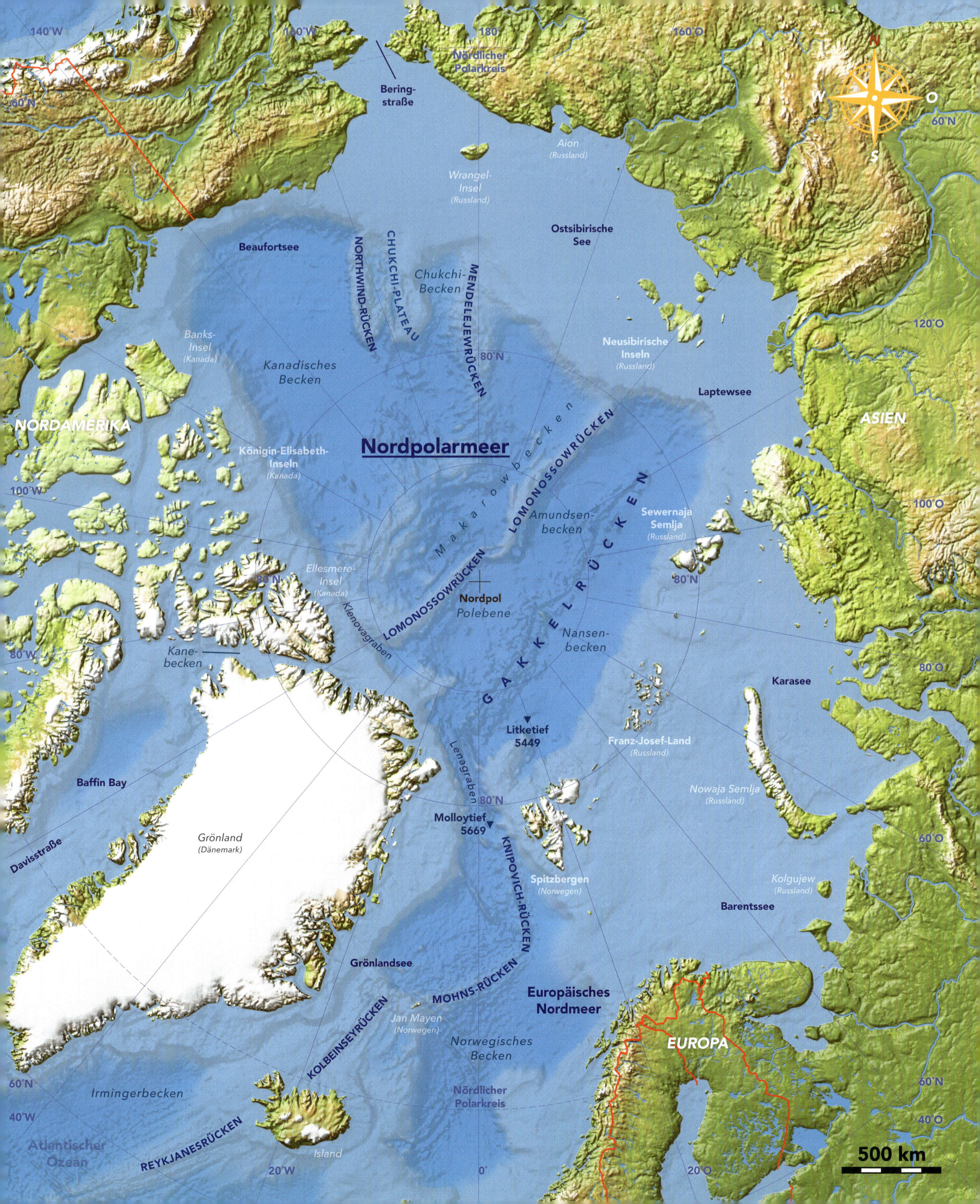

Nordpolarmeer
NORDAMERIKA
ASIEN
EUROPA
Beringstraße
Nördlicher Polarkreis
Aion (Russland)
Wrangel-Insel (Russland)
Ostsibirische See
Beaufortsee
NORTHWIND-RÜCKEN
CHUKCHI-PLATEAU
Chukchi-Becken
MENDELEJEWRÜCKEN
Banks-Insel (Kanada)
Kanadisches Becken
Neusibirische Inseln (Russland)
Laptewsee
Makarowbecken
LOMONOSSOWRÜCKEN
Königin-Elisabeth-Inseln (Kanada)
Amundsenbecken
GAKKELRÜCKEN
Sewernaja Semlja (Russland)
Ellesmere-Insel (Kanada)
Nordpol
Polebene
Klenovagraben
Nansenbecken
Kanebecken
Karasee
Litketief 5449
Franz-Josef-Land (Russland)
Baffin Bay
Lenagraben
Nowaja Semlja (Russland)
Molloytief 5669
Grönland (Dänemark)
Davisstraße
KNIPOVICH-RÜCKEN
Spitzbergen (Norwegen)
Kolgujew (Russland)
Barentssee
Grönlandsee
MOHNS-RÜCKEN
Europäisches Nordmeer
KOLBEINSEYRÜCKEN
Jan Mayen (Norwegen)
Norwegisches Becken
Irmingerbecken
Nördlicher Polarkreis
Atlantischer Ozean
REYKJANESRÜCKEN
Island
500 km
N
O
S
W
140°W
160°W
180°
160°O
60°N
120°O
100°W
100°O
80°N
80°W
80°O
60°O
60°N
40°W
40°O
20°W
0°
20°O

Pazifischer Ozean

Unsere Erde wird auch Blauer Planet genannt, denn mehr als zwei Drittel der Oberfläche sind von Meer bedeckt, das sind 360 Millionen Quadratkilometer. Früher zählte man neben den heutigen drei großen Ozeanen Atlantik, Pazifik und Indischer Ozean noch das Arktische Mittelmeer, das Amerikanische Mittelmeer (Golf von Mexiko und Karibisches Meer), das Australische Mittelmeer, das von den Sunda-Inseln, Australien, Neuguinea, den Philippinen und der asiatischen Festlandsküste begrenzt war, und das Europäische Mittelmeer zu den großen Weltmeeren. Daher sprach man früher auch von den sieben Weltmeeren. Heute spricht man eher von den fünf Ozeanen. Zu den drei großen Ozeanen werden noch der Antarktische Ozean und der Arktische Ozean dazugezählt.

Der größte Ozean

Der Pazifische Ozean oder Pazifik, wie er auch kurz genannt wird, ist 181 Millionen Quadratkilometer groß und nimmt die Hälfte der weltweiten Meeresfläche ein. Er erstreckt sich von der Arktis im Norden bis zur Antarktis im Süden, und in West-Ost-Richtung von den beiden amerikanischen Kontinenten bis nach Asien und Australien.

Pazifischer Feuerring

Der Meeresboden des Pazifiks besteht aus mehreren Platten, die sich gegeneinander bewegen. An den Subduktionszonen, dort, wo eine ozeanische Platte unter eine kontinentale Platte taucht, kommt es zu Erdbeben und Vulkanismus. Die hufeisenförmige Region, die den Pazifik umgibt, wird auch Ring of Fire genannt oder Pazifischer Feuerring. Diese Subduktionszonen bringen besonders explosive und damit gefährliche Vulkane hervor. Aus dem Meeresboden wachsen zudem zahlreiche Sea Mounts, das sind unterseeische Vulkane. Einige wenige durchbrechen sogar die Meeresoberfläche, so die Hawaii-Inseln.

Seebeben und Tsunamis

Wenn es zu einem Seebeben kommt, das ist ein Erdbeben, dessen Herd unter dem Meeresboden liegt, dann kann dies eine Tsunamiwelle auslösen. Die Welle ist auf dem offenen Meer harmlos und wird meist nicht bemerkt. Doch wenn sie kurz vor der Küste auf flaches Wasser trifft, bäumt sie sich zu einer oft mehr als zehn Meter hohen, zerstörerischen Welle auf, die alles mit sich reißt.

Viele Pazifikküsten und -inseln sind von artenreichen Korallenriffen gesäumt. Hier trifft man auf den gelben Mondfalterfisch und auf Riffhaie.

Tiefer geht es nicht

An den Subduktionszonen, wo es den Meeresboden in die Tiefe zieht, bilden sich auch Tiefseegräben aus. Im Pazifik gibt es die meisten und tiefsten Gräben weltweit. Alle Tiefseegräben, die mehr als 10 000 Meter messen, liegen im westlichen Pazifik. In der Nähe der Insel Guam misst der Marianengraben bis zu 11 034 Meter. Dies ist die tiefste Stelle aller Weltmeere.

Kalter Strom aus dem Süden

Entlang der südamerikanischen Westküste transportiert der Humboldtstrom kaltes, sauerstoffreiches Wasser aus der Antarktis nach Norden. Kurz vor dem Äquator schwenkt diese kalte Meeresströmung westwärts an den Galápagosinseln vorbei. Dabei erwärmt er sich und wird zum Südäquatorialstrom. Vor Neuguinea und den indonesischen Inseln fließt er nach Süden, vorbei an Australien, wieder Richtung Antarktis. Über dem Humboldtstrom kühlt sich die Luft ab, was an den Küsten Südamerikas zu verringerten Niederschlägen führt. So entstehen dort besonders trockene Wüstengebiete, wie die Atacama-Wüste in Chile.

Leider wurden einige Pazifikinseln für Atombombentests missbraucht. Auf Muruoa, das zu Französisch-Polynesien gehört, wurden etwa 190 Atombomben gezündet.

Taifune

Die sich im Westpazifik bildenden Wirbelstürme heißen Taifune. Wo sie an Land treffen, entfalten sie ihre zerstörerische Kraft.

Die Grüne Meeresschildkröte ist weltweit in allen tropischen und subtropischen Meeren zu Hause. Ein wichtiges Brutgebiet sind die nordwestlichen Hawaii-Inseln.

Steckbrief

Pazifischer Ozean

Fläche: ca. 181 Mio. km²
Größte Ausdehnung: ca. 15 880 km (Nord – Süd)
Durchschnittliche Tiefe: ca. 3 940 m
Tiefste Stelle: Witjastief (ca. 11 034 m)

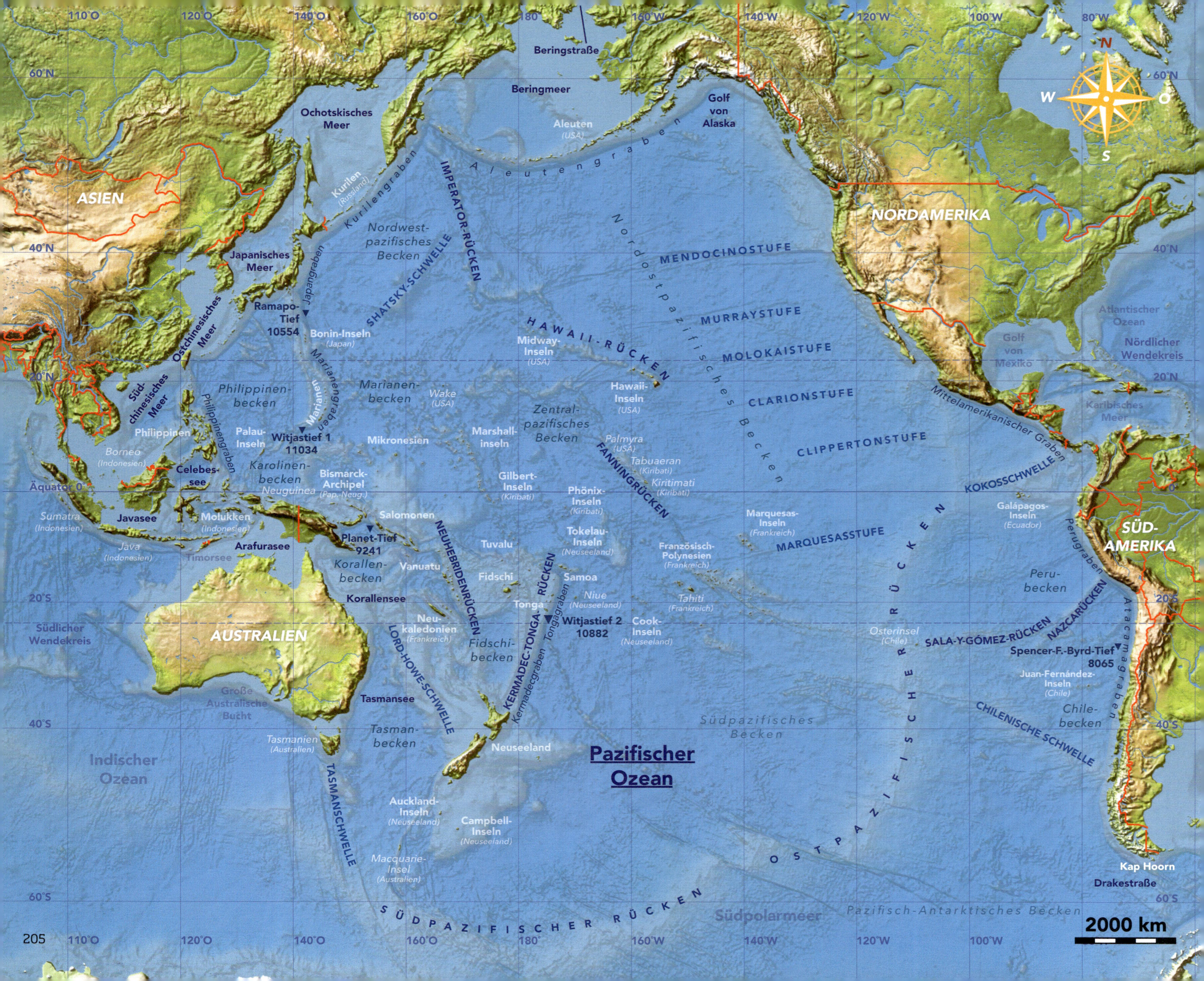
Pazifischer Ozean
ASIEN
NORDAMERIKA
SÜD-AMERIKA
AUSTRALIEN
Beringstraße
Beringmeer
Ochotskisches Meer
Aleuten (USA)
Golf von Alaska
Aleutengraben
Kurilen (Russland)
Kurilengraben
Nordwest-pazifisches Becken
IMPERATOR-RÜCKEN
SHATSKY-SCHWELLE
Japanisches Meer
Japangraben
Ramapo-Tief 10554
Ostchinesisches Meer
Bonin-Inseln (Japan)
Nordostpazifisches Becken
MENDOCINOSTUFE
MURRAYSTUFE
MOLOKAISTUFE
CLARIONSTUFE
CLIPPERTONSTUFE
HAWAII-RÜCKEN
Midway-Inseln (USA)
Hawaii-Inseln (USA)
Atlantischer Ozean
Golf von Mexiko
Nördlicher Wendekreis
Karibisches Meer
Mittelamerikanischer Graben
KOKOSSCHWELLE
Galápagos-Inseln (Ecuador)
Süd-chinesisches Meer
Philippinen
Philippinengraben
Philippinen-becken
Marianengraben
Marianen
Marianen-becken
Wake (USA)
Zentral-pazifisches Becken
Palmyra (USA)
Tabuaeran (Kiribati)
Kiritimati (Kiribati)
FANNINGRÜCKEN
Palau-Inseln
Witjastief 1 11034
Mikronesien
Marshall-inseln
Borneo (Indonesien)
Celebes-see
Karolinen-becken
Neuguinea
Bismarck-Archipel (Pap.-Neug.)
Gilbert-Inseln (Kiribati)
Phönix-Inseln (Kiribati)
Äquator 0°
Sumatra (Indonesien)
Javasee
Molukken (Indonesien)
Salomonen
Planet-Tief 9241
Java (Indonesien)
Timorsee
Arafurasee
Korallen-becken
NEUHEBRIDENRÜCKEN
Tuvalu
Vanuatu
Fidschi
Tokelau-Inseln (Neuseeland)
Samoa
Niue (Neuseeland)
Tonga
Tongagraben
Witjastief 2 10882
Cook-Inseln (Neuseeland)
Marquesas-Inseln (Frankreich)
MARQUESASSTUFE
Französisch-Polynesien (Frankreich)
Tahiti (Frankreich)
Korallensee
Neu-kaledonien (Frankreich)
Fidschi-becken
KERMADEC-TONGA-RÜCKEN
Kermadecgraben
LORD-HOWE-SCHWELLE
Südlicher Wendekreis
Große Australische Bucht
Tasmansee
Tasman-becken
Tasmanien (Australien)
Neuseeland
TASMANSCHWELLE
Indischer Ozean
Auckland-Inseln (Neuseeland)
Campbell-Inseln (Neuseeland)
Macquarie-Insel (Australien)
SÜDPAZIFISCHER RÜCKEN
Südpazifisches Becken
OSTPAZIFISCHER RÜCKEN
Osterinsel (Chile)
SALA-Y-GÓMEZ-RÜCKEN
NAZCARÜCKEN
Perugraben
Peru-becken
Spencer-F.-Byrd-Tief 8065
Juan-Fernández-Inseln (Chile)
Atacamagraben
Chile-becken
CHILENISCHE SCHWELLE
Kap Hoorn
Drakestraße
Südpolarmeer
Pazifisch-Antarktisches Becken
2000 km
N
O
S
W
110°O
120°O
140°O
160°O
180°
160°W
140°W
120°W
100°W
80°W
60°N
40°N
20°N
20°S
40°S
60°S

Atlantischer Ozean

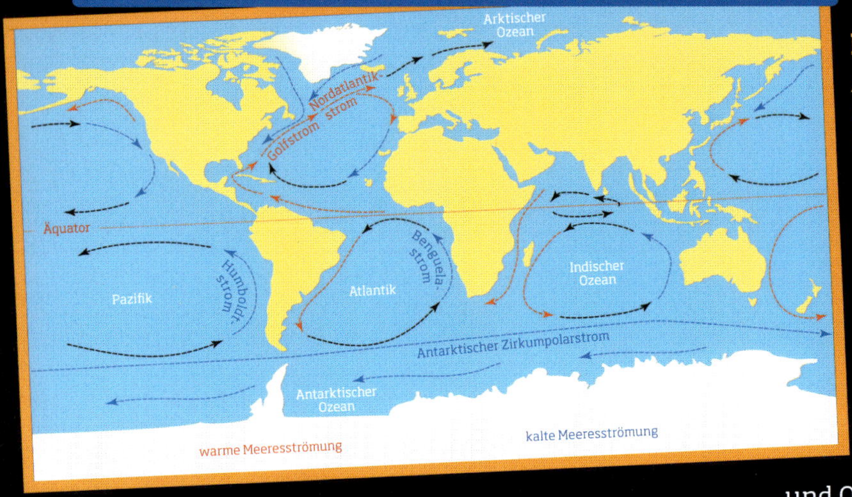

Meeresströmungen

Alle Ozeane sind miteinander verbunden und tauschen ihr Wasser über ein den Globus umspannendes Netz von kalten und warmen Meeresströmungen aus.

Der Atlantische Ozean ist rund 106 Millionen Quadratkilometer groß und nach dem Pazifik der zweitgrößte Ozean. Seine größten Nebenmeere sind die Sargassosee, das Amerikanische Mittelmeer und das Europäische Mittelmeer. Aber auch Ost- und Nordsee zählen zu den Nebenmeeren des Atlantischen Ozeans. Der Atlantik erstreckt sich vom Arktischen Ozean bis zum Antarktischen Ozean und trennt Europa und Afrika von den beiden amerikanischen Kontinenten.

Natürliche Verbindungen

Über die Dänemarkstraße zwischen Grönland und Island und die Davisstraße mit der großen Baffin Bay zwischen Kanada und Grönland ist der Atlantik mit dem Arktischen Ozean verbunden. Östlich von Island trifft das Europäische Nordmeer auf den Arktischen Ozean. Im Süden Afrikas am Kap Agulhas verläuft in Nord-Süd-Richtung die Trennlinie zwischen Atlantischem und Indischem Ozean. Durch die Magellanstraße, den Beaglekanal und die Drakestraße, die um das Kap Hoorn herumführt, besteht Verbindung zum Pazifik. Die Südgrenze des Atlantiks bildet der 60. Breitengrad. Südlich davon spricht man vom Südpolarmeer oder Antarktischen Ozean.

Puzzle der Kontinente

Noch vor 250 Millionen Jahren waren die heutigen Kontinente in einem einzigen Riesenkontinent namens Pangäa vereint – umgeben von nur einem Ozean mit Namen Panthalassa. Als Pangäa schließlich auseinanderbrach, bildeten sich neue Meere und Ozeane. So entstand auch der Atlantische Ozean. Vor etwa 195 bis 135 Millionen Jahren löste sich Nordamerika von Europa und Afrika ab, der Nordatlantik öffnete sich. Schließlich trennte sich auch der südamerikanische Kontinent von Afrika und der Südatlantik entstand. Deshalb passen auch die Küstenlinien von Afrika und Südamerika wie zwei Puzzleteile ineinander.

Der Atlantik wächst weiter

Der Meeresgrund ist kein flaches Becken, sondern durchzogen von zahlreichen Gebirgszügen. Der größte ist der S-förmig gewundene Mittelatlantische Rücken. Hier entsteht laufend neuer Meeresboden, indem Magma aus dem heißen Erdmantel nach oben drückt und dort beim Kontakt mit Meerwasser zu fester Lava erstarrt. Durch diesen Vorgang spreizt sich der Meeresboden und Europa entfernt sich von Nordamerika, ebenso Afrika von Südamerika – und das mit einer Geschwindigkeit von etwa zwei Zentimetern pro Jahr.

Warmes Wasser für Europa

Der Golfstrom ist für die Europäer die wohl wichtigste Meeresströmung. Er beginnt in den warmen Gewässern der Karibik, fließt entlang der Ostküste Nordamerikas und wird mit den Westwinden zwischen dem 40. und 60. Breitengrad als Nordatlantikstrom Richtung Europa geleitet. Ohne den Einfluss des warmen Golfstroms wären die Winter im Westen Europas deutlich strenger.

Rund ein Drittel des weltweit gefangenen Fischs stammt aus dem Atlantik. Fabrikschiffe ziehen große Netze durch die Fischgründe und fangen ganze Schwärme ein. Der Fang wird noch an Bord zerlegt und tiefgefroren. Große Teile des Atlantiks gelten als überfischt.

Tristan da Cunha

Sie gilt als abgelegenste bewohnte Inselgruppe der Welt. Die sechs Inseln mit ihren etwa 300 Bewohnern sind nur per Schiff zu erreichen. Die nächste Siedlung ist 2 430 Kilometer entfernt.

Steckbrief

Atlantischer Ozean

Fläche: ca. 106 Mio. km²
Größte Ausdehnung: ca. 9 000 km (Ost – West)
Durchschnittliche Tiefe: ca. 3 293 m
Tiefste Stelle: Milwaukeetief (ca. 9 219 m)

Wrack der »Titanic«

1912 sank die »Titanic« im Nordatlantik. Das Wrack wurde erst 1985 in einer Tiefe von 3 840 Metern entdeckt.

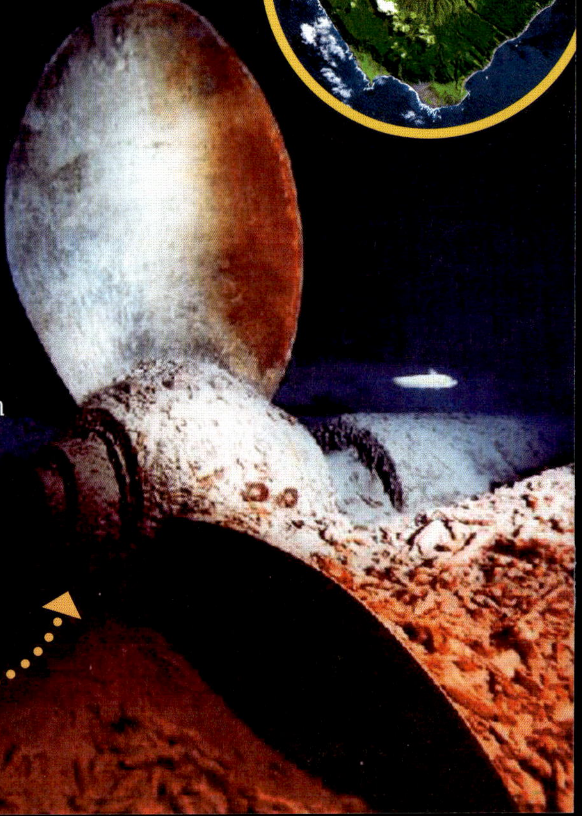

100°W
Hudson Bay
80°W
60°W
40°W
20°W
0°
20°O
Labradorbecken
Island-
becken
Nordsee
Ostsee
Neufundland
(Kanada)
Westeuropäisches
Becken
EUROPA
Neufundland-
becken
Azoren
(Portugal)
Iberisches
Becken
40°N
NORDAMERIKA
AZORENSCHWELLE
Mittelmeer
Bermuda-
Inseln
(Großbritannien)
Madeira
(Portugal)
Nord-
amerikanisches
Becken
MITTELATLANTISCHER RÜCKEN
Sargasso-
see
Kanarisches
Becken
Kanarische
Inseln
(Spanien)
Golf
von
Mexiko
Atlantischer
Ozean
Nördlicher
Wendekreis
Westindien
KAPVERDENSCHWELLE
AFRIKA
20°N
Milwaukeetief
9219
Puerto-Rico-Graben
Caymangraben
Kapverden
Karibisches
Meer
Kleine
Antillen
Panama-
kanal
Kapverdisches
Becken
SIERRA-LEONE-
SCHWELLE
Guayana-
becken
Bioko
(Äquatorialguinea)
São Paulo
(Brasilien)
Guinea-
becken
0°
Äquator 0°
Fernando de Noronha
(Brasilien)
São Tomé u. Príncipe
Ascension
(Großbritannien)
SÜDAMERIKA
GUINEASCHWELLE
Angola-
becken
Pazifischer
Ozean
Brasilianisches
Becken
St. Helena
(Großbritannien)
Trindade u. Martim Vaz
(Brasilien)
20°S
Südlicher
Wendekreis
WALFISCHRÜCKEN
RIO-GRANDE-SCHWELLE
Tristan
da
Cunha
(Großbritannien)
Kapbecken
Kap der
Guten Hoffnung
40°S
Argentinisches
Becken
Gough-Insel
(Großbritannien)
Agulhas-
becken
KAPSCHWELLE
N
W
O
S
Falkland-
Inseln
(Großbritannien)
Magellan-
straße
SÜDANTILLEN-
RÜCKEN
Südgeorgien
(Großbritannien)
ATLANTISCH-INDISCHER RÜCKEN
Meteortief
8264
Bouvet-
Insel
(Norwegen)
Beaglekanal
Kap Hoorn
Drakestraße
Südantillenbecken
Südsandwich-Inseln
(Großbritannien)
2000 km

Indischer Ozean

Die Atolle der Malediven wurden von winzigen Korallen gebaut. Atolle kommen nur in tropischen Gewässern vor.

Die Atollinseln der Malediven mit ihrer fantastischen Unterwasserwelt sind beliebte Reiseziele von Tauchtouristen.

Der Indische Ozean ist mit einer Fläche von 75 Millionen Quadratkilometern der drittgrößte Ozean und nimmt ein Fünftel der Weltmeerfläche ein. Er wird begrenzt durch die Küsten Afrikas, Asiens, Australiens und dem Antarktischen Ozean. Der Indik, wie er manchmal auch genannt wird, ist direkt mit dem Atlantik, dem Pazifik und dem Antarktischen Ozean verbunden. Zum Indischen Ozean zählen zahlreiche Rand- und Nebenmeere sowie Golfe und Meerengen. Rand- und Nebenmeere sind zum Beispiel das Arabische Meer, der Golf von Bengalen oder das Rote Meer.

Tiefer Meeresboden

Der Meeresboden des Indischen Ozeans ist von mehreren Gebirgsrücken durchzogen, die den Ozean in mehrere Becken unterteilen. Darunter sind der Zentralindische Rücken, der sich zusammen mit dem Arabisch-Indischen Rücken in Nord-Süd-Richtung erstreckt, und östlich davon der Bengalische Rücken.

Von Korallen und Inseln

Zu den größten Inseln im Indischen Ozean zählen Madagaskar und Sri Lanka. Von den weiteren etwa 5 000 kleineren Inseln sind die meisten von Korallenriffen umgeben. Bei vielen handelt es sich um flache Atolle, die ganz aus Korallen bestehen, wie zum Beispiel die Malediven. Riffbildende Korallen sind auf ausreichend Licht und Wassertemperaturen von mehr als 20 Grad Celsius angewiesen, sodass sich Korallenriffe und Koralleninseln in einem Streifen zwischen 30 Grad nördlicher und 30 Grad südlicher Breite um den Äquator herum bilden.

Der Indische Ozean nimmt mit seinen Schifffahrtswegen eine wichtige Rolle im Welthandel ein. Gefürchtet sind Piratenüberfälle im Golf von Aden. Schiffe werden dort entführt und gegen hohes Lösegeld zurückgegeben. Manchmal verschwinden Schiff und Ladung für immer. Schiffe der Kriegsmarine versuchen, gegen die Piraterie vorzugehen.

Wichtige Schifffahrtswege

Durch den Indischen Ozean führen wichtige Schifffahrtswege, die die großen Hafenstädte Afrikas, Australiens und Asiens miteinander verbinden. Die meisten Schiffe nehmen den Weg über das Rote Meer und den künstlich angelegten Suezkanal. Nur besonders große und lange Schiffe, wie einige Supertanker und riesige Erz- und Kohlefrachter, können den Suezkanal nicht passieren. Diese übergroßen Schiffe müssen daher den Umweg um die Südspitze Afrikas fahren.

Steckbrief

Indischer Ozean

Fläche: ca. 75 Mio. km²
Größte Ausdehnung: ca. 10 800 km (Ost – West)
Durchschnittliche Tiefe: ca. 3 960 m
Tiefste Stelle: Diamantinatief (ca. 8 047 m)

Schon gewusst?

Das japanische Wort »Tsunami« bedeutet Hafenwelle. Tatsächlich hat die Welle auf dem offenen Meer meist weniger als einen Meter Höhe und ist kilometerlang. Sie bäumt sich erst im flachen, küstennahen Gewässer zu einer gewaltigen Welle auf, die das Land überflutet und alles mit sich reißt.

Coco de Mer

So nennt man die Samen der Seychellenpalme. Es sind die größten bekannten Pflanzensamen der Erde. Diese Palmenart kommt nur auf den Seychellen vor.

Indischer Ozean
ASIEN
AFRIKA
AUSTRALIEN
ANTARKTIS
Mittelmeer
Persischer Golf
Golf von Oman
Rotes Meer
Arabisches Meer
Golf von Aden
Golf von Bengalen
Arabisches Becken
Sokotra (Jemen)
Lakkadiven (Indien)
Malediven
MALEDIVENRÜCKEN
Sri Lanka
Andamanen (Indien)
Andamanenbecken
Nikobaren (Indien)
Golf von Thailand
Südchinesisches Meer
Ostchinesisches Meer
Nördlicher Wendekreis
Pazifischer Ozean
Celebessee
Äquator 0
Sumatra (Indonesien)
Javasee
Sundagraben
Arafurasee
Timorsee
ARABISCH-INDISCHER RÜCKEN
Somalibecken
Seychellen
Aldabragruppe (Seychellen)
MASKARENENRÜCKEN
Chagos-Archipel (Großbritannien)
Zentralindisches Becken
BENGALISCHER RÜCKEN
Keelingbecken
Christmas-Insel (Australien)
Berlintief 6840
Kokosinseln (Australien)
Nordwestaustralisches Becken
Komoren
Maskarenenbecken
ZENTRALINDISCHER RÜCKEN
Mauritius
Rodrigues (Mauritius)
Réunion (Frankreich)
Straße von Mosambik
Madagaskar
Madagaskarbecken
Natalbecken
MADAGASKARRÜCKEN
WESTLICHER INDISCHER RÜCKEN
WESTAUSTRALISCHER RÜCKEN
Westaustralisches Becken
Südlicher Wendekreis
Neu Amsterdam (Frankreich)
St-Paul (Frankreich)
Diamantinatief 8047
Diamantina-Graben
Große Australische Bucht
Jeffreytief 5998
Südaustralisches Becken
AGULHAS-PLATEAU
Südwestindisches Becken
CROZETSCHWELLE
Prinz-Eduard-Inseln (Südafrika)
Crozet-Inseln (Frankreich)
Kerguelen (Frankreich)
KERGUELEN-GAUSSBERG-RÜCKEN
INDISCH-ANTARKTISCHER RÜCKEN
ATLANTISCH-INDISCHER RÜCKEN
Heard- und McDonald-Inseln (Australien)
Atlantisch-Indisches Südpolarbecken
Indisch-Antarktisches Becken
Südpolarmeer
Südlicher Polarkreis
2000 km
N
O
S
W
40°N
20°N
0°
20°S
40°S
60°S
0°
20°O
40°O
60°O
80°O
100°O
120°O

Länderlexikon

Afrika

von A–Z

Ägypten

Fläche: ca. 1 001 450 km²
Einwohner: ca. 88 Mio.
Hauptstadt: Kairo
Amtssprache: Arabisch
Währung: 1 Ägyptisches Pfund = 100 Piaster
Hauptreligionen: Islam, Christentum

Algerien

Fläche: ca. 2 380 000 km²
Einwohner: ca. 39,5 Mio.
Hauptstadt: Algier
Amtssprache: Arabisch
Währung: 1 Algerischer Dinar = 100 Centimes
Hauptreligionen: Islam, Christentum

Angola

Fläche: ca. 1 246 700 km²
Einwohner: ca. 25,8 Mio.
Hauptstadt: Luanda
Amtssprache: Portugiesisch
Währung: 1 Kwanza = 100 Centimos
Hauptreligionen: Christentum, ethnische Religionen

Äquatorialguinea

Fläche: ca. 28 051 km²
Einwohner: ca. 1,2 Mio.
Hauptstadt: Malabo
Amtssprachen: Spanisch, Französisch, Portugiesisch
Währung: 1 CFA-Franc BEAC = 100 Centimes
Hauptreligionen: Christentum, Islam

Äthiopien

Fläche: ca. 1 104 300 km²
Einwohner: ca. 92 Mio.
Hauptstadt: Addis Abeba
Amtssprache: Amharisch
Währung: 1 Äthiopischer Birr = 100 Santim
Hauptreligionen: Christentum, Islam

Benin

Fläche: ca. 112 622 km²
Einwohner: ca. 10,3 Mio.
Hauptstadt: Porto-Novo
Amtssprache: Französisch
Währung: 1 CFA-Franc BCEAO = 100 Centimes
Hauptreligionen: Christentum, Islam

Botsuana

Fläche: ca. 582 000 km²
Einwohner: ca. 2 Mio.
Hauptstadt: Gaborone
Amtssprachen: Setswana, Englisch
Währung: 1 Botsuanischer Pula = 100 Thebe
Hauptreligionen: Christentum, ethnische Religionen

Burkina Faso

Fläche: ca. 274 000 km²
Einwohner: ca. 18,4 Mio.
Hauptstadt: Ouagadougou
Amtssprache: Französisch
Währung: 1 CFA-Franc BCEAO = 100 Centimes
Hauptreligionen: Islam, ethnische Religionen

Burundi

Fläche: ca. 27 834 km²
Einwohner: ca. 10,8 Mio.
Hauptstadt: Bujumbura
Amtssprachen: Kirundi, Französisch
Währung: 1 Burundi Franc = 100 Centimes
Hauptreligionen: Christentum, ethnische Religionen

Demokratische Republik Kongo

Fläche: ca. 2 345 410 km²
Einwohner: ca. 79,4 Mio.
Hauptstadt: Kinshasa
Amtssprache: Französisch
Währung: 1 Kongo-Franc = 100 Centimes
Hauptreligionen: Christentum, Islam

Dschibuti

Fläche: ca. 23 200 km²
Einwohner: ca. 824 000
Hauptstadt: Dschibuti
Amtssprachen: Französisch, Arabisch
Währung: 1 Dschibuti-Franc = 100 Centimes
Hauptreligionen: Islam, Christentum

Elfenbeinküste

Fläche: ca. 322 461 km²
Einwohner: ca. 23 Mio.
Hauptstadt: Yamoussoukro
Amtssprache: Französisch
Währung: 1 CFA-Franc BCEAO = 100 Centimes
Hauptreligionen: Islam, Christentum

Eritrea

Fläche: ca. 124 000 km²
Einwohner: ca. 6 Mio.
Hauptstadt: Asmara
Amtssprachen: Tigrinya, Arabisch, Englisch
Währung: 1 Eritreischer Nakfa = 100 Centimes
Hauptreligionen: Christentum, Islam

Gabun

Fläche: ca. 267 600 km²
Einwohner: ca. 1,7 Mio.
Hauptstadt: Libreville
Amtssprache: Französisch
Währung: 1 CFA-Franc BEAC = 100 Centimes
Hauptreligionen: Christentum, ethnische Religionen

Gambia

Fläche: ca. 11 295 km²
Einwohner: ca. 1,9 Mio.
Hauptstadt: Banjul
Amtssprache: Englisch
Währung: 1 Dalasi = 100 Bututs
Hauptreligionen: Islam, Christentum

Ghana

Fläche: ca. 238 537 km²
Einwohner: ca. 27 Mio.
Hauptstadt: Accra
Amtssprache: Englisch
Währung: 1 Ghana Cedi = 100 Pesewas
Hauptreligionen: Christentum, Islam

Guinea

Fläche: ca. 245 857 km²
Einwohner: ca. 11,4 Mio.
Hauptstadt: Conakry
Amtssprache: Französisch
Währung: 1 Guinea-Franc = 100 Centimes
Hauptreligionen: Islam, Christentum

Guinea-Bissau

Fläche: ca. 36 125 km²
Einwohner: ca. 1,8 Mio.
Hauptstadt: Bissau
Amtssprache: Portugiesisch
Währung: 1 CFA-Franc BCEAO = 100 Centimes
Hauptreligionen: Islam, ethnische Religionen

Kamerun

Fläche: ca. 475 000 km²
Einwohner: ca. 23 Mio.
Hauptstadt: Jaunde
Amtssprachen: Französisch, Englisch
Währung: 1 CFA-Franc BEAC = 100 Centimes
Hauptreligionen: Christentum, ethnische Religionen

Kap Verde

Fläche: ca. 4 033 km²
Einwohner: ca. 500 000
Hauptstadt: Praia
Amtssprache: Portugiesisch
Währung: 1 Kapverdischer Escudo = 100 Centavos
Hauptreligionen: Christentum, Islam

Kenia

Fläche: ca. 580 367 km²
Einwohner: ca. 45 Mio.
Hauptstadt: Nairobi
Amtssprachen: Englisch, Kiswahili
Währung: 1 Kenia-Schilling = 100 Cents
Hauptreligionen: Christentum, Islam

Komoren

Fläche: ca. 1 861 km²
Einwohner: ca. 760 000
Hauptstadt: Moroni
Amtssprachen: Komorisch, Französisch, Arabisch
Währung: 1 Komoren-Franc = 100 Centimes
Hauptreligionen: Islam, Christentum

Lesotho

Fläche: ca. 30 355 km²
Einwohner: ca. 2,1 Mio.
Hauptstadt: Maseru
Amtssprachen: Sesotho, Englisch
Währung: 1 Lesothischer Loti = 100 Lisente
Hauptreligionen: Christentum, ethnische Religionen

Liberia

Fläche: ca. 111 370 km²
Einwohner: ca. 4,3 Mio.
Hauptstadt: Monrovia
Amtssprache: Englisch
Währung: 1 Liberianischer Dollar = 100 Cents
Hauptreligionen: Christentum, ethnische Religionen

Libyen

Fläche: ca. 1 760 000 km²
Einwohner: ca. 6,3 Mio.
Hauptstadt: Tripolis
Amtssprache: Arabisch
Währung: 1 Libyscher Dinar = 1 000 Dirham
Hauptreligionen: Islam, Christentum

Madagaskar

Fläche: ca. 581 800 km²
Einwohner: ca. 23,8 Mio.
Hauptstadt: Antananarivo
Amtssprachen: Madagassisch, Französisch
Währung: 1 Ariary = 5 Iraimbilanja
Hauptreligionen: ethnische Religionen, Christentum

Malawi

Fläche: ca. 118 484 km²
Einwohner: ca. 17 Mio.
Hauptstadt: Lilongwe
Amtssprache: Englisch
Währung: 1 Malawi-Kwacha = 100 Tambala
Hauptreligionen: Christentum, Islam

Mali

Fläche: ca. 1 240 000 km²
Einwohner: ca. 16 Mio.
Hauptstadt: Bamako
Amtssprache: Französisch
Währung: 1 CFA-Franc BCEAO = 100 Centimes
Hauptreligionen: Islam, Christentum

Marokko

Fläche: ca. 459 000 km²
Einwohner: ca. 33 Mio.
Hauptstadt: Rabat
Amtssprachen: Arabisch, Tamazight
Währung: 1 Marokkanischer Dirham = 100 Centimes
Hauptreligionen: Islam, Christentum

Länderlexikon

Mauretanien

Fläche: ca. 1 030 000 km²
Einwohner: ca. 3,5 Mio.
Hauptstadt: Nouakchott
Amtssprache: Arabisch
Währung: 1 Ouguiya = 5 Khoums
Hauptreligion: Islam

Mauritius

Fläche: ca. 2 040 km²
Einwohner: ca. 1,3 Mio.
Hauptstadt: Port Louis
Amtssprache: Englisch
Währung: 1 Mauritius-Rupie = 100 Cents
Hauptreligionen: Hinduismus, Christentum

Mosambik

Fläche: ca. 799 380 km²
Einwohner: ca. 27,2 Mio.
Hauptstadt: Maputo
Amtssprache: Portugiesisch
Währung: 1 Mosambik-Metical = 100 Centavos
Hauptreligionen: ethnische Religionen, Christentum

Namibia

Fläche: ca. 824 292 km²
Einwohner: ca. 2,3 Mio.
Hauptstadt: Windhuk
Amtssprache: Englisch
Währung: 1 Namibia-Dollar = 100 Cents
Hauptreligionen: Christentum, ethnische Religionen

Niger

Fläche: ca. 1 267 000 km²
Einwohner: ca. 17,8 Mio.
Hauptstadt: Niamey
Amtssprache: Französisch
Währung: 1 CFA-Franc BCEAO = 100 Centimes
Hauptreligionen: Islam, ethnische Religionen

Nigeria

Fläche: ca. 923 768 km²
Einwohner: ca. 177 Mio.
Hauptstadt: Abuja
Amtssprache: Englisch
Währung: 1 Naira = 100 Kobo
Hauptreligionen: Islam, Christentum

Republik Kongo

Fläche: ca. 342 000 km²
Einwohner: ca. 4,4 Mio.
Hauptstadt: Brazzaville
Amtssprache: Französisch
Währung: 1 CFA-Franc = 100 Centimes
Hauptreligionen: Christentum, ethnische Religionen

Ruanda

Fläche: ca. 26 340 km²
Einwohner: ca. 11,4 Mio.
Hauptstadt: Kigali
Amtssprachen: Kinyarwanda, Englisch, Französisch
Währung: 1 Ruanda-Franc = 100 Centimes
Hauptreligionen: Christentum, Islam

Sambia

Fläche: ca. 752 614 km²
Einwohner: ca. 15 Mio.
Hauptstadt: Lusaka
Amtssprache: Englisch
Währung: 1 Sambischer Kwacha = 100 Ngwee
Hauptreligionen: Christentum, ethnische Religionen

São Tomé und Príncipe

Fläche: ca. 1 001 km²
Einwohner: ca. 192 000
Hauptstadt: São Tomé
Amtssprache: Portugiesisch
Währung: 1 Dobra = 100 Centimos
Hauptreligionen: Christentum, ethnische Religionen

Senegal

Fläche: ca. 196 712 km²
Einwohner: ca. 14,7 Mio.
Hauptstadt: Dakar
Amtssprache: Französisch
Währung: 1 CFA-Franc BCEAO = 100 Centimes
Hauptreligionen: Islam, Christentum

Seychellen

Fläche: ca. 455 km²
Einwohner: ca. 92 000
Hauptstadt: Victoria
Amtssprachen: Englisch, Französisch, Kreol
Währung: 1 Seychellen-Rupie = 100 Cents
Hauptreligionen: Christentum, Hinduismus

Sierra Leone

Fläche: ca. 71 740 km²
Einwohner: ca. 5,9 Mio.
Hauptstadt: Freetown
Amtssprache: Englisch
Währung: 1 Leone = 100 Cents
Hauptreligionen: Islam, Christentum

Simbabwe

Fläche: ca. 390 580 km²
Einwohner: ca. 13 Mio.
Hauptstadt: Harare
Amtssprachen: Englisch, Shona, Ndebele
Währung: 1 Simbabwe-Dollar = 100 Cents
Hauptreligionen: Christentum, ethnische Religionen

Somalia

Fläche: ca. 637 657 km²
Einwohner: ca. 10 Mio.
Hauptstadt: Mogadischu
Amtssprachen: Somali, Arabisch
Währung: 1 Somalia-Schilling = 100 Centesimi
Hauptreligionen: Islam, Christentum

Südafrika

Fläche: ca. 1 219 090 km^2
Einwohner: ca. 53 Mio.
Hauptstadt: Pretoria
Amtssprachen: Afrikaans, Englisch, Süd-Ndebele, Xhosa, Zulu, Nord-Sotho, Sesotho, Setswana, Swati, Tshivenda, Tsonga
Währung: 1 Südafrikanischer Rand = 100 Cents
Hauptreligionen: Christentum, Islam

Sudan

Fläche: ca. 1 850 000 km^2
Einwohner: ca. 37,9 Mio.
Hauptstadt: Khartum
Amtssprache: Arabisch
Währung: 1 Sudanesisches Pfund = 100 Piaster
Hauptreligionen: Islam, Christentum

Südsudan

Fläche: ca. 644 000 km^2
Einwohner: ca. 11,3 Mio.
Hauptstadt: Juba
Amtssprache: Englisch
Währung: 1 Südsudanesisches Pfund = 100 Piaster
Hauptreligionen: Christentum, ethnische Religionen

Swasiland

Fläche: ca. 17 364 km^2
Einwohner: ca. 1,3 Mio.
Hauptstadt: Mbabane
Amtssprachen: Siswati, Englisch
Währung: 1 Lilangeni = 100 Cents
Hauptreligionen: Christentum, Islam

Tansania

Fläche: ca. 947 300 km^2
Einwohner: ca. 49,3 Mio.
Hauptstadt: Dodoma
Amtssprachen: Kisuaheli, Englisch
Währung: 1 Tansania-Schilling = 100 Cents
Hauptreligionen: Islam, Christentum

Togo

Fläche: ca. 56 785 km^2
Einwohner: ca. 7,2 Mio.
Hauptstadt: Lomé
Amtssprache: Französisch
Währung: 1 CFA-Franc BCEAO = 100 Centimes
Hauptreligionen: ethnische Religionen, Christentum

Tschad

Fläche: ca. 1 284 000 km^2
Einwohner: ca. 12,8 Mio.
Hauptstadt: N'Djamena
Amtssprachen: Französisch, Arabisch
Währung: 1 CFA-Franc BEAC = 100 Centimes
Hauptreligionen: Islam, Christentum

Tunesien

Fläche: ca. 164 150 km^2
Einwohner: ca. 11,1 Mio.
Hauptstadt: Tunis
Amtssprache: Arabisch
Währung: 1 Tunesischer Dinar = 1 000 Millimes
Hauptreligionen: Islam, Christentum

Uganda

Fläche: ca. 241 550 km^2
Einwohner: ca. 35 Mio.
Hauptstadt: Kampala
Amtssprachen: Englisch, Suaheli
Währung: 1 Uganda-Schilling = 100 Cents
Hauptreligionen: Christentum, Islam

Zentralafrikanische Republik

Fläche: ca. 623 000 km^2
Einwohner: ca. 4,8 Mio.
Hauptstadt: Bangui
Amtssprachen: Französisch, Sango
Währung: 1 CFA-Franc BEAC = 100 Centimes
Hauptreligionen: Christentum, ethnische Religionen

Asien
von A–Z

Afghanistan

Fläche: ca. 652 000 km^2
Einwohner: ca. 30,6 Mio.
Hauptstadt: Kabul
Amtssprachen: Dari, Paschtu
Währung: 1 Afghani = 100 Puls
Hauptreligionen: Islam, Hinduismus

Armenien

Fläche: ca. 29 800 km^2
Einwohner: ca. 3,5 Mio.
Hauptstadt: Jerewan
Amtssprache: Armenisch
Währung: 1 Dram = 100 Luma
Hauptreligion: Christentum

Aserbaidschan

Fläche: ca. 86 600 km^2
Einwohner: ca. 9,5 Mio.
Hauptstadt: Baku
Amtssprache: Aserbaidschanisch
Währung: 1 Aserbaidschan-Manat = 100 Qäpik
Hauptreligionen: Islam, Christentum

Bahrain

Fläche: ca. 760 km^2
Einwohner: ca. 1,2 Mio.
Hauptstadt: Manama
Amtssprache: Arabisch
Währung: 1 Bahraini Dinar = 1 000 Fils
Hauptreligionen: Islam, Christentum

Länderlexikon

Bangladesch
Fläche: ca. 147 570 km²
Einwohner: ca. 159,5 Mio.
Hauptstadt: Dhaka
Amtssprache: Bangla
Währung: 1 Bangladeshi Taka = 100 Poisha
Hauptreligionen: Islam, Hinduismus

Indien
Fläche: ca. 3 287 000 km²
Einwohner: ca. 1,3 Mrd.
Hauptstadt: Neu-Delhi
Amtssprachen: Hindi, Englisch
Währung: 1 Indische Rupie = 100 Paise
Hauptreligionen: Hinduismus, Islam

Japan
Fläche: ca. 377 930 km²
Einwohner: ca. 127 Mio.
Hauptstadt: Tokio
Amtssprache: Japanisch
Währung: 1 Yen = 100 Sen
Hauptreligionen: Buddhismus, ethnische Religionen

Bhutan
Fläche: ca. 38 394 km²
Einwohner: ca. 745 000
Hauptstadt: Thimphu
Amtssprache: Dzongkha
Währung: 1 Ngultrum = 100 Chhertum
Hauptreligionen: Buddhismus, Hinduismus

Indonesien
Fläche: ca. 1 811 569 km²
Einwohner: ca. 250 Mio.
Hauptstadt: Jakarta
Amtssprache: Indonesisch
Währung: 1 Indonesische Rupiah = 100 Sen
Hauptreligionen: Islam, Christentum

Jemen
Fläche: ca. 527 968 km²
Einwohner: ca. 26,7 Mio.
Hauptstadt: Sana
Amtssprache: Arabisch
Währung: 1 Jemen Rial = 100 Fils
Hauptreligionen: Islam, Judentum

Brunei
Fläche: ca. 5 765 km²
Einwohner: ca. 415 000
Hauptstadt: Bandar Seri Begawan
Amtssprache: Malaiisch
Währung: 1 Brunei-Dollar = 100 Cents
Hauptreligionen: Islam, Christentum

Irak
Fläche: ca. 435 520 km²
Einwohner: ca. 36 Mio.
Hauptstadt: Bagdad
Amtssprachen: Arabisch, Kurdisch
Währung: 1 Irakischer Dinar = 1 000 Fils
Hauptreligionen: Islam, Christentum

Jordanien
Fläche: ca. 89 342 km²
Einwohner: ca. 6,5 Mio.
Hauptstadt: Amman
Amtssprache: Arabisch
Währung: 1 Jordanischer Dinar = 100 Piaster = 1 000 Fils
Hauptreligionen: Islam, Christentum

China
Fläche: ca. 9 561 995 km²
Einwohner: ca. 1,4 Mrd.
Hauptstadt: Peking
Amtssprache: Chinesisch
Währung: 1 Renminbi Yuan = 10 Jiao = 100 Fen
Hauptreligionen: Buddhismus, Christentum

Iran
Fläche: ca. 1 648 000 km²
Einwohner: ca. 78,1 Mio.
Hauptstadt: Teheran
Amtssprache: Persisch
Währung: 1 Iranischer Rial = 100 Dinar
Hauptreligionen: Islam, Christentum

Kambodscha
Fläche: ca. 181 035 km²
Einwohner: ca. 14,8 Mio.
Hauptstadt: Phnom Penh
Amtssprache: Khmer
Währung: 1 Riel = 10 Kak = 100 Sen
Hauptreligionen: Buddhismus, Islam

Georgien
Fläche: ca. 69 700 km²
Einwohner: ca. 4,5 Mio.
Hauptstadt: Tiflis
Amtssprache: Georgisch
Währung: 1 Lari = 100 Tetri
Hauptreligionen: Christentum, Islam

Israel
Fläche: ca. 20 766 km²
Einwohner: ca. 8,5 Mio.
Hauptstadt: Jerusalem
Amtssprachen: Hebräisch, Arabisch
Währung: 1 Neuer Israelischer Schekel = 100 Agorot
Hauptreligionen: Judentum, Islam

Kasachstan
Fläche: ca. 2 724 900 km²
Einwohner: ca. 17,7 Mio.
Hauptstadt: Astana
Amtssprachen: Kasachisch, Russisch
Währung: 1 Kasachischer Tenge = 100 Tiyn
Hauptreligionen: Islam, Christentum

Katar

Fläche: ca. 11 437 km²
Einwohner: ca. 2,4 Mio.
Hauptstadt: Doha
Amtssprache: Arabisch
Währung: 1 Katar Riyal = 100 Dirham
Hauptreligionen: Islam, Christentum

Kirgisistan

Fläche: ca. 198 500 km²
Einwohner: ca. 5,7 Mio.
Hauptstadt: Bischkek
Amtssprache: Kirgisisch
Währung: 1 Som = 100 Tyiyn
Hauptreligionen: Islam, Christentum

Kuwait

Fläche: ca. 17 818 km²
Einwohner: ca. 4 Mio.
Hauptstadt: Kuwait-Stadt
Amtssprache: Arabisch
Währung: 1 Kuwait-Dinar = 1 000 Fils
Hauptreligionen: Islam, Christentum

Laos

Fläche: ca. 236 800 km²
Einwohner: ca. 7 Mio.
Hauptstadt: Vientiane
Amtssprache: Laotisch
Währung: Laotischer Kip
Hauptreligionen: Buddhismus, ethnische Religionen

Libanon

Fläche: ca. 10 452 km²
Einwohner: ca. 5,9 Mio.
Hauptstadt: Beirut
Amtssprache: Arabisch
Währung: 1 Libanesisches Pfund = 100 Piaster
Hauptreligionen: Islam, Christentum

Malaysia

Fläche: ca. 329 847 km²
Einwohner: ca. 31 Mio.
Hauptstadt: Kuala Lumpur
Amtssprache: Malaiisch
Währung: 1 Malaysischer Ringgit = 100 Sen
Hauptreligionen: Islam, Buddhismus

Malediven

Fläche: ca. 298 km²
Einwohner: ca. 370 000
Hauptstadt: Malé
Amtssprache: Dhivehi
Währung: 1 Maledivischer Rufiyaa = 100 Laari
Hauptreligion: Islam

Mongolei

Fläche: ca. 1 565 000 km²
Einwohner: ca. 3 Mio.
Hauptstadt: Ulan Bator
Amtssprache: Mongolisch
Währung: 1 Mongolischer Tugrik = 100 Mongo
Hauptreligionen: Buddhismus, Islam

Myanmar

Fläche: ca. 676 577 km²
Einwohner: ca. 51 Mio.
Hauptstadt: Naypyidaw
Amtssprache: Birmanisch
Währung: 1 Kyat = 100 Pya
Hauptreligionen: Buddhismus, Christentum

Nepal

Fläche: ca. 147 181 km²
Einwohner: ca. 30,4 Mio.
Hauptstadt: Kathmandu
Amtssprache: Nepalesisch
Währung: 1 Nepalesische Rupie = 100 Paisa
Hauptreligionen: Hinduismus, Buddhismus

Nordkorea

Fläche: ca. 122 762 km²
Einwohner: ca. 24,7 Mio.
Hauptstadt: Pjöngjang
Amtssprache: Koreanisch
Währung: 1 Won = 100 Chon
Hauptreligionen: Buddhismus, ethnische Religionen

Oman

Fläche: ca. 309 500 km²
Einwohner: ca. 4,2 Mio.
Hauptstadt: Maskat
Amtssprache: Arabisch
Währung: 1 Omanischer Rial = 1 000 Baiza
Hauptreligionen: Islam, Hinduismus

Pakistan

Fläche: ca. 796 000 km²
Einwohner: ca. 185 Mio.
Hauptstadt: Islamabad
Amtssprache: Urdu
Währung: 1 Pakistanische Rupie = 100 Paisa
Hauptreligionen: Islam, Hinduismus

Philippinen

Fläche: ca. 300 000 km²
Einwohner: ca. 101 Mio.
Hauptstadt: Manila
Amtssprache: Pilipino
Währung: 1 Philippinischer Peso = 100 Centavos
Hauptreligionen: Christentum, Islam

Russland

Fläche: ca. 17 098 200 km²
Einwohner: ca. 144,1 Mio.
Hauptstadt: Moskau
Amtssprache: Russisch
Währung: 1 Rubel = 100 Kopeken
Hauptreligionen: Christentum, Islam

Länderlexikon

Saudi-Arabien

Fläche: ca. 2 149 690 km²
Einwohner: ca. 30,6 Mio.
Hauptstadt: Riad
Amtssprache: Arabisch
Währung: 1 Saudi-Riyal = 100 Hallalas
Hauptreligion: Islam

Tadschikistan

Fläche: ca. 142 000 km²
Einwohner: ca. 8,4 Mio.
Hauptstadt: Duschanbe
Amtssprache: Tadschikisch
Währung: 1 Somoni = 100 Diram
Hauptreligionen: Islam, Christentum

Turkmenistan

Fläche: ca. 488 100 km²
Einwohner: ca. 6,7 Mio.
Hauptstadt: Aşgabat
Amtssprache: Turkmenisch
Währung: 1 Turkmenistan Manat = 100 Tenge
Hauptreligionen: Islam, Christentum

Singapur

Fläche: ca. 718 km²
Einwohner: ca. 5,5 Mio.
Hauptstadt: Singapur
Amtssprachen: Malaiisch, Chinesisch, Tamilisch, Englisch
Währung: 1 Singapur-Dollar = 100 Cents
Hauptreligionen: Buddhismus, Christentum

Taiwan

Fläche: ca. 36 193 km²
Einwohner: ca. 23,5 Mio.
Hauptstadt: Taipeh
Amtssprache: Chinesisch
Währung: 1 Neuer Taiwan Dollar = 100 Cents
Hauptreligionen: Buddhismus, Christentum

Usbekistan

Fläche: ca. 448 900 km²
Einwohner: ca. 31 Mio.
Hauptstadt: Taschkent
Amtssprache: Usbekisch
Währung: 1 Sum = 100 Tiyin
Hauptreligionen: Islam, Christentum

Sri Lanka

Fläche: ca. 65 610 km²
Einwohner: ca. 22 Mio.
Hauptstadt: Colombo
Amtssprachen: Singhalesisch, Tamilisch
Währung: 1 Sri-Lanka-Rupie = 100 Cent
Hauptreligionen: Buddhismus, Hinduismus

Thailand

Fläche: ca. 513 115 km²
Einwohner: ca. 67,2 Mio.
Hauptstadt: Bangkok
Amtssprache: Thai
Währung: 1 Baht = 100 Stangs
Hauptreligionen: Buddhismus, Islam

Vereinigte Arabische Emirate

Fläche: ca. 83 600 km²
Einwohner: ca. 9 Mio.
Hauptstadt: Abu Dhabi
Amtssprache: Arabisch
Währung: 1 Dirham = 100 Fils
Hauptreligionen: Islam, Christentum

Südkorea

Fläche: ca. 99 720 km²
Einwohner: ca. 51,3 Mio.
Hauptstadt: Seoul
Amtssprache: Koreanisch
Währung: 1 Won = 100 Chon
Hauptreligionen: Buddhismus, Christentum

Timor-Leste

Fläche: ca. 14 874 km²
Einwohner: ca. 1,2 Mio.
Hauptstadt: Dili
Amtssprachen: Portugiesisch, Tetum
Währung: 1 US-Dollar = 100 Cents
Hauptreligionen: Christentum, Islam

Vietnam

Fläche: ca. 332 800 km²
Einwohner: ca. 90 Mio.
Hauptstadt: Hanoi
Amtssprache: Vietnamesisch
Währung: Vietnamesischer Dong
Hauptreligionen: Buddhismus, Christentum

Syrien

Fläche: ca. 185 180 km²
Einwohner: ca. 22 Mio.
Hauptstadt: Damaskus
Amtssprache: Arabisch
Währung: 1 Syrisches Pfund = 100 Piaster
Hauptreligionen: Islam, Christentum

Türkei

Fläche: ca. 772 987 km²
Einwohner: ca. 78,7 Mio.
Hauptstadt: Ankara
Amtssprache: Türkisch
Währung: 1 Türkische Lira = 100 Kurus
Hauptreligionen: Islam, Christentum

Australien und Ozeanien
von A–Z

Australien

Fläche: ca. 7 682 300 km²
Einwohner: ca. 22,8 Mio.
Hauptstadt: Canberra
Amtssprache: Englisch
Währung: 1 Australischer Dollar = 100 Cents
Hauptreligionen: Christentum, Buddhismus

Fidschi

Fläche: ca. 18 274 km²
Einwohner: ca. 881 100
Hauptstadt: Suva
Amtssprachen: Englisch, Fidschianisch
Währung: 1 Fidschi-Dollar = 100 Cents
Hauptreligionen: Christentum, Hinduismus

Kiribati

Fläche: ca. 811 km²
Einwohner: ca. 105 700
Hauptstadt: South Tarawa
Amtssprachen: Kiribatisch, Englisch
Währung: 1 Kiribati-Dollar = 100 Cents; 1 Australischer Dollar = 100 Cents
Hauptreligionen: Christentum, ethnische Religionen

Marshallinseln

Fläche: ca. 181 km²
Einwohner: ca. 72 200
Hauptstadt: Majuro
Amtssprachen: Englisch, Marshallisch
Währung: 1 US-Dollar = 100 Cents
Hauptreligionen: Christentum, ethnische Religionen

Mikronesien

Fläche: ca. 702 km²
Einwohner: ca. 108 000
Hauptstadt: Palikir
Amtssprache: Englisch
Währung: 1 US-Dollar = 100 Cents
Hauptreligion: Christentum

Nauru

Fläche: ca. 21 km²
Einwohner: ca. 11 700
Hauptstadt: Yaren
Amtssprachen: Nauruisch, Englisch
Währung: 1 Australischer Dollar = 100 Cents
Hauptreligion: Christentum

Neuseeland

Fläche: ca. 268 107 km²
Einwohner: ca. 4,7 Mio.
Hauptstadt: Wellington
Amtssprachen: Englisch, Maori, neuseeländische Gebärdensprache
Währung: 1 Neuseeländischer Dollar = 100 Cents
Hauptreligion: Christentum

Palau

Fläche: ca. 459 km²
Einwohner: ca. 21 300
Hauptstadt: Melekeok
Amtssprachen: Palauisch, Englisch
Währung: 1 US-Dollar = 100 Cents
Hauptreligionen: Christentum, ethnische Religionen

Papua-Neuguinea

Fläche: ca. 462 840 km²
Einwohner: ca. 6,6 Mio.
Hauptstadt: Port Moresby
Amtssprachen: Englisch, Hiri Motu, Tok Pisin
Währung: 1 Kina = 100 Toea
Hauptreligionen: Christentum, ethnische Religionen

Salomonen

Fläche: ca. 28 896 km²
Einwohner: ca. 609 900
Hauptstadt: Honiara
Amtssprache: Englisch
Währung: 1 Salomonen-Dollar = 100 Cents
Hauptreligionen: Christentum, ethnische Religionen

Samoa

Fläche: ca. 2 831 km²
Einwohner: ca. 197 800
Hauptstadt: Apia
Amtssprachen: Samoanisch, Englisch
Währung: 1 Samoanischer Tala = 100 Sene
Hauptreligion: Christentum

Tonga

Fläche: ca. 747 km²
Einwohner: ca. 109 000
Hauptstadt: Nuku'alofa
Amtssprachen: Tongaisch, Englisch
Währung: 1 Pa'anga = 100 Seniti
Hauptreligion: Christentum

Tuvalu

Fläche: ca. 26 km²
Einwohner: ca. 10 900
Hauptstadt: Funafuti
Amtssprachen: Tuvaluisch, Englisch
Währung: 1 Tuvaluischer Dollar = 100 Cents; 1 Australischer Dollar = 100 Cents
Hauptreligionen: Christentum, ethnische Religionen

Vanuatu

Fläche: ca. 12 189 km²
Einwohner: ca. 270 000
Hauptstadt: Port Vila
Amtssprachen: Bislama, Englisch, Französisch
Währung: Vatu
Hauptreligionen: Christentum, ethnische Religionen

Europa
von A–Z
(45 Länder; Russland und Türkei siehe Asien)

Albanien

Fläche: ca. 28 748 km²
Einwohner: ca. 2,9 Mio.
Hauptstadt: Tirana
Amtssprache: Albanisch
Währung: Albanischer Lek
Hauptreligionen: Islam, Christentum

Andorra

Fläche: ca. 468 km²
Einwohner: ca. 77 000
Hauptstadt: Andorra la Vella
Amtssprache: Katalanisch
Währung: 1 Euro = 100 Cent
Hauptreligion: Christentum

Belgien

Fläche: ca. 30 528 km²
Einwohner: ca. 11,3 Mio.
Hauptstadt: Brüssel
Amtssprachen: Niederländisch, Französisch, Deutsch
Währung: 1 Euro = 100 Cent
Hauptreligionen: Christentum, Islam

Bosnien und Herzegowina

Fläche: ca. 51 197 km²
Einwohner: ca. 3,8 Mio.
Hauptstadt: Sarajevo
Amtssprachen: Bosnisch, Serbisch, Kroatisch
Währung: 1 Konvertible Mark = 100 Fening
Hauptreligionen: Islam, Christentum

Bulgarien

Fläche: ca. 111 002 km²
Einwohner: ca. 7,2 Mio.
Hauptstadt: Sofia
Amtssprache: Bulgarisch
Währung: 1 Lew = 100 Stotinki
Hauptreligionen: Christentum, Islam

Dänemark

Fläche: ca. 43 094 km²
Einwohner: ca. 5,6 Mio.
Hauptstadt: Kopenhagen
Amtssprache: Dänisch
Währung: 1 Dänische Krone = 100 Öre
Hauptreligionen: Christentum, Islam

Deutschland

Fläche: ca. 357 386 km²
Einwohner: ca. 82,7 Mio.
Hauptstadt: Berlin
Amtssprache: Deutsch
Währung: 1 Euro = 100 Cent
Hauptreligionen: Christentum, Islam

Estland

Fläche: ca. 45 227 km²
Einwohner: ca. 1,3 Mio.
Hauptstadt: Tallinn
Amtssprache: Estnisch
Währung: 1 Euro = 100 Cent
Hauptreligion: Christentum

Finnland

Fläche: ca. 338 145 km²
Einwohner: ca. 5,5 Mio.
Hauptstadt: Helsinki
Amtssprachen: Finnisch, Schwedisch
Währung: 1 Euro = 100 Cent
Hauptreligion: Christentum

Frankreich

Fläche: ca. 543 965 km²
Einwohner: ca. 66,6 Mio.
Hauptstadt: Paris
Amtssprache: Französisch
Währung: 1 Euro = 100 Cent
Hauptreligionen: Christentum, Islam

Griechenland

Fläche: ca. 132 000 km²
Einwohner: ca. 10,8 Mio.
Hauptstadt: Athen
Amtssprache: Griechisch
Währung: 1 Euro = 100 Cent
Hauptreligionen: Christentum, Islam

Großbritannien

Fläche: ca. 243 820 km²
Einwohner: ca. 64,1 Mio.
Hauptstadt: London
Amtssprache: Englisch
Währung: 1 Pfund Sterling = 100 Pence
Hauptreligionen: Christentum, Islam

Irland

Fläche: ca. 70 282 km²
Einwohner: ca. 4,6 Mio.
Hauptstadt: Dublin
Amtssprachen: Irisch, Englisch
Währung: 1 Euro = 100 Cent
Hauptreligionen: Christentum, Islam

Island

Fläche: ca. 103 000 km²
Einwohner: ca. 348 600
Hauptstadt: Reykjavík
Amtssprache: Isländisch
Währung: 1 Isländische Krone = 100 Aurar
Hauptreligion: Christentum

Italien

Fläche: ca. 301 277 km²
Einwohner: ca. 60 Mio.
Hauptstadt: Rom
Amtssprache: Italienisch
Währung: 1 Euro = 100 Cent
Hauptreligionen: Christentum, Islam

Kosovo

Fläche: ca. 10 877 km²
Einwohner: ca. 1,8 Mio.
Hauptstadt: Priština
Amtssprachen: Albanisch, Serbisch
Währung: 1 Euro = 100 Cent
Hauptreligionen: Islam, Christentum

Kroatien

Fläche: ca. 56 538 km²
Einwohner: ca. 4,2 Mio.
Hauptstadt: Zagreb
Amtssprache: Kroatisch
Währung: 1 Kroatische Kuna = 100 Lipa
Hauptreligionen: Christentum, Islam

Lettland

Fläche: ca. 64 573 km²
Einwohner: ca. 2 Mio.
Hauptstadt: Riga
Amtssprache: Lettisch
Währung: 1 Euro = 100 Cent
Hauptreligionen: Christentum, Judentum

Liechtenstein

Fläche: ca. 160 km²
Einwohner: ca. 37 600
Hauptstadt: Vaduz
Amtssprache: Deutsch
Währung: 1 Schweizer Franken = 100 Rappen
Hauptreligionen: Christentum, Islam

Litauen

Fläche: ca. 65 300 km²
Einwohner: ca. 2,9 Mio.
Hauptstadt: Vilnius
Amtssprache: Litauisch
Währung: 1 Euro = 100 Cent
Hauptreligion: Christentum

Luxemburg

Fläche: ca. 2 586 km²
Einwohner: ca. 570 000
Hauptstadt: Luxemburg
Amtssprachen: Luxemburgisch, Französisch, Deutsch
Währung: 1 Euro = 100 Cent
Hauptreligion: Christentum

Malta

Fläche: ca. 316 km²
Einwohner: ca. 426 000
Hauptstadt: Valletta
Amtssprachen: Maltesisch, Englisch
Währung: 1 Euro = 100 Cent
Hauptreligion: Christentum

Mazedonien

Fläche: ca. 25 713 km²
Einwohner: ca. 2,1 Mio.
Hauptstadt: Skopje
Amtssprachen: Mazedonisch, Albanisch
Währung: 1 Mazedonischer Denar = 100 Deni
Hauptreligionen: Christentum, Islam

Moldau

Fläche: ca. 33 700 km²
Einwohner: ca. 3,6 Mio.
Hauptstadt: Kischinau
Amtssprache: Rumänisch
Währung: 1 Moldauischer Leu = 100 Bani
Hauptreligionen: Christentum, Judentum

Monaco

Fläche: ca. 2 km²
Einwohner: ca. 37 800
Hauptstadt: Monaco
Amtssprache: Französisch
Währung: 1 Euro = 100 Cent
Hauptreligionen: Christentum, Judentum

Montenegro

Fläche: ca. 13 812 km²
Einwohner: ca. 625 300
Hauptstadt: Podgorica
Amtssprache: Montenegrinisch
Währung: 1 Euro = 100 Cent
Hauptreligionen: Christentum, Islam

Niederlande

Fläche: ca. 41 526 km²
Einwohner: ca. 16,9 Mio.
Hauptstadt: Amsterdam
Amtssprachen: Niederländisch, Friesisch
Währung: 1 Euro = 100 Cent
Hauptreligionen: Christentum, Islam

Norwegen

Fläche: ca. 323 759 km²
Einwohner: ca. 5,2 Mio.
Hauptstadt: Oslo
Amtssprache: Norwegisch
Währung: 1 Norwegische Krone = 100 Öre
Hauptreligionen: Christentum, Islam

Österreich

Fläche: ca. 83 879 km²
Einwohner: ca. 8,8 Mio.
Hauptstadt: Wien
Amtssprachen: Deutsch, Slowenisch, Kroatisch, Ungarisch
Währung: 1 Euro = 100 Cent
Hauptreligionen: Christentum, Islam

Länderlexikon

Polen
Fläche: ca. 312 679 km²
Einwohner: ca. 38,5 Mio.
Hauptstadt: Warschau
Amtssprache: Polnisch
Währung: 1 Zloty = 100 Groszy
Hauptreligionen: Christentum, Judentum

Schweiz
Fläche: ca. 41 285 km²
Einwohner: ca. 8,2 Mio.
Hauptstadt: Bern
Amtssprachen: Deutsch, Französisch, Italienisch, Rätoromanisch
Währung: 1 Schweizer Franken = 100 Rappen
Hauptreligionen: Christentum, Islam

Tschechische Republik
Fläche: ca. 78 866 km²
Einwohner: ca. 10,5 Mio.
Hauptstadt: Prag
Amtssprache: Tschechisch
Währung: 1 Tschechische Krone = 100 Heller
Hauptreligionen: Christentum, Judentum

Portugal
Fläche: ca. 92 345 km²
Einwohner: ca. 10,6 Mio.
Hauptstadt: Lissabon
Amtssprache: Portugiesisch
Währung: 1 Euro = 100 Cent
Hauptreligionen: Christentum, Islam

Serbien
Fläche: ca. 77 484 km²
Einwohner: 7,1 Mio.
Hauptstadt: Belgrad
Amtssprache: Serbisch
Währung: Serbischer Dinar
Hauptreligionen: Christentum, Islam

Ukraine
Fläche: ca. 603 700 km²
Einwohner: ca. 45,6 Mio.
Hauptstadt: Kiew
Amtssprache: Ukrainisch
Währung: 1 Hrywnja = 100 Kopeken
Hauptreligionen: Christentum, Islam

Rumänien
Fläche: ca. 237 500 km²
Einwohner: ca. 19,9 Mio.
Hauptstadt: Bukarest
Amtssprache: Rumänisch
Währung: 1 Rumänischer Leu = 100 Bani
Hauptreligionen: Christentum, Islam

Slowakei
Fläche: ca. 49 030 km²
Einwohner: ca. 5,4 Mio.
Hauptstadt: Bratislava
Amtssprache: Slowakisch
Währung: 1 Euro = 100 Cent
Hauptreligionen: Christentum, Judentum

Ungarn
Fläche: ca. 93 030 km²
Einwohner: ca. 9,9 Mio.
Hauptstadt: Budapest
Amtssprache: Ungarisch
Währung: Ungarischer Forint
Hauptreligionen: Christentum, Judentum

San Marino
Fläche: ca. 61 km²
Einwohner: ca. 33 000
Hauptstadt: San Marino
Amtssprache: Italienisch
Währung: 1 Euro = 100 Cent
Hauptreligion: Christentum

Slowenien
Fläche: ca. 20 273 km²
Einwohner: ca. 2,1 Mio.
Hauptstadt: Ljubljana
Amtssprache: Slowenisch
Währung: 1 Euro = 100 Cent
Hauptreligionen: Christentum, Islam

Vatikanstadt
Fläche: ca. 0,44 km²
Einwohner: ca. 800
Hauptstadt: Vatikanstadt
Amtssprachen: Latein, Italienisch
Währung: 1 Euro = 100 Cent
Hauptreligion: Christentum

Schweden
Fläche: ca. 449 696 km²
Einwohner: ca. 9,8 Mio.
Hauptstadt: Stockholm
Amtssprache: Schwedisch
Währung: 1 Schwedische Krone = 100 Öre
Hauptreligionen: Christentum, Islam

Spanien
Fläche: ca. 505 990 km²
Einwohner: ca. 46,4 Mio.
Hauptstadt: Madrid
Amtssprachen: Spanisch, Katalanisch, Galicisch, Baskisch, Aranesisch
Währung: 1 Euro = 100 Cent
Hauptreligionen: Christentum, Islam

Weißrussland
Fläche: ca. 207 600 km²
Einwohner: ca. 9,5 Mio.
Hauptstadt: Minsk
Amtssprachen: Belarussisch, Russisch
Währung: 1 Belarus-Rubel = 100 Kopeken
Hauptreligionen: Christentum, Judentum

Zypern

Fläche: ca. 5 896 km²
Einwohner: ca. 1,2 Mio.
Hauptstadt: Nikosia
Amtssprachen: Griechisch, Türkisch
Währung: 1 Euro = 100 Cent
Hauptreligionen: Christentum, Islam

Nord- und Mittelamerika

von A–Z

Antigua und Barbuda

Fläche: ca. 443 km²
Einwohner: ca. 92 000
Hauptstadt: Saint John's
Amtssprache: Englisch
Währung: 1 Ostkaribischer Dollar = 100 Cents
Hauptreligion: Christentum

Bahamas

Fläche: ca. 13 880 km²
Einwohner: ca. 324 600
Hauptstadt: Nassau
Amtssprache: Englisch
Währung: 1 Bahama-Dollar = 100 Cents
Hauptreligionen: Christentum, ethnische Religionen

Barbados

Fläche: ca. 431 km²
Einwohner: ca. 290 000
Hauptstadt: Bridgetown
Amtssprache: Englisch
Währung: 1 Barbados-Dollar = 100 Cents
Hauptreligionen: Christentum, ethnische Religionen

Belize

Fläche: ca. 22 965 km²
Einwohner: ca. 352 000
Hauptstadt: Belmopan
Amtssprache: Englisch
Währung: 1 Belize Dollar = 100 Cents
Hauptreligionen: Christentum, ethnische Religionen

Costa Rica

Fläche: ca. 51 100 km²
Einwohner: ca. 4,9 Mio.
Hauptstadt: San José
Amtssprache: Spanisch
Währung: 1 Costa Rica Colón = 100 Céntimos
Hauptreligionen: Christentum, Islam

Dominica

Fläche: ca. 751 km²
Einwohner: ca. 73 000
Hauptstadt: Roseau
Amtssprache: Englisch
Währung: 1 Ostkaribischer Dollar = 100 Cents
Hauptreligionen: Christentum, ethnische Religionen

Dominikanische Republik

Fläche: ca. 48 670 km²
Einwohner: ca. 10 Mio.
Hauptstadt: Santo Domingo
Amtssprache: Spanisch
Währung: 1 Dominikanischer Peso = 100 Centavos
Hauptreligion: Christentum

El Salvador

Fläche: ca. 21 040 km²
Einwohner: ca. 6,2 Mio.
Hauptstadt: San Salvador
Amtssprache: Spanisch
Währung: 1 US-Dollar = 100 Cents
Hauptreligion: Christentum

Grenada

Fläche: ca. 344 km²
Einwohner: ca. 106 000
Hauptstadt: Saint George's
Amtssprache: Englisch
Währung: 1 Ostkaribischer Dollar = 100 Cents
Hauptreligionen: Christentum, Islam

Guatemala

Fläche: ca. 108 889 km²
Einwohner: ca. 16 Mio.
Hauptstadt: Guatemala-Stadt
Amtssprache: Spanisch
Währung: 1 Quetzal = 100 Centavos
Hauptreligionen: Christentum, ethnische Religionen

Haiti

Fläche: ca. 27 750 km²
Einwohner: ca. 10,5 Mio.
Hauptstadt: Port-au-Prince
Amtssprachen: Kreolisch, Französisch
Währung: 1 Gourde = 100 Centimes
Hauptreligionen: Christentum, ethnische Religionen

Honduras

Fläche: ca. 112 492 km²
Einwohner: ca. 8,5 Mio.
Hauptstadt: Tegucigalpa
Amtssprache: Spanisch
Währung: 1 Lempira = 100 Centavos
Hauptreligion: Christentum

Jamaika

Fläche: ca. 10 991 km²
Einwohner: ca. 2,7 Mio.
Hauptstadt: Kingston
Amtssprache: Englisch
Währung: 1 Jamaika-Dollar = 100 Cents
Hauptreligionen: Christentum, ethnische Religionen

Länderlexikon

Kanada

Fläche: ca. 9 984 670 km²
Einwohner: ca. 35,1 Mio.
Hauptstadt: Ottawa
Amtssprachen: Englisch, Französisch
Währung: 1 Kanadischer Dollar = 100 Cents
Hauptreligionen: Christentum, Islam

Kuba

Fläche: ca. 110 860 km²
Einwohner: ca. 11,2 Mio.
Hauptstadt: Havanna
Amtssprache: Spanisch
Währung: 1 Kubanischer Peso = 100 Centavos; 1 Konvertibler Peso = 100 Centavos
Hauptreligionen: Christentum, ethnische Religionen

Mexiko

Fläche: ca. 1 943 945 km²
Einwohner: ca. 121 Mio.
Hauptstadt: Mexiko-Stadt
Amtssprache: Spanisch
Währung: 1 Mexikanischer Peso = 100 Centavos
Hauptreligion: Christentum

Nicaragua

Fläche: ca. 120 254 km²
Einwohner: ca. 6 Mio.
Hauptstadt: Managua
Amtssprache: Spanisch
Währung: 1 Córdoba = 100 Centavos
Hauptreligion: Christentum

Panama

Fläche: ca. 75 517 km²
Einwohner: ca. 3,9 Mio.
Hauptstadt: Panama-Stadt
Amtssprache: Spanisch
Währung: 1 Balboa = 100 Centésimos
Hauptreligionen: Christentum, Islam

Saint Kitts und Nevis

Fläche: ca. 261 km²
Einwohner: ca. 52 000
Hauptstadt: Basseterre
Amtssprache: Englisch
Währung: 1 Ostkaribischer Dollar = 100 Cents
Hauptreligion: Christentum

Saint Lucia

Fläche: ca. 616 km²
Einwohner: ca. 166 500
Hauptstadt: Castries
Amtssprache: Englisch
Währung: 1 Ostkaribischer Dollar = 100 Cents
Hauptreligion: Christentum

Saint Vincent und die Grenadinen

Fläche: ca. 389 km²
Einwohner: ca. 109 000
Hauptstadt: Kingstown
Amtssprache: Englisch
Währung: 1 Ostkaribischer Dollar = 100 Cents
Hauptreligionen: Christentum, Hinduismus

Trinidad und Tobago

Fläche: ca. 5 128 km²
Einwohner: ca. 1,3 Mio.
Hauptstadt: Port of Spain
Amtssprache: Englisch
Währung: 1 Trinidad und Tobago Dollar = 100 Cents
Hauptreligionen: Christentum, Hinduismus

Vereinigte Staaten von Amerika (USA)

Fläche: ca. 9 857 306 km²
Einwohner: ca. 321,4 Mio.
Hauptstadt: Washington D.C.
Amtssprache: Englisch
Währung: 1 US-Dollar = 100 Cents
Hauptreligionen: Christentum, Judentum

Südamerika

von A–Z

Argentinien

Fläche: ca. 2 780 400 km²
Einwohner: ca. 41,8 Mio.
Hauptstadt: Buenos Aires
Amtssprache: Spanisch
Währung: 1 Argentinischer Peso = 100 Centavos
Hauptreligionen: Christentum, Judentum

Bolivien

Fläche: ca. 1 098 581 km²
Einwohner: ca. 10 Mio.
Hauptstadt: Sucre
Amtssprachen: Spanisch, Quechua, Aymara, weitere indigene Sprachen
Währung: 1 Boliviano = 100 Centavos
Hauptreligionen: Christentum, ethnische Religionen

Brasilien

Fläche: ca. 8 547 404 km²
Einwohner: ca. 205,3 Mio.
Hauptstadt: Brasília
Amtssprache: Portugiesisch
Währung: 1 Brasilianischer Real = 100 Centavos
Hauptreligionen: Christentum, ethnische Religionen

Chile

Fläche: ca. 756 626 km²
Einwohner: ca. 18 Mio.
Hauptstadt: Santiago
Amtssprache: Spanisch
Währung: Chilenischer Peso
Hauptreligionen: Christentum, ethnische Religionen

Ecuador
Fläche: ca. 256 370 km^2
Einwohner: ca. 16 Mio.
Hauptstadt: Quito
Amtssprache: Spanisch
Währung: 1 US-Dollar = 100 Cents
Hauptreligionen: Christentum, ethnische Religionen

Guyana
Fläche: ca. 214 970 km^2
Einwohner: ca. 760 000
Hauptstadt: Georgetown
Amtssprache: Englisch
Währung: 1 Guyana Dollar = 100 Cents
Hauptreligionen: Christentum, Hinduismus

Kolumbien
Fläche: ca. 1 138 000 km^2
Einwohner: ca. 47,9 Mio.
Hauptstadt: Bogotá
Amtssprache: Spanisch
Währung: 1 Kolumbianischer Peso = 100 Centavos
Hauptreligion: Christentum

Paraguay
Fläche: ca. 406 752 km^2
Einwohner: ca. 6,9 Mio.
Hauptstadt: Asunción
Amtssprachen: Spanisch, Guaraní
Währung: Paraguayischer Guarani
Hauptreligionen: Christentum, Judentum

Peru
Fläche: ca. 1 285 000 km^2
Einwohner: ca. 31 Mio.
Hauptstadt: Lima
Amtssprachen: Spanisch, Quechua, Aymara
Währung: 1 Peruanischer Sol = 100 Céntimos
Hauptreligionen: Christentum, ethnische Religionen

Suriname
Fläche: ca. 164 000 km^2
Einwohner: ca. 534 200
Hauptstadt: Paramaribo
Amtssprache: Niederländisch
Währung: 1 Suriname Dollar = 100 Cents
Hauptreligionen: Christentum, Hinduismus

Uruguay
Fläche: ca. 176 215 km^2
Einwohner: ca. 3,4 Mio.
Hauptstadt: Montevideo
Amtssprache: Spanisch
Währung: 1 Uruguayischer Peso = 100 Centésimos
Hauptreligionen: Christentum, Judentum

Venezuela
Fläche: ca. 916 445 km^2
Einwohner: ca. 30 Mio.
Hauptstadt: Caracas
Amtssprache: Spanisch
Währung: 1 Bolívar Fuerte = 100 Céntimos
Hauptreligion: Christentum

Die Rückseite einer Nationalflagge zeigt meist das Spiegelbild der Vorderseite. Es gibt aber auch Flaggen, zum Beispiel die von Paraguay, bei denen sich Vorder- und Rückseite unterscheiden.

Angeberwissen

- Jedes der 196 Länder der Welt besitzt eine eigene Nationalflagge, die die Einheit und Unabhängigkeit des Landes widerspiegeln soll.
- Nationalflaggen können ganz unterschiedliche Muster aufweisen. Es gibt Streifenflaggen, Flaggen mit Kreuzen und viele andere mehr.
- Die Farben der Flaggen sind dagegen sehr ähnlich. Das liegt daran, dass die Farben oft eine symbolische Bedeutung haben. Weiß steht häufig für Frieden, Blau für Himmel und Meer, Rot dagegen für Abendsonne und Blut. Aufgrund der Verbindung von früheren Kriegen und dem Blut, das dabei vergossen wurde, ist Rot die meistverwendete Farbe bei Flaggen.
- Ein weiteres Merkmal von Flaggen ist das Verhältnis von Länge und Breite des Tuchs: Viele Flaggen haben die Proportionen 3:5. Es gibt aber auch quadratische Flaggen, wie die der Schweiz, oder sehr längliche Flaggen, wie jene von Katar.

Register

Register

Register

N

Register

Editionen

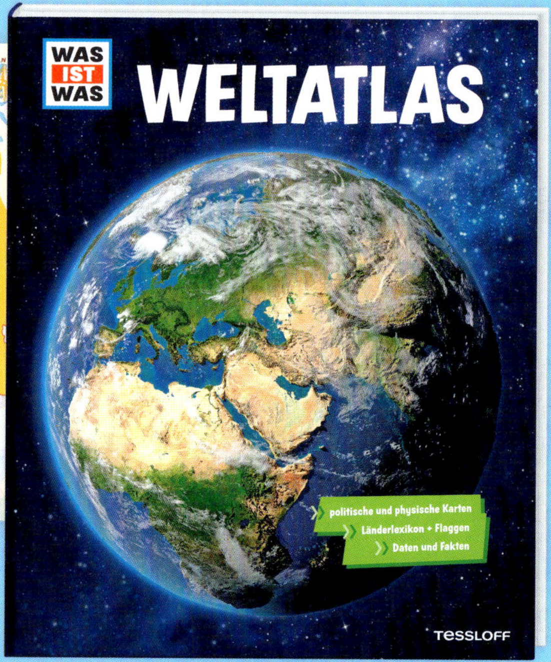

Die Welt in Karten, Flaggen und Fakten auf 232 Seiten.

96 Seiten über die Geschichte der Raumfahrt und den Alltag der Astronauten auf der ISS.

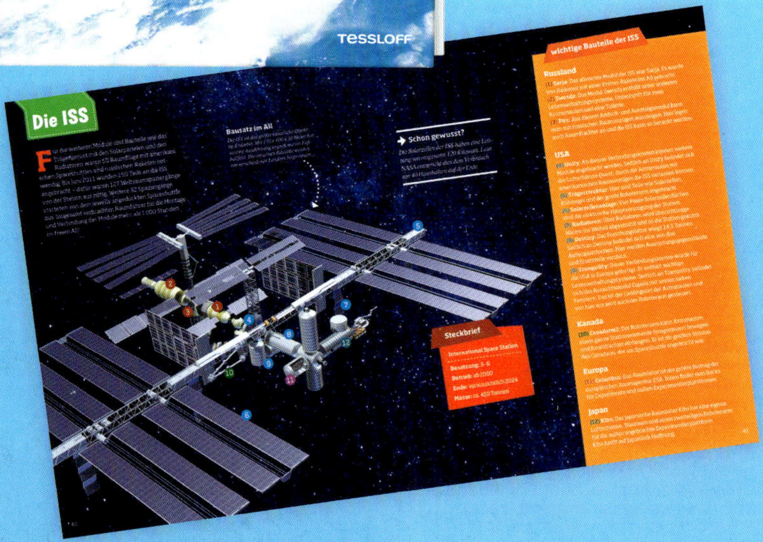

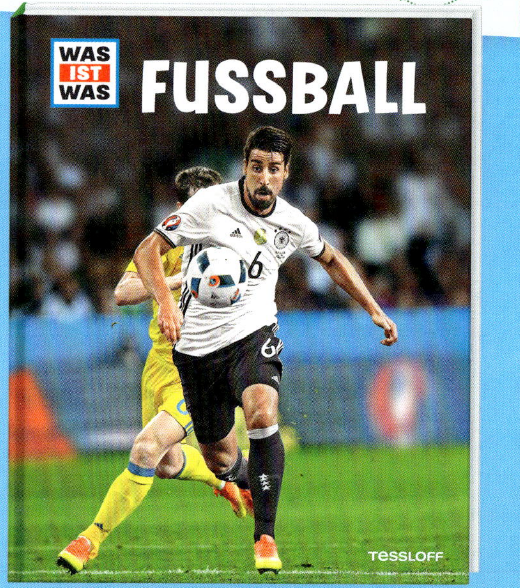

Alles über Tore, Titel und Toptalente auf 96 Seiten.